Leupold/Glossner
3D-Druck, Additive Fertigung und Rapid Manufacturing

3D-Druck, Additive Fertigung und Rapid Manufacturing

Rechtlicher Rahmen und unternehmerische
Herausforderung

von

Dr. Andreas Leupold LL. M.

Silke Glossner LL. M.

Verlag Franz Vahlen GmbH

Dr. Andreas Leupold, LL.M. ist Rechtsanwalt und berät Unternehmen im gewerblichen Rechtsschutz, der Informationstechnologie sowie im Medienrecht. Er verfügt über mehr als 20 Jahre Erfahrung in der Vertrags- und Lizenzgestaltung sowie in der prozessualen Durchsetzung der Rechtspositionen rund um das Geistige Eigentum und den Datenschutz.

Silke Glossner, LL.M. ist Richterin am Landgericht München I und Ausbilderin für die Justiz. Gemeinsam mit Dr. Andreas Leupold gibt sie das Werk „Münchener Anwaltshandbuch IT-Recht" im Verlag C. H. BECK heraus.

ISBN 978 3 8006 5149 8

© 2016 Verlag Franz Vahlen GmbH, Wilhelmstr. 9, 80801 München
Satz: Fotosatz Buck
Zweikirchener Str. 7, 84036 Kumhausen
Druck und Bindung: Westermann Druck Zwickau GmbH
Crimmitschauer Str. 43, 08058 Zwickau
Umschlaggestaltung: Ralph Zimmermann – Bureau Parapluie
Bildnachweis: © zhudifeng-depositphotos.com
Gedruckt auf säurefreiem, alterungsbeständigem Papier
(hergestellt aus chlorfrei gebleichtem Zellstoff)

*„Es gibt keinen Grund, warum irgendjemand einen Computer
in seinem Haus wollen würde."*

(Prognose von Ken Olson, Präsident der Digital Equipment Corp. im Jahre 1977).

Obwohl der erste 3D-Drucker und das Stereolitografie-Verfahren von Charles „Chuck" Hall bereits 1984 entwickelt wurden,[1] waren additive Fertigungstechniken und der 3D-Druck noch vor wenigen Jahren kein Thema für die Tagespresse, sondern allenfalls für Fachmagazine und Bastler-Blogs. Für die Anschaffung eines 3D-Druckers mit rudimentären Funktionen mussten lange Zeit fünf- bis sechsstellige Beträge ausgegeben werden. Im Jahr 2007 war es noch eine kleine Sensation, als der erste 3D-Drucker für den Heimgebrauch für einen Preis von knapp 5000 US Dollar auf den Markt kam.[2] 3D-Drucker waren damals noch ein Nischenprodukt mit sehr begrenzten Einsatzbereichen und ihre Nutzung in der industriellen Serienproduktion fernliegend.

Nur acht Jahre später hat sich diese Situation grundlegend geändert, 3D-Druck und additive Fertigung boomen. 3D-Drucker für den Hausgebrauch sind nun schon für unter 400 US Dollar erhältlich.[3] Die eigentliche Revolution findet aber in der Industrie statt, die mehr und mehr die Möglichkeiten und Chancen des 3D-Drucks erkennt. Der dreidimensionale Druck erlaubt die einfache und schnelle Erstellung von Prototypen wie individuell angepasster Massenware, und auch die aufwendige Suche nach einem seltenen Ersatzteil gehört damit der Vergangenheit an. Unternehmen lassen dann vielleicht Bauteile oder Teilprodukte nicht mehr im Container mit LKW oder Bahn anliefern, vor Ort lagern, anpassen, einbauen. Stattdessen wird vor Ort gefertigt, was benötigt wird – nach dem Prinzip just in time genau nach Bedarf und nach den eigenen speziellen Anforderungen. Nicht nur für das Unternehmen selbst, sondern auch und erst recht der Zulieferindustrie sowie der Transport- und Logistikbranche steht damit ein tiefgreifender Wandel bevor.

So vergeht auch kaum ein Tag, an dem die Presse nicht über neue Möglichkeiten des 3D-Drucks berichtet.[4] Das Wirtschaftsmagazin *The Economist* erkannte Anfang 2012 in der additiven Fertigung bereits die *„dritte industrielle Revolution"*.[5] Skeptiker mögen dies zwar (noch) bezweifeln,[6] doch alle derzeitigen Entwicklungen lassen tatsächlich nur den Schluss zu, dass der 3D-Druck das Potenzial dazu hat, die Art und Weise, wie Produkte hergestellt und vertrieben werden, tiefgreifend zu verändern.

Mit solch grundlegenden Revolutionen in der Produktion geht aktuell ein – rasanter – Wandel in den Geschäftsbeziehungen der Beteiligten einher. Wo sich aber die Geschäftsbeziehungen ändern, ändern sich auch die rechtlichen Beziehungen. Nicht wenige sehen mit Sorge auf die rechtlichen Probleme, die

die additiven Fertigungsprozesse mit sich bringen. Eine solche Sorge resultiert aber oft auch aus Unsicherheit und Unkenntnis der rechtlichen Gegebenheiten und Möglichkeiten.

Spannende Zeiten also für jeden, der sich für neue Technologien und ihre wirtschaftlichen, gesellschaftlichen und rechtlichen Weiterungen begeistern kann. Wir haben uns deshalb entschieden, einen Leitfaden zu schreiben, der das Potenzial des 3D-Drucks in der industriellen Fertigung aufzeigt: er soll eine Einladung an den Leser sein, sich mit den Möglichkeiten und Chancen, aber auch den rechtlichen Problemen der neuen Fertigungstechnik zu beschäftigen. Das Buch will gleichzeitig Geschäftsführern, Vorständen und Führungskräften auch ohne technische oder rechtliche Vorkenntnisse das Grundlagenwissen vermitteln, das diese benötigen um sich selbst ein Bild machen zu können. Ein großes Anliegen ist es uns dabei, auch kompliziert wirkende rechtliche Fragen leicht verständlich darzustellen. Problemstellungen werden stets von Grund auf entwickelt, meist anhand von einfachen Fragen oder Fällen. Auf aktuelle Trends und Entwicklungen wird an geeigneter Stelle hingewiesen, denn viele Dinge sind im Fluss.

Eine „zwingende Reihenfolge" für die Lektüre unseres Ratgebers gibt es nicht und soll es auch nicht geben. Jene Leser, die sich mit dem Thema „Additive Fertigung und 3D-Druck" noch nicht näher auseinandergesetzt haben, werden wohl am meisten von der Lektüre profitieren, wenn sie sich zunächst mit den Anwendungsmöglichkeiten und technischen Grundlagen des 3D-Drucks vertraut machen, bevor sie sich mit den rechtlichen Aspekten befassen. In **Kapitel 1** geben wir zunächst einen Überblick über die Branchen und Industrien, in denen additive Fertigungstechniken und 3D-Drucker bereits zur Herstellung von Prototypen, Sonderanfertigungen oder auch in der Serienproduktion genutzt werden und präsentieren einige spannende und manchmal auch überraschende Anwendungsbeispiele. In **Kapitel 2** folgt eine Darstellung der wichtigsten Fertigungsverfahren und Fertigungsmaterialien. **Kapitel 3** widmet sich dann den wirtschaftlichen Vorteilen des 3D-Drucks und insbesondere der dadurch möglich werdenden Verkürzung der Lieferketten. Bei all den unbestreitbaren Vorteilen des 3D-Drucks dürfen freilich auch die Risiken nicht übersehen werden, zu denen insbesondere die erwartete Zunahme von Produktimitationen zählt, die sich noch schwerer von den Originalwaren unterscheiden lassen werden als herkömmliche Nachbauten. In **Kapitel 4** setzen wir uns deshalb mit den verschiedenen Erscheinungsformen der Produktpiraterie auseinander und betrachten zunächst einige technische Lösungen zur Bekämpfung von Produktimitationen. Im Anschluss hieran erläutern wir sodann, wie sich Unternehmen mit gewerblichen Schutzrechten vor einer Benutzung ihrer technischen Erfindungen und Produktdesigns schützen und gegen Produktimitationen aus dem 3D-Drucker vorgehen können. Von diesem Teil des Ratgebers profitiert auch, wer keine juristischen Kenntnisse mitbringt: denn wir erläutern im ersten Abschnitt dieses Kapitels zunächst, welche Schutzrechte generell dafür zur Verfügung stehen und wie sie erworben werden können. Im zweiten Abschnitt gehen wir dann im Einzelnen der Frage nach, ob und wie sich Druckverfahren und 3D-Modelle vor einer Übernahme durch Wettbewerber und Produktpiraten schützen lassen und welche Schutzrechte durch die Erstellung eines 3D-Scans vom Originalprodukt zur Erzeugung von Druckvorlagen für Produktimitationen aus dem 3D-Drucker verletzt sein können. Im dritten und vierten Abschnitt erörtern wir, wer für die Verletzung gewerblicher Schutzrechte haftet und welche Ansprüche gegen ihn geltend gemacht werden können. Im fünften und letzten Abschnitt dieses Kapitels zeigen wir schließlich, wie bei einem Verdacht auf eine Schutzrechtsverletzung vorzugehen ist und wie Rechteinhaber ihre Ansprüche gegen Verletzer auf dem Rechtsweg durchsetzen können.

Da künftig vermehrt Ersatzteile und Zubehör aus dem 3D-Drucker kommen werden, erläutern wir in **Kapitel 5**, welche rechtlichen Gesichtspunkte dabei zu beachten sind. Gerade in der industriellen Produktion kommt den Material- und Rohstoffkosten besondere Bedeutung zu. Die heute in 3D-Druckern verwendeten Metall- und Kunststoffpulver sind noch sehr aufwendig in der Herstellung und entsprechend teuer in der Anwendung. In **Kapitel 6** befassen wir uns daher mit der rechtlichen Zulässigkeit des Vertriebs kompatibler und wieder befüllter Druckerkartuschen und der Frage, ob die von einigen Druckerherstellern zur Verhinderung Verwendung alternativer Verbrauchsmaterialien eingeführten Authentifizierungssysteme umgangen werden dürfen. **Kapitel 7** ist dem Thema 3D-Druck und Compliance gewidmet und behandelt wichtige Anforderungen an die Produktsicherheit von Gebrauchsgegenständen, Kraftfahrzeugen und Medizinprodukten, zu denen insbesondere auch Implantate gehören, die mittels 3D-Druckverfahren hergestellt werden. Da wie bei jedem anderen Fertigungsverfahren auch Produkte aus dem 3D-Drucker fehlerhaft sein können, wird sich in Zukunft öfter die nicht immer einfach zu beantwortende Frage stellen, wer für Fehler der so entstandenen Produkte einzustehen hat. In **Kapitel 8** geben wir unseren Lesern daher eine Einführung in die Produkt- und Produzentenhaftung und versuchen, erste Antworten auf diese Fragen zu geben.

Um den praktischen Nutzwert unseres Ratgebers zu erhöhen haben wir neben einem Abkürzungs- und Stichwortverzeichnis auch ein Glossar aufgenommen, das den Zugang zu bestimmten Themen erleichtern soll.

Ein Wort noch in eigener Sache: für die additiven Fertigungsverfahren ergeben sich laufend neue Anwendungsmöglichkeiten. Was heute noch fernliegend erscheint, kann morgen schon zur Realität werden. Wegen dieser besonderen Dynamik, die den 3D-Druck kennzeichnet, können viele Beispiele in diesem Ratgeber nur eine Momentaufnahme des gerade Machbaren sein. Bereits etablierte Druckverfahren werden durch neue, schnellere ersetzt und manche Prognose wird von der tatsächlichen Entwicklung überholt. Für Anregungen und Verbesserungsvorschläge sind wir daher immer offen und freuen uns über Rückmeldungen unserer Leser zu unserem Werk.

Unser besonderer Dank gilt dem Verlag Franz Vahlen, und dort Herrn Kilian, der das Lektorat mit besonderem Sachverstand und hilfreichen Hinweisen begleitet hat.

München, im November 2015 *Die Autoren*

Anmerkungen

Hinweis: Alle Fußnoten dieses Buches gibt es als kostenloses Dokument unter www.vahlen.de/160 222 32. So müssen Sie keinen Link abtippen.

[1] http://3druck.com/featured/charles-chuck-hull-wie-alles-begann-3621576/; vgl. dazu auch http://edition.cnn.com/2014/02/13/tech/innovation/the-night-i-invented-3d-printing-chuck-hall/

[2] mit dem Desktop Factory 125 ci

[3] http://wanhaousa.com/products/duplicator-i3-steel-frame

[4] Vgl. etwa http://www.heise.de/newsticker/meldung/Electroloom-3D-Drucker-fuer-Kleidung-2657261.html; http://www.gizmodo.de/2015/05/18/ge-aviation-baut-miniatur-duesentriebwerk-aus-dem-3d-drucker.html;

[5] http://www.economist.com/node/21552901

[6] http://www.handelszeitung.ch/invest/stocksDIGITAL/3d-druck-hype-und-ernuechterung-756899; http://www.godmode-trader.de/artikel/wieso-3d-druck-traeume-zerplatzen,3706996; https://hci.rwth-aachen.de/tiki-download_wiki_attachment.php?attId=1882

Inhaltsverzeichnis

3D-Druck ist nur etwas für die Entwicklung von Prototypen und eignet sich allenfalls zur Herstellung einiger weniger ausgesuchter Produkte? Weit gefehlt. Der folgende Überblick zeigt anhand verschiedener Beispiele, wie additive Fertigungsverfahren schon heute in einer Reihe von Schlüsselindustrien eingesetzt werden. Wir wagen die Prognose, dass in nicht allzu ferner Zukunft fast jeder Verbraucher auf die eine oder andere Weise mit Produkten in Berührung kommen wird, die nicht mehr nach herkömmlichen Verfahren hergestellt wurden, sondern aus dem 3D-Drucker kommen. Das glauben Sie nicht? Dann lassen Sie sich in diesem Kapitel zeigen, was heute schon möglich ist und morgen möglich sein wird.

1.1 Einsatz von 3D-Druckern im Automobilbau

Wenn es um die Anwendung additiver Fertigungsverfahren im Automobilbau geht, wird meist von vermeintlich spektakulären „Autos aus dem 3D-Drucker" berichtet und der Eindruck erweckt, dass wir bald alle solche Fahrzeuge fahren werden. Eines der ersten Projekte dieser Art war der „Urbee" („Urban electric"), ein elektrisch und mit Ethanol betriebener PKW der in Winnipeg, USA beheimaten Firma KOR EcoLogic.[1] Tatsächlich wurde aber nicht das gesamte Fahrzeug, sondern lediglich die Karosserie additiv gefertigt. Viel Aufsehen erregte auch der „Strati" der Firma Local Motors. Im Gegensatz zum „Urbee" sollen tatsächlich sämtliche Teile des an einen Strandbuggy erinnernden Fahrzeugs mit Ausnahme der vom Renault Twizy[2] übernommenen mechanischen Komponenten wie Batterie, Motor und die Radaufhängung aus dem 3D-Drucker kommen.

Als Material soll ABS Kunststoff verwendet werden, der mittels Fused Deposition Modeling („FDM", vgl. dazu noch im Einzelnen Kapitel 2) verarbeitet werden soll, wobei nicht die vorwiegend in 3D-Druckern für den Heimgebrauch verwendeten Kunststofffäden („Filamente"), sondern Pellets benutzt werden sollen, was mit erheblichen Kostenvorteilen verbunden sein wird. Die aktuelle Druckdauer für alle additiv gefertigten Teile soll von derzeit noch 44 Stunden auf 24 Stunden verkürzt werden und der Wagen 2016 erhältlich sein.[3] Ähnlich wie bei Renaults *Twizy* ist die Spitzengeschwindigkeit des rahmenlosen PKW auf ca. 50 km/h beschränkt. Interessanter als die Fahrzeugleistungen ist aber der ehrgeizige Plan des Herstellers, in den nächsten 10 Jahren 100 Micro-Fabriken rund um den Globus zu errichten, in denen der „Strati" hergestellt wird. Ob all das Realität wird, bleibt abzuwarten, innovativ ist der „Strati" aber allemal.

Foto: Local Motors Inc.

Abb. 1: Eine Designstudie für den „Strati" der Fa. Local Motors

Das in Palo Alto/USA von *Kevin Czinger* gegründete Unternehmen Divergent Microfactories[4] verfolgt ebenfalls das Ziel, kleine Unternehmen in die Lage zu versetzen, Personenkraftwagen mittels additiver Fertigungstechnologien in lokalen Produktionsstätten herzustellen. Das erste eigene Produkt des jungen Unternehmens ist der „Blade", ein Supersportwagen mit 700 PS und einem Leistungsgewicht von nur 635 Kilogramm.

Die erzielten Gewichtseinsparungen wurden erst durch die additive Fertigung von Aluminium-Verbindungsstücken möglich, in die die Carbon-Rohre gesteckt werden und so das Chassis bilden:[5]

Der Einsatz additiver Fertigungstechnologien im Automobilbau ist aber keineswegs nur ein Thema für Start-up Unternehmen. So werden in der BMW Group additive Fertigungsverfahren schon seit 1991 im Konzeptfahrzeugbau eingesetzt. Im Regensburger BMW Werk werden seit einigen Jahren Stratasys 3D-Drucker im Prototyping und zur Werkzeugherstellung genutzt. Mittels des in Kapitel 2 noch erläuterten Fused Deposition Modeling (FDM) Verfahrens konnten Gewichtseinsparungen von 72 % im Werkzeugbau erzielt werden. Die dabei verwendeten ABS Kunststoffe erfüllen die besonderen Anforderungen an Temperaturbeständigkeit, Passgenauigkeit und mechanische Belastbarkeit.[6]

In einem der von BMW bei der Deutschen Tourenwagen Meisterschaft (DTM) 2015 eingesetzten Motoren arbeitete bereits das 500. Wasserpumpenrad aus dem 3D-Drucker. Das hochbelastete Präzisionsbauteil besteht aus einer im SLM-Verfahren (*Selective Laser Melting*, dazu noch unten **Kapitel 2**) gefertigten Aluminiumlegierung und hat sich im harten Sporteinsatz bestens bewährt.

Foto: http://www.divergentmicrofactories.com

Abb. 2: Von 0 auf 100 km/h in zwei Sekunden – Der Blade von Divergent Microfactories

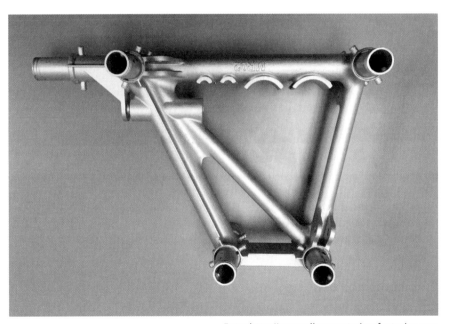

Foto: http://www.divergentmicrofactories.com

Abb. 3: Ein additiv gefertigtes Verbindungsstück für den Chassis-Aufbau wie es im „Blade" zum Einsatz kommt

Ausfälle gab es keine, obwohl die Hochleistungsmotoren im Renneinsatz bis zu 70 Prozent unter Volllast laufen, und bewegte Bauteile hohen Belastungen standhalten müssen.

Foto: BMW AG

Abb. 4: Das Wasserpumpenrad aus dem 3D-Drucker

Auch Volkswagen fertigt im 3D-Druck Montagehilfsmittel, Motorhauben-Entriegelungen und Werkzeugteile und will künftig auch Sonderanfertigungen für Kunden additiv herstellen.[7] Der fünftgrößte Automobilhersteller Ford nutzt additive Fertigungstechnologien ebenfalls in der Produktentwicklung und bietet seinen Kunden auf einer eigenen Internet-Plattform die Möglichkeit, sich 3D-Modelle aktueller Fahrzeuge wie etwa des Ford GT herunterzuladen oder ein fertig ausgedrucktes, maßstabsgetreues Modell zu bestellen.[8]

Die Handwerkskammer Oberfranken erforscht derzeit in ihrem staatlich geförderten Projekt „KFZ-Service-Engineering 2010" mit Partnern aus der Industrie, wie die additive Fertigung in KFZ Werkstätten eingesetzt werden kann. Ziel ist es unter anderem, den Weg zur Fertigung von Ersatzteilen vor Ort in der Werkstatt zu ebnen und so Kosten bei der Autoreparatur einzusparen.[9]

1.2 Additive Fertigung in der Luft- und Raumfahrt

In der Luftfahrt ermöglicht der Einsatz additiver Fertigungstechnologien erhebliche Kosteneinsparungen. Nach einer aktuellen Studie kann durch Leichtbauteile aus dem 3D-Drucker das Gewicht von Flugzeugen erheblich reduziert werden, das Gewicht eines additiv aus Titan gefertigten Kabinenhalters („Bracket") beträgt dann statt rund 230 Gramm nur noch etwa 160 Gramm.[10]

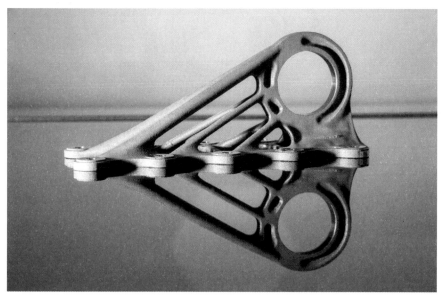

Foto/Source: Airbus GmbH Hamburg

Abb. 5: Ein „Bracket" aus dem Airbus A 350

Auch im Großraumflugzeug Airbus A 350 XWB sind additiv gefertigte Bauteile enthalten, die alle Anforderungen der internationalen Sicherheitsbestimmungen bezüglich Entflammbarkeit, Rauchdichte und Giftigkeit (FST) erfüllen.[11] Das dazu verwendete Material, Ultem 9085 der Firma *Stratasys* ist ein schwer entflammbarer Thermoplastischer Kunststoff, der trotz geringen Gewichts eine hohe Festigkeit aufweist.[12]

Die *MTU Aero Engines* fertigt seit Mai 2013 in München sog. Boroskopaugen für das Getriebefan-Triebwerk des Airbus A320neo mittels Laserschmelzverfahren (Selective Laser Melting = SLM) für die Serie. Dabei handelt es sich um Vorrichtungen am Gehäuse der Niederdruckturbine in die sog. Boroskope – ähnlich wie ein Endoskop – eingeführt werden können, um die Triebwerkschaufeln der Niederdruckturbine auf mögliche Abnutzungserscheinungen oder Defekte zu überprüfen. Die nachfolgende Abbildung zeigt ein solches „Boroskopauge", das auf vom Luftfahrtbundesamt zertifizierten 3D-Druckern aus einer Nickelbasislegierung hergestellt wurde.

Auch die Airline *easyjet* wird die Treibstoffdüsen, Turbinenschaufeln und Bauteile ihrer LEAP Triebwerke künftig aus keramischen Verbundwerkstoffen additiv fertigen lassen[13] und die *Lufthansa AG* konnte durch die additive Fertigung des sog. Vakuum Generators, einer Unterdruckpumpe zur Herstellung eines statischen Druckunterschieds zwischen Kabine und Abwasserbehälter erhebliche Gewichtseinsparungen bei zugleich verbesserten Geometrien und

Foto: MTU Aero Engines

Abb. 6: Additiv hergestelltes Boroskopauge für die schnelllaufende Niederdruckturbine des Getriebefan-Triebwerks PurePower® PW1100G-JM im Airbus A320neo

Wandstärken erzielen. Die aus Polyamid gefertigte Pumpe ist zudem korrosionsbeständiger.[14] Die *Rolls Royce plc* hat im Jahr 2015 ihr *Trent XWB-97*-Triebwerk für Verkehrsflugzeuge erstmals additiv aus einer Titanlegierung hergestellt und der Flugzeughersteller *Boeing* hat im selben Jahr ein Patent zur additiven Fertigung von Ersatzteilen für Flugzeuge angemeldet.[15]

Da die Luftfahrtindustrie nicht nur einem hohen Kostendruck unterliegt, sondern zugleich die höchsten Anforderungen an die Belastbarkeit und Verkehrssicherheit der in Flugzeugen verbauten Teile stellt, wird die Anzahl der additiv gefertigten Komponenten in diesem Industriesektor in den kommenden Jahren weiter steigen.

Für die Raumfahrt eröffnet die additive Fertigung erstmals die Möglichkeit, Ersatzteile während laufender Missionen herstellen zu können und somit nicht von einer – meist gar nicht möglichen – „Ersatzteillieferung" abhängig zu sein. Im November 2014 wurde erstmals ein 3D-Drucker auf der internationalen Raumstation ISS in der Schwerelosigkeit erfolgreich getestet.[16] Wie wir in **Kapitel 2** noch zeigen werden, gibt es zudem bereits Überlegungen, eines Tages unter Einsatz von 3D-Druck-Verfahren Forschungsstationen etwa auf dem Mars zu errichten.

1.3 Bekleidungs- und Textilindustrie

Vielleicht nicht das erste, aber doch das aufsehenerregendste Kleidungsstück, das bislang im 3D-Druck hergestellt wurde, war wohl das im Jahr 2013 von den Modeschöpfern Michael Schmidt und Francis Bitonti,[17] geschaffene Abendkleid für Dita von Teese, das allerdings eine aus 17 Einzelteilen zusammengesetzte

Maßanfertigung darstellte und somit kein Serienprodukt war. Die erste additiv gefertigte Kollektion wurde sodann im Jahr 2014 nicht in Paris oder Mailand, sondern auf der Internationalen Automobilausstellung in Frankfurt von der Volkswagen AG präsentiert.

Bis zur Serienproduktion von Kleidungsstücken mag noch einige Zeit vergehen; ein Verfahren das 2015 unter der Bezeichnung „Field Guided Fabrication" von einem amerikanischen Start-up Unternehmen vorgestellt wurde, könnte den 3D-Druck von Hemden und Röcken aber früher als gedacht Realität werden lassen. Diese Technik erlaubt die Herstellung nahtloser Bekleidungsstücke mittels einer Polyester-Baumwollmischung, die auf eine Form gesprüht wird. Auch nach der Aushärtung muss nicht mehr zu Nadel und Faden oder Schere gegriffen werden, da die so gefertigten Bekleidungsstücke keine Nachbearbeitung mehr erfordern.[18]

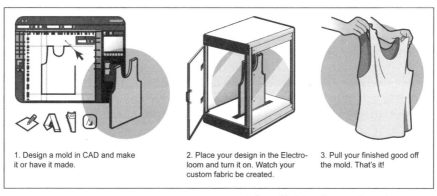

1. Design a mold in CAD and make it or have it made.

2. Place your design in the Electroloom and turn it on. Watch your custom fabric be created.

3. Pull your finished good off the mold. That's it!

Infografik: http://www.electroloom.com/

Abb. 7: Kleidungsstücke aus dem Electroloom 3D-Drucker

In Zukunft soll auch die Farbe des Bekleidungsstücks vor Beginn des Druckvorgangs mit einem einfachen Tastendruck bzw. Mausklick ausgewählt werden können. Die Auslieferung der ersten 3D-Drucker für dieses Verfahren ist für das Frühjahr 2016 geplant, einfache Modelle sollen bereits ab 4.500 US Dollar erhältlich sein.[19] Damit hat der 3D-Druck auch das Potenzial, die Art und Weise, wie Kleidung hergestellt und gekauft wird, grundlegend zu verändern: Statt der Anprobe im Laden und Kürzung von Hosenbeinen oder Ärmeln durch die Änderungsschneiderei erstellt der Kunde einen 3D-Scan mit seinen genauen Körpermaßen und bestellt das gewünschte Bekleidungsstück online. Das fertige Bekleidungsstück erhält er dann in der Regel innerhalb von 48 Stunden nach Hause geliefert und braucht sich keine Sorgen um die Passform zu machen.

Mit der additiven Fertigung von Textilien könnte in Zukunft auch ein Thema der Vergangenheit angehören, das bislang trotz aller Anstrengungen der Industrie noch nicht vollständig gelöst ist: das der sog. „sweat shops", also Fabriken in Billiglohnländern, in denen unter oft gesundheitsgefährdenden Arbeitsbedingungen Bekleidung für Verbraucher in den westlichen Industrienationen hergestellt werden. Bei inzwischen marktüblichen Preisen von wenigen Euro für eine

Bluse oder ein ganzes Kleid stehen die Markenhersteller auch weiterhin vor der Herausforderung, hier Alternativen zu finden. Die additive Fertigung könnte einen Weg aus diesem Dilemma aufzeigen und den Verbrauchern zugleich die Realisierung eigener Designs zu geringen Kosten ermöglichen.

1.4 Wenn der Schuh nicht mehr drückt: 3D-Druck Sportschuhe und High Heels

Die Schuhindustrie entdeckte den 3D-Druck schon im Jahr 2011 für sich.[20] Das verwundert auch nicht wenn man bedenkt, dass sich die Suche nach den richtigen Schuhen schwierig gestalten kann. Aus der Verlustzone wird der Online Versandhandel mit Schuhen wohl nur kommen, wenn es gelingt, die immer noch hohen Rücklaufquoten deutlich zu senken.[21] Der 3D-Druck verspricht, auch diese Herausforderung zu bewältigen: Erstellt der Kunde vor der Aufgabe seiner Bestellung – etwa mit seinem Mobiltelefon[22] – einen 3D-Scan von seinen Füßen, kann der Betreiber des virtuellen Schuhladens anhand des so erzeugten 3D-Modells einen Schuh fertigen, der über eine optimale Passform für den Besteller verfügt. Ein Schuh, der nicht drückt sondern einfach nur bequem ist und dennoch über ein ansprechendes Äußeres verfügt, wird dann sicherlich seltener zurückgesandt, als ein Modell, das dem Träger nicht recht passen will.

Das von dem US-amerikanischen Start Up *Pensar* entwickelte „DNA SHOE CONCEPT"[23] verfolgt die Vision eines maßgeschneiderten Schuhs, der von seinem Träger individuell konfiguriert werden kann. Grundlage für die Herstellung ist zunächst ein 3D-Scan von den Füßen des Kunden. In einem zweiten Schritt werden auf einem Testlauf des Kunden weitere Bewegungsdaten wie Auftritt, Pronation und Balance gesammelt. Der Kunde kann dann die Materialien, Farben und Oberflächen auswählen und die Herstellung seiner Schuhe im 3D-Drucker am „Point of Sale" erleben.

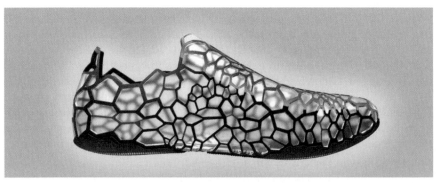

Bild: Pensar Development (http://pensardevelopment.com/)

Abb. 8: Der DNA Schuh von Pensar

Auch wenn noch einige Zeit vergehen wird, bis diese Zukunftsvision zur Realität für Händler und Verbraucher wird, gibt es erste vielversprechende Ansätze. So fertigt der Sportartikelhersteller Adidas bereits Teile seiner Prototypen von Fußballschuhen auf einem 3D-Drucker[24] und der Wettbewerber Nike setzt die in Kapitel 2 noch genauer erläuterte Technik des Selektiven Lasersinterns (SLS) in der Herstellung der Laufsohlen für seinen „Vapor Laser Talon" Fußballschuh ein.[25]

Auch die Designerin Neta Soreq hat mit einem 3D-Drucker Schuhe geschaffen, die es kein zweites Mal gibt. Das ebenso ästhetische wie ungewöhnliche Design wurde von Therapie-Verfahren für hyperaktive Menschen und der natürlichen Bewegung des Fußes inspiriert:

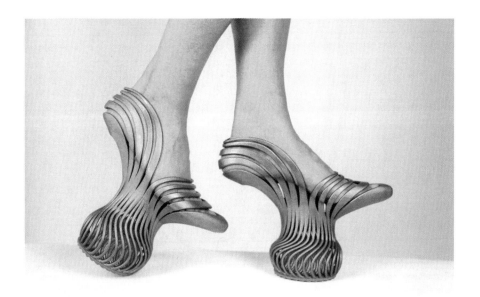

Foto: Daphna Rennert

Abb. 9: Schuhe der Designerin Neta Soreq

1.5 3D-Druck in der Medizin: Bioprinting, Implantate und Orthopädie

Der noch jungen Bioprinting Industrie wird eine große Zukunft vorausgesagt. Im Jahr 2014 hat sie bereits 537 Millionen US-Dollar mit der Herstellung von Organen im 3D-Druck erwirtschaftet.[26] In der Medizin bietet der 3D-Druck nicht nur eine Vielzahl praktischer Anwendungsmöglichkeiten, sondern kann sogar lebensrettend sein.

Die Bundesanstalt für Materialforschung und Prüfung in Berlin hat ein Knochenersatzgerüst aus Keramik entwickelt, das zu 60 % aus Poren besteht, und ungeachtet des geringen Gewichts über eine hohe Festigkeit verfügt. Die poröse Struktur ermöglicht den Zellen in den Körper hineinzuwachsen und das Material kann vom Körper selbst abgebaut werden, wenn es seinen Zweck erfüllt hat.

Als Vorbild für das Design diente die Natur: Schwämme und Hirschgeweihe weisen eine ähnliche Struktur auf. In Zukunft wird es mit diesem Material möglich sein, im OP einen 3D-Scan von einem gebrochenen Knochen zu erstellen und das keramische „Ersatzteil" sogleich auf einem 3D-Drucker auszudrucken.

Abb. 10: Knochenersatz aus dem 3D-Drucker (Präkeramisches Polymer, 3D-Schwämme aus PMMA (Polymethylmethacrylat bei 3D-Drucken). © BAM Bundesanstalt für Materialforschung und -prüfung

Additive Fertigungsverfahren erlauben auch die Herstellung individuell an den Patienten angepasster Stützgerüste zur Entlastung der Halswirbelsäule (sog. „Orthesen") bei Verletzungen.

Hierzu wird unter Mitwirkung des behandelnden Arztes aus dem ohnehin vorliegenden CT-Datensatz des Patienten ein Orthesendesign abgeleitet und der Produktionsauftrag an ein lokales additives Fertigungszentrum gesandt. Der Patient erhält dann innerhalb von 2–3 Tagen seine individuelle Orthese. Durch die optimale Passung und Berücksichtigung von patientenspezifischen Faktoren wie z. B. Osteoporose, Bettlägerigkeit oder einem Tracheostoma (operative Öffnung der Luftröhre) wird erreicht, dass auch nach wochenlanger Tragedauer keine Läsionen und Druckstellen entstehen.

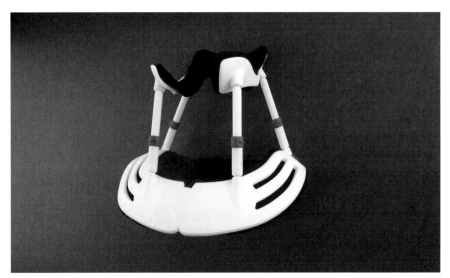

Abb. 11: Eine additiv gefertigte Orthese (Design: Lehrstuhl für Industrial Design, TU München Foto: www.mecuris.com)

Auch im Dentalbereich bietet der 3D-Druck im Vergleich zur konventionellen Herstellung eine Reihe von Vorteilen. So lässt sich mit der additiven Fertigung erheblich Zeit einsparen, da das Design des Modellgusses für Zahnersatz in 15 Minuten erstellt werden kann. Innerhalb von 24 Stunden können circa 48 Einheiten gebaut werden. Zudem ist die Konstruktionsfreiheit der Modellierungssoftware nicht durch das Fertigungsverfahren beschränkt, sodass hoch belastbare, starre und dennoch filigrane Geometrien hergestellt werden können und unerwünschte Hohlräume im Inneren oder Einbeulungen an dessen Oberfläche (sog. „Lunker") wie sie sonst gerne auftreten, vermieden werden können. Hinzu kommt, dass so gefertigter Zahnersatz auch eine höhere Festigkeit aufweist als Zahnersatz, der auf herkömmlichem Weg angefertigt wurde. Additiv gefertigter Zahnersatz ist meist kostengünstiger als mittels Feinguss und Frästechnik hergestellter, verfügt über eine homogene metallische Struktur, hohe Präzision, gute Passung sowie konstante Qualität, gleichbleibende Toleranzen und reproduzierbare Produkteigenschaften. Er lässt sich gut fräsen und kann mit einer breiten Auswahl unterschiedlicher Keramikmaterialien verblendet werden.

Zu den Implantaten, die heute schon mittels 3D-Druckverfahren gefertigt werden, zählen auch Wirbelsäulenkäfige, die bei einem Bruch der Wirbelsäule die Stützfunktion des Knochens übernehmen.[27] Die Käfige können dank additiver Fertigung individuell an die Wirbelsäule des Patienten angepasst werden und nun auch aus einem elastischen und anti-allergenen Kunststoff (Polyetheretherketone, kurz „PEEK") hergestellt werden.

Eine der größten Herausforderungen ist sicherlich die additive Fertigung von Organen. Im Jahr 2014 haben Forscher der Princeton University und der Johns Hopkins University/USA ein mittels 3D-Druck erzeugtes, „bionisches" Ohr vorgestellt.[28]

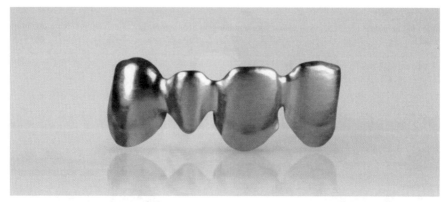

Foto: eos (http://www.eos.info/)

Abb. 12: eine additiv gefertigte Zahnbrücke

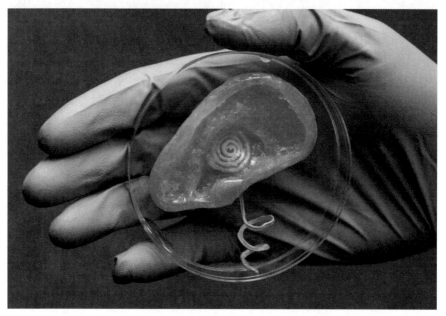

Foto: Frank Wojciechowski

Abb. 13: Das bionische Ohr aus dem 3D-Drucker

Als Druckmaterial wurde ein Hydrogel mit Polymer aus Silber-Nanopartikeln verwendet, was die In-vitro Kultivierung von Knorpelgewebe erlaubte, das eine induktive Antenne aufnehmen konnte.

Ein weiteres Beispiel für die Anwendungsmöglichkeiten des 3D-Drucks in der Medizin ist der 3D-Druck von Knochen mit eigenen Blutgefäßen, der gegenwärtig an der Universität Freiburg erforscht wird.[29] Wie schon bei dem Druck eines bionischen Ohrs sollen hierzu als Druckmaterial Hydrogele verwendet werden, die mit menschlichen Stammzellen verbunden werden. Die Forscher um Prof.

Dr. Günter Finkenzeller wollen dazu zunächst einen 3D-Drucker entwickeln, mit dem sog. Osteoblasten, also Knochen aufbauende Zellen und Endothel Zellen gedruckt werden, die die Blutgefäße auskleiden.[30]

Viele Bioprinting Projekte sind langfristig angelegt und die meisten Ergebnisse gehen noch nicht über ein erstes „Proof of Concept" hinaus. Der 3D-Druck könnte es aber in nicht allzu ferner Zukunft möglich machen, autologe, also vom Patienten selbst stammende Zellen zur Herstellung von Organen für die Transplantationsmedizin zu nutzen. Damit würde nicht nur die Wartezeit auf ein neues Organ erheblich verkürzt, sondern auch die Einnahme bei der Transplantation von Spenderorganen unverzichtbarer Immunsuppressiva zur Kontrolle der Abstoßungsreaktionen überflüssig. Bedenkt man, dass Lebergewebe schon heute für Arzneimittelreaktionstests additiv erzeugt wird[31] und inzwischen entscheidende Erfolge bei der Verstärkung von Hydrogel durch

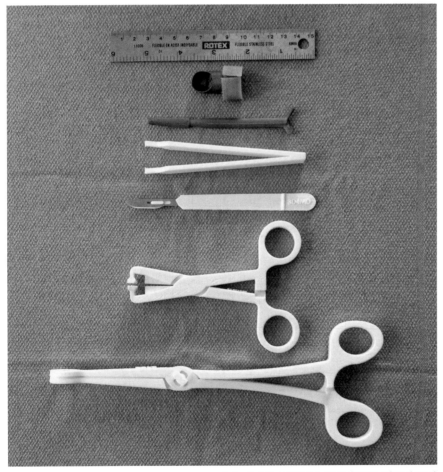

Foto: Julielynn Wong, M.D. (www.3d4md.com)

Abb. 14: Additiv gefertigte Chirurgische Werkzeuge und orthopädische Schiene von Julielynn Wong, M.D.

Zellträgern aus dem 3D-Drucker erzielt wurden,[32] besteht die berechtigte Erwartung, dass in den nächsten Jahren weitere Fortschritte auf dem Weg zum Organ aus dem 3D-Drucker erzielt werden.

Manchmal fehlt es aber auch schon an grundlegenden Werkzeugen und Medizinprodukten zur (Erst-)Versorgung von Patienten in entlegenen Regionen. Auch hier schafft die additive Fertigung Abhilfe: Abbildung 14 zeigt (von oben nach unten) eine orthopädische Schiene, ein Dentalwerkzeug, eine Pinzette, einen Skalpellgriff mit Klinge, eine Tuchklemme und einen Tupferhalter, die aus ABS Kunststoff auf einem 3D-Drucker hergestellt werden können.

Damit kann künftig auch auf Raumfahrt-Missionen (etwa zum Mars) eine medizinische Versorgung gewährleistet werden.[33]

1.6 3D-Druck in der Möbelindustrie

Die Möbelbranche gehört zu den Industrien, auf die sich die Nutzung additiver Fertigungstechnologien besonders „disruptiv" auswirken kann. Wer schon einmal Möbel bestellt hat, die nicht aus Schweden stammen, weiß, dass meist viele Wochen oder sogar Monate verstreichen, bis das ersehnte Stück im eigenen Haus steht. Produziert und ausgeliefert wird nicht auf Bestellung einzelner

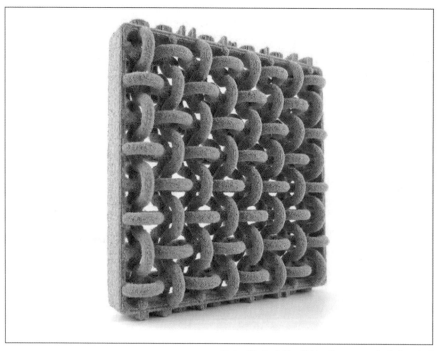

Foto: Materialise (http://www.materialise.de/)

Abb. 15: Ein additiv gefertigtes Gerüst aus einem Holzwerkstoff

Kunden, sondern aus Kostengründen erst dann, wenn eine Mindestanzahl von Bestellungen für ein bestimmtes Möbelstück vorliegt. Die Auswahl moderner Möbel mit gutem Design zu Preisen, die sich Normalverdiener mit Familie leisten können, ist zudem begrenzt, sodass sich die Einrichtung vieler deutscher Wohnzimmer nicht sonderlich voneinander unterscheidet.

All das kann sich durch den 3D-Druck in absehbarer Zeit ändern. Bislang standen dem 3D-Druck in der Möbelherstellung vor allem zwei Hindernisse entgegen: Größenrestriktionen und Materialbeschränkungen. Wie groß ein Werkstück dreidimensional „gedruckt" werden kann, entscheidet die Druckergröße. Als Druckmaterial wurden bis vor nicht allzu langer Zeit noch fast durchweg Kunststoffe verwendet. Beide Hürden sind allerdings dabei zu fallen. So bietet das in Belgien ansässige Unternehmen *Materialise* seit dem Sommer 2015 die Fertigung von Objekten mittels Selektivem Lasersintering (SLS, dazu näheres in Kapitel 2) aus einem Holzwerkstoff an.[34]

Das französische Start Up Unternehmen *Drawn* hat eigens für die Herstellung individueller Möbel auf Kundenwunsch einen 3D-Drucker mit einer Grundfläche von 12 m² entwickelt und kann damit ganze Stühle ausdrucken. Auch wenn dafür momentan noch überwiegend ABS-Kunststoff als Druckmaterial verwendet wird, stehen die Möbel aus dem 3D-Drucker mit einer Belastbarkeit von bis zu 300 kg herkömmlich gefertigten und montierten Möbeln in der Stabilität in nichts nach. Der finnische Designer *Jane Kyttanen* hat mit einem ProX 950 SLA 3D-Drucker von 3D-Systems ein 1,5 Meter langes Sofa hergestellt, das bis zu 100 kg Gewicht tragen kann und dabei nur 2,5 Kilogramm wiegt.[35]

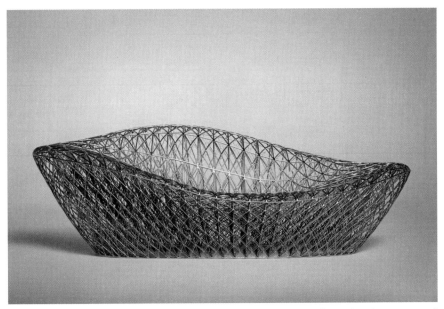

Foto und Design: Jane Kyttanen (www.janekyttanen.com)

Abb. 16: Das Sofa „so good" von Jane Kyttanen

1.7 3D-Druck in der Architektur

Spricht man über additive Fertigung im Hausbau, fällt meist der Name des italienischen Ingenieurs **Enrico Dini**[36], der 2006 einen 3D-Drucker entwickelte, mit dem unter Verwendung von Sand und Wasser Gebäude hergestellt werden können. Das von Prof. Behrokh Khoshnevis an der University of Southern California (USC) für den Hausbau entwickelte „Contour Crafting" Verfahren wird in Kapitel 2 noch im Detail vorgestellt.

In der chinesischen Stadt Suzhou in der Nähe von Shanghai wurde mit einem 3D-Drucker, der über ein Druckbett von über 370 Quadratmetern verfügen soll, bereits eine Villa mit einer Wohnfläche von über 1000 m² Wohnfläche erstellt. Als Druckmaterial wurde wiederaufbereiteter Beton verwendet.[37]

Man muss freilich nicht nach China oder in die USA fliegen, um den Einsatz additiver Fertigungsverfahren in der Architektur zu erleben. In Amsterdam wurden im Sommer 2015 gleich zwei Bauprojekte gestartet, die sich den 3D-Druck zunutze machen. Dort haben DUS architects direkt an den Grachten[38] zwei 3D-Drucker aufgestellt, den „Kamermaker 1.0" und „Kamermaker 2.0", mit denen die moderne Variante eines Grachtenhauses, das **„3D-Print Canal House"** errichtet wird.[39] Als Druckmaterial wird Makromelt, ein von Henkel entwickelter Biokunststoff verwendet, der zu 80% aus Pflanzenöl hergestellt wird und seinen Schmelzpunkt bei 170° Celsius erreicht.[40] Der „Kamermaker 2.0" verfügt über ein integriertes Trockensystem und kann deshalb dreimal so schnell und mit höherer Genauigkeit drucken als die erste Gerätegeneration.

mit freundlicher Genehmigung der MX3D B.V.

Abb. 17: Eine CGI Simulation der Grachtenbrücke von MX3D

Das Start Up Unternehmen *MX3D* plant unterdessen **die Errichtung einer Grachtenbrücke** in Zusammenarbeit mit der Stadt Amsterdam, der TU Delft sowie weiteren Partnern aus verschiedenen Industriesektoren. Die von dem niederländischen Designer *Joris Laarman* entworfene Brücke wird von zwei Industrierobotern errichtet, die auf sechs Achsen frei bewegt werden können und somit nicht mehr den Beschränkungen eines Druckergehäuses und einer vorgegebenen Druckplattform unterliegen.

Der Baubeginn erfolgte im September 2015, der Baufortschritt kann auf der Projektwebsite mitverfolgt werden.[41]

Kann die Druckgeschwindigkeit weiter gesteigert werden und ist die Einhaltung aller Baunormen und sonstigen Anforderungen sichergestellt, kann der 3D-Druck auch die Baubranche revolutionieren. Wenn Häuser direkt auf der „Baustelle" innerhalb von wenigen Tagen mittels 3D-Druck und Robotik errichtet werden und als Druckmaterial wiederverwendbare Werkstoffe zum Einsatz gelangen, wird dies die Arbeit von Architekten, Statikern und den bauausführenden Unternehmen grundlegend verändern.

1.8 Spielwaren und 3D-Druck im Schulunterricht

Der 3D-Druck entwickelt sich in der Spielwarenindustrie zunehmend zu einem Schlüsseltrend. Auf der 3D-Druck-Plattform shapeways[42] wurden im Juni 2015 über 6000 Spielwaren angeboten und führende Spielwarenanbieter sind inzwischen Partnerschaften mit 3D-Druck-Dienstleistern eingegangen. Die US-amerikanische Kette „*Toys „R" Us*" kooperiert seit Ende 2014 mit dem Start-Up Unternehmen *piecemaker*[43] und bietet in einer Pilotphase Kindern die Möglichkeit, in ihren Ladengeschäften ihr eigenes Spielzeug zu gestalten und vor Ort auf 3D-Druckern auszugeben. Vom Druckbefehl bis zum fertigen Spielzeug vergehen höchstens 25 Minuten, einfache Produkte werden in 5 Minuten gedruckt und die Preise sind mit US $ 4.99 bis 12.99 recht moderat. Die „3D toy printing kiosks" sind so gestaltet, dass sie von Kindern leicht zu bedienen sind und es keiner Anleitung durch Ladenangestellte bedarf.[44] Auch auf der Spielwarenmesse 2015 in Nürnberg waren 3D-Drucker der meistbeachtete Trend.[45]

Wer bereits über einen 3D-Drucker verfügt, kann auf der Website www.toyfabb.com in verschiedenen Kategorien wie Tierfiguren, Spielzeugautos oder Bausätze ein Produkt auswählen und sich die Druckvorlage herunterladen. Eltern, die noch keinen 3D-Drucker besitzen, können die Druckvorlage an einen Dienstleister weiterleiten und meist schon am nächsten Tag das gewünschte Spielzeug in Empfang nehmen.

Die Verfügbarkeit einer Vielzahl von 3D-Druckvorlagen für Spielzeug hat inzwischen freilich auch dazu geführt, dass Fans bekannter Fernsehserien oder Filme auf den einschlägigen Plattformen eigene 3D-Modelle hochladen und zum Verkauf anbieten ohne die Zustimmung der Inhaber der Merchandisingrechte eingeholt zu haben.[46] Der durch seine Action-Figuren bekannt gewordene Spielzeughersteller *Hasbro* hat aus diesem Problem eine Tugend gemacht und ein neues Geschäftsmodell entwickelt: Statt die Rechtsverletzer zu verklagen, hat Hasbro mit *shapeways* eine eigene Internet-Plattform errichtet, auf der unter anderem von verschiedenen Designern geschaffene „My Little Pony" Figuren angeboten werden. Die Figuren werden auf Kundenbestellung mittels 3D-Druck hergestellt und sodann direkt an den Kunden versandt.[47]

Dass 3D-Drucker auch zu Unterrichtszwecken eingesetzt werden können, zeigt ein Projekt des Start-Up Unternehmens *Leapfrog*, das in Zusammenarbeit mit Schulen in den Niederlanden 3D-Drucker in die Klassenzimmer bringt und die Erstellung von 3D-Modellen sowie die Vermittlung kreativen und technischen Hintergrundwissens zum Bestandteil des Unterrichtsplans macht.[48] Es wäre sicherlich zu begrüßen, wenn solche Initiativen auch bald in deutsche Schulen Einzug hielten, denn dann könnten Mädchen und Jungen schon früh an den 3D-Druck herangeführt und praktisches Wissen vermittelt werden, das bei der späteren Studien- und Berufswahl wichtige Impulse geben kann.

1.9 Kunst

Das „3D VirtualMuseum" von *Sofia Menconero* und *Giulio Bigliardi* ermöglicht den Download von fast 100 verschiedenen 3D-Modellen, die von der etruskischen Urne über Büsten bis zu Sarkophag- und Grabsteinfragmenten aus vier verschiedenen Museen reichen.[49] Durch die Verwendung von Materialmischungen aus Keramik und Marmor können im 3D-Druck Reproduktionen erzeugt werden, die einen genauen Eindruck von der Oberflächenstruktur der Originale vermitteln und so jedermann einen neuen Zugang zu Kunstwerken verschaffen.

In der sogenannten „Bildenden Kunst"[50] ermöglicht der 3D-Druck zudem Werke, die mit anderen Verfahren oder traditionellen handwerklichen Techniken bislang nicht geschaffen werden konnten. Der Künstler und Unternehmer **Josh Harker**[51] war einer der ersten, der mit 3D-Druckern seine Vorstellungen realisieren konnte und zählt heute zu den bekanntesten Vertretern im Bereich der Nutzung additiver Techniken zur Schaffung innovativer Kunstwerke. Dabei verfolgt er die Absicht, die „Architektur der Phantasie" zu erforschen und ihr eine Form zu geben.[52] Neben anderen Werken stehen dafür die von ihm geschaffenen Bronze-und Polyamid-Plastiken der „Tangle Sculpture Series", die besonders komplexe Strukturen aufweisen[53]:

Die von dem belgischen Künstler *Nick Ervinck*[54] mittels 3D-Druck geschaffene Skulptur AGRIEBORZ entstand nach Gesprächen des Künstlers mit Prof. Pierre Delaere und Koen van Laere, die an der medizinischen Fakultät der Katholischen Universität Leuven forschen. Zur Erstellung der zunächst zweidimensionalen Variante ließ sich der Künstler von anatomischen Darstellungen des menschlichen Kehlkopfes inspirieren, die er zu einem Cyborg ganz eigener Art formte, die 2015 auf der Rapid.Tech Messe in Erfurt[55] und im Museum der bildenden Künste, Brüssel[56] gezeigt wurde:

Foto: Luc Dewaele

Abb. 18: AGRIEBORZ, 2009-2011 von Nick Ervinck, SLS 3D print 53 x 34 x 33 cm; 20.9 x 13.4 x 13 inches

Foto: Luc Dewaele

Abb. 19: IKRAUSIM von Nick Ervinck, SLS 3D print; 60 x 46 x 35 cm; 23.6 x 18.1 x 13.8 inches

1.10 Lebensmittel

Obwohl Kochshows im Fernsehen immer noch Millionen Zuschauer zum Einschalten bewegen, kochen diese beileibe nicht alle täglich selbst. Wie eine aktuelle Studie ergeben hat, greifen vier von zehn Menschen ein- bis zweimal pro Woche zu Fertiggerichten.[57] Kochen wird von immer mehr Verbrauchern als lästige Arbeit empfunden und nach einem langen Arbeitstag fehlt auch oft schlicht die Zeit. Nicht zuletzt seit dem Pferdefleischskandal im Frühjahr 2013 und den Warnungen der Verbraucherzentralen vor der Übertragung von Weichmachern und unbekannten chemischen Verbindungen aus Kunststoffverpackungen für sogenannte „convenience" Produkte[58] ist mancher aber doch ins Grübeln geraten. Fertiggerichte in Dosen kauft nur noch rund ein Drittel der deutschen Haushalte.[59] Dem Zeitmangel ist es wohl auch zu verdanken, dass immer neue Küchenmaschinen auf den Markt kommen,[60] die dem Verbraucher die automatische Zubereitung verschiedenster Gerichte versprechen, dabei aber unterschiedliche Stärken und Schwächen aufweisen. Bei manchen Maschinen müssen erst Zubehörteile angebaut werden, bevor es losgehen kann, viele erfordern ein mehrfaches Eingreifen des Benutzers in die Zubereitung von Speisen und sind in der Bedienung komplex.

Angesichts dieser Situation ist die Herstellung von Lebensmitteln bis hin zu ganzen Mahlzeiten mittels 3D-Druck nur logisch konsequent und ein durchaus vielversprechender Ansatz zur Sicherstellung einer gesünderen Ernährung. Wer bei Lebensmitteln aus dem 3D-Drucker an unappetitlichen Brei aus der Druckerdüse denkt, verkennt nämlich die Möglichkeiten dieser Technologie bei weitem. Die angekündigten oder bereits erhältlichen Geräte wenden sich an unterschiedliche Zielgruppen und lassen sich im Wesentlichen in drei Kategorien einteilen:

Universell einsetzbare 3D-Drucker für Haushalt und Gastronomie

Foto: Bocusini by Print2Taste, 2015

Abb. 20: 3D-Druck eines Desserts mit dem „bocusini"

Vergleichsweise neu sind 3D-Drucker, mit denen sich eine Vielzahl unterschiedlicher Mahlzeiten im Privathaushalt herstellen lassen. Ein Vertreter dieser Gattung ist der auf der 3D-Druck Messe in Erfurt 2015 prämierte „Bocusini" 3D-Drucker des deutschen Start-Ups *Print2Taste*, der mit vom Hersteller bereits befüllten Kartuschen bestückt wird und ohne technische Vorkenntnisse eingesetzt werden kann.[61] Die Bandbreite der angebotenen Lebensmittelmischungen soll künftig von Marzipan und Schokolade über Obst und Gemüse bis zu Molkereiprodukten und Pastateig reichen. Ausgedruckt werden können sowohl eigene Kreationen als auch Vorlagen, die auf einer eigenen Community Plattform im Internet zum Download angeboten werden und per Smartphone an den Drucker übermittelt werden können.[62]

Der von Natural Machines entwickelte *Foodini* 3D-Drucker[63] beruht auf einem offenen Modell und erlaubt die Verwendung leerer, wiederverwendbarer Kartuschen, die der Benutzer selbst befüllen kann.[64] Der Drucker verfügt über bis zu 5 verschiedene Düsen und soll im 1. Quartal 2016 für etwa EUR 1.500,– im Handel erhältlich sein. Die Druckzeiten werden nach Herstellerangabe je nach Komplexitätsgrad und ausgedruckten Mengen zwischen wenigen Minuten bis zu 20 Minuten für aufwendige Patisserie-Modelle betragen. Der Druck einer

Pizza nimmt deutlich weniger Zeit in Anspruch, da das Gerät den Teig selbsttätig ausdruckt und auch gleich die Tomatensoße darauf verteilt; lediglich der Belag muss dann noch von Hand erfolgen:

Fotos: Natural machines (https://www.naturalmachines.com/

Abb. 21: Herstellung einer Pizza mit dem Foodini 3D-Drucker

Neben der Zeitersparnis haben diese Drucker den Vorteil, dass sie den Benutzer in die Lage versetzen, unterschiedlichste Gerichte, Desserts oder Knabberwaren für den Fernsehabend herzustellen, die keine der häufig anzutreffenden Geschmacksverstärker, Konservierungsstoffe und/oder Zusatzstoffe enthalten. Hiervon profitiert nicht zuletzt die zunehmende Zahl der Allergiker und von Lebensmittelunverträglichkeiten Betroffenen.

Lebensmitteldrucker für spezielle Anwendungsbereiche

Neben den in der Lebensmittelherstellung universell einsetzbaren Geräten wurden bereits auf der CES 2015[65] 3D-Drucker vorgestellt, die ausschließlich Schokolade und andere Süßwaren drucken. Der „Chefjet Pro" von 3D-Systems druckt mit Zucker, der mit Wasser gebunden wird und kann komplexe Objekte in Millionen RGB Farben erzeugen. Das *Culinary Institute of America* („CIA", nicht zu verwechseln mit dem bekannten Geheimdienst) setzt den „Chefjet Pro" bereits in der Ausbildung von Patissiers ein.[66] Mit dem ebenfalls von 3D-Systems entwickelten „Cocojet" 3D-Drucker will der größte nordamerikanische Schokoladenhersteller *Hersheys* schon bald den Druck individueller Pralinen ermöglichen.[67]

Fotos: www.colourbox.de

Abb. 22: Pralinen und Pasta – bald auch aus dem 3D-Drucker

Auch der italienische Teigwarenhersteller *Barilla* hat schon vor Jahren mit der Entwicklung eines 3D-Druckers begonnen, mit dem Privathaushalte Nudeln drucken können. Der 2015 auf der Weltausstellung in Mailand vorgestellte Prototyp lässt die Herstellung einer Vielzahl individueller Pasta-Varianten zu und druckt einen Teller Nudeln in zwei Minuten aus.[68] Da die Pasta aus denselben Zutaten besteht wie handgemachte Pasta, dürfte sie auch den geschmacklichen Erwartungen entsprechen, wenn der Drucker auf den Markt kommt.

Das Unternehmen „Modern Meadow" mit Sitz in Brooklyn, New York, geht noch einen Schritt weiter und will mittels 3D-Druck „Steak Chips" aus im Labor kultiviertem Tierfleisch herstellen. Hinter dem Unternehmen steht der Gründer des Bioprint Pioniers *Organovo, Andras Forgacs*. Die Herstellungskosten sind derzeit noch prohibitiv hoch, da ein halbes Kilo „Steak Chips" mehrere tausend Dollar kostet, soll aber drastisch sinken, wenn größere Mengen erzeugt werden. An das Zukunftspotenzial der Steak Chips aus dem 3D-Drucker glaubt auch Justin Rockefeller, der Urenkel des Standard Oil Gründers John D. Rockefeller der schon in das Unternehmen investiert hat.[69]

Schließlich eröffnen 3D-Drucker neue Möglichkeiten auch für die Ernährung von Patienten, die an Schluck- und Kaustörungen (Dysphagie) leiden[70] und für die Ernährung alter Menschen, die wegen des Zustands ihrer Zähne sonst nur pürierte Mahlzeiten zu sich nehmen können. Die Firma Biozoon aus Bremerhaven etwa bietet schon länger sog. „Smoothfood" für Altenheimbewohner an und kann nach eigenen Angaben bereits 80 % aller Lebensmittel mittels Gelierung so aufbereiten, dass sie nicht mehr gekaut werden müssen, aber dennoch geschmacklich dem Original entsprechen. Die Herstellung ist allerdings sehr aufwändig, sodass die Gerichte bislang nur in überschaubaren Stückzahlen angeboten werden konnten. Das soll sich schon 2016 ändern, wenn die Mahlzeiten aus dem 3D-Drucker kommen.[71]

1.11 Sonstige Gebrauchsgegenstände

Die Herstellung verschiedenster Produkte durch den Endverbraucher gewinnt an Bedeutung, das ist klar geworden. Für viele Gebrauchsgegenstände kann man sich inzwischen die Druckvorlagen von Internet-Plattformen herunterladen und auf dem eigenen 3D-Drucker ausdrucken – oder sie einem sog. Dienstleister (der eigentlich keiner ist, mehr dazu in Kapitel 8) zum Ausdruck überlassen. Die bekannteste und wohl auch größte Plattform dieser Art ist derzeit *Thingiverse*[72]. Dort wird vom 3D-Modell für alle nur erdenklichen Gegenstände vom Kaffeemesslöffel bis zur Smartphone-Hülle alles angeboten, was Verbraucher nachfragen. Die Produktkategorien sind dabei nur rudimentär strukturiert, die Suchfunktion erlaubt aber das Auffinden gewünschter Druckvorlagen. Auf dem deutschen 3D-Druck Marktplatz *Trinckle*[73] können ebenfalls allerlei 3D-Modelle für Konsumgüter wie Kaffeebecher oder Visitenkartenetuis heruntergeladen werden.[74]

Der Trend zur fortlaufenden Ausweitung des Angebots an 3D-Modellen für unterschiedlichste Gegenstände hat inzwischen dazu beigetragen, dass vermehrt Anbieter auf den Markt drängen, die sich auf bestimmte Produktkategorien spezialisiert haben. Das 2013 gegründete niederländische Startup *Zazzy*[75] bietet etwa 3D-Modelle für Manschettenknöpfe und andere Schmuckstücke an, die vom Besucher der Seite mittels der von *Zazzy* bereitgestellten, Browser-basierten Software an eigene Vorstellungen angepasst werden können; alternativ können auch eigene Entwürfe hochgeladen werden. Die vom Besucher ausgewählten oder selbst gestalteten Manschettenknöpfe werden dann vom Plattformbetreiber in Gold, Sterling Silber oder Edelstahl gedruckt und ausgeliefert. Als weitere Betreiber ähnlicher Plattformen sind beispielhaft das Augsburger PART.cloud,[76] i.materialise,[77] und cgtrader[78] zu nennen.[79]

Zwar verfügen derzeit erst 2 % der deutschen Haushalte über einen eigenen 3D-Drucker, über zwei Drittel der hierzu befragten Verbraucher wollen aber künftig 3D-Drucker nutzen.[80] Das in der Berichterstattung der Tagespresse gelegentlich skizzierte Szenario einer Verlagerung der Herstellung auch hochwertiger Gebrauchsgüter zum Endverbraucher wird aller Voraussicht nach nicht so bald Realität werden, da es hierzu nicht nur leistungsfähigerer 3D-Drucker, sondern auch „narrensicherer" Herstellungsprozesse bedürfte. Das Potenzial des 3D-Drucks zur Veränderung der Herstellung typischer Alltagsgegenstände durch den Verbraucher sollte aber – bei aller durchaus angebrachten Zurückhaltung gegenüber allzu optimistischen Prognosen – nicht unterschätzt werden.

Anmerkungen

Hinweis: Alle Fußnoten dieses Buches gibt es als kostenloses Dokument unter www.vahlen.de/160 222 32. So müssen Sie keinen Link abtippen.

[1] Vgl. zum Urbee http://www.spiegel.de/netzwelt/gadgets/urbee-2-ein-auto-aus-dem-3-d-drucker-a-886107.html und http://www.stratasys.com/resources/case-studies/automotive/urbee

[2] Der Renault Twizy ist ein elektrischer Kleinwagen für den Stadtverkehr, vgl. http://www.renault.de/renault-modellpalette/ze-elektrofahrzeuge/twizy/twizy/

[3] https://localmotors.com/3d-printed-car/

[4] http://www.divergentmicrofactories.com/

[5] Vgl. hierzu das Video auf http://www.divergentmicrofactories.com/ und die Berichterstattung der BBC auf http://www.bbc.com/autos/story/20150629-divergent-microfactories-targets-3d-printed-performance

[6] http://www.stratasys.com/resources/case-studies/automotive/bmw

[7] http://www.automobil-produktion.de/2015/02/volkswagen-setzt-3d-druck-fuer-produktionswerkzeuge-ein/

[8] www.3s.ford.com

[9] http://www.3d-grenzenlos.de/magazin/zukunft-visionen/forschungsprojekt-prueft-einsatz-der-3d-drucker-im-kfz-service-2743833.html; mehr zum Projekt findet sich auf der Website http://www.kfz-service-engineering-2020.de/

[10] http://3druck.com/forschung/studie-3d-druck-koennte-gewicht-von-flugzeugen-um-bis-zu-7-verringern-1435040/; die Studie ist abrufbar unter http://www.sciencedirect.com/science/article/pii/S0959652615004849

[11] Vgl. http://www.ingenieur.de/Themen/3D-Druck/Ueber-1000-3D-Druck-Bauteile-im-A350 und http://www.flugrevue.de/zivilluftfahrt/flugzeuge/airbus-beschleunigt-a350-produktion-mit-3d-druck/625424

[12] http://www.stratasys.com/materials/fdm/~/media/83DA2BBEE7DE4A669CFEF6B-1FCA118AA.ashx

[13] http://3druck.com/nachrichten/easyjet-will-ersatzteile-kuenftig-mittels-3d-drucker-herstellen-5834953/

[14] http://www.lufthansa-technik.com/de/airtech

[15] http://www.3d-grenzenlos.de/magazin/kurznachrichten/beoing-patent-zum-3d-druck-angemeldet-2783883.html

[16] http://www.nasa.gov/content/open-for-business-3-d-printer-creates-first-object-in-space-on-international-space-station

[17] http://www.shapeways.com/blog/archives/1952-revealing-dita-von-teese-in-a-fully-articulated-3d-printed-gown.html

[18] Vgl. http://www.electroloom.com/

[19] http://www.heise.de/newsticker/meldung/Electroloom-3D-Drucker-fuer-Kleidung-2657261.html

[20] Vgl. http://3druck.com/objects/schuhindustrie-entdeckt-rapid-manufacturing-mittels-3d-drucker-121279/

[21] https://www.derhandel.de/news/technik/pages/E-Commerce-Otto-und-Zalando-ungleiche-Rivalen-im-Online-Modehandel-9329.html

[22] Vgl. dazu https://www.ethz.ch/de/news-und-veranstaltungen/eth-news/news/2013/12/smartphone-wird-3d-scanner.html

[23] http://pensardevelopment.com/projects/dna-shoe-concept/

[24] https://www.datacenter-insider.de/index.cfm?pid=7537&pk=397787&fk=558228&op=1&type=article

[25] http://news.nike.com/news/nike-debuts-first-ever-football-cleat-built-using-3d-printing-technology#/inline/17744

[26] http://www.forschung-und-wissen.de/nachrichten/technik/organe-aus-dem-3d-drucker-13372195

[27] http://www.deutsche-gesundheits-nachrichten.de/2014/12/16/3d-drucker-ermoeglichen-titan-implantate-fuer-die-wirbelsaeule/

[28] Vgl. http://pubs.acs.org/doi/abs/10.1021/nl4007744 und http://www.nature.com/news/the-printed-organs-coming-to-a-body-near-you-1.17320

[29] http://www.uniklinik-freiburg.de/nc/presse/pressemitteilungen/detailansicht/presse/408.html

[30] http://www.dw.de/knochen-aus-dem-3d-drucker/a-18353011

[31] http://www.organovo.com/tissues-services/exvive3d-human-tissue-models-services-research/3d-human-liver-tissue-testing

[32] Vgl. http://3druck.com/forschung/wissenschaftler-verzeichnen-entscheidende-erfolge-im-bereich-3d-bioprinting-5034491/ und https://www.tum.de/die-tum/aktuelles/pressemitteilungen/kurz/article/32413/

[33] Vgl. hierzu auch weiterführend *Wong JY, On-site 3D printing of functional customized mallet splints for Mars analogue crew member*, Aerosp Med Hum Perform 2015; 86(10):911–14.; *Wong JY*, Aerosp Med Hum Perform 2015, 86(9):830–34 sowie *Wong JY. Evaluating the functionality and cost benefits of a 3D printed thermoplastic dental instrument for long-duration space missions* [Abstract], Aerosp Med Hum Perform 2015, 86(3):219 und *Wong JY, Pfahnl AC., 3D printing of surgical instruments for long-duration space missions*, Aviat Space Environ Med 2014, 85:758–63.

[34] http://3druck.com/3d-druckmaterialien/materialise-bietet-holzmaterial-fuer-sls-3d-druck-service-an-4834930/

[35] http://3druck.com/kunst/sofa-so-good-3d-gedrucktes-sofa-von-janne-kyttanen-1434902/

[36] http://3dprinting.com/materials/sand-glue/the-story-of-enrico-dini-the-man-who-prints-houses/

[37] http://www.welt.de/finanzen/immobilien/article140264641/Die-chinesische-Luxus-Villa-aus-dem-3-D-Drucker.html

[38] https://de.wikipedia.org/wiki/Gracht

[39] Weitere Informationen hierzu und der Baufortschritt können auf der Website des „3D Print Canal House" unter http://3dprintcanalhouse.com/what-is-the-3d-print-canal-house-2 abgerufen werden.

[40] Vgl. zu den technischen Eigenschaften das Datenblatt, abrufbar unter http://www.henkel-adhesives.de/industrielle-anwendungen/produktsuche-4248.htm?nodeid=8797706944513

[41] Mehr zum Projekt ist abrufbar unter http://mx3d.com/projects/bridge/

[42] http://www.shapeways.com/marketplace/games/toys/?s=0#more-products

[43] http://piecemaker.com/

[44] http://3dprint.com/45003/piecemaker-3d-print-toys/

[45] http://www.derwesten.de/wirtschaft/3d-drucker-fuer-kinder-ist-der-trend-auf-der-spielwarenmesse-id10263679.html

[46] Vgl. hierzu noch unten Kapitel 4

[47] http://www.shapeways.com/superfanart/mylittlepony

[48] Vgl. www.leapfrg.com/eduation

[49] http://www.3d-archeolab.it/3d-virtual-museum/

[50] Zu Begriff und Entwicklung der bildenden Kunst vgl. https://de.wikipedia.org/wiki/Bildende_Kunst

[51] http://www.joshharker.com/blog/

[52] http://www.joshharker.com/?page_id=76

[53] Den Entstehungsprozess dieser komplexen Skulpturen kann man auf der Website des Künstlers nachverfolgen: http://www.joshharker.com/?p=489

[54] http://www.nickervinck.com/index.php

[55] http://www.rapidtech.de/rapidtech.html

[56] www.bozar.be; zur Ausstellung http://www.bozar.be/en/activities/81202-making-a-difference-a-difference-in-making (aufgerufen im Juni 2015)

[57] http://ptaforum.pharmazeutische-zeitung.de/index.php?id=3052

[58] http://www.verbraucherzentrale-bayern.de/mediabig/232374A.pdf

[59] http://lebensmittelpraxis.de/sortiment/12249-fertiggerichte-beleben-de-ma%C3%9Fnahmen-sind-notwendig.html

[60] http://www.zeit.de/wirtschaft/unternehmen/2014-12/thermomix-vorwerk-mixer

[61] Vgl. http://www.print2taste.de/; vgl. auch http://www.3d-grenzenlos.de/magazin/3d-drucker/bocusini-3d-drucker-und-community-27103983.html

[62] www.bocusini.com

[63] https://www.naturalmachines.com/

[64] Ansehen kann man sich das auf http://www.huffingtonpost.com/2014/12/21/3d-printed-cookies_n_6354264.html

[65] Consumer Electronics Show in Las Vegas, siehe http://www.cesweb.org/

[66] http://www.boulderweekly.com/print-article-14588-print.html

[67] http://www.3dsystems.com/press-releases/3d-systems-previews-new-chocolate-3d-printer-cocojettm-2015-international-ces

[68] http://www.sueddeutsche.de/wirtschaft/wie-gedruckt-jedem-seine-nudel-1.2478307

[69] http://www.3ders.org/articles/20150415-rockefeller-heir-invests-in-brooklyn-based-3d-printed-meat-company-modern-meadow.html

[70] http://www.ingenieur.de/Themen/3D-Druck/Essen-3D-Drucker-verhindert-toedliches-Verschlucken

[71] http://www.faz.net/aktuell/wirtschaft/unternehmen/biozoon-pulverisiert-essen-bald-mit-3d-druckern-13054814.html

[72] www.thingiverse.com

[73] www.trinckle.de

[74] http://www.trinckle.com/shop.php?catID=109&part=4

[75] Siehe http://zazzy.me/products/cufflink/; Zu zazzy vgl. auch http://www.heise.de/make/meldung/Zazzy-Marktplatz-fuer-Schmuck-aus-dem-3D-Drucker-2598205.html

[76] http://b2b.partcommunity.com/community/partcloud/

[77] http://i.materialise.com/

[78] http://www.cgtrader.com/

[79] Eine laufend aktualisierte Liste der bedeutendsten Plattformen für 3D-Druck-Dienstleistungen findet sich unter http://3druck.com/3d-modell-plattformen

[80] http://www.hardwarejournal.de/3d-drucker-liegen-im-trend.html

2.1 Von der Cheops Pyramide zum 3D-Druck

Das Prinzip des additiven, schichtweisen Aufbaus haben schon die Ägypter gekannt, die danach 2467 vor Christus die Cheops Pyramide errichtet haben.[1]

Foto: © www.colourbox.de

Abb. 23: Die Cheops Pyramide

In der Serienfertigung werden heute allerdings noch ganz überwiegend sog. subtraktive Verfahren eingesetzt, bei denen das Rohmaterial z. B. durch Schleifen, Fräsen und Drehen so lange bearbeitet wird, bis es die gewünschte Form aufweist. Im Automobilbau werden Motorenteile im Gussverfahren hergestellt, Karosserieteile aus großen Blechrollen geschnitten, gepresst und lackiert. Erst in der Fahrzeugmontage werden dann alle Teile zu einem PKW zusammengefügt. Diese Art der Serienfertigung war lange Zeit die einzige Möglichkeit zur industriellen Herstellung von Investitions- und Konsumgütern.

3D-Drucker arbeiten nach einem anderen Prinzip, nämlich dem der additiven Fertigung, von der es verschiedene Varianten gibt. Wie der Begriff „additiv" schon andeutet, ist allen diesen Verfahren gemein, dass das Endprodukt Schicht um Schicht aufgebaut, eine Schicht also zur bereits erzeugten „addiert" wird. Obwohl der 3D-Druck erst in jüngster Zeit zum Thema für die Tagespresse geworden ist, gibt es ihn immerhin nun auch schon seit über dreißig Jahren.[2] Statt Material etwa von einem Metallblock abzutragen, wird in der additiven Fertigung solange Material zum Werkstück hinzugefügt, bis die gewünschte Form erreicht wird. Während etwa beim Spritzgussverfahren zunächst eine Gussform erstellt wird, in die dann Kunststoff eingespritzt wird, wird beim 3D-Druck das Material auf einer Plattform lediglich schichtweise zu einem dreidimensionalen Objekt aufgebaut. Einer Gussform oder eines Negativs bedarf es hierfür nicht. Im allgemeinen Sprachgebrauch hat sich mittlerweile der Sammelbegriff „3D-Druck" für alle additiven bzw. generativen Fertigungsverfahren eingebürgert, weshalb wir ihn in diesem Buch sowohl für die industrielle additive Fertigung als auch die Herstellung von Gebrauchsgegenständen durch den Heimanwender verwenden.

Bei den additiven Fertigungsverfahren gibt eine digitale Druckvorlage, also eine Softwaredatei, einem „3D-Drucker" vor, wie das zu erstellende Objekt auszusehen hat und wie es aufzubauen ist. Je nach verwendetem Material und Verfahren weist das Endobjekt unterschiedliche erwünschte Eigenschaften auf: etwa eine besondere Belastbarkeit, Wärmeleitfähigkeit oder Zugfestigkeit.

Augenblicklich gibt es rund ein Dutzend Fertigungsverfahren, von denen wir hier nur die wichtigsten kurz beschreiben wollen. So kann sich der Leser ein erstes Bild über die grundlegende Funktionsweise und die Vor-und Nachteile der einzelnen Verfahren machen. Zu den hier beschriebenen Verfahren kommen laufend neue hinzu, bei denen es sich allerdings meist um Varianten der bereits bekannten Fertigungstechniken handelt.

2.2 Aktuelle 3D-Druckverfahren im Überblick

2.2.1 Stereolitografie

Das erste 3D-Druckverfahren überhaupt war die von dem Ingenieur Chuck Hall erfundene Stereolitografie. Bei diesem Verfahren muss die CAD-Datei, die das 3D-Modell enthält, zunächst konvertiert werden, damit das gewünschte Objekt gedruckt werden kann. Das hierzu immer noch am häufigsten verwendete Dateiformat ist das ursprünglich von Chuck Hall geschaffene STL Format. Die Dateiendung „.STL" steht für „Surface Tesselation Language", oder – wie wir meinen, noch treffender – „Standard Triangulation Language". Der etwas sperrige Begriff der „Triangulation" beschreibt schon, woraus eine .STL Datei besteht, nämlich aus einer Vielzahl von Dreiecken (lateinisch: „trianguli"). Die nachfolgend eingeblendete Grafik zeigt den Prozess von der Umwandlung des CAD-Modells in die .stl Datei über die Aufteilung in Schichten und die Erzeugung des druckbaren G-Code durch den „Slicer":

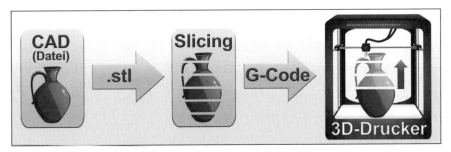

Infografik: eos

Abb. 24: Von der CAD-Datei zum fertigen Bauteil

Wie exakt das Druckergebnis ausfällt, hängt entscheidend von der Schichtstärke ab: Je dünner die Schichten ausfallen, desto besser ist das Druckergebnis. Umso weniger kommt es auch zum sog. „Treppenstufeneffekt", wie er etwa von digitalen Fotos mit niedriger Auflösung bekannt ist und ähnlich auch im 3D-Druck bei größeren Schichten auftreten kann. Die so erzeugten Daten werden sodann an die Druckvorrichtung gesendet, die im Wesentlichen aus einem Bassin mit flüssigem Kunststoff (sog. Photopolymeren[3]) und einer Lasereinheit oder einer anderen Lichtquelle besteht. Der Laser „belichtet" anhand der empfangenen Daten den flüssigen Kunststoff, der sich dadurch verfestigt und die Form der ersten Schicht annimmt. Im nächsten Arbeitsschritt wird die Arbeitsplattform abgesenkt und der Vorgang so lange wiederholt, bis das 3D-Modell Schicht um Schicht vollständig aufgebaut ist:

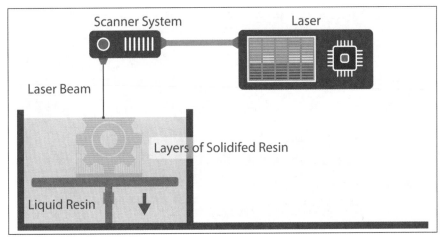

Grafik: James Blackburn © 3dprintingindustry.com

Abb. 25: Das Stereolitografie-Verfahren

Nach Abschluss des Druckvorgangs muss das Objekt in einem UV-Ofen noch nachgehärtet werden, um die gewünschte Festigkeit zu erhalten.

Das neuere **Scan-LED ("SLT") Verfahren** unterscheidet sich von der „klassischen" Stereolitografie lediglich durch die verwendete Lichtquelle: Es wird kein Laser, sondern eine LED Lichtquelle eingesetzt, was den Vorteil eines geringeren Wartungsaufwandes hat.[4]

Die Vorteile des Stereolitografie-Verfahrens liegen vor allem in dem vergleichsweise geringen Materialverbrauch und niedrigen Kosten bei hoher Genauigkeit der Druckergebnisse, die umfassend nachbearbeitet und dabei auch nachträglich eingefärbt werden können. Wie bei anderen additiven Fertigungsverfahren werden zudem keine Formen und kaum Werkzeuge für die Herstellung benötigt.

Ein nicht unerheblicher Nachteil dieses Druckverfahrens liegt allerdings darin, dass als Druckmaterial bislang nur Kunststoffe oder Kunststoffe mit Keramikbeimischungen verwendet werden können. Wegen dieser eingeschränkten Materialauswahl ist die Stereolitografie in der Industrie von geringerer Bedeutung als andere additive Fertigungsverfahren, die nachfolgend noch im Einzelnen dargestellt werden.

Dass beide Nachteile schon bald der Vergangenheit angehören könnten, zeigt allerdings die Entwicklung eines neuen Verfahrens, bei dem die Belichtung des flüssigen Kunstharzes durch ein Fenster im Beckenboden erfolgt. Auch bei diesem als „Continuous Liquid Interface Production" („CLIP") bezeichneten Verfahren erfolgt der Aufbau des Objekts in Schichten, die nur noch eine Stärke zwischen 1 µm und 100 µm haben. Die folgende Grafik verdeutlicht das Prinzip:

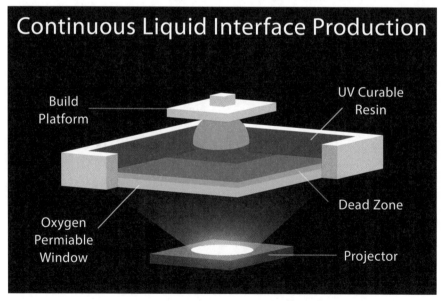

Grafik: Carbon 3D/Joseph de Simone

Abb. 26: Continuous Liquid Interface Production

Der Werkstoff, ein Polymerharz, befindet sich bei diesem Verfahren in einer Wanne, in deren Boden ein UV-Licht durchlässiges Fenster integriert ist. Durch dieses Fenster wird ein genau definierter Teilbereich des Harzes belichtet und damit verfestigt. Das Werkstück wird sodann gerade nur soweit aus dem Werkstoffbecken angehoben, dass weiteres Harz unter das Werkstück fließen und belichtet werden kann. Mittels einer unter dem Harz liegenden, sauerstoffdurchlässigen Membran wird eine „tote Zone" geschaffen und verhindert, dass sich das Harz an dem Fenster festsetzt. Die Entwickler dieses Verfahrens halten es für möglich, eine bis zu 100mal schnellere Druckgeschwindigkeit als mit herkömmlichen Stereolitografie-Verfahren zu erreichen.[5]

Wie das CLIP-Verfahren zeigt, werden manche Einschränkungen, die heute noch für den 3D-Druck gelten, schneller überwunden als manche Kritiker glauben. Bevor wir uns weitere 3D-Druckverfahren ansehen, sei noch angemerkt, dass der Versuch, das STL-Format durch ein nicht proprietäres Dateiformat abzulösen, bislang nicht allzu erfolgreich verlaufen ist. Das neuere AMF-Format (**A**dditive **M**anufacturing **F**ile Format) hat gegenüber dem STL-Format zwar eine Reihe von Vorteilen, da es z. B. den mehrfarbigen Druck sowie die gleichzeitige Verarbeitung mehrerer Materialien (die sog. „Multimaterialverarbeitung") unterstützt und eine Biegung der zur Triangulation von Oberflächen verwendeten Dreiecke zulässt und damit wesentlich genauere Oberflächen ermöglicht.[6] Diese Vorzüge haben aber nichts daran geändert, dass das STL-Format nach wie vor den de-facto Branchenstandard zur Beschreibung dreidimensionaler Objekte für den 3D-Druck darstellt.[7] Die bessere technische Lösung setzt sich eben nicht immer durch.

2.2.2 Digital Light Processing (DLP)

Das von der Firma *Texas Instruments* entwickelte DLP-Verfahren ist eine Projektionstechnologie, die in der additiven Fertigung anstelle des üblichen Lasers eingesetzt wird. Dabei wird Licht mittels reflektiver Mikrospiegel aus Aluminium (sog. micromirror devices, auch „DMD") auf das Bauteil gelenkt.

Das sieht dann so aus:

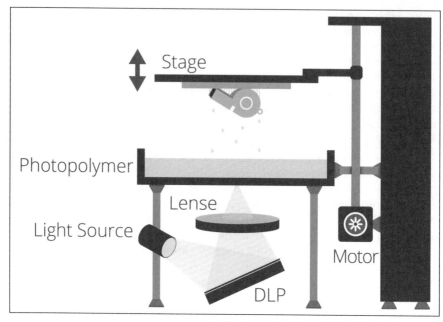

Abb. 27: Digital Light Processing (DLP)

Das DLP-Prinzip wird seit vielen Jahren in Büro- und Heimkino-Projektoren („Beamern") verwendet. Mittlerweile gibt es bereits verschiedene Crowdsourcing-Projekte für 3D-Drucker zum Privatgebrauch, die mit handelsüblichen Beamern betrieben werden können und auch schon erste Angebote zum Kauf solcher Geräte.[8]

2.2.3 Film Transfer Imaging (FTI)

Auch beim Film Transfer Imaging wird zur Aushärtung des Druckmaterials ein Beamer als Lichtquelle benutzt. Der zu belichtende (flüssige) Kunststoff wird aber nicht in einem Becken bereitgestellt, sondern in einer dünnen Schicht auf einer Folie aufgetragen.[9] Der Beamer belichtet dann den Kunststofffilm durch die Folie. Ist die erste Schicht ausgehärtet, wird sie von der Folie angehoben, eine neue Kunststoffschicht auf die Folie aufgetragen und wieder auf die Folie abgesenkt, damit sie sich mit der zweiten Schicht verbinden kann. Dieser Vorgang wird solange wiederholt, bis das Werkstück fertig gestellt ist. Der Vorteil dieser Technik ist die hohe Fertigungsgenauigkeit, nachteilig ist der ebenfalls hohe Materialverbrauch.[10]

2.2.4 Selektives Laser Sintern (SLS) und Selektives Laser Schmelzen (SLM)

Das Selektive Lasersintern beruht auf einer Erfindung von Carl Deckard an der University of Texas at Austin aus dem Jahr 1984, der damals die Idee hatte, Pulverpartikel mit einem Laserstrahl so anzuschmelzen, dass sie sich miteinander verbinden und ein Bauteil daraus entsteht.[11] Ebenso wie bei den oben beschriebenen Stereolitografie-Verfahren wird auch bei diesem Verfahren eine STL-Datei benötigt, welche die mittels „Slicing" erzeugten Schichten des 3D-Modells enthält, die an den Drucker übermittelt werden. Dort werden sie von einem Scanner zur Steuerung des Lasers genutzt, der ein Metall- oder Kunststoffpulver „sintert" also durch Erhitzen oberflächlich zum Schmelzen bringt. Das Pulver wird dabei nur angeschmolzen, aber nicht vollständig verflüssigt, wodurch es zu einer Verbindung der Partikel sowohl untereinander wie auch mit der darunterliegenden Schicht kommt. Dieser Vorgang wird nach dem Absenken der Druckplattform solange wiederholt, bis das gewünschte Objekt fertig gestellt ist, wobei vor der Herstellung einer neuen Schicht mittels einer Walze neues Pulver aus einem Vorratsbehälter zur eigentlichen Druckkammer transportiert wird:

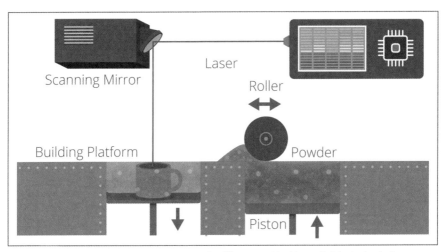

Grafik: James Blackburn © 3dprintingindustry.com

Abb. 28: Selektives Lasersintern

Der vielleicht größte Vorteil des Selektiven Lasersinterns liegt wohl darin, dass es die Herstellung komplexer dreidimensionaler Körper gestattet, die bereits sog. „Hinterschneidungen", wie z. B. Lüftungskanäle enthalten. Der nachfolgend abgebildete Wärmetauscher für einen PKW verdeutlicht dies:

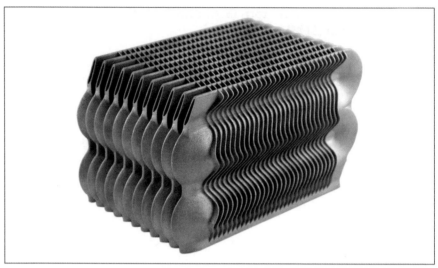

Abb. 29: Automobil-Wärmetauscher

Da die mittels Lasersintern erstellten Produktschichten selbsttragend aufgebaut werden können, werden nicht unbedingt Stützstrukturen benötigt, wie sie etwa beim (sogleich noch erörterten Fused Deposition Modeling) stets erforderlich sind, um das Werkstück während des Druckvorgangs in der richtigen Position zu halten und weitere Schichten auftragen zu können.[12] Dies hat den Vorteil eines geringeren Nachbearbeitungsaufwandes und der Zeitersparnis, da nach Fertigstellung des Werkstücks ein Bearbeitungsschritt (die Entfernung der Stützkonstruktion) entfallen kann.

Ein bekannter Nachteil ist die hohe Verarbeitungstemperatur, die entsprechend lange Abkühlzeiten erforderlich macht und die Porosität des gesinterten Werkstücks. Dennoch sind mittels SLS erzeugte Werkstücke formstabiler als solche, die mittels Stereolitografie hergestellt wurden. Sie verfügen aber nicht über deren glatte Oberfläche und Maßgenauigkeit.

Das Laserstrahlschmelzen (**Selective Laser Melting, kurz „SLM"**) ist eine Variante des Selektiven Lasersinterns. Vom Lasersintern (SLS) unterscheidet es sich dadurch, dass beim Lasersintern das Druckmaterial (Kunststoff- oder Metallpulver) nur angeschmolzen wird, während es beim Laserschmelzen zur vollständigen Schmelzung (Verflüssigung) von Metallpulver (nicht Kunststoffpulver) kommt.[13] Beim Laserschmelzen kann das Werkstück auch zugleich mit mehreren Lichtquellen bearbeitet und so die Druckgeschwindigkeit erhöht werden.

Eine weitere Spielart dieser Verfahren ist das sog. **Selective Heat Sintering** (**„SHS"**) bei dem anstelle eines Lasers ein erhitzter Druckkopf zum Einsatz kommt, was Kostenvorteile bietet und den Bau kleinerer Desktop-Drucker ermöglicht.

2.2.5 Fused Deposition Modeling (FDM) und Free Form Fabrication (FFF)

Das Fused Deposition Modeling oder auch „Schmelzschichtungsverfahren" wurde 1989 von S. Scott Crump, dem Gründer der *Stratasys Ltd.* erfunden. Als Druckvorlage dient wie bei den oben bereits beschriebenen Verfahren eine STL Datei und ein in Schichten aufgeteiltes 3D-Modell des herzustellenden Gegenstandes. Gedruckt wird mittels eines Kunststoffadens („Filament"), der durch eine erhitzte Düse gepresst („extrudiert") wird:

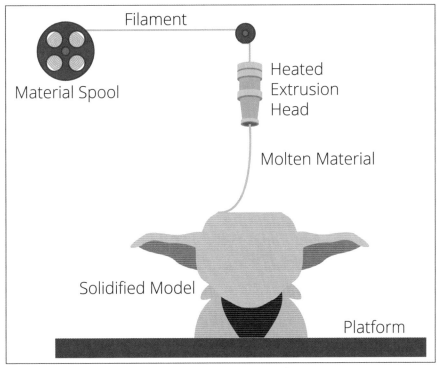

Grafik: James Blackburn © 3dprintingindustry.com

Abb. 30: Fused Deposition Modeling

Der geschmolzene Kunststoff tritt aus der Düse aus und wird kontinuierlich oder in Tropfen schichtweise auf einer Plattform aufgetragen. Dort lässt man ihn dann abkühlen und aushärten.[14] Zur Abstützung überhängender Bauteile erzeugt der 3D-Drucker zugleich eine Stützstruktur, die nach dem Aushärten der zunächst noch halbflüssigen Kunststoffmasse leicht und rückstandslos entfernt werden kann. Die Druckergebnisse sind formstabil, halten Umwelteinflüssen stand und können komplexe Geometrien aufweisen, die anders nur schwer oder gar nicht herzustellen wären.[15] Als Druckmaterial wird neben sog. Polylactiden (PLA) meist ABS-Kunststoff oder FDM Nylon verwendet.

Anstelle des von der Firma *Stratasys* geprägten Begriffs des „Fused Deposition Modeling" wird auch der herstellerneutrale Begriff der **„Fused Filament Fabrication" (FFF)** verwendet, der von den Initiatoren des RepRap Projekts eingeführt wurde.

Wenn Sie nicht Ingenieur sind, wird Ihnen der Begriff der Extrusion wahrscheinlich neu sein. Die Wahrscheinlichkeit, dass Sie schon einmal mit dem diesem Verfahren zugrundeliegenden Prinzip in Berührung gekommen sind, ist allerdings relativ hoch, denn zu den Produkten die damit – vielleicht auch bald auf 3D-Druckern – hergestellt werden, zählen auch Erdnussflips für den Fernsehabend.[16]

Der nächste Mars Rover der NASA enthält nicht weniger als 70 Bauteile, die unter Anwendung des FDM-Verfahrens im 3D-Druck hergestellt wurden.

Foto: Stratasys

Abb. 31: Der NASA Mars Rover

2.2.6 Glass 3D Printing (G3DP)

Dass laufend neue 3D-Druckverfahren erfunden werden, zeigt beispielhaft die Vorstellung eines dem FDM ähnlichen Verfahrens zur Herstellung von Glasobjekten durch eine internationale Forschergruppe im Sommer 2015.[17] Die besondere Herausforderung bei der additiven Fertigung von Erzeugnissen aus Glas liegt darin, dass die dazu verwendeten Materialien erst bei Temperaturen zwischen 1600–1800 °C schmelzen. Wesentliches konstruktives Element der von den Forschern entwickelten Anlage ist daher eine aus Keramik gefertigte Schmelzkammer, in der eine konstante Temperatur von 1040–1165 Grad Celsius erzeugt wird, um den Werkstoff Glas in einem verarbeitungsfähigen Zustand

zu halten. Die durchschnittliche Glastemperatur beim Austritt aus der Druckerdüse beträgt 990 Grad Celsius.

Die Beschickung der Schmelzkammer erfolgte bei den ersten Versuchsanord-
nungen entweder durch die Erhitzung von Glas-Partikeln die im Drucker auf
rund 1165 Grad Celsius erwärmt wurden oder durch die Entnahme von Glas
aus einem Hochofen und anschließende Einbringung in den Drucker. Die so er-
wärmte Glasmasse läuft dann der Schwerkraft folgend durch die Druckerdüse.
Nach Beendigung des Druckvorgangs werden die auf diese Weise gefertigten
Glasobjekte noch einer Kantenglättung unterzogen und raue Stellen poliert, die
durch den Kontakt mit der Druckplattform entstanden sind.

2.2.7 Inkjet Verfahren

1. Tintenstrahl-Pulverdruck („Binder Jetting")

Das sog. „Binder Jetting", das auch als „3D (Tintenstrahl)-Pulverdruck" bezeichnet wird, wurde von Emmanuel Sachs, John Haggerty, Michael Cima
und Paul Williams erfunden und im Jahr 1994 für das Massachusetts Institute
of Technology (MIT) patentiert.[18] Das Verfahren ähnelt dem herkömmlichen
Tintenstrahldruck, der Druckkopf sprüht allerdings statt Tinte ein Bindemittel
(Klebstoff) auf eine dünne Pulverschicht und nicht auf Papier. Nach Bindung
des Pulvers wird die Druckplattform von einem Kolben nach unten bewegt
und mittels einer Walze eine neue Pulverschicht aus dem Pulver-Tank auf der
Arbeitsfläche aufgebracht, die wiederum mit Bindemittel besprüht wird. Dieser
Vorgang wird so lange wiederholt, bis der gewünschte Gegenstand Schicht um
Schicht gedruckt ist:

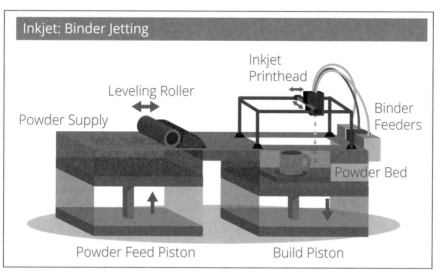

Grafik: James Blackburn © 3dprintingindustry.com

Abb. 32: Binder Jetting

Das Verfahren hat verschiedene Vorteile gegenüber anderen 3D-Druckver-fahren. Zunächst wird keine Stützstruktur für den Druck des gewünschten Gegenstandes benötigt, da das Werkstück vom Pulverbett selbst gehalten wird. Die Druckkosten sind niedrig, es können komplexe Formen gedruckt werden, die hohen Temperaturen standhalten und die Bandbreite möglicher Druckmaterialien reicht von Metall über Sand zu Keramik. Mit der Einführung des Modells VXC800 durch Voxeljet sind zudem die bislang bestehenden Grö-ßenbeschränkungen für Werkstücke weitestgehend entfallen, da die Länge der Formen bei dieser Anlagenform nahezu unbegrenzt ist.[19]

Nachteilig ist die geringere Festigkeit der so hergestellten Gewerke. Dadurch ergibt sich die Notwendigkeit einer Nachbearbeitung der Druckergebnisse mit Wärme oder ein sog. „Infiltrieren" mit Verbundstoffen. Außerdem erreichen im 3D Pulverdruck hergestellte Objekte in der Regel (noch) nicht dieselbe Ge-nauigkeit und Oberflächenqualität wie die mittels Stereolitografie oder Selek-tivem Lasersintern gefertigten Werkstücke. Ein weiteres Hindernis sind die derzeit noch recht hohen Kosten für entsprechende Drucker, die sich zwischen EUR 50.000,– und EUR 2 Millionen bewegen.[20] Additive Fertigungsanlagen für die industrielle Anwendung, die nach anderen Verfahren arbeiten, sind allerdings derzeit kaum kostengünstiger zu bekommen und erfordern oft noch höhere Investitionen.

2. *Material Jetting (MJ), Photopolymer Jetting (PJ) und Multi Jet Modeling (MJM)*

Unter dem Sammelbegriff[21] „Material Jetting" wird ein 3D-Druckverfahren verstanden, bei dem kein Bindemittel, sondern das flüssige oder geschmolzene Druckmaterial durch die Druckerdüsen ausgegeben wird und zugleich die für dieses Verfahren benötigten Stützstrukturen durch andere Düsen erzeugt wer-den. Als Druckmaterial gelangen entweder selbstständig aushärtende Wachse oder lichtempfindliche Kunststoffe (Photopolymere) zum Einsatz, die mit UV Licht ausgehärtet werden, bevor die nächste Schicht aufgetragen wird. Ist von **Material Jetting** die Rede, so ist damit manchmal auch nur ein Verfahren gemeint, bei dem mit Wachsen gedruckt wird,[22] während beim Photopolymer Jetting" immer mit Kunststoffen gedruckt wird. Beim **Photopolymer Jetting** können zum Druck ein und desselben Werkstücks verschiedene Polymere verwendet werden und damit Objekte aus unterschiedlichen Werkstoffen im selben Arbeitsschritt hergestellt werden. Außerdem ermöglicht das Photopo-lymer Jetting ebenso wie das Material Jetting unter Einsatz von Wachsen die exakte Einhaltung der Abmessungen des 3D-Modells und besonders feine Oberflächenstrukturen.

Eine weitere Variante dieses Verfahrens ist das sog. „**Multi Jet Modeling**" (MJM), das auch als „**Polyjet Modeling**" („PJ") bezeichnet wird, bei dem ein Größerer Druckkopf mit mehreren Düsen zum Einsatz gelangt, der dieselbe Breite wie die Bauplattform aufweisen kann. Statt geschmolzenem Kunststoff kann auch ein Klebstoff auf ein Metall- oder Glaspulver aufgesprüht werden, der nach Fertigstellung des Werkstücks weggebrannt wird.[23] Die damit herstellbaren

Werkstücke können hitzebeständig, blickdicht oder transparent, fest oder flexibel (gummiartig) ausgeführt werden.[24]

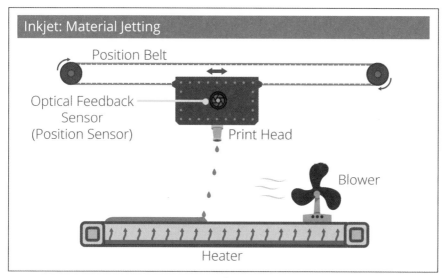

Grafik: James Blackburn © 3dprintingindustry.com

Abb. 33: Material Jetting

3. *Selective Deposition Lamination (SDL), Laminated Object Manufacturing (LOM)*

Wer bis hierhin gelesen hat mag sich vielleicht denken: „Jetzt fehlt nur noch ein 3D-Drucker, der mit Papier druckt." Solche 3D-Drucker gibt es tatsächlich und sie arbeiten mit einem von der Firma Mcor Technologies entwickelten Verfahren, für das sich die Bezeichnung „Selective Deposition Lamination" durchgesetzt hat. Dabei wird das gewünschte Objekt Schicht um Schicht mit handelsüblichem Kopierpapier aufgebaut, indem jede Schicht mit der darunterliegenden durch einen Klebstoff verbunden wird, der nach den Vorgaben des 3D-Modells und der hierzu an den Drucker übermittelten Daten aufgetragen wird.

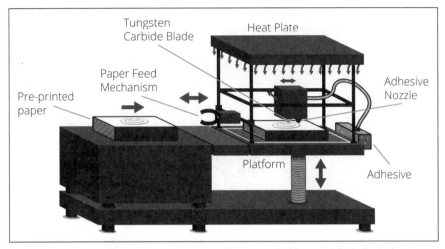

Grafik: James Blackburn © 3dprintingindustry.com

Abb. 34: Selective Deposition Lamination

In den Arbeitsbereichen, die das spätere Objekt bilden wird mehr, in den darum liegenden weniger Klebstoff aufgetragen. Nach Verbindung einer Schicht mit der darunterliegenden schneidet ein Hartstahlmesser die vom 3D-Modell vorgegebenen Konturen in die übereinanderliegenden Blätter bis das Werkstück fertig gestellt ist:

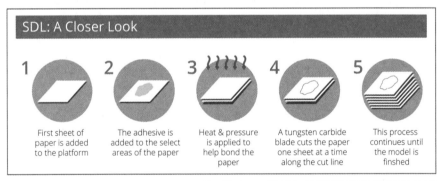

Grafik: James Blackburn © 3dprintingindustry.com

Abb. 35: Die Prozessschritte im SDL-Verfahren

Ein besonderer Vorteil des SDL-3D-Drucks liegt darin, dass damit Werkstücke in allen nur denkbaren, auch mehreren Farben gedruckt werden können. Hierzu muss nur das zuvor entsprechend den Vorgaben des 3D-Modells bedruckte Papier verwendet werden, das dann auch an den Schnittkanten die entsprechende Durchfärbung aufweist. Das Verfahren erlaubt die Herstellung von verwindungssteifen Werkstücken mit engen Toleranzen von 0,1 und 0,012 Millimetern und glatten Oberflächen.[25] Da als Druckmaterialien ausschließlich

Papier und wasserlösliche Kleber verwendet werden, ist das SDL Verfahren auch besonders umweltfreundlich.

Weniger geeignet ist das Verfahren zum Ausdruck komplexer Geometrien und großen Werkstücken, da die Papierformate durch die Kapazität der „Papierschublade" beschränkt ist.

Das **Laminated Object Manufacturing (LOM, Folienlaminierdruck)** arbeitet nach dem gleichen Prinzip, es werden dabei aber Plastikfolien statt Papierblätter als Druckmaterial verwendet.[26]

2.2.8 Electron Beam Melting (EBM, Elektronenstrahlschmelzen)

Die Technik des Elektronstrahlschmelzens wurde von der schwedischen Firma Arcam[27] entwickelt und ähnelt dem oben bereits dargestellten Selektiven Laser Sintering. Anders als beim Laser Sintering wird beim Elektronenstrahlschmelzen jedoch – wie der Name schon sagt – ein Elektronenstrahl (5) eingesetzt, der Metallpulver (8) Schicht für Schicht verschmilzt. Da der Schmelzprozess in einer Vakuumkammer (10) unter Anwendung eines „Warmverfahrens" ausgeführt wird, bei dem das gesamte Druckmaterial auf die optimale Temperatur gebracht wird, werden Druckmaterial und Werkstücke geringeren Belastungen ausgesetzt. Wegen der Möglichkeit zur Herstellung hochdichter Metallobjekte ist das Elektronenstrahlschmelzen für bestimmte Industrien wie z. B. die Automobilhersteller, die Luftfahrt und Hersteller medizinischer Implantate besonders interessant. Das Werkstoffspektrum ist beim Elektronenstrahlschmelzen derzeit allerdings noch im Wesentlichen auf Titanlegierungen beschränkt.

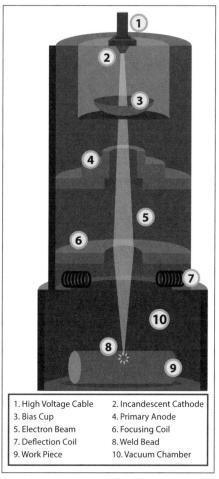

1. High Voltage Cable	2. Incandescent Cathode
3. Bias Cup	4. Primary Anode
5. Electron Beam	6. Focusing Coil
7. Deflection Coil	8. Weld Bead
9. Work Piece	10. Vacuum Chamber

Grafik: James Blackburn
© 3dprintingindustry.com

Abb. 36: Elektronenstrahlschmelzen

2.2.9 Contour Crafting (CC)

Das sog. Contour Crafting wurde von Dr. Behrokh Khoshnevis an der University of Southern California entwickelt. Es erlaubt die Verwendung von Beton als „Druck"-Material, das über eine Düse ausgegeben und mit einem Spachtel aufgetragen wird:

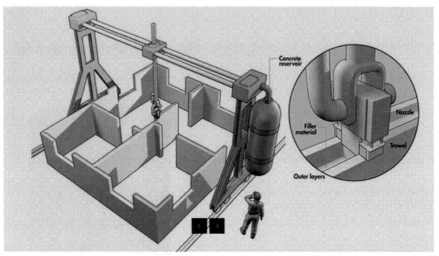

Grafik: Dr. Behrokh Khoshnevis, The University of Southern California (USC)
www.contourcrafting.org

Abb. 37: Hausbau mittels Contour Crafting

Von den meisten anderen additiven Verfahren unterscheidet sich dieses Verfahren insbesondere darin, dass damit sehr große Objekte hergestellt werden können, etwa ganze Häuser. Hinzu kommen erhebliche Zeit- und Kostenvorteile im Vergleich zur traditionellen Bauweise: Ein 186 m² großes Haus kann in weniger als 24 Stunden errichtet werden.[28] In nicht allzu ferner Zukunft könnten nicht nur Bauträger ihren Kunden damit eine Alternative zum Massivbau und zum Fertighaus anbieten, sondern Baumärkte die dafür benötigten Anlagen direkt an Bauherren vermieten. Solange das 3D-Modell von einem Architekten und Statiker erstellt wird und die Baustelle fachgerecht vorbereitet wird, werden damit künftig auch Verbraucher in die Lage versetzt, ihr Eigenheim selbst zu errichten. Das Kosteneinsparungspotenzial ist ähnlich hoch, da die Baukosten nach ersten Schätzungen etwa ein Fünftel der Kosten im herkömmlichen Massivbau betragen werden.[29] Auch wird bereits erforscht, wie das Verfahren zur Errichtung von Raumstationen und Laboren etwa auf dem Mond oder Mars genutzt werden kann.[30] Damit könnten dann unter Verwendung des dort bereits vorhandenen Regolith, einer Mischung aus zermahlenem und zerbrochenem Gestein und erstarrter Gesteinsschmelzen[31] in kürzester Zeit Forschungsstationen erstellt werden.

Foto: Dr. Behrokh Khoshnevis, The University of Southern California (USC)
http://www.contourcrafting.org/

Abb. 38: Errichtung einer Forschungsstation auf dem Mond oder Mars

Auch wenn bis dahin wohl noch mindestens 10 Jahre verstreichen werden, faszinieren und inspirieren die damit eröffneten Möglichkeiten schon heute.

Anmerkungen

Hinweis: Alle Fußnoten dieses Buches gibt es als kostenloses Dokument unter www.vahlen.de/160 222 32. So müssen Sie keinen Link abtippen.

1 http://www.wissenschaft.de/kultur-gesellschaft/archaeologie/-/journal_content/5 6/12054/1228108/2.467-vor-Christus-Altersgeheimnis-der-gro%C3%9Fen-Cheopspy-ramide-gel%C3%BCftet/
2 Der erste, mit dem Stereolitografie-Verfahren gefertigte Gegenstand – ein kleiner Becher – wurde 1983 von dem Ingenieur Chuck Hall hergestellt, der 2014 für die Erfindung dieses Verfahrens und des STL Dateiformats mit der Aufnahme in die US National Inventors Hall of Fame (NIHF) geehrt wurde, vgl. http://globenewswire. com/news-release/2014/03/04/615447/10071035/en/Photo-Release-3D-Systems-Foun-der-Chuck-Hull-to-be-Inducted-Into-the-National-Inventors-Hall-of-Fame.html und http://edition.cnn.com/2014/02/13/tech/innovation/the-night-i-invented-3d-printing-chuck-hall/ sowie unten B. I.
3 Photopolymere sind Kunstharze, die ihren Aggregatzustand ändern, wenn sie Licht ausgesetzt werden, vgl. hierzu im Einzelnen http://en.wikipedia.org/wiki/Photopo-lymer

[4] Vgl hierzu etwa http://3d-labs.de/slt/

[5] Vgl. dazu im Einzelnen *Tumbleston/Shirvanyants/Ermoshkin/Janusziewicz/Johnson/Kelly/ Chen/Pinschmidt/Rolland/Ermoshkin/Samulski/deSimone*, Science Vol. 347 vom 20.03.2015, S. 1349-1352

[6] Zu diesen im Einzelnen https://en.wikipedia.org/wiki/Additive_Manufacturing_ File_Format

[7] http://3druck.com/programme/dateiformate-amf-das-neue-stl-305703/

[8] http://3druck.com/drucker-und-produkte/atum-3d-dlp-3d-drucker-kit-3023242/

[9] Vgl. hierzu etwa http://3dpwiki.org/index.php?title=Film_Transfer_Imaging#Video_ Demonstration

[10] http://3d-druckercheck.de/3d-druck-verfahren/#fti

[11] Wer mehr über die Entwicklungsgeschichte des Selektiven Lasersintering erfahren möchte, findet einen faszinierenden Einblick in die Chronologie der Entwicklungs- arbeit der Ingenieure Deckard, seines Doktorvaters Joe Beaman und Paul Forder- hase auf der Website der University of Texas at Austin: http://www.me.utexas.edu/ news/2012/0712_sls_history.php

[12] Vgl etwa *Berger/Hartmann/Schmid*, Additive Fertigungsverfahren, 1. Aufl. 2013, S. 105

[13] http://de.wikipedia.org/wiki/Lasersintern#Abgrenzung_zum_Selektiven_Laser- schmelzen

[14] Vgl. https://www.additively.com/de/lernen/fused-deposition-modeling#read-advan- tages

[15] Vgl. http://www.stratasys.com/3d-printers/technologies/fdm-technology

[16] http://de.wikipedia.org/wiki/Extrusion_(Verfahrenstechnik)

[17] *John Klein, Michael Stern, Giorgia Franchin, Markus Kayser, Chikara Inamura, Shreya Dave, James C. Weaver, Peter Houk, Paolo Colombo, Maria Yang* und *Neri Oxman*: Additive Manu- facturing of Optically Transparent Glass, in: 3D Printing and Additive Manufacturing, abrufbar unter http://online.liebertpub.com/doi/pdfplus/10.1089/3dp.2015.0021.

[18] http://www.google.com/patents/US5204055

[19] Laut Hersteller misst der Bauraum 850 x 500 Millimeter, eine zum Patent angemel- dete, neuartige Konstruktion mit einem horizontal liegenden Bandförderer, der den Schichtaufbau steuert, ermöglicht aber einen „Endlosdruck", vgl. http://www.voxeljet. de/fileadmin/Voxeljet/Systems/VXC800/3D-Drucker_VXC800_dt_2012-11-16.pdf.

[20] https://en.wikipedia.org/wiki/Powder_bed_and_inkjet_head_3D_printing

[21] So http://www.utwente.nl/ctw/opm/research/design_engineering/rm/RM%20pro- cesses/

[22] So etwa https://www.additively.com/de/lernen/material-jetting

[23] http://de.wikipedia.org/wiki/Multi_Jet_Modeling

[24] Vgl. http://www.stratasys.com/de/materialien/polyjet

[25] Vgl. http://mcortechnologies.com/wp-content/uploads/2014/10/MCOR-PrinterBro- chureNEW-EU-single.pdf

[26] http://www.utwente.nl/ctw/opm/research/design_engineering/rm/RM%20proces- ses/

[27] http://www.arcam.com/technology/electron-beam-melting/

[28] Vgl. http://www.contourcrafting.org/commercial-applications/

[29] Vgl. http://www.contourcrafting.org/commercial-applications/

[30] http://www.nasa.gov/directorates/spacetech/niac/2012_phaseII_fellows_khoshnevis. html#.VX6L4fntlBc

[31] Vgl. *Seroka*, https://www.mineralienatlas.de/lexikon/index.php/Regolith?lang= de&language=german

3.1 3D-Druck: Ein Wachstumsmarkt

3D-Druck Anwendungen wird eine große Zukunft vorausgesagt. Nach einer aktuellen *McKinsey*-Studie werden im Jahr 2025 mit Verkäufen von Produkten, die von Verbrauchern auf dem eigenen 3D-Drucker hergestellt werden können, Erlöse in Höhe von 4 Milliarden US Dollar erzielt. Fünf bis zehn Prozent aller Konsumgüter könnten dann im 3D-Druck hergestellt werden, was zu Kosteneinsparungen von bis zu sechzig Prozent bei den Verbrauchern führen kann. Eindrucksvoll sind aber auch die Prognosen für die industrielle Nutzung additiver Fertigungstechnologien, denn hier wird mit Erlösen von 770 Milliarden US Dollar aus der Herstellung komplexer Produkte in geringen Stückzahlen wie z. B. Implantaten und Motoren-Teilen gerechnet. Bis zur Hälfte dieser Produkte wird im 3D-Druck hergestellt werden und die Verbraucher werden dafür nur noch die Hälfte von dem bezahlen, was sie heute noch für dasselbe, subtraktiv gefertigte Produkt ausgeben müssen.[1] Die auf additive Fertigungstechnologien spezialisierte Unternehmensberatung *Wohlers Associates* erwartet allein bis zum Jahr 2019 ein Wachstum für den 3D-Druck Sektor auf 6,5 Milliarden US Dollar und selbst die niedrigsten Schätzungen gehen bis dahin von einem Marktvolumen von nicht weniger als 3 Milliarden US Dollar aus.[2]

Dass diese Prognosen durchaus realistisch sind, liegt einerseits an den eingangs erläuterten, vielfältigen und teilweise „disruptiven" Anwendungsmöglichkeiten des 3D-Drucks, andererseits an den damit verbundenen wirtschaftlichen Vorteilen, die im folgenden Abschnitt kurz dargestellt werden.

3.2 Kürzere Lieferketten durch 3D-Druck

Die industrielle Serienfertigung von Konsum- und Investitionsgütern ist kostenintensiv und zeitaufwendig und sie beruht meist auf komplexen Lieferketten (sog. „Supply Chains"), in die verschiedene Rohstofflieferanten, Zulieferbetriebe, Hersteller, Lagerhalter sowie Groß- und Einzelhändler eingebunden sind:

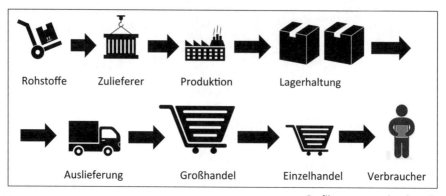

Grafiken: www.colourbox.de

Abb. 39: Herkömmliche Lieferkette

Dass die subtraktive Fertigung dennoch zu einer Erfolgsgeschichte geworden ist, verdankt sie im Wesentlichen den dadurch ermöglichten Skaleneffekten, die die Herstellung eines Produkts zu vertretbaren Kosten oft erst ermöglichen.[3] Geringe Stückzahlen oder gar maßgeschneiderte Produkte lassen sich damit aber nicht wirtschaftlich herstellen. Bereits die Erstellung eines marktreifen Prototypen kostet meist viel Geld und Zeit und ist die Produktion erst einmal angelaufen, gestaltet sich die Vornahme von Änderungen am Endprodukt oft aufwendig.

Demgegenüber sind die Liefer- und Verarbeitungsschritte beim Einsatz additiver Fertigungsverfahren in der industriellen Serienfertigung erheblich kürzer:

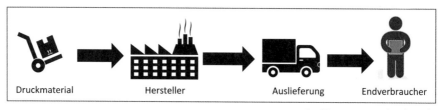

Grafiken: www.colourbox.de

Abb. 40: Verkürzte Lieferkette bei industrieller additiver Fertigung

Noch kürzer wird die Liefer- und Verarbeitungskette dann, wenn der Endverbraucher das Produkt auf seinem eigenen 3D-Drucker selbst ausdruckt:

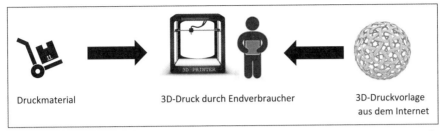

Abb. 41: Verkürzte Lieferkette beim 3D-Druck durch Verbraucher

Liefert der Ersteller der Druckvorlage zugleich das Druckmaterial – was aus den in Ziff. 4 sogleich noch erläuterten Gründen vorteilhaft sein kann – verkürzt sich die Lieferkette auf ein Minimum:

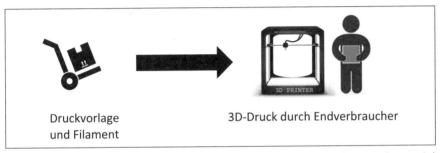

Abb. 42: Verkürzte Lieferkette bei Direktlieferung von Druckvorlage und Material an den Endverbraucher

Die damit ermöglichte Verkürzung der Supply Chain wird **zu zwei tiefgreifenden Veränderungen im Produktionsprozess** führen: Zum einen kann die Produktion mancher Konsumgüter von den Entwicklungsländern wieder dorthin zurückverlagert werden, wo sie an Endverbraucher vertrieben werden sollen, wenn sich durch die additive Fertigung die Lieferketten und damit auch die Herstellungskosten reduzieren lassen. Manche Markenware wird dann nicht mehr in China, sondern wieder in Deutschland hergestellt. Dies bringt neben kürzeren Lieferwegen und Produktionszeiten auch den Vorteil eines effektiveren Rechtsschutzes vor Produktpiraten[4] und höhere Rechtssicherheit mit sich. Obwohl Szenarien, die von einer vollständigen Verschiebung der Produktion aus Asien nach Westeuropa und in die USA ausgehen, unrealistisch sein dürften, ist durchaus wahrscheinlich, dass künftig weniger Waren bewegt und mehr Dateien versandt werden. Warenströme werden also nach und nach durch Datenströme ersetzt werden, wenn statt des Endprodukts das 3D-Modell bzw. die Druckvorlage versandt wird. Auch wenn hochwertige Konsumgüter und technisch anspruchsvolle Produkte heute noch nicht von Endverbrauchern auf dem eigenen 3D-Drucker hergestellt werden, dürfte sich der Strukturwandel vom verarbeitenden Gewerbe zur Dienstleistungsgesellschaft[5] durch additive Fertigungstechnologien weiter verstärken. Unternehmen, deren Wertschöpfung heute noch zu einem erheblichen Anteil auf der Herstellung physischer Produkte beruht, werden sich diesem Wandel nicht entziehen können und künftig vielleicht mehr Umsatz mit dem Design von 3D-Modellen und dem Vertrieb von 3D-Druckvorlagen generieren müssen. Zugleich werden sie ganz gezielt darauf achten müssen, ihre 3D-Modelle vor unbefugten Zugriffen zu schützen, um die Rechte an ihrem geistigen Eigentum und damit die Rechte an ihren Produkten nicht an externe Dienstleister und Zulieferer zu verlieren.

Sicherlich wird auch in Zukunft nicht jedes Bauteil in derselben Fabrik hergestellt, in der das Endprodukt gefertigt wird; wenn und soweit sich dies (noch) nicht rechnet, kann die Produktion aber an Zulieferbetriebe ausgelagert werden, die in räumlicher Nähe zu den Produktionsstandorten des Auftraggebers angesiedelt werden. Dies ermöglicht nicht nur eine effizientere Gestaltung der Just-in-Time Produktion, sondern vereinfacht auch die Abstimmung zwischen Auftraggeber und Zulieferbetrieb bei Produktänderungen. Da dies zu einer Abkürzung bzw. zum Wegfall der Versandwege führen wird, werden möglicherweise auch Logistikunternehmen eigene Produktionszentren zur additiven Auftragsfertigung für Unternehmen errichten und Verbrauchern in Ladenlokalen vor Ort 3D-Druck Dienstleistungen anbieten. UPS etwa bietet in den Ballungsräumen von 29 US-Bundesstaaten schon heute 3D-Druck Dienstleistungen an, die in den UPS Stores in Anspruch genommen werden können.[6] Entsprechend ist die Firma Trinckle 2015 eine Kooperation mit dem Logistik-Dienstleister TNT eingegangen.[7]

Zum anderen – und nicht weniger bedeutsam – könnte die Abhängigkeit der Entwicklungsländer von Importen durch den Einsatz kostengünstiger 3D-Drucker verringert und damit ein erheblicher Beitrag zu deren wirtschaftlicher Entwicklung geleistet werden. Lokal benötigte Konsumgüter könnten vor Ort hergestellt und in den Produktionsstätten in der Folge eigenes Know-how aufgebaut werden. Dies hätte gegebenenfalls die volkswirtschaftliche Folge, dass Ungleichgewichte durch hohe Exportüberschüsse der westlichen Industrienationen und die dadurch bedingten Risiken für die weltweite Finanzstabilität reduziert werden könnten.[8] Und nicht zuletzt verringert sich auch die Exportabhängigkeit Deutschlands und anderer Länder, die „Segen und Fluch" zugleich ist.[9]

3.3 Schnellerer Markteintritt

Ein weiterer Effekt der additiven Fertigung ist die Verkürzung der Zeitspanne von der Produktentwicklung bis zur Einführung im Markt die auch als **„time to market"** (TTM) bezeichnet wird. Die durch die additive Fertigung ermöglichte Dezentralisierung des Herstellungsprozesses hat auch für die Endkunden handfeste Vorteile. Verbraucher, die ihre Möbel im Internet bestellen, müssen heute noch monatelange Lieferzeiten hinnehmen, da die Produktionsstätten oft weit entfernt liegen und die Herstellung erst anläuft, wenn eine Mindestanzahl von Bestellungen eingegangen ist.[10] Die additive Fertigung kann diese Wartezeiten erheblich verkürzen, da die Einzelfertigung nicht mehr Kosten verursacht als die Herstellung größerer Stückzahlen in einer Charge. Umgekehrt gilt: Werden Konsumgüter nicht mehr oder in geringerem Umfang als bisher „auf Halde" produziert, verringert sich das Absatzrisiko beträchtlich, weil am Ende nur noch Produkte hergestellt werden, für die eine verbindliche Bestellung vorliegt.

Die Verkürzung der Produktions- und Lieferketten hat schließlich auch den Vorteil einer günstigeren CO_2 Bilanz, da der Ausstoß von Emissionen die beim Transport von Rohstoffen und Zulieferteilen anfallen, erheblich verringert wird.[11]

3.4 Von der Massenproduktion zur „Mass Customization"

Erst die industrielle Serienfertigung hat die Herstellung hochwertiger Konsumgüter zu niedrigen Preisen möglich gemacht. Wie oben schon festgestellt, stößt sie aber dort an Grenzen, wo kleinste Stückzahlen produziert werden sollen, da

Bild: http://nrml.com/

Abb. 43: „The Normals" – Individuell angepasste In-Ear Ohrhörer aus dem 3D-Drucker

der dafür zu betreibende Aufwand oft so hoch ist, dass sich die Produktion des gewünschten Artikels für den Hersteller nicht mehr rechnet. Dieser Problematik der industriellen Massenproduktion steht aber eine wachsende Nachfrage der Verbraucher nach individuellen oder individualisierbaren Produkten gegenüber. Automobilhersteller wie BMW bieten besonders anspruchsvollen Kunden die Möglichkeit zur Individualisierung ihres Fahrzeuges mit hochwertigen Materialien.[12] Mittlerweile werden aber nicht nur Hochtechnologieprodukte individualisiert, sondern auch persönlich konfigurierbare Müslis[13] und Schokoladen[14] Handtaschen[15] und Sportschuhe angeboten. Die Coca Cola Company bietet ihren Kunden neuerdings die Möglichkeit, an eigens eingerichteten Point of Sales ihren persönlichen Softdrink zu kreieren, und hierzu aus über 100 frei mischbaren Geschmacksrichtungen auszuwählen.[16] Das Online-Magazin egoo[17] führt aktuell über 550 Anbieter für personalisierbare Produkte.

Dieser Trend zu individuellen Produkten wird sich in den kommenden Jahren noch verstärken. Unternehmen, die nicht am Endkundemarkt vorbei produzieren wollen, werden ihr Geschäftsmodell daran ausrichten müssen. Bislang war dies meist mit erhöhten Kosten verbunden. Welche Möglichkeiten der Produktindividualisierung sich durch den 3D-Druck ergeben, zeigt heute schon der Markt für personalisierte Hörgeräte, die zu 95 % additiv gefertigt werden.[18] Ein so hergestelltes Hörgerät ist perfekt an den Gehörgang seines Trägers angepasst und am Ohr praktisch unsichtbar.

Die durch den 3D-Druck angetriebene Herstellung individueller Produkte auf Kundenbestellung ohne die damit bislang verbundenen (meist prohibitiven) Kosten und Wartezeiten hat zugleich zur Folge, dass es keine ausverkauften Artikel mehr geben wird, solange nur die Versorgung mit Druckmaterial gesichert ist. Kleine und mittlere Unternehmen (KMU) können als Hersteller solcher „on demand" Produkte im Wettbewerb mit Großunternehmen bestehen, da die sonst unüberwindlichen Kosten für die Einrichtung einer Serienfertigung entfallen, die Automatisierung der Produktion aber erhalten bleibt. Individualanfertigungen werden sich damit in nicht allzu ferner Zeit ebenso kostengünstig herstellen lassen wie bislang nur Großserien.[19]

Schließlich können sich für große und kleine Unternehmen neue Möglichkeiten der Kundenkollaboration eröffnen. Wenn nämlich Produkte auf Kundenwunsch individuell hergestellt bzw. angepasst werden, erhält der Hersteller damit praktisch auch Marktforschung, die ihn nichts kostet.[20] Wenn er die Kundenwünsche kontinuierlich nach Art und Häufigkeit auswertet, kann er sich abzeichnende Trends ermitteln und frühzeitig sein Grundsortiment bzw. seine Druckvorlagen daran anpassen, um seine Kunden noch schneller und zugleich kostengünstiger bedienen zu können. Damit wird endlich das möglich, was seit vielen Jahren mittels Unterhaltung einer Firmenpräsenz in sozialen Netzwerken, Cookies und Trackingwerkzeugen oder auch Trendscouts mit mehr oder weniger Erfolg versucht wird: Herauszufinden, was die Kunden wünschen und nur noch solche Produkte herzustellen, die auch wirklich nachgefragt werden. Zugleich ermöglicht der enge Kontakt zum Kunden fortlaufende Produktverbesserungen, die zusätzliche Kaufanreize auch für andere Kunden schaffen und dazu beitragen können, die eigene Marktposition auszubauen.

3.5 Beschleunigte Herstellung von Produktionsmitteln

Das Potenzial additiver Fertigung zeigt sich bereits bei der Herstellung von Werkzeugen für die Serienproduktion. So konnte der Lastwagenhersteller Volvo Trucks die für die Herstellung von Werkzeugen benötigte Zeitspanne von 36 Tagen auf 2 Tage verkürzen. Die Kostenvorteile für die Fertigung von Werkzeugen, die nur in kleinen Stückzahlen benötigt werden oder besondere Anforderungen erfüllen müssen, sind noch größer: Kostet die Herstellung eines Werkzeugs aus Metall mit herkömmlichen Mitteln 100 Euro pro Kubikzentimeter, so kann das gleiche Werkzeug im 3D-Druck aus Thermoplastik für nur 1 Euro pro Kubikzentimeter hergestellt werden. Bei diesen Vorteilen verwundert es nicht, dass Volvo mittlerweile 30 verschiedene Werkzeuge auf einem Industrie 3D-Drucker herstellt.[21]

3.6 Herstellung von Ersatzteilen durch 3D-Druckdienstleister

Die Versorgung sog. Aftermarket Kunden mit Ersatzteilen zählt zu den besonderen Herausforderungen der Hersteller langlebiger Investitions- und Konsumgüter. Zwar kann der Handel mit Ersatzteilen durchaus lukrativ sein, ist aber oft mit erheblichem Aufwand verbunden. So muss nicht nur die Herstellung der Ersatzteile in ausreichenden und der Nachfrage entsprechenden Stückzahlen organisiert werden, sondern auch deren Lagerung und (meist weltweiter) Vertrieb. Verfügt der Hersteller in bestimmten Ländern oder Regionen über kein eigenes Distributionsnetz bzw. eigene Niederlassungen, so kann sich die Versorgung der Kunden mit Ersatzteilen in diesen Gebieten schwierig und kostenintensiv gestalten. Im Anlagenbau kommt der Ersatzteilversorgung eine besondere Bedeutung zu, denn Unternehmen, die dem produzierenden Gewerbe angehören, haben ein besonderes Interesse daran, Betriebsunterbrechungen durch den Ausfall ihrer Maschinen möglichst niedrig zu halten.[22] Um die Verfügbarkeit ihrer Produktionsanlagen sicherzustellen, sehen sich viele Unternehmen zu einer **Bevorratung hochpreisiger Ersatzteile** gezwungen. Damit wird Kapital gebunden, das sonst für die Forschung und Entwicklung neuer Produkte oder für die Herstellung und Vermarktung aktueller Produkte genutzt werden könnte.[23] Die Herstellung von Ersatzteilen für Industrieanlagen mittels 3D-Druck kann hier Abhilfe schaffen.

Für Automobilhersteller ist die Versorgung mit Original-Ersatzteilen unverzichtbar für die Bindung von Bestandskunden und die Gewinnung von Neukunden. Für gewöhnlich werden Ersatzteile für Personenkraftwagen allerdings nicht länger als 10 Jahre nach einem Modellwechsel vorgehalten und angesichts der damit verbundenen Lagerhaltungskosten wäre es auch verwegen, eine noch längere Vorhaltung von Ersatzteilen zu verlangen. Um die Versorgung ihrer Kunden mit Ersatzteilen auch langfristig sicherzustellen, könnten Automobilhersteller besonders häufig benötigte Teile von Zulieferern herstellen lassen, die im 3D-Druck auch geringe Stückzahlen wirtschaftlich herstellen können und über das dazu notwendige Know-how verfügen.[24]

Kleine und mittlere Unternehmen, die keinen geeigneten Partner für die Herstellung von Ersatzteilen mittels 3D-Druck finden, können sich dafür auch einer Internetplattform wie *Kazzata* bedienen, die es ihnen ermöglicht, die Ersatzteilversorgung vollständig auszulagern.[25] Der Hersteller muss dann nur noch seine Druckvorlagen hochladen und der Plattformbetreiber übernimmt den Druck der Ersatzteile, sobald ein Kunde seine Website besucht und eine Bestellung aufgibt.

Anmerkungen

Hinweis: Alle Fußnoten dieses Buches gibt es als kostenloses Dokument unter www.vahlen.de/160 222 32. So müssen Sie keinen Link abtippen.

[1] Mc Kinsey Global Institute, *Disruptive Technologies: Advances that will transform life, business and the global economy* (Mai 2013), abrufbar unter http://www.mckinsey.com/insights/business_technology/disruptive_technologies
[2] Vgl. https://3dprintingblog.wordpress.com/2013/03/25/3d-druck-wirtschaftliche-bedeutung-und-entwicklung/
[3] Vgl. zum Begriff http://www.welt-der-bwl.de/Economies-of-Scale und http://de.wikipedia.org/wiki/Skaleneffekt
[4] Siehe dazu noch unten Kapitel 4
[5] Seit 1970 ist der Anteil des Verarbeitenden Gewerbes an der Bruttowertschöpfung in Deutschland von 36,5 % im Jahr 1970 auf 23,0 % im Jahr 2000 gesunken und betrug im Jahr 2014 nur noch 22 %, vgl. http://www.bmwi.de/DE/Themen/Industrie/Industrienation-Deutschland/strukturelle-entwicklungen.html und den Beitrag von *Edler/Eickelpasch* abrufbar unter http://www.diw.de/documents/publikationen/73/diw_01.c.426139.de/13-34-3.pdf
[6] Vgl. http://www.theupsstore.com/small-business-solutions/pages/3d-printing-locations.aspx
[7] http://3dprint.com/89729/tnt-germany-trinckle-3d/
[8] Deutschland hat den mit Abstand größten Exportüberschuss: Im Jahr 2014 überstiegen die Ausfuhren die Einfuhren um rund 217 Milliarden Euro, vgl. https://www.destatis.de/DE/ZahlenFakten/GesamtwirtschaftUmwelt/Aussenhandel/Aussenhandel.html
[9] http://www.sueddeutsche.de/wirtschaft/unternehmensranking-vom-wert-einer-firma-1.1740990-2; vgl. hierzu auch http://www.zeit.de/wirtschaft/2010-07/exportabhaengigkeit/seite-2
[10] Vgl. dazu http://www.ecckoeln.de/News/Ungenutztes-Potential-im-Internet-M%C3%B6belhandel; ähnliche Geschäftsmodelle gibt es auch für online vertriebene Schuhe, Taschen und Accessoires, vgl. etwa http://www.trustedshops.de/info/schuhe-taschen-und-accesooires-interview-mit-as98-shop-de/
[11] https://climateandsecurity.files.wordpress.com/2012/04/the-3d-printing-revolution-climate-change-and-national-security-an-opportunity-for-u-s-leadership1.pdf; http://www.3ders.org/articles/20131024-3d-printing-can-cut-material-consumption-co2-emissions.html
[12] http://www.bmw.de/de/topics/faszination-bmw/bmw-individual/ueberblick.html
[13] http://www.mymuesli.com/
[14] http://www.chocri.de/
[15] http://myuniquebag.de/
[16] Vgl. http://www.coca-colafreestyle.com/home/
[17] www.egoo.de

[18] http://www.engineering.com/3DPrinting/3DPrintingArticles/ArticleID/5128/
3D-Printing-For-the-Hearing-Impaired.aspx

[19] CSC, 3D Printing and the Future of Manufacturing, abrufbar unter http://assets1.csc.
com/innovation/downloads/LEF_20123DPrinting.pdf

[20] Das wird hausinterne Forschungs- und Entwicklungsabteilung auf absehbare Zeit
keineswegs ersetzen, aber eine sehr wertvolle Ergänzung ihrer Arbeit darstellen

[21] http://3dprintingindustry.com/2015/03/28/volvo-cuts-turnaround-time-by-whop-
ping-94-with-3d-printing/

[22] Vgl. hierzu instruktiv http://de.wikipedia.org/wiki/Ersatzteilversorgung

[23] http://de.wikipedia.org/wiki/Ersatzteilversorgung

[24] Vgl. dazu http://www.dvz.de/rubriken/logistik-verlader/single-view/nachricht/dem-
3-d-druck-stehen-noch-huerden-im-weg.html

[25] www.kazzata.com

4.1 Produktpiraterie: Ein wachsendes Problem

Imitation is the sincerest [form] of flattery
(Charles Caleb Colton (1780–1832))

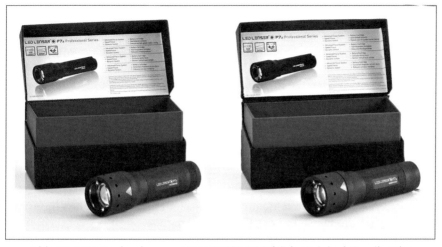

Abb. 44: LED-Taschenlampe „LED LENSER P7.2 (Links Original: Zweibrüder Optoelectronics GmbH & Co. KG, Solingen, Deutschland; Rechts Fälschung: Vertrieb: Sang Tech Co., Ltd., Hongkong, VR China, Plagiarius Preisträger 2015, www.plagiarius.de)

Fast jeder Verbraucher ist schon einmal mit nachgeahmter Markenware in Berührung oder gar in Versuchung gekommen, sie zu kaufen. Die ganz besonders preisgünstige Ray Ban Sonnenbrille auf dem Straßenmarkt in Hong Kong kann auf den ersten Blick ebenso interessant sein wie die neueste Handtasche im Thailandurlaub und das Markenparfüm in Istanbul. Das böse Erwachen folgt dann oft erst zuhause, wenn sich das vermeintliche Schnäppchen als wertlose Imitation herausstellt. Mancher Verbraucher greift aber auch bewusst zu gefälschter Markenware, weil sie weniger kostet als das Original.[1] Waren die meisten Fälscherwerkstätten und Händler früher noch in Asien und im Nahen Osten zu finden, hat das Internet neue, weltweite Vertriebswege eröffnet, die es jedem Produktpiraten ermöglichen, seine Waren weltweit abzusetzen und dabei weitgehend anonym zu bleiben. Dies hat zu einem vermehrten Angebot von Nachahmungen bekannter Markenartikel geführt. Betroffen sind aber mittlerweile nicht mehr nur Konsumgüterhersteller, sondern auch die Anbieter von Maschinen und Zulieferer sowie deren Abnehmer im B2B Bereich. Selbst militärische Einrichtungen sind Opfer meist aus China stammender Fälschungen von Mikrochips geworden, die unter anderem in Hubschraubern und Nachtsichtgeräten eingebaut wurden.[2]

Aktuelle Studien belegen, dass über 70% der befragten deutschen Unternehmen bereits Leidtragende von Produktpiraterie geworden sind; allein für den deutschen Maschinen- und Anlagenbau beläuft sich der geschätzte Schaden auf 7,9 Milliarden Euro jährlich.[3] Bemerkenswert ist dabei, dass die meisten Plagiate zwar immer noch aus China in die EU gelangen, Deutschland aber inzwischen schon den zweiten Platz als Herkunftsland für Plagiate einnimmt.[4] Der deutsche Zoll hat im Jahr 2014 Piraterieware im Gesamtwert von rund 138 Millionen Euro beschlagnahmt.[5]

Es geht also längst nicht mehr nur um den Vertrieb von gefälschten Konsumgütern, sondern vermehrt um gefälschte Arzneimittel[6] und komplexe Technologieerzeugnisse[7], deren Entwicklung mit hohen Kosten verbunden ist, die sich die Produktpiraten sparen. Im einen wie im anderen Fall kann die Produktpiraterie schwerwiegende Folgen auch für die Verbraucher haben, was das Beispiel gefälschter Autoersatzteile zeigt: Ein gefälschter Ölfilter kann zum Motorschaden führen und die Folgeschäden von Bremsbelägen dubioser Herkunft mag man sich gar nicht erst ausmalen.[8]

4.2 Produktpiraterie und ihre wirtschaftlichen Folgen

Die Folgen der Produktpiraterie für die Wirtschaft in den westlichen Industrienationen und die Hersteller der Originalerzeugnisse sind beträchtlich: Nach einer 2012 erstellten Studie sind rund 80% aller deutschen Unternehmen mehrmals im Jahr von Produktfälschungen betroffen, der ihnen dadurch entstehende Schaden beläuft sich auf über 50 Milliarden Euro. Dabei werden längst nicht mehr nur Konsumgüter gefälscht, sondern auch Industrieanlagen, Maschinen und Medikamente.[9] Der weltweite Schaden durch Produktpiraterie wurde von der OECD bereits im Jahr 2009 auf 250 Milliarden US-Dollar geschätzt.[10] Der Verband Deutscher Maschinen- und Anlagenbau (VDMA) hat in seiner Studie zur Produktpiraterie 2014 einen Schaden allein für den von ihm vertretenen Industriezweig von 7,9 Milliarden Euro ermittelt.[11]

4.3 Herstellung von Produktimitationen mit 3D-Druckern

Da 3D-Drucker schon jetzt eine Vielzahl von Materialien verarbeiten können und die Nutzung additiver Fertigungsverfahren schon heute auch Kleinunternehmern offen steht, wird dies nicht ohne Auswirkungen auf den Vertrieb von Produktimitationen bleiben. In naher Zukunft werden sowohl diejenigen Unternehmen, die generative Fertigungsverfahren zur Herstellung ihrer eigenen Erzeugnisse einsetzen, als auch Unternehmen, die weiterhin ausschließlich auf traditionelle Fertigungsverfahren setzen, verstärkt darüber Gedanken machen müssen, wie sie sich vor Nachahmern schützen können. **Gefahr droht vor allem aus zwei Richtungen**:

- Zum einen müssen alle Unternehmen, die bereits generative Fertigungsverfahren zur Herstellung eigener Erzeugnisse einsetzen (wollen) alle gebotenen Maßnahmen ergreifen, um nicht selbst Opfer von Produktpiraten zu werden, die den 3D-Druck dazu nutzen, um Plagiate derselben Erzeugnisse herzustellen. Geraten etwa die von einem innovativen Markenhersteller in der Produktion verwendeten Druckvorlagen in falsche Hände, so kann dies weitreichende Konsequenzen haben: Wettbewerber und Produktpiraten müssen dann das Originalerzeugnis nicht mehr nach*bauen*, sondern müssen es nur noch aus- bzw. nach*drucken*. Sofern sie nur geeignete 3D-Drucker und das richtige Druckmaterial verwenden, können sie Druckergebnisse erzielen, die dem Original in nichts nachstehen. In der Regel werden „Original" und „Fälschung" dann auch für Fachkreise nicht mehr voneinander zu unterscheiden sein. Die Befürchtung, dass damit eine neue Ära der Produktpiraterie anbrechen könnte, ist keineswegs unberechtigt, denn die Produktpiraten sparen dabei doppelt: Einmal die Entwicklungskosten für ein eigenes Erzeugnis und zum anderen einen Teil der Fertigungskosten, die für herkömmliche Nachbauten aufgewendet werden müssen. Kamen wirklich gleichwertige Produkte bislang oft nur als Überschussproduktion aus denselben Fabriken, in denen auch die Originalware hergestellt wurde, ist es nun auch Klein(st)-unternehmen möglich, mit vergleichsweise geringem Aufwand hochwertige Kopien bekannter Markenartikel in mobilen Werkstätten herzustellen.

- Zum anderen werden sich aber auch diejenigen Unternehmen, die selbst keine additiven Fertigungsverfahren nutzen, der Herausforderung durch Produktpiraten stellen müssen. Um möglichst originalgetreue Plagiate ausdrucken zu können, muss ein Markenartikel nicht mehr von Hand nachgebildet oder mit einem CAD Programm anhand der Originalabmessungen nachkonstruiert werden. Wesentlich weniger aufwendig ist es da, das Objekt der Begierde z. B. auf einem Messestand mit einem hochauflösenden 3D-Scanner abzutasten und aus den dabei gesammelten Daten eine Druckvorlage zu erstellen. Das Druckergebnis ist außerdem originalgetreuer als es die meisten „from scratch", also ohne einen solchen Scan „freihändig" geschaffenen Plagiate je sein werden. Konnten Plagiate bislang oft noch vor der Einfuhr vom Zoll aufgegriffen werden, werden gefälschte Markenartikel in Zukunft gar nicht mehr per See- oder Luftfracht in die Europäische Union verbracht werden; stattdessen wird es genügen, den Kunden in einem Downloadportal gegen Zahlung einer vergleichsweise geringen Vergütung die Druckvorlage anzubieten. Dann werden keine gefälschten Waren mehr bewegt, sondern nur noch Daten, denen man nicht ohne weiteres ansehen wird, dass sie dem Endverbraucher oder einem Zwischen Händler die Herstellung eines gefälschten Markenartikels „auf Knopfdruck" ermöglichen. Der Zoll wird dann nur noch einen geringen Bruchteil der Plagiate beschlagnahmen können, da diese nicht mehr im Ausland, sondern in Deutschland bzw. der Europäischen Union hergestellt werden.[12] Dabei darf nicht verkannt werden, dass die additive Fertigung qualitativ hochwertiger Konsumgüter keineswegs trivial ist, sondern hohes fachliches Know-how erfordert, über das viele Produktpiraten nicht verfügen werden. Das heißt aber nicht, dass sich Produktpiraten solcher Verfahren nicht bedienen werden, sondern nur, dass private Verbraucher ebenso wie Unternehmen, Behörden und Organisationen künftig vermehrt mit fehlerbehafteten Produktfälschungen in Berührung kommen werden, die als solche nicht oder kaum zu erkennen sein werden.

Das Problem der Produktpiraterie wird durch die wachsende Verfügbarkeit von 3D-Druckern zu immer günstigeren Preisen und die zu erwartenden Qualitätsverbesserungen bei dem Druck komplexer Objekte **weiter verschärft.** Dazu hat auch die Ausweitung der verfügbaren Druckmaterialien beigetragen: Konnten früher nur Kunststoffe verwendet werden, ist es heute möglich, auch Keramikwerkstoffe,[13] Metall-Legierungen[14] und Carbon[15] einzusetzen.[16] Kopien bekannter Markenartikel können so einfach wie nie zu vor von Produktfälschern hergestellt werden. Gelangt das 3D-Modell und/oder die damit erstellte Druckvorlage in die falschen Hände, so können dabei vom Original nicht mehr unterscheidbare Nachahmungen entstehen. Manche Analysten rechnen deshalb bereits mit einem neuen Boom von 3D-Produktkopien und dadurch verursachten Schäden in Milliardenhöhe.[17]

In Anbetracht der damit auf viele Industrien und die Verbraucher zukommenden 3D-Produktpirateriewelle bedarf es wirksamer technischer und rechtlicher Lösungen, um dieser Entwicklung möglichst wirksam zu begegnen. Bevor wir diese näher betrachten, wollen wir aber erst einmal klären, wofür der Begriff der „Produktpiraterie" eigentlich steht und kurz die häufigsten Erscheinungsformen von Produktnachahmungen erläutern.

4.4 Von Sklaven und Piraten: Die wichtigsten Begriffe

Der Begriff der „Produktpiraterie" ist gesetzlich nicht definiert und über seine genaue Bedeutung sind sich auch Juristen nicht immer einig. Im Wesentlichen wird darunter ganz allgemein die Nachahmung von Produkten verstanden, gelegentlich wird auch zwischen Nachahmungen, die unter der gleichen Marke wie das Originalprodukt angeboten werden (sog. Markenpiraterie) und sonstigen Nachahmungen unterschieden, die andere Schutzrechte wie etwa Urheber- oder Patentrechte verletzen oder – ohne Verletzung gewerblicher Schutzrechte – in wettbewerbswidriger Weise angeboten werden.[18]

Daneben werden in der Umgangssprache noch einige weitere Begriffe verwendet, die sich in keiner gesetzlichen Regelung wiederfinden und gelegentlich als Synonyme benutzt werden, so insbesondere die „Fälschung" gleichbedeutend mit „Plagiat", „Raubkopie" und „Nachbau". Tatsächlich unterscheiden sich diese Varianten aber folgendermaßen voneinander:

- Von einer (einfachen oder „klassischen") **Fälschung** spricht man, wenn der Verletzer die äußere Form und Gestaltung des Originalprodukts einschließlich der Marke, mit der es gekennzeichnet ist übernimmt, für die Herstellung

©Foto: www.colourbox.de

Abb. 45: Ein echter Produktpirat

seines Produkts aber meist minderwertige(re) Materialien oder andere Inhaltsstoffe verwendet, was gelegentlich – wie etwa bei Arzneimittelfälschungen – mit gravierenden, auch gesundheitlichen Folgen für die Verbraucher
verbunden sein kann.

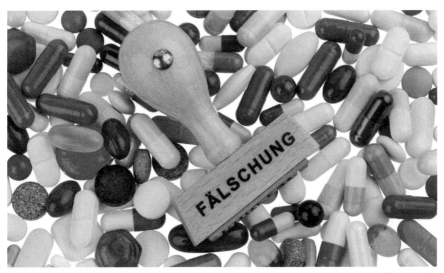

©Foto: www.colourbox.de

Abb. 46: Gefälschte Arzneimittel

- Häufiger anzutreffen sind allerdings die **„sklavischen Nachahmungen".** Diese werden nicht auf römischen Sklavenmärkten, sondern meist auf Flohmärkten sowie im Internet angeboten und gleichen dem Originalartikel wie ein Ei dem anderen. Von der einfachen Fälschung unterscheidet sich die sklavische Nachahmung dadurch, dass sie meist eine andere Marke trägt wie das Originalprodukt. Besonders „gelungene Exemplare" werden alljährlich mit dem sog. „Plagarius" ausgezeichnet und sehen dann z. B. so aus:

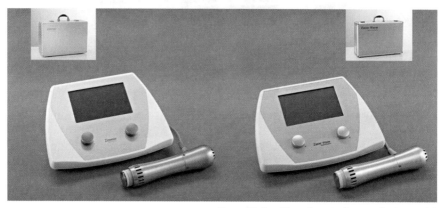

Foto: Aktion Plagarius e.V. (www.plagiarius.de)

Abb. 47: Radiales Stoßwellentherapiegerät „ZWave (links original, rechts die Fälschung)

- Das sogenannte **Plagiat** erkennt man daran, dass es meist mit einer etwas anderen Marke gekennzeichnet ist, die der Originalmarke auf den ersten Blick recht ähnlich ist:

© Gohnarch, http://commons.wikimedia.org/wiki/File:OriginalAdibos.jpg;
http://creativecommons.org/licenses/by-sa/3.0/legalcode

Abb. 48: Der „adibos"

- Die **Raubkopie**, die gelegentlich auch als Schwarzkopie bezeichnet wird, ist dagegen eine Kopie eines urheberrechtlich geschützten Werkes (dazu erfahren Sie unten gleich noch mehr). Dazu gehören Raubkopien von Spielfilmen und Musikstücken oder ganzen Alben, die etwa über Filesharing Dienste zum Download angeboten werden.

Alle diese Begriffe bezeichnen also eine unrechtmäßige Kopie eines Markenartikels (Fälschung, sklavische Nachahmung, Plagiat) bzw. eines urheberrechtlich geschützten Werkes (Plagiat, Raubkopie) die sich nur graduell bzw. hinsichtlich des Schutzgegenstandes (Marken- oder Urheberrecht) voneinander unterscheiden.

Gerät das 3D-Modell bzw. die Druckvorlage in die Hände eines Produktpiraten oder werden 3D-Scans von Markenartikeln zur Herstellung (nahezu) identischer Produkte benutzt, so handelt es sich bei dem Druckergebnis meist um sklavische Nachahmungen oder auch um Fälschungen im oben erläuterten Sinn. Der durchaus originelle, aber etwas sperrige Begriff der „sklavischen Nachahmung" wird aber nur von Juristen benutzt und der umgangssprachliche Begriff der „Raubkopie" will für 3D-Ausdrucke nicht so recht passen, da er gemeinhin nicht für 3D-Ausdrucke verwendet wird. Wie wir anhand der Herstellung und des Vertriebs von Ersatzteilen aus dem 3D-Drucker noch zeigen werden, verletzt auch nicht jedes Produkt, dessen Form und Funktion dem Produkt eines anderen Herstellers gleicht, gewerbliche Schutzrechte. Und schließlich handelt es sich bei Kopien bekannter Markenartikel aus dem 3D-Drucker auch nicht immer um „Fälschungen" im oben erläuterten Sinn.

Deshalb verwenden wir in unserer folgenden Darstellung den neutraleren Begriff der **„(Produkt-) Imitation"**, unter dem wir hier alle Nachahmungen von handelbaren Waren verstehen, die im 3D-Druck hergestellt wurden.

Ob für das Originalprodukt Urheberrechtsschutz beansprucht werden kann oder ein anderes (gewerbliches) Schutzrecht besteht, ist danach nur für die Rechtsfolgen der Herstellung und/oder des Vertriebs solcher Imitationen von Belang, sie ist aber nicht Voraussetzung dafür, dass ein Gegenstand, der aus dem 3D-Drucker kommt, als Produktimitation behandelt werden kann.

4.5 Technische Lösungen zur Bekämpfung von Produktimitationen

Obwohl der 3D-Druck zu einem Anstieg der Produktpiraterie führen wird, bietet er auch Ansatzpunkte dafür, das Übel an der Wurzel zu greifen. Sprich: bereits die Herstellung (und nicht, wie bisher, überwiegend nur den Vertrieb) von Produktfälschungen zu verhindern. Eine der ersten Lösungen dieser Art wurde durch das im Oktober 2009 erteilte US-Patent für ein **DRM (Digital Rights Management) System zur Steuerung von 3D-Druckern** geschützt.[19] Das patentierte Verfahren sorgt dafür, dass jede Druckvorlage, die in einen 3D-Drucker geladen wird, von einem Kontrollsystem im Drucker mit einem Berechtigungscode abgeglichen wird. Die Druckfreigabe wird nur dann erteilt, wenn der Abgleich erfolgreich verläuft und somit sichergestellt ist, dass nur gedruckt werden kann, wenn der Inhaber der gewerblichen Schutzrechte am Original dem zugestimmt hat.[20] Inhaber des Patents ist die „The Invention Science Fund I LLC" hinter der Intellectual Ventures, ein Unternehmen des früheren Chief Technology Officer von Microsoft, *Nathan Myrvold* steht. Das patentierte Verfahren hat zwar den nicht unerheblichen Vorteil, dass es bereits die Herstellung widerrechtlicher Kopien von Markenartikeln verhindert, setzt aber voraus, dass es von den Herstellern der original Druckvorlagen und der Drucker implementiert wird. Ob dies geschieht und sich das Verfahren am Markt durchsetzen wird, dürfte maßgeblich von den Lizenzgebühren abhängen, die für die Nutzung des Patents verlangt werden und von den Kosten der Implementierung des patentierten Verfahrens.

Einen gänzlich anderen Ansatz verfolgt eine vom Virginia Polytechnic Institute („Virginia Tech") entwickelte Technologie, bei der Licht emittierende Nanokristalle in das zu schützende Objekt eingebettet werden und eine physisch nicht kopierbare „Signatur" bilden, die zur Herkunftsüberprüfung des Objekts ausgelesen werden kann.[21]

Wieder andere Anbieter wollen mit Hilfe sog. **Shape Memory Polymere** die Herstellung von Produktimitationen verhindern. Dabei handelt es sich um ein hitzeempfindliches Material, das ab einer bestimmten Temperaturschwelle (in der Regel 65 Grad Celsius) seine Form verändert. Diesen Effekt machen sich Sicherheitslabels zunutze, die unter Verwendung solcher Polymere hergestellt werden und bei Erhitzung mit einem handelsüblichen Feuerzeug einen vom Hersteller der Ware gewählten Sicherheitscode anzeigen. Wird der Sicherheitscode unter Wärmeeinwirkung nicht sichtbar, so weiß der Prüfer, dass es sich bei dem untersuchten Produkt um eine Fälschung handelt.

Eine besonders innovative Lösung wird nach einer erfolgreichen Erprobungsphase von der Defence Logistics Agency der USA zum Schutz von Mikrochips eingesetzt: Das sog „**DNA marking**", bei der pflanzliches Erbgut auf die Oberfläche von Mikrochips aufgebracht wird und einen unverwechselbaren weil einmaligen „Fingerabdruck" hinterlässt, der nicht kopiert werden kann.[22]

Diese und ähnliche Lösungen haben allerdings den Nachteil, dass sie die widerrechtliche Herstellung von Produktimitationen nicht verhindern können, sondern lediglich die Unterscheidung „echter" Artikel von Imitationen erleichtern und dies auch nur dann, wenn sie von den Herstellern der Originalprodukte in jedes Serienprodukt integriert werden. Auch damit ist aber noch nicht allzu viel gewonnen, da sich die Herkunft der gefälschten Artikel häufig nicht ermitteln lassen wird, wenn 3D-Drucker nicht mehr in ortsgebundenen Fabriken installiert werden müssen, sondern in mobilen „Fab Labs" eingesetzt werden können.

Einen höheren Sicherheitsgrad bietet da schon die Einschränkung des Zugriffs auf die Druckvorlage und deren Verwendung in geschlossenen Systemen oder besonders gesicherten (private) Cloud-Umgebungen. Inzwischen gibt es bereits erste Service Provider, die private Cloud Umgebungen für Unternehmen anbieten, die additive Fertigungstechnologien nutzen wollen, ohne dabei die Kontrolle über die Druckvorlage und das darin enthaltene geistige Eigentum zu verlieren.[23]

Auch in Zukunft wird es deshalb unerlässlich sein, neben den technischen auch die zur Verfügung stehenden rechtlichen Mittel auszuschöpfen, um den Vertrieb von Produktfälschungen zumindest einzudämmen. Im nächsten Abschnitt wird daher der Frage nachgegangen, ob unsere Rechtsordnung überhaupt auf den mit der zunehmenden Verbreitung von 3D-Druckern zu erwartenden „Piraterie-Boom" vorbereitet ist und welche Schutzrechte genutzt werden können, um eine Überschwemmung des Marktes mit Produktfälschungen zu verhindern. Bevor wir uns damit näher befassen und den wichtigsten Fragen anhand einiger Beispielfälle nachgehen, wollen wir aber erst einmal einen Überblick darüber geben, welche Schutzrechte unsere Rechtsordnung überhaupt zur Verfügung stellt, wie diese erworben werden können und welchen Grenzen sie unterliegen.

4.6 Bekämpfung unzulässiger 3D-Kopien mit rechtlichen Mitteln

4.6.1 So schützen Sie sich vor Nachahmern: Die gewerblichen Schutzrechte im Überblick

Jeder, der additive Fertigungsverfahren gewerblich einsetzen will, muss sich rechtzeitig Gedanken darüber machen, wie er sich vor Nachahmern schützen kann. Der Gesetzgeber hält dafür durchaus vielfältige Werkzeuge bereit, mit denen jeder Ingenieur und Entscheidungsträger zumindest in den Grundzügen vertraut sein sollte, damit am Ende nicht Wettbewerber den Nutzen aus monate- oder jahrelanger Entwicklungsarbeit ziehen, ohne diese angemessen zu vergüten. Die folgende Darstellung soll einen ersten Überblick über die Schutzmöglichkeiten verschaffen. Dabei wurde nicht der Weg einer juristisch-abstrakten Darstellung anhand von Paragraphen und Gesetzestext gewählt, sondern der einer leicht verständlichen und praxisnahen Zusammenfassung. Für Leser, die es genauer wissen wollen, sind die einschlägigen gesetzlichen Vorschriften und die hierzu ergangene Rechtsprechung in den Fußnoten angegeben, ihre Lektüre ist aber zum Verständnis des folgenden Überblicks nicht erforderlich.[24]

1. Urheberrechtsschutz: Nicht nur für Kunstwerke

Das **Urheberrechtsgesetz** (UrhG) schützt Werke der Literatur, Wissenschaft und Kunst vor einer unbefugten (körperlichen) Verwertung (z. B. durch Anfertigung von Werkkopien) oder (unkörperlichen) Wiedergabe z. B. durch öffentliche Zugänglichmachung im Internet. Zu den geschützten Werken zählen aber keineswegs nur solche der sogenannten „bildenden Kunst", die in Museen ausgestellt sind, sondern auch Werke der angewandten Kunst wie etwa Möbel und Leuchten, Tafelgeschirr und Besteck. Auch sie können das Ergebnis eines Schöpfungsaktes sein, der eine **wahrnehmbare Form** angenommen hat, die dem Urheberrechtsschutz zugänglich ist. Darüber hinaus sind auch Computerprogramme und Lichtbildwerke einschließlich der Werke, die ähnlich wie

Lichtbildwerke geschaffen werden und technische Darstellungen wie (Konstruktions-)Zeichnungen, Pläne, Karten, Skizzen, Tabellen und „plastische Darstellungen" urheberrechtlich geschützt. Deshalb kann durchaus auch einem 3D-Modell und Objekten aus dem 3D-Drucker Urheberrechtsschutz zukommen, wenn sie das **Ergebnis persönlichen Schaffens** sind und die notwendige **Individualität** sowie **Schöpfungshöhe** aufweisen. Sind diese Voraussetzungen erfüllt, stellen sie eine persönliche geistige Schöpfung und somit ein urheberrechtlich geschütztes Werk dar. Außerdem gewährt das Urheberrechtsgesetz nicht nur Schutz für „Werke" in dem soeben erläuterten Sinn, sondern auch für Leistungen, die zwar nicht als schöpferisch anzusehen sind, aber der schöpferischen Leistung des Urhebers ähnlich sind oder im Zusammenhang mit den Werken der Urheber erbracht werden.[25] Für diese Leistungen, zu denen z. B. einfache Lichtbilder zählen, die keine Schöpfungshöhe aufweisen, hat der Gesetzgeber die sog. **verwandten Schutzrechte** geschaffen.[26] Urheber eines Werkes kann allerdings stets nur der Mensch ein, der das Werk selbst geschaffen hat. Deshalb kann es auch nicht überraschen, dass die von einem Fotografen gegen *Wikimedia* erhobene Forderung auf Unterlassung der Verbreitung eines mit seiner Kamera entstandenen Fotos erfolglos geblieben ist. Was war geschehen? Der Naturfotograf *David Slater* war nach Indonesien gereist, um dort sog. Schopfaffen abzulichten. Während seiner Vorbereitungen im Dschungel machte sich ein Affenweibchen mit einer seiner Kameras aus dem Staub und nahm damit einige durchaus gelungene „Selfies" auf, zu denen auch das folgende Brustbild zählte:

Abb. 49: Ms. Jungle

Slater forderte die Wikimedia Stiftung dazu auf, entweder eine Lizenzgebühr für das Bild zu zahlen oder es aus Wikimedia zu entfernen. Die Stiftung lehnte das ab und das United States Copyright Office entschied im Dezember 2014, dass Werke, die nicht von einem Menschen geschaffen wurden, keinen Urheberrechtsschutz genießen. Im deutschen und europäischen Urheberrecht verhält es sich nicht anders, da in der Europäischen Union das oben schon angesprochene **Schöpferprinzip** gilt. Danach liegt ein urheberrechtlich geschütztes Werk nur dann vor, wenn es das Ergebnis eines zielgerichteten geistigen Schaffens- bzw. Gestaltungsprozesses ist.[27] Tiere können keine persönlich-geistigen Schöpfungen schaffen und deshalb auch nicht Träger von Urheberrechten sein. Wie wir später noch sehen werden, schützt das Urheberrecht zwar auch einfache Licht*bilder*, die anders als künstlerische Lichtbild*werke* keine Gestaltungshöhe aufweisen müssen; der Schutz solcher Lichtbilder wird aber nur dem „Lichtbildner" sprich Fotografen gewährt, der den Aufnahmewinkel gewählt, die Kamera eingestellt und (nicht nur) auf den Auslöser gedrückt hat. Bei dem Affen-Selfie handelt es sich demgegenüber um ein Zufallsprodukt, das nicht auf einer bewussten Auswahl technischer Parameter (Blende, Belichtungszeit etc.) durch einen Menschen entstanden ist und somit auch nicht um ein vom Urheberrecht geschütztes Lichtbild.

Da das Urheberrecht auf dem sog. Schöpferprinzip beruht, kann Urheber eines Werkes stets nur ein Mensch sein. Kapitalgesellschaften wie eine GmbH oder Aktiengesellschaft können also nicht Urheber sein.[28] Wollen sie dennoch ein urheberrechtlich geschütztes Werk benutzen, dann müssen sie sich vom Schöpfer des Werkes die dazu notwendigen Nutzungsrechte einräumen lassen. Wurde das Werk von einem Arbeitnehmer in Erfüllung der ihm zugewiesenen Aufgaben geschaffen, so stehen die Nutzungsrechte daran grundsätzlich dem Arbeitgeber zu, soweit er sie für seine betrieblichen Zwecke benötigt.[29] Dies gilt allerdings nicht für Werke, die von freien Mitarbeitern oder selbstständigen Subunternehmern geschaffen werden.

Über die notwendige **Individualität** verfügt ein Werk jedenfalls dann, wenn die konkrete Ausdrucksform nicht schon durch technische/fachliche Anforderungen oder allgemein gültige Regeln vorgegeben war,[30] sondern auf der Ausnutzung eines dem Schöpfer zur Verfügung stehenden Gestaltungsspielraums beruht und sich das Werk von allen anderen, dem Schöpfer bekannten Gestaltungen unterscheidet.[31] Dabei darf kein zu hohes Maß an eigenschöpferischer Formgestaltung verlangt werden; auch reine Gebrauchsgegenstände, die einem praktischen Zweck dienen, sind urheberrechtlich geschützt, wenn in ihnen eine individuelle – sich vom alltäglichen Schaffen abhebende – Geistestätigkeit zum Ausdruck kommt.[32] Arbeitsergebnissen, die lediglich das Ergebnis rein handwerklichen Könnens sind, kommt allerdings ebenso wenig Urheberrechtsschutz zu wie der „Masse des Alltäglichen".[33]

Welches **Druckmaterial** zur Herstellung eines dreidimensionalen Objekts verwendet wurde, ist für dessen Urheberrechtsschutzfähigkeit ebenso ohne Belang wie die Frage, ob das Werk „neu" ist, also eine statistische Einmaligkeit aufweist. Auch kommt es nicht darauf an, wieviel Arbeitskraft oder finanzielle Mittel für die Herstellung aufgewendet wurden.[34]

Erworben wird das Urheberrecht nicht durch Registrierung bei einem „Copyright Office", sondern bereits **durch die Schaffung des Werkes**. Anders als gewerbliche Schutzrechte entsteht das Urheberrecht somit ohne weiteres durch den Schöpfungsakt, bei Lichtbildwerken also beim Druck auf den Auslöser der

Kamera, bei 3D-Modellen mit deren Erstellung im CAD-Programm. Der Verwendung des „©" Symbols oder anderer Hinweise wie etwa Copyright Vermerken unter Angabe der Jahreszahl („copyright 1999–2015 by John Doe") kommt deshalb in Deutschland auch keine urheberrechtsbegründende Wirkung zu.

Das Urheberrecht gewährt seinem Inhaber eine breite Palette sog. Ausschließlichkeitsrechte und daraus folgender Ansprüche gegen den oder die Verletzer dieser Rechte. Wer das Urheberrecht oder ein verwandtes Schutzrecht verletzt, kann von dem Verletzten auf Beseitigung der Beeinträchtigung und bei Wiederholungsgefahr auf Unterlassung in Anspruch genommen werden. Der Anspruch auf Unterlassung besteht auch dann, wenn es noch zu keiner Urheberrechtsverletzung gekommen ist, eine solche aber droht. Das ist etwa dann der Fall, wenn sich der Verletzer „berühmt" (d.h. behauptet) Urheber eines Werkes zu sein, das er nicht geschaffen hat.

Wird die Urheberrechtsverletzung vorsätzlich oder fahrlässig begangen, muss der Verletzer den daraus entstandenen Schaden ersetzen.[35]

Das Urheberrecht **erlischt erst 70 Jahre nach dem Tod des Urhebers**.[36] Daraus folgt, dass die tatsächliche Schutzdauer für ein bestimmtes Werk sehr unterschiedlich ausfallen kann (wird der Urheber 100 Jahre alt, so beträgt sie 170 Jahre, stirbt er vorzeitig mit 30 Jahren in einem Verkehrsunfall, so beträgt sie „nur" 100 Jahre). Leistungsschutzrechte unterliegen einer Schutzfrist von 50 Jahren, deren Beginn abhängig von der jeweiligen Leistung im Urheberrechtsgesetz unterschiedlich geregelt ist. Wegen der verhältnismäßig langen Schutzdauer, der keineswegs hohen Anforderungen für den Erwerb und der Tatsache, dass es zu seiner Entstehung keiner kostenpflichtigen Registrierung bedarf, kann das Urheberrecht eine interessante Alternative zu den sogleich erörterten gewerblichen Schutzrechten sein, die regelmäßig schwieriger zu erlangen sind, höhere Investitionen erfordern und eine kürzere Schutzdauer aufweisen.

Urheberrechtsschutz genießen nicht nur Werke der Literatur, Wissenschaft und bildenden Kunst, sondern auch Computerprogramme, Darstellungen wissenschaftlicher oder technischer Art und Gebrauchsgegenstände, sofern sie das Ergebnis einer persönlichen geistigen Schöpfung sind und über ein Mindestmaß an Individualität verfügen. Schöpfer eines urheberrechtlich geschützten Werkes kann immer nur ein Mensch und nicht eine Kapitalgesellschaft sein. Der Urheber hat das ausschließliche Recht, sein Werk in körperlicher Form (etwa durch Vervielfältigung und Verbreitung) oder in unkörperlicher Form (z.B. indem er es im Internet öffentlich zugänglich macht) zu verwerten. Erworben wird der Urheberrechtsschutz nicht durch eine Registrierung, sondern bereits durch die Schaffung eines Werkes. Er erlischt 70 Jahre nach dem Tod des Urhebers. Wer das Urheberrecht oder ein verwandtes Schutzrecht verletzt, kann von dem Verletzten auf Beseitigung der Beeinträchtigung und bei Wiederholungsgefahr auf Unterlassung, bei schuldhaftem Handeln auch auf Schadensersatz in Anspruch genommen werden.

2. Patente: Schutz technischer Erfindungen

Patente werden für Erfindungen auf allen Gebieten der Technik erteilt, sofern sie neu sind, auf einer erfinderischen Tätigkeit beruhen und gewerblich anwendbar sind. Ästhetische Formschöpfungen und Computerprogramme als solche sind kraft Gesetzes vom Patentschutz ausgenommen.[37]

Eine Erfindung gilt als neu, wenn sie nicht zum Stand der Technik gehört. Der Stand der Technik umfasst alle Kenntnisse, die vor der Anmeldung des Patents durch schriftliche oder mündliche Beschreibung, durch Benutzung oder in sonstiger Weise der Öffentlichkeit zugänglich gemacht worden sind.[38] Betriebs- und Geschäftsgeheimnisse eines Unternehmens stehen also einer Patentierung nicht entgegen.[39]

Auf einer erfinderischen Tätigkeit beruht die Erfindung dann, wenn sie sich für den Fachmann nicht in nahe liegender Weise aus dem Stand der Technik ergibt.[40]

Da wie eingangs gezeigt inzwischen auch menschliches Gewebe mittels 3D-Druck hergestellt wird und der 3D-Druck von Organen in greifbare Nähe gerückt ist,[41] wird es dafür künftig auch zunehmend Patentanmeldungen geben. Das deutsche Patentgesetz sieht schon jetzt vor, dass Patente für Erfindungen auch dann erteilt werden, wenn sie ein Erzeugnis, das aus biologischem Material besteht oder dieses enthält, zum Gegenstand haben. Biologisches Material[42], das mit Hilfe eines technischen Verfahrens aus seiner natürlichen Umgebung isoliert oder hergestellt wird, kann zudem auch dann Gegenstand einer Erfindung sein, wenn es in der Natur schon vorhanden war.[43] Der mensch-

© Foto: www.colourbox.de

Abb. 50: Patente schützen technische Erfindungen

liche Körper in den einzelnen Phasen seiner Entstehung und Entwicklung sowie die bloße Entdeckung eines seiner Bestandteile, einschließlich der Sequenz oder Teilsequenz eines Gens, können keine patentierbaren Erfindungen sein.[44] Ein isolierter Bestandteil des menschlichen Körpers dagegen schon. Ein mittels 3D-Druck hergestelltes, menschliches Organ kann folglich auch dann patentiert werden, wenn der Aufbau dieses Organs mit dem Aufbau eines natürlichen Organs identisch ist.[45] Daneben kann auch das Druckverfahren zur Herstellung eines menschlichen Organs selbst Gegenstand einer Patentierung sein.

Die damit angesprochene Unterscheidung zwischen sog. **Erzeugnispatenten** und **Verfahrenspatenten** gilt auch für andere technische Erfindungen. Der Inhaber eines Erzeugnispatents kann es Dritten untersagen, ein Erzeugnis, das Gegenstand des Patents ist, herzustellen, anzubieten, in den Verkehr zu bringen oder zu gebrauchen oder zu einem dieser Zwecke einzuführen oder zu besitzen. Wem ein Verfahrenspatent erteilt wurde, ist dagegen allein dazu berechtigt, ein Verfahren, das Gegenstand des Patents ist, anzuwenden und kann den Vertrieb von Waren untersagen, die unter Anwendung des Verfahrens hergestellt wurden.[46]

Das Recht auf das Patent hat der Erfinder oder sein Rechtsnachfolger. Haben mehrere gemeinsam eine Erfindung gemacht, so steht ihnen das Recht auf das Patent gemeinschaftlich zu. Haben mehrere die Erfindung unabhängig voneinander gemacht, so steht das Recht auf das Patent dem zu, der die Erfindung zuerst beim Patentamt angemeldet hat.[47] Wird die Erfindung von einem angestellten Arbeitnehmer gemacht, ist allerdings das **Arbeitnehmererfindungsgesetz** zu beachten, das hiervon abweichende Regelungen enthält. Handelt es sich um eine sog. **Diensterfindung** („gebundene Erfindung"), d. h. um eine Erfindung, die aus der dem Arbeitnehmer im Betrieb obliegenden Tätigkeit entstanden ist oder die maßgeblich auf Erfahrungen oder Arbeiten des Betriebes beruhen, so ist die Erfindung dem Arbeitgeber vom Arbeitnehmer zu melden. Der Arbeitgeber kann die Diensterfindung dann durch eine Erklärung gegenüber dem Arbeitnehmer in Anspruch nehmen was zur Folge hat, dass alle vermögenswerten Rechte an der Diensterfindung auf ihn übergehen.[48] Dann ist der Arbeitgeber (und nicht mehr der Erfinder) verpflichtet und allein dazu berechtigt, die Diensterfindung zur Erteilung eines Patents oder Gebrauchsmusters beim Patentamt anzumelden.[49] Sog. **Freie Erfindungen** muss der Arbeitnehmer seinem Arbeitgeber ebenfalls mitteilen und ihm mindestens ein nichtausschließliches Recht zur Benutzung der Erfindung zu angemessenen Bedingungen anbieten, wenn die Erfindung im Zeitpunkt des Angebots in einen bereits vorhandenen oder vorbereiteten Arbeitsbereich des Betriebes des Arbeitgebers fällt.[50]

Bevor eine Erfindung zum Patent angemeldet werden kann, muss genau ermittelt werden, was Gegenstand der Erfindung ist. Nur dieser ist Inhalt des sog. **Patentanspruchs**, der über den Schutzumfang des Patents entscheidet.[51]

In der Praxis wird häufig darüber gestritten, ob die durch ein Patent geschützte Erfindung wirklich „neu" ist und wie weit der Schutz tatsächlich reicht. Ist ein Wettbewerber der Auffassung, dass die patentierte Erfindung nicht neu ist, so kann er beantragen, dass das Patent für nichtig erklärt wird.[52] Die Gerichte haben eine **Reihe von Indizien** entwickelt, die für das Vorliegen einer **erfin-**

derischen Leistung sprechen und gerade für die Herstellung von Produkten mittels 3D-Druck einschlägig sein können. Hierzu zählt etwa eine Abkehr von eingefahrenen Wegen[53] oder ein neuer, einfacherer und billigerer Weg zur Herstellung eines Massenartikels, für den ein steigender Bedarf besteht.[54]

Die Anmeldung eines Patents ist schließlich mit nicht unerheblichen Kosten verbunden. Bis ein deutsches Patent erteilt und im Register des Patentamtes eingetragen wird, müssen in der Regel Anwalts- und Verfahrensgebühren im fünfstelligen Bereich aufgewendet werden. Die Kosten für die Erlangung eines europäischen Patents liegen deutlich über denjenigen für ein deutsches Patent. Wer einen möglichst flächendeckenden Patentschutz auch außerhalb der Europäischen Union erlangen will, muss dazu bereit sein über EUR 100.000,– zu investieren. Mit der Zahlung der Anmeldegebühr ist es allerdings nicht getan, da im Falle der Erteilung des Patents für das dritte und jedes folgende Jahr, gerechnet vom Anmeldetag an, eine Jahresgebühr an das Patentamt zu entrichten ist.[55] Wird die Gebühr nicht rechtzeitig bezahlt, erlischt das Patent.[56] Günstiger wird es nur, wenn sich der Patentanmelder oder der im Register als Patentinhaber Eingetragene dem Patentamt gegenüber schriftlich dazu bereiterklärt, jedermann die Benutzung der Erfindung gegen Zahlung einer angemessenen Vergütung zu gestatten; dann ermäßigen sich die für das Patent nach Eingang der Erklärung fällig werdenden Jahresgebühren auf die Hälfte.[57] Die Schutzdauer eines Patents ist auf zwanzig Jahre beschränkt, und kann nicht verlängert werden.[58]

Angesichts dieser Hürden beschränken sich manche Erfinder auf die Anmeldung eines sog. Gebrauchsmusters, das allerdings aus den nachfolgend erläuterten Gründen keinen dem Patent vergleichbaren Schutz gewährt.

Patente schützen technische Erfindungen
- sofern sie neu sind,
- auf einer erfinderischen Tätigkeit beruhen und
- gewerblich anwendbar sind.

Auch additiv gefertigte biologische Materialien und menschliche Organe können patentiert werden, wenn ihr Aufbau mit dem Aufbau eines natürlichen Organs identisch ist. Ästhetische Formschöpfungen und Computerprogramme als solche sind dagegen kraft Gesetzes vom Patentschutz ausgenommen. Eine Erfindung gilt als neu, wenn sie nicht zum Stand der Technik gehört.

Die nicht verlängerbare Schutzdauer eines Patents beträgt 20 Jahre vom Tag der Anmeldung zur Eintragung im Register beim Deutschen Patent und Markenamt (DPMA) oder Europäischen Patentamt (EPA).

3. Das Gebrauchsmuster: Der kleine Bruder des Patents

Als Gebrauchsmuster werden Erfindungen geschützt, die neu sind, auf einem erfinderischen Schritt beruhen und gewerblich anwendbar sind. Die Anmeldegebühr beim Deutschen Patent- und Markenamt beträgt derzeit gerade einmal EUR 30,– und weitere Kosten fallen zunächst einmal nicht an, da das Patentamt im Eintragungsverfahren nicht prüft, ob alle Schutzvoraussetzungen erfüllt sind und der Registrierung keine Eintragungshindernisse wie insbesondere Rechte Dritter entgegenstehen. Anders als Patente bedürfen Gebrauchsmuster auch **keiner förmlichen Erteilung** und sind deshalb ungleich schneller zu erlangen. Die Eintragung eines Gebrauchsmusters hat im Wesentlichen dieselbe Wirkung wie die eines Patents: Sie verbietet es jedem Dritten, ohne die Zustimmung des Gebrauchsmusterinhabers, ein Erzeugnis, das Gegenstand des Gebrauchsmusters ist, herzustellen, anzubieten, in Verkehr zu bringen oder zu gebrauchen oder zu den genannten Zwecken entweder einzuführen oder zu besitzen.[59] Ist das Gebrauchsmuster im Register eingetragen und mangelt es ihm nicht an der Neuheit und dem „erfinderischen Schritt", so ist es bestandskräftig oder auch „rechtsbeständig", kann also nicht auf Antrag eines Wettbewerbers gelöscht werden.

Das alles hört sich eigentlich so gut an, dass man sich fragen mag, was denn der Haken dabei sein kann. Die erste Einschränkung findet sich im Gebrauchsmustergesetz selbst, das Verfahren (und zwar sowohl Arbeitsverfahren als auch Herstellungsverfahren) vom Gebrauchsmusterschutz ausnimmt.[60] Wer ein neues Verfahren für den 3D-Druck entwickelt hat, kann sich also allenfalls durch die Erteilung eines Patents vor der Anwendung dieses Verfahrens durch Wettbewerber schützen, nicht aber durch die Anmeldung eines Gebrauchsmusters.

Außerdem sind auch biotechnologische Erfindungen vom Gebrauchsmusterschutz ausgeschlossen.[61] Für Organe, die mittels 3D-Druck hergestellt werden, kann also ein Patent,[62] aber kein Gebrauchsmuster erteilt werden. Der Grund für diese Einschränkung liegt darin, dass bei der Anmeldung des Gebrauchsmusters – wie oben schon erläutert – anders als bei der Anmeldung einer Erfindung zur Patenterteilung von Amts wegen nicht geprüft wird, ob die Erfindung neu und gewerblich anwendbar ist.[63]

Aber Vorsicht: der Vorteil einer leichteren Registrierbarkeit, kann sich später auch als Nachteil erweisen: Stellt sich nach der Registrierung heraus, dass der Gegenstand des eingetragenen Gebrauchsmusters gar nicht schutzfähig ist oder bereits auf Grund einer früheren Patent- oder Gebrauchsmusteranmeldung für einen Wettbewerber geschützt worden ist, so kann Jedermann die Löschung des Gebrauchsmusters verlangen.[64] Ob das Gebrauchsmuster Bestand haben wird, bleibt somit ungewiss und das Risiko einer späteren Löschung lässt sich nur durch eine – nicht obligatorische[65] – Recherche vor der Anmeldung zur Eintragung reduzieren aber nicht völlig ausschließen. Außerdem sind Gebrauchsmuster nur halb so lang wie Patente, nämlich nur 10 Jahre geschützt.[66] **Im Ergebnis** lässt sich daher festhalten, dass die Anmeldung eines Patents in der Regel die bessere Wahl und zudem das einzige geeignete Mittel zum Schutz von 3D-Druckverfahren ist.

Als Gebrauchsmuster werden Erfindungen geschützt
- die neu sind,
- auf einem erfinderischen Schritt beruhen und
- gewerblich anwendbar sind.

Sie sind einfacher und kostengünstiger als Patente zu erlangen. Sind sie erst einmal im Register eingetragen, so ist es jedem Dritten untersagt, ohne die Zustimmung des Gebrauchsmusterinhabers ein Erzeugnis, das Gegenstand des Gebrauchsmusters ist, herzustellen, anzubieten, in Verkehr zu bringen oder zu gebrauchen oder zu den genannten Zwecken einzuführen oder zu besitzen.[67]

Allerdings ist der Schutzbereich eines Gebrauchsmusters enger, biotechnologische Erfindungen sind ebenso wie Verfahren vom Gebrauchsmusterschutz ausgeschlossen. Die Schutzdauer ist mit 10 Jahren zudem wesentlich kürzer.

4. Produktdesign

Bis 2013 war das Gegenstück zum Gebrauchsmuster das sog. Geschmacksmuster, das nicht etwa Lebensmittel oder Rezepte schützte, sondern die äußere Erscheinungsform von „Erzeugnissen", die sich durch ihre Formgebung, Struktur oder die zu ihrer Herstellung verwendeten Werkstoffe ergab.[68] Als Erzeugnis definierte das Geschmacksmustergesetz jeden industriellen oder handwerklichen Gegenstand, einschließlich seiner Verpackung, Ausstattung, grafischer Symbole und typografischer Schriftzeichen sowie von Einzelteilen, die zu einem komplexen Erzeugnis zusammengebaut werden sollen.[69]

Foto: © humangear, inc. – GoBites Duo – www.humangear.com – Patented

Abb. 51: Gutes Produktdesign verdient Schutz

Daran hat sich auch durch die Ablösung des noch aus dem Jahr 1867 stammenden Geschmacksmustergesetzes durch das am 01.01.2014 in Kraft getretene **Designgesetz** nichts geändert. Für Druckverfahren kann daher kein Designschutz erlangt werden, für 3D-Modelle und Produkte aus dem 3D-Drucker hingegen schon, sofern sie neu sind und die erforderliche Eigenart aufweisen.[70] Letzteres ist – vereinfacht ausgedrückt – immer dann der Fall, wenn sich der Gesamteindruck, den das Design beim informierten Benutzer hervorruft, im Auge eines „Durchschnittsbetrachters" (also nicht eines Fachmanns) von dem Gesamteindruck anderer Designs unterscheidet.[71] Für die Neuheit eines Musters besteht grundsätzlich eine Vermutung, sodass sie vom Inhaber nicht nachgewiesen werden muss.[72]

Das eingetragene Design gewährt seinem Rechtsinhaber das ausschließliche Recht, es zu benutzen und somit auch das Recht Dritten zu verbieten, es ohne seine Zustimmung zu benutzen.[73] **Eine rechtsverletzende Benutzung** eines eingetragenen Designs liegt immer dann vor, wenn für das Produkt eines anderen Herstellers ein Design benutzt wird, das keinen anderen Gesamteindruck erweckt[74] und der Inhaber der Benutzung seines Designs dem nicht zugestimmt hat. Was als „Benutzung" gilt, hat der Gesetzgeber nicht abschließend definiert. Er rechnet dazu aber jedenfalls die Herstellung, das Anbieten, das Inverkehrbringen, die Einfuhr, die Ausfuhr und den Gebrauch eines Erzeugnisses, in das das eingetragene Design aufgenommen oder bei dem es verwendet wird, und den Besitz eines solchen Erzeugnisses zu einem dieser Zwecke.[75]

Wie das Urheberrecht unterliegt auch das Designrecht gewissen Einschränkungen. So stellen Handlungen, die im privaten Bereich vorgenommen werden, keine Rechtsverletzung dar. Ein Gleiches gilt für die Einfuhr von Ersatzteilen und von Zubehör für die Reparatur sowie für die Durchführung von Reparaturen an Schiffen und Luftfahrzeugen.[76]

Das Recht auf das eingetragene Design steht dem Entwerfer oder seinem Rechtsnachfolger zu. Haben mehrere Personen gemeinsam ein Design entworfen, so steht ihnen das Recht auf das eingetragene Design gemeinschaftlich zu. Wird ein Design von einem Arbeitnehmer in Ausübung seiner Aufgaben oder nach den Weisungen seines Arbeitgebers entworfen, so steht das Recht an dem eingetragenen Design dem Arbeitgeber zu, sofern vertraglich nichts anderes vereinbart wurde.[77] Wie das Gebrauchsmuster entsteht auch der Designschutz mit der Eintragung in das vom Deutschen Patent und Markenamt geführte Register, einer besonderen Erteilung bedarf es dazu – anders als beim Patent – also nicht. Ob das Design tatsächlich neu und eigenartig ist, wird vom Amt nicht geprüft. Es empfiehlt sich trotzdem zur Vermeidung späterer Rechtsstreitigkeiten bereits vor der Anmeldung eine Recherche durchführen zu lassen, um bereits vorbestehende Designs ermitteln zu können. **Die Schutzdauer** des eingetragenen Designs beträgt immerhin 25 Jahre, gerechnet ab dem Tag zur Eintragung im Register,[78] sofern ab dem sechsten Jahr die jährlich fällig werdenden Gebühren bezahlt werden.

Das Designgesetz gilt entsprechend für den Schutz sogenannter **Muster**, also Vorlagen für Flächen mit zweidimensionalen Gestaltungen und **Modelle**, d. h. Vorlagen für dreidimensionale Gestaltungen nach dem sog. Haager Abkommen[79]. Ein nach diesem Abkommen eingetragenes Muster oder Modell ist in allen Vertragsstaaten vor einer nicht autorisierten Benutzung geschützt.

Ein eingetragenes Design kann auf Antrag vom Deutschen Patent und Markenamt für nichtig erklärt werden, wenn es eine unerlaubte Benutzung eines urheberrechtlich geschützten Werkes darstellt, ein älteres eingetragenes Design verletzt, oder in ihm ein Zeichen mit Unterscheidungskraft älteren Zeitrangs verwendet wird (und der Inhaber des Zeichens berechtigt ist, die Verwendung zu untersagen).[80]

Für Unternehmen, die ihre Produkte nicht langfristig nur in Deutschland oder lediglich regional anbieten, kann es vorteilhaft sein, statt eines Designs ein sog. **Gemeinschaftsgeschmacksmuster** in das vom Markenamt in Alicante geführte Register eintragen zu lassen. Fall Sie nun verwirrt sind, weil Sie dachten, der Begriff des Geschmacksmusters sei durch den des Designs ersetzt worden, sind Sie nicht allein. Die babylonische Sprachverwirrung ist nur dem Umstand geschuldet, dass die deutsche Fassung der EG-Verordnung Nr. 6/2002 über das Gemeinschaftsgeschmacksmuster noch nicht der Übernahme des international gebräuchlichen Begriffs „Design" in das deutsche Recht angepasst wurde. Wir können also davon ausgehen, dass es nicht mehr allzu lange dauern wird, bis das „Gemeinschaftsgeschmacksmuster" in das „Gemeinschaftsdesign" umgetauft wird; vorerst bleiben wir aber bei der aktuellen Terminologie.

Das Gemeinschaftsgeschmacksmuster hat gegenüber einem in das Register beim Deutschen Patent- und Markenamt eingetragenen Design gleich **mehrere Vorteile**. Zunächst wird es nicht nur als „eingetragenes Gemeinschaftsgeschmacksmuster" durch Eintragung im Register geschützt, sondern auch als „nicht eingetragenes Geschmacksmuster", wenn es öffentlich zugänglich gemacht wurde. Dazu muss es nur so bekannt gemacht, ausgestellt, im Geschäftsverkehr verwendet oder auf sonstige Weise offenbart werden, dass es den in der EU tätigen Fachkreisen des betreffenden Wirtschaftszweigs im normalen Geschäftsverlauf bekannt werden kann.[81] Das nicht eingetragene Gemeinschaftsgeschmacksmuster soll es seinem Inhaber ermöglichen, erst einmal die **Nachfrage** nach seinem Produkt im Markt zu testen, bevor er die Eintragung des Musters im Register beantragt und dafür dann auch die Gebühren bezahlen muss. Davon profitieren insbesondere Startups und kleine Unternehmen mit begrenztem Budget für Schutzrechtsanmeldungen.

Der größte Vorteil des Gemeinschaftsgeschmacksmusters liegt aber darin, dass es dieselbe Wirkung in der gesamten Gemeinschaft hat und im gesamten Gebiet der Europäischen Union wie ein nationales Schutzrecht des Mitgliedstaates behandelt wird, in dem der Inhaber seinen Wohnsitz oder eine Niederlassung hat. Es kann deshalb auch nur für das gesamte Gebiet der EU eingetragen oder übertragen werden.[82] Die Voraussetzungen für den Schutz eines Gemeinschaftsgeschmacksmusters sind im Übrigen dieselben wie diejenigen für ein eingetragenes Design, d. h. es muss neu und eigenartig sein. Die Schutzdauer des eingetragenen Gemeinschaftsgeschmacksmusters beträgt maximal 25 Jahre ab dem Anmeldetag, die des nicht eingetragenen Musters dagegen nur 3 Jahre ab dem Tag, an dem es erstmals öffentlich zugänglich gemacht wurde.[83]

> **Das eingetragene Design** (früher: „Geschmacksmuster") schützt die äu-
> ßere Erscheinungsform von „Erzeugnissen", die sich durch ihre Formge-
> bung, Struktur oder die zu ihrer Herstellung verwendeten Werkstoffe
> ergibt. Für Produkte aus dem 3D-Drucker kann Designschutz erlangt
> werden, wenn sie neu sind und die erforderliche Eigenart aufweisen.
> Dies ist grundsätzlich der Fall, wenn sich der Gesamteindruck, den das
> Design beim informierten Benutzer hervorruft, im Auge eines „Durch-
> schnittsbetrachters" (also nicht eines Fachmanns) von dem Gesamtein-
> druck anderer Designs unterscheidet.

5. Markenschutz: Nicht nur für Produktnamen

Mit Marken (früher: „Warenzeichen") kommt jeder Verbraucher in der Werbung
und beim Einkauf praktisch täglich in Berührung. Marken dienen vor allem
dazu, die Waren und Dienstleistungen eines Unternehmens von denen eines
anderen Unternehmens zu unterscheiden.[84] Besondere Bedeutung hat neben
dieser **Herkunftsfunktion** aber auch die sog. **Garantiefunktion**, die sicherstellen
soll, dass alle durch die Marke gekennzeichneten Waren unter der Kontrolle
eines einzigen Unternehmens hergestellt (oder geliefert) worden sind, das für
ihre Qualität verantwortlich gemacht werden kann.[85]

Der Markenschutz entsteht in der Regel durch die Eintragung eines Kennzeichens als Marke in das vom Markenamt geführte Register. Dort wird die Marke
für bestimmte Waren- oder Dienstleistungsklassen eingetragen, für die sie
Schutz beansprucht, also z. B. in der Klasse 12 für Karosserien für Kraftfahrzeu-
ge oder in der Klasse 28 für Spielzeug. Eine Marke, die in Klasse 20 für Möbel
eingetragen wurde, gewährt also grundsätzlich nur Schutz vor einer Benutzung
für Waren dieser Klasse, kann aber nicht verhindern, dass dieselbe Wortmarke
in Klasse 3 für Kosmetika eingetragen wird.

Markenschutz entsteht zudem auch ohne Registereintragung durch die **Benutzung** eines Kennzeichens im Geschäftsverkehr, wenn es innerhalb der beteiligten Verkehrskreise (bei Waren des täglichen Bedarfs ist das die Gesamtbe-
völkerung[86]) „Verkehrsgeltung" für bestimmte Waren oder Dienstleistungen
erworben hat. Zur Beantwortung der Frage, ob dies der Fall ist, können insbe-

Foto: Evan-Amos

Abb. 52: Markenschutz gibt es auch für dreidimensionale Formen

sondere der von der Marke gehaltene Marktanteil, die Intensität, die geografische Verbreitung und die Dauer der Benutzung der Marke, der Werbeaufwand des Unternehmens für die Marke sowie der Anteil der angesprochenen Verkehrskreise, der die Ware oder Dienstleistung auf Grund der Marke als von einem bestimmten Unternehmen stammend erkennt herangezogen werden. Außerdem können Erklärungen von Industrie- und Handelskammern oder anderen Berufsverbänden berücksichtigt werden.[87]

Für die Annahme einer Verkehrsgeltung kann dagegen nicht verlangt werden, dass einem bestimmten Anteil der angesprochenen Verkehrskreise bekannt sein muss, dass das Kennzeichen für bestimmte Waren oder Dienstleistungen auf die Herkunft aus einem bestimmten Unternehmen hinweist.[88] Ist ein Kennzeichen aber weniger als der Hälfte der angesprochenen Verkehrskreise bekannt, wird man ihm keine Verkehrsgeltung zugestehen können.[89]

Gegenüber dem Schutz, den das Urheberrecht dem Werkschöpfer gewährt, hat eine Marke einige **Vorteile** aufzuweisen: Zum einen bietet sie einen **zeitlich unbegrenzten Schutz**. Die Schutzdauer einer eingetragenen Marke beginnt zwar mit dem Tag der Anmeldung zur Eintragung in das vom DPMA geführte Markenregister und endet nach zehn Jahren. Die Schutzdauer kann aber beliebig oft um jeweils weitere zehn Jahre verlängert werden; einzige Voraussetzung dafür ist die rechtzeitige Einzahlung der Verlängerungsgebühren beim Markenamt.[90] Ein weiterer Vorteil liegt darin, dass Inhaber einer Marke nicht nur ein Mensch (im Juristendeutsch: eine „natürliche Person"), sondern auch eine Kapitalgesellschaft wie eine GmbH oder AG und somit eine juristische Person sein kann.

Obwohl es sich bei der Mehrzahl der heute im Register eingetragenen und/oder im Geschäftsverkehr benutzten Marken um Wortmarken, Bildmarken oder eine Kombination beider Varianten handelt, reicht der vom Markengesetz gewährte Schutz noch wesentlich weiter. Er schließt auch **dreidimensionale Gestaltungen** einschließlich der Form einer Ware oder ihrer Verpackung sowie sonstige Aufmachungen einschließlich Farben und Farbzusammenstellungen ein.[91] Es ist deshalb durchaus möglich, Markenschutz für die äußere Form eines auf dem 3D-Drucker ausgedruckten Produkts in Anspruch zu nehmen, wenn diese hinreichend unterscheidungskräftig ist. Auch die Oberflächenstruktur eines Produkts wie die einer mattierten Getränkeflasche kann grundsätzlich als Marke eingetragen werden.[92]

Allerdings gilt es einige Hürden zu nehmen, um wirklich Markenschutz für eine dreidimensionale Form von Gebrauchsgegenständen erhalten zu können. Zunächst einmal scheitert so manche Markeneintragung daran, dass kein Markenschutz erlangt werden kann, wenn Zeichen ausschließlich aus einer Form bestehen, die durch die Art der Ware selbst bedingt ist oder die zur Erreichung einer technischen Wirkung erforderlich sind.[93] Das Gleiche gilt für Zeichen, die ausschließlich aus einer Form bestehen, die der Ware einen besonderen ästhetischen Wert verleiht[94] oder die für die Warenart wesensnotwendig ist.[95]

Der Gesetzgeber wollte damit sicherstellen, dass der Inhaber des Markenrechts technische Lösungen oder Eigenschaften einer Ware nicht für sich monopolisieren und dadurch Mitbewerber daran hindern kann, bei der Gestaltung ihrer

Produkte eine bekannte technische Lösung einzusetzen oder ihren Produkten bestimmte vorteilhafte Eigenschaften zu geben.[96]

Unabhängig hiervon muss das Zeichen, damit es als dreidimensionale Marke in das vom Deutschen Patent- und Markenamt geführte Markenregister eingetragen werden kann, die dafür **notwendige Unterscheidungskraft** besitzen. **Unterscheidungskraft** besitzt eine Marke, wenn sie von den Verbrauchern als Unterscheidungsmittel für die von der Marke erfassten Waren oder Dienstleistungen gegenüber solchen anderer Unternehmen aufgefasst wird. Dadurch wird die oben bereits erläuterte Herkunftsfunktion, die gelegentlich auch als „**Ursprungsidentität**" bezeichnet wird, gesichert.

Marken dienen dazu, die Waren und Dienstleistungen eines Unternehmens von denen eines anderen Unternehmens zu unterscheiden.

Markenschutz entsteht

- durch die Eintragung eines Kennzeichens als Marke in das vom Patentamt geführte Register oder
- durch die Benutzung einer Marke im Geschäftsverkehr, wenn die Marke dadurch sog. Verkehrsgeltung erlangt hat.

Neben reinen Wortmarken und Bildmarken können auch dreidimensionale Gestaltungen einschließlich der Form einer Ware als Marke geschützt werden, wenn sie nicht ausschließlich aus einer Form bestehen, die durch die Art der Ware selbst bedingt ist oder die zur Erreichung einer technischen Wirkung erforderlich ist.

Schutzunfähig sind dagegen dreidimensionale Formen, die der Ware einen besonderen ästhetischen Wert verleihen oder die notwendig sind, damit die Ware ihren Zweck erfüllen kann.

Inhaber einer Marke können auch Kapitalgesellschaften sein.

Die Schutzdauer einer eingetragenen Marke beginnt mit dem Tag der Anmeldung zur Eintragung in das vom DPMA geführte Markenregister und endet nach zehn Jahren, wenn sie nicht verlängert wird.

6. Immer wenn Du denkst es geht nichts mehr: Der ergänzende wettbewerbsrechtliche Leistungsschutz

Wenn es im konkreten Fall keinen Sonderrechtsschutz für ein Produkt bzw. die Druckvorlage gibt, kann dennoch ein **Unterlassungsanspruch aus den allgemeinen Grundsätzen des sog. Lauterkeitsrechts** in Betracht kommen. Anspruchsgrundlage ist dann das Gesetz gegen den unlauteren Wettbewerb (UWG), das allerdings ebenso wie die gewerblichen Schutzrechte nur eingreifen kann, wenn der in Anspruch Genommene *im geschäftlichen Verkehr* und nicht zu rein privaten Zwecken gehandelt hat.

Das eingetragene Design verbietet, wie dargelegt, etwa schon die Verwendung des Designs zu Herstellung eines Produkts ohne Zustimmung des Rechteinhabers.[97] Für einen solchen Anspruch bietet das Lauterkeitsrecht keine Grundlage.

Das Kopieren einer Druckvorlage und deren Benutzung zur Herstellung von Produkten ohne Zustimmung des Erstellers kann damit also nicht untersagt werden. Auch ist – und das mag überraschen – die Imitation von Produkten, die keinem Patent-, Gebrauchsmuster-, Design- oder Urheberrechtsschutz unterliegen, nicht per se verboten. Sie ist nur dann wettbewerbswidrig, wenn weitere besondere Umstände hinzukommen.[98]

Das ist dann der Fall, wenn

- eine **vermeidbare Täuschung der Abnehmer über die betriebliche Herkunft** herbeigeführt wird oder
- die **Wertschätzung** der nachgeahmten Ware oder Dienstleistung unangemessen **ausgenutzt oder beeinträchtigt wird** oder
- die für die Nachahmung erforderlichen **Kenntnisse oder Unterlagen unredlich erlangt** wurden.[99]

Sind diese Voraussetzungen erfüllt, so kann der davon Betroffene die Unterlassung der weiteren Verbreitung verlangen und gegebenenfalls erzwingen. Es lohnt sich folglich, genauer zu prüfen, ob eine der oben genannten Alternativen eingreift. Unabhängig davon, ob der Unterlassungsanspruch nun auf eine vermeidbare Herkunftstäuschung, eine Ausnutzung oder Beeinträchtigung der Wertschätzung des Originalprodukts oder die unredliche Erlangung von Know-how bzw. Unterlagen gestützt werden soll, schützt der ergänzende wettbewerbsrechtliche Leistungsschutz allerdings nur vor dem Anbieten einer Ware **im geschäftlichen Verkehr.** Der Begriff der „Ware" ist dabei sehr weit zu verstehen und umfasst u. a. alle technischen und nicht-technischen Erzeugnisse.[100]

(a) Wettbewerbliche Eigenart des Originalprodukts

Die Nachahmung fremder Waren ist nur dann unzulässig, wenn diese eine sog. **wettbewerbliche Eigenart** aufweisen. Das ist immer dann der Fall, wenn die konkrete Ausgestaltung oder bestimmte Merkmale des Erzeugnisses geeignet sind, die Abnehmer auf seine betriebliche Herkunft hinzuweisen oder Vorstellungen über dessen besondere Qualität hervorzurufen.[101]

Die wettbewerbliche Eigenart kann sich auch aus den **technischen Merkmalen** des Erzeugnisses ergeben.[102] Es darf sich dann aber nicht um ein bloßes „Allerweltserzeugnis" oder „Dutzendware" handeln, die vom Verbraucher keinem bestimmten Hersteller zugeordnet wird.[103] Nichts anderes gilt auch für **gemeinfreie Gestaltungselemente**, die nicht zur Begründung einer wettbewerblichen Eigenart herangezogen werden dürfen; deshalb kann z. B. einem Spielzeughersteller nicht untersagt werden, Spielsets mit Puppen anzubieten, die in ähnlichen Alltagssituationen dargestellt werden, wie diejenigen eines Wettbewerbers.[104] Alltagssituationen sind nun einmal „alltäglich" und dürfen nicht durch einen bestimmten Hersteller monopolisiert werden.

Damit technische Produkte als „wettbewerblich eigenartig" angesehen werden können, muss noch hinzukommen, dass es sich bei den betreffenden Gestaltungselementen nicht um Merkmale handelt, die bei gleichartigen Erzeugnissen aus technischen Gründen **zwingend** verwendet werden müssen. Bei solchen technisch notwendigen Gestaltungselementen ist nach dem Grundsatz des freien Stands der Technik bereits die wettbewerbliche Eigenart zu verneinen.[105] Ob bestimmte Produkteigenschaften technisch zwingend sind oder nicht, lässt sich nicht pauschal für bestimmte Produkttypen, sondern nur anhand einer konkreten Betrachtung der Gestaltungsmerkmale eines Produkts beurteilen. Je komplexer ein technisches Produkt ist, je mehr technische Funktionen es also auf sich vereint, desto weniger wird man davon ausgehen können, dass die konkrete Gesamtgestaltung in allen Einzelheiten zur Erreichung des insgesamt angestrebten Erfolges technisch unbedingt notwendig ist. Anders kann es liegen, wenn es sich um eine hochkomplizierte Maschine handelt, deren Funktionsfähigkeit von einer präzisen Feinabstimmung abhängt.[106]

Handelt es sich nicht um technisch zwingend notwendige Merkmale, sondern nur um solche, die zwar technisch bedingt, aber frei austauschbar sind, so können sie eine wettbewerbliche Eigenart (mit) begründen. Und zwar dann, wenn der Verkehr mit diesen die Herkunft der Erzeugnisse aus einem bestimmten Betrieb oder gewisse Qualitätserwartungen verbindet.[107]

Wer gegen identische Nachahmungen vorgehen will, ist trotzdem gut beraten, die wettbewerbliche Eigenart erst einmal nicht (nur) in den technischen Merkmalen seines Produkts zu suchen. Individuell und zugleich originell gestaltete Produkte wie die von Apple oder die von Dieter Rams für Braun entworfenen Geräte beweisen, dass auch technische Produkte ein „eigenes Gesicht" haben können. Auch wenn nicht jedes Unternehmen einen Dieter Rams oder Jonathan Ive hat, hebt sich die äußere Formgestaltung mancher Produkte so deutlich von vergleichbaren Produkten im selben wettbewerblichen Umfeld ab, dass ihnen die wettbewerbliche Eigenart nicht abgesprochen werden kann.[108] Das von Nachahmern oft vorgebrachte Argument, man habe „ja nur technisch zwingende Merkmale übernommen", läuft dann leer. Und: Je eigenartiger das Design, desto geringer muss die Herkunftstäuschung oder Beeinträchtigung der Wertschätzung für das Originalprodukt sein, damit eine Nachahmung als wettbewerbswidrig angesehen und ihr Vertrieb untersagt werden kann.[109]

(b) Vermeidbare Herkunftstäuschung

Ob eine Herkunftstäuschung vorliegt oder beim Verbraucher unzutreffende Qualitätsvorstellungen geweckt werden, wird sich nur anhand einer Gegenüberstellung der Originalware und der nachgeahmten Ware beurteilen lassen. Beim unveränderten Ausdruck eines mit einem Scanner erzeugten 3D-Modells von der Originalware wird dies aber regelmäßig der Fall sein, da bei ihnen „der interessierte Betrachter" davon ausgehen wird, dass Original und Nachahmung vom selben Hersteller stammen.[110] Selbst wenn am 3D-Modell geringfügige Änderungen vorgenommen werden, können solche Abweichungen die Herkunftstäuschung nicht beseitigen, solange die Nachahmung sich nicht hinreichend deutlich von ihrem Vorbild absetzt.[111]

Auch kommt es nicht darauf an, ob der Nachbau auch die **Marke** des Originalherstellers trägt. Für die Annahme einer vermeidbaren Herkunftstäuschung ist es nämlich nicht erforderlich, dass dem Erwerber der Name des Herstellers bekannt ist. Eine Täuschung über die Herkunft einer Ware liegt auch dann vor, wenn der Erwerber glaubt, die Ware sei von (irgend) einem bestimmten

Unternehmen in den Verkehr gebracht worden.[112] Der Vertrieb eines Nachbaus kann also auch dann wettbewerbswidrig sein, wenn die Marke vor dem Druckvorgang aus dem 3D-Modell entfernt wird, die äußere Formgestaltung des Produkts aber so charakteristisch ist, dass die Verbraucher es als das Produkt eines bestimmten Herstellers wahrnehmen. Ein Manolo Blanik Schuh wird auch dann an seiner roten Sohle als Manolo Blanik Schuh erkannt, wenn er nicht das Markenlogo des Originalherstellers trägt.

Gerade bei technischen Erzeugnissen geht es allerdings häufig um die Streitfrage, ob die Herkunftstäuschung **vermeidbar** war. Dies wird man immer dann annehmen können, wenn sie durch geeignete und zumutbare Maßnahmen verhindert werden kann.[113] Herkunftsverwechslungen die auf technischen Gestaltungsmerkmalen eines Produkts beruhen, die zur Herstellung der Kompatibilität mit einem anderen Produkt erforderlich sind, hat der Bundesgerichtshof als unvermeidbar angesehen.[114] Auf ein berechtigtes Interesse zur Übernahme bestimmter Produkteigenschaften bzw. Gestaltungselemente kann sich der Nachahmer allerdings dann nicht mehr berufen, wenn seine Produkte nicht denselben Qualitätsansprüchen wie das Originalprodukt genügen.

Zu einer **relevanten Qualitätsbeeinträchtigung** kann es vor allem bei Maschinen und technischen Geräten kommen, wenn einzelne Teile ausgetauscht werden und dies dazu führt, dass deren Sicherheit nicht mehr oder jedenfalls nicht mehr im selben Maß gewährleistet ist. Qualitäts- und Sicherheitsbeeinträchtigungen der Originalware können bei komplexen technischen Geräten auch dann auftreten, wenn das Austauschteil an sich keine Mängel aufweist, aber mit dem Originalprodukt nicht vollständig kompatibel ist. Der Bundesgerichtshof hat entschieden, dass der Hersteller der Originalware so etwas im Regelfall nicht hinnehmen muss. Wer als Gewerbetreibender mit den Produkten eines Mitbewerbers kompatible Erzeugnisse vertreibt und diese im geschäftlichen Verkehr unter Hinweis auf die Kompatibilität anbietet, bringe damit zum Ausdruck, dass seine Ware für die vorgesehene Verwendung unbedenklich geeignet ist. Er habe daher, so der BGH, *„zuverlässig sicherzustellen, dass seine Produkte mit den Erzeugnissen des Mitbewerbers nicht nur in technischer Hinsicht uneingeschränkt kompatibel sind, sondern auch in qualitativer Hinsicht und vor allem in Bezug auf die Gebrauchssicherheit, den wesentlichen Merkmalen der Originalware entsprechen"*.[115] Fehle es daran, so lasse sich ein Interesse des Mitbewerbers, seine Erzeugnisse kompatibel zu gestalten, regelmäßig nicht mehr mit schützenswerten Belangen der Abnehmer rechtfertigen. Deren – nicht nur als untergeordnet einzustufendes – Interesse gelte nämlich auch der Sicherheit und Qualität der ihnen zum Austausch und zur Ergänzung der Originalware angebotenen Produkte.[116]

Daneben kann der Vertrieb eines identischen Nachbaus aus dem 3D-Drucker auch ohne Vorliegen einer vermeidbaren Herkunftstäuschung unter dem Gesichtspunkt einer sogleich noch erörterten **Rufausbeutung** wettbewerbswidrig sein. Eine solche Rufausbeutung kommt dann in Betracht, wenn die Eigenart und die Besonderheiten des Originalerzeugnisses zu Qualitätserwartungen führen, die diesem Produkt zugeschrieben werden und der Nachahmung deshalb zu Gute kommen, weil sie mit dem Original verwechselt wird.[117]

(c) Ausnutzung der Wertschätzung für das Originalprodukt

Der Vertrieb der Nachahmung kann tatsächlich auch dann untersagt werden, wenn diese nicht mit dem Originalprodukt verwechselt werden kann. Wird nämlich die besondere Wertschätzung eines Originalprodukts beeinträchtigt, so ist der Vertrieb der Nachahmung ebenfalls wettbewerbswidrig.[118] **Eine Ausnutzung der Wertschätzung** liegt vor, wenn die angesprochenen Verkehrskreise die Wertschätzung für das Original (den „guten Ruf" oder das „Image") auf die Nachahmung übertragen.[119] Das kann auch dann der Fall sein, wenn zwar nicht der Käufer, aber das Publikum, das bei den Käufern die Nachahmungen sieht, zu der irrigen Annahme über die Echtheit verleitet wird, weil es an einem hinreichenden Abstand zwischen Original und Nachahmung fehlt. Darin kann nämlich schon ein Anreiz zum Kauf der Nachahmung liegen.[120]

(d) Erlangung der Druckvorlage durch Betriebsspionage oder Geheimnisverrat

Schließlich verstößt das Anbieten einer Nachahmung auch dann gegen den lauteren Wettbewerb, wenn die für die Nachahmung erforderlichen Kenntnisse oder Unterlagen unredlich erlangt wurden. Ein solches „Erschleichen" von Kenntnissen oder Unterlagen, zu denen man ohne weiteres auch 3D-Druckvorlagen zählen kann, liegt dann vor, wenn sich der Nachahmer die für die Leistungsübernahme erforderliche Kenntnis vom fremden Vorbild „in verwerflicher Weise" verschafft.[121]

Damit wird aber nur *ein* Kriterium, nämlich das der „Unredlichkeit" durch ein anderes, nämlich das der „Verwerflichkeit" ersetzt, ohne dass man dadurch wirklich besser beurteilen könnte, ob die Druckvorlage nun „erschlichen" wurde. Der Bundesgerichtshof hat vor einigen Jahren entschieden, dass Unterlagen unredlich erlangt wurden, wenn dies durch einen strafbaren Geheimnisverrat oder eine Betriebsspionage geschah oder ein Vertrauensbruch vorliegt[122].

Der Geheimnisverrat unterscheidet sich von der Betriebsspionage dadurch, dass er durch Betriebszugehörige begangen wird, beide Varianten setzen aber voraus, dass ein Betriebs- oder Geschäftsgeheimnis entwendet wird. Für eine genauere Abgrenzung des Geschäfts- vom Betriebsgeheimnis besteht wegen der Gleichbehandlung durch den Gesetzgeber keine Notwendigkeit[123], 3D-Modelle wird man aber als technische Daten und somit als Betriebsgeheimnisse behandeln können, wenn sie die nachfolgend erläuterten Voraussetzungen erfüllen.

Damit das 3D-Modell und die auf seiner Grundlage erstellte Druckvorlage als **Betriebs- oder Geschäftsgeheimnis** gelten können, dürfen sie nicht offenkundig, also allgemein bekannt oder doch leicht zugänglich sein.[124] Außerdem muss erkennbar sein, dass die Druckvorlage nach dem bekundeten (oder erkennbaren) Willen des Betriebsinhabers geheim gehalten werden soll und der Betriebsinhaber muss ein berechtigtes wirtschaftliches Interesse an ihrer Geheimhaltung haben. Beides wird auf 3D-Druckvorlagen für die Herstellung von Prototypen oder Serienprodukten regelmäßig zutreffen, muss aber von Fall zu Fall geprüft werden.

Handelt es sich bei dem 3D-Modell und der Druckvorlage demnach um ein Betriebsgeheimnis, so macht sich wegen **Geheimnisverrats** strafbar, wer sie während der Geltungsdauer seines Beschäftigungsverhältnisses unbefugt an jemand zu Zwecken des Wettbewerbs, aus Eigennutz, zugunsten eines Dritten oder in der Absicht, dem Inhaber des Unternehmens Schaden zuzufügen, weitergibt, obwohl sie ihm „anvertraut wurden". Ein solches „Anvertrauen" der Druckvorlage wird man jedenfalls dann annehmen können, wenn sie dem Beschäftigten im Betrieb zugänglich gemacht wurde und er ausdrücklich oder stillschweigend dazu verpflichtet wurde, die Druckvorlage vertraulich zu behandeln und nicht an Arbeitskollegen oder externe Dritte weiter zu geben[125] bzw. nur nach den Weisungen des Überlassenden zu verwenden.[126]

Freilich wird nicht immer ein Geheimnisverrat durch einen Betriebsangehörigen vorliegen, wenn eine 3D-Druckvorlage in die falschen Hände geraten ist. Nicht selten wird die Druckvorlage durch **Betriebsspionage** erlangt, die natürlich ebenfalls unter Strafe steht.[127] Wer ein so erlangtes 3D-Modell oder die 3D-Druckvorlage nutzt, macht sich dadurch ebenfalls strafbar.

Sowohl der Geheimnisverrat wie auch die Betriebsspionage werden auf entsprechenden Strafantrag von der zuständigen Staatsanwaltschaft verfolgt und einer strafrechtlichen Ahndung zugeführt. Zugleich stellen beide einen Wettbewerbsverstoß dar, der zivilrechtliche Unterlassungs- und Schadensersatzansprüche des betroffenen Unternehmens auslöst.

Durch einen wettbewerbswidrigen **Vertrauensbruch**[128] wird die Druckvorlage erlangt, wenn sie zunächst redlich erlangt, dann aber missbräuchlich zur Herstellung identischer Produkte ausgenutzt wird.[129] Das kann beispielsweise dann der Fall sein, wenn sie einem Mitarbeiter zur innerbetrieblichen Nutzung überlassen wurde, der sie nach Beendigung seines Arbeitsverhältnisses einem Wettbewerber zur Herstellung identischer Nachahmungen überlässt oder selbst dazu nutzt, „sklavische" Nachahmungen herzustellen.[130]

Fazit:

Auch wenn ein Produkt keinen Sonderrechtsschutz genießt, kann dennoch die Geltendmachung eines lauterkeitsrechtlichen Unterlassungsanspruchs gegen den Nachahmer in Betracht kommen. Anspruchsgrundlage ist das Gesetz gegen den unlauteren Wettbewerb (UWG), das allerdings nur dann eingreifen kann, wenn der in Anspruch Genommene *im geschäftlichen Verkehr*[131] gehandelt hat.

Grundsätzlich ist die Nachahmung von Produkten die nicht unter Sonderrechtsschutz stehen, jedoch zulässig; auch dann wenn die auf einem 3D-Drucker hergestellte Kopie in Größe und äußerer Aufmachung 1:1 der Vorlage entspricht. Wettbewerbswidrig wird sie erst dann, wenn der Käufer über ihre Herkunft getäuscht wird, der Ruf oder die Wertschätzung des Originalprodukts ausgenutzt werden oder die Kopie mit einer Druckvorlage hergestellt wurde, die in rechtswidriger Weise – z. B. durch Betriebsspionage – erlangt wurde.

4.6.2 Von der Idee zum Druck: Was ist vor Nachahmern geschützt?

1. Sind Geschäftsideen vor einer Übernahme durch Wettbewerber geschützt?

> „Dass eine Idee gut ist, merkt man am besten daran, dass sie kopiert wird."
>
> Siegfried Wache (*1951), technischer Zeichner,
> Luftfahrzeugtechniker und Buchautor

Jede Innovation beginnt mit einer Idee. Hätte der schottische Physiker James *Bowman Lindsay* nicht die Idee für ein „beständiges elektrisches Licht" gehabt und der Öffentlichkeit im Jahr 1835 einen ersten Prototypen gezeigt, so wäre die erste industrielle Revolution ausgefallen und wir säßen heute noch bei Gas- und Kerzenlicht. Das erste Patent auf eine Glühlampe erhielt 1841 allerdings nicht Lindsay, sondern sein britischer Kollege *Frederick de Moleyns* und erst *Edison* machte sie 1880 zum Massenartikel. Wie die Entwicklung der Glühlampe zeigt, ist die Idee zur Lösung eines Problems Voraussetzung jeder Innovation, die dann aber häufig von anderen fortentwickelt und erfolgreich vermarktet wird. So gilt der deutsche Ingenieur *Rudolf Hell* als Vater des Telefax. Sein wirtschaftliches Potenzial wurde aber erst in den achtziger Jahren von japanischen Unternehmen erkannt, die Faxgeräte zu einem kommerziellen Erfolg machten. Auch das später so erfolgreiche MP3 Verfahren wurde von dem deutschen Mathematiker *Karlheinz Brandenburg* entwickelt, aber von anderen wirtschaftlich ausgewertet.

© Foto: www.colourbox.de

Abb. 53: Am Anfang steht eine immer eine gute Idee

All dies wirft die Frage auf, ob nicht schon die **Idee** für ein neues 3D-Druckverfahren oder ein neues Produkt vor einer Übernahme durch Wettbewerber geschützt werden kann. Die Antwort auf diese Frage fällt durchaus unterschiedlich aus und hängt davon ab, aus welchem Schutzrecht gegen Nachahmer vorgegangen werden soll.

Wer einen guten Einfall für ein **neues Herstellungsverfahren** hat, mag auf den für ihn nicht fernliegenden Gedanken kommen, dass er darauf ein „Copyright" beanspruchen und somit anderen die Nutzung desselben Verfahrens untersagen könne.

Das geltende Urheberrecht schützt allerdings nur sogenannte **persönliche geistige Schöpfungen**, also die von einem Menschen selbst geschaffenen Werke, die über eine wahrnehmbare Form, Individualität und ausreichende Gestaltungshöhe verfügen. Die Voraussetzungen werden später noch genauer erläutert. Hier sei aber schon einmal festgehalten: Ideen als solche sind jedenfalls kein Ausdruck schöpferischen Schaffens. Die bloße Idee, ein neues 3D-Druckverfahren zu entwickeln, unterliegt deshalb keinem Urheberrechtsschutz. Ein Gleiches gilt für die Idee, ein bereits erhältliches Produkt mittels 3D-Druck herzustellen oder mit additiven Fertigungsprozessen Prototypen für Produkte zu fertigen, die es bislang noch nicht gegeben hat. Urheberrechtlich nicht geschützt sind auch Forschungsergebnisse und wissenschaftliche Erkenntnisse aus der R&D Abteilung des Unternehmens. Das technische Gedankengut eines Werkes – die technische Lehre als solche – kann also nicht Gegenstand des Urheberrechtsschutzes sein.[132]

Ermöglicht die Idee allerdings die Lösung eines konkreten technischen Problems, so kann eine Erfindung vorliegen, die unter den oben erläuterten Voraussetzungen einen Anspruch auf die Erteilung eines Patents begründen kann oder die Eintragung eines Gebrauchsmusters ermöglicht. Einen darüber hinausgehenden Sonderrechtsschutz für Ideen gibt es aber nicht.

 Fazit:
Ideen für ein neues Fertigungsverfahren oder neue Produkte genießen keinen Urheberrechtsschutz. Sofern sie zur Lösung einer konkreten technischen Aufgabe beitragen können, kommt aber unter bestimmten Voraussetzungen ein Patent- oder Gebrauchsmusterschutz in Betracht.

2. Lassen sich 3D-Druckverfahren patentieren?

Der Gesetzgeber hat die Erteilung von **Patenten auch für Herstellungsverfahren** vorgesehen. Dazu können natürlich auch Verfahren für den 3D-Druck zählen, wenn sie die übrigen Anforderungen für den Patentschutz erfüllen, also insbesondere neu sind und auf einem erfinderischen Schritt beruhen. Dass dies zweifelhaft sein kann, hat sich am Beispiel der Stereolitografie gezeigt. Für das Verfahren zur Herstellung von Polymeren und deren Verwendung im 3D-Druck wurde schon im Jahr 2000 ein Europäisches Patent erteilt. Dieses wurde allerdings im Januar 2014 von der Beschwerdekammer des Europäischen Patentamtes endgültig widerrufen.[133]

3. Sind 3D-Modelle und Druckvorlagen (urheber)rechtlich geschützt?

Für die meisten Unternehmen, die additive Fertigungstechniken einsetzen, wird es indes mehr um die Frage gehen, was sie tun können, wenn

- ihre 3D-Modelle in die Hände von Produktpiraten gelangen und von diesen zur Herstellung von Imitationen ihrer Originalprodukte benutzt werden (**Fall 1**),
- Kopien ihrer 3D-Modelle ohne ihre Zustimmung im Internet oder (auch) offline Dritten entgeltlich überlassen werden (**Fall 2**),
- Produktpiraten ohne ihre Zustimmung entweder mit Hilfe eines CAD-Programms ein eigenes 3D-Modell von ihrem Produkt erstellen, oder – z. B. auf einer Messe – im Vorbeigehen 3D-Scans von ihren gerade erst vorgestellten Produkten anfertigen und das selbst erstellte 3D-Modell oder den 3D-Scan dann zur Herstellung von Produktimitationen benutzen (**Fall 3**).

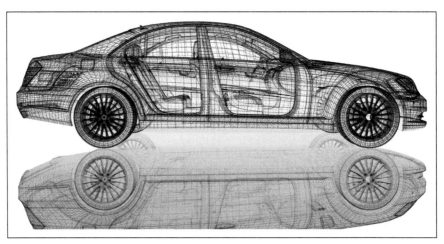

©Foto: colourbox.de

Abb. 54: 3D-Modell

> **Fall 1: Benutzung des unrechtmäßig erlangten 3D-Modells zur Herstellung von Produktimitationen**
>
> *Der Automobilhersteller X hat von einem (externen) Designstudio verschiedene 3D-Modelle für einen neuen PKW entwerfen lassen und diese zur Herstellung von Prototypen mit Hilfe eines 3D-Druckers benutzt. Kurz nach der Auswahl des finalen Prototypen, aber noch vor dem Start der Serienproduktion, wird bekannt, dass Unbekannte in das IT-System des Designstudios eingedrungen sind und die 3D-Modelle unbemerkt kopiert haben. Die Unternehmensleitung befürchtet nun, dass Produktpiraten aus Fernost am Werke waren und womöglich noch vor der offiziellen Vorstellung des PKWs auf der IAA eine Kopie des Prototypen präsentieren werden. Der Vorstand möchte wissen, was dagegen unternommen werden kann.*
>
> Gelangen Produktpiraten in den Besitz des Original-3D Modells oder gar gleich der fertigen Druckvorlage, so können sie damit vom Original nicht unterscheidbare Produktimitationen in beliebiger Anzahl herstellen. Um eine Überschwemmung des Marktes mit Imitationen des Originalprodukts zu verhindern, muss in einem solchen Fall schnell geklärt werden, ob für das 3D-Modell bzw. die Druckvorlage ein Sonderrechtsschutz besteht, oder der (weitere) Vertrieb der Imitationen wettbewerbsrechtlich verhindert werden kann. Diese Frage wird sich zwar nicht pauschal, sondern immer nur anhand des konkreten 3D-Modells/der konkreten Druckvorlage beantworten lassen. Es lohnt sich aber, einige grundsätzliche Überlegungen anzustellen, um nicht im Ernstfall wertvolle Zeit mit der Klärung von rechtlichen Grundsatzfragen zu verlieren, wenn doch ein schnelles Vorgehen gegen die Täter (und evtl. Dritte) gefragt ist.

(a) Urheberrechtsschutz für das vom Entwerfer mit einem CAD-Programm erstellte 3D-Modell

Gegen den Produktpiraten, der ein 3D-Modell bzw. die Druckvorlage des Originalherstellers ohne dessen Zustimmung kopiert, kann mit Aussicht auf Erfolg vorgegangen werden, wenn dabei Urheberrechte des Entwerfers bzw. des Originalherstellers verletzt wurden. Wie eingangs gezeigt, liegen die Rechte an einem von einem Arbeitnehmer erstellten 3D-Modell (bzw. der Druckvorlage) grundsätzlich bei seinem Arbeitgeber. Im Falle eines freien Mitarbeiters liegen sie bei diesem, sofern die Rechte nicht – wie häufig – an den Auftraggeber abgetreten wurden.

Von entscheidender Bedeutung ist deshalb die Frage, ob das 3D-Modell und/ oder die Druckvorlage überhaupt Urheberrechtsschutz genießen. Die Antwort hängt im Wesentlichen davon ab, wie die Druckvorlage erstellt wurde und welcher **Werkkategorie** sie zugerechnet werden kann.

(aa) Schutz dreidimensionaler CAD-Zeichnungen als Werke der bildenden Kunst?

Vor der Markteinführung eines neuen Produkts steht der Entwurf eines 3D-Modells mit Hilfe eines CAD-Programms und die Erstellung der darauf basierenden Druckvorlage für den Prototypen. In manchen Industrien wird die finale Version der Druckvorlage auch schon für die Herstellung des Serienprodukts eingesetzt. So oder so ist davon auszugehen, dass sich der Einsatz additiver Fertigungsverfahren in Zukunft oft nicht mehr auf das „Rapid Prototyping" beschränken wird.

Bei industriell hergestellten Konsumgütern und Ersatzteilen handelt es sich – ebenso wie bei Maschinen und Anlagen sowie Werkzeugen, die zur gewerblichen Verwendung bestimmt sind – urheberrechtlich betrachtet nicht um sog. zweckfreie, „reine" Werke der bildenden Kunst, sondern allenfalls um **Werke der Gebrauchskunst**. Auch solchen Werken kann Urheberrechtsschutz zukommen. Es gelten dafür keine höheren Anforderungen als bei „reinen" Kunstwerken. Sie müssen nur „eine Gestaltungshöhe erreichen, die es nach Auffassung der für Kunst empfänglichen und mit Kunstanschauungen einigermaßen vertrauten Kreise rechtfertigt, von einer „künstlerischen" Leistung zu sprechen". Eine früher vertretene Auffassung, dass Gebrauchskunst die Durchschnittsgestaltung „deutlich überragen" müsse hat der BGH inzwischen aufgegeben.[134]

Allerdings kann die ästhetische Wirkung der Gestaltung nach der aktuellen Rechtsprechung des BGH einen Urheberrechtsschutz nur begründen, soweit sie nicht dem Gebrauchszweck geschuldet ist, sondern auf einer künstlerischen Leistung beruht. Eine eigene geistige Schöpfung des Urhebers setzt daher voraus, dass ein **Gestaltungsspielraum** besteht und vom Urheber dafür genutzt wird, seinen schöpferischen Geist in origineller Weise zum Ausdruck zu bringen.[135] Bei Gebrauchsgegenständen, die durch den Gebrauchszweck bedingte Gestaltungsmerkmale aufweisen müssen, ist der Spielraum für eine künstlerische Gestaltung regelmäßig eingeschränkt. Deshalb stellt sich bei ihnen in besonderem Maß die Frage, ob sie über ihre von der Funktion vorgegebene Form hinaus künstlerisch gestaltet sind und diese Gestaltung eine Gestaltungshöhe erreicht, die Urheberrechtsschutz rechtfertigt. Dies lässt sich nur mittels einer Überprüfung der Gestaltungsmerkmale eines konkreten Erzeugnisses beurteilen. Als nicht schutzfähig wird man jedenfalls solche CAD-Druckvorlagen ansehen müssen, deren Gestaltung lediglich auf Auswahl und Umsetzung der von einer Software bereitgestellten Visualisierungsmöglichkeiten und optischen Effekte beruht. Weist ein Gebrauchsgegenstand demnach zumindest eine geringe Gestaltungshöhe auf, so ist er zwar urheberrechtlich geschützt, der Schutzbereich ist aber entsprechend eng und erstreckt sich nicht auf solche Elemente, die durch die Funktion vorgegeben sind.

(bb) Schutz dreidimensionaler CAD-Zeichnungen als Lichtbildwerke oder Lichtbild?

Neben Werken der bildenden Kunst und solchen der angewandten Kunst sind auch sog. **Lichtbildwerke** urheberrechtlich geschützt. Als Lichtbildwerke können etwa künstlerische Fotografien anzusehen sein.[136] Bei 3D-Druckvorlagen könnte es sich zumindest um **Werke** handeln, **die ähnlich wie Lichtbildwerke geschaffen werden** und als „**Lichtbilder**" wie diese urheberrechtlich geschützt sind. Darunter fallen grundsätzlich alle Werke, die unter Benutzung strahlender Energie erzeugt werden, wobei es auf das dabei benutzte Verfahren nicht ankommt.[137] Im Gegensatz zu den Lichtbild*werken* müssen einfache Lichtbilder keine besondere Gestaltungshöhe oder Individualität aufweisen, da es für sie keinen Urheberrechtsschutz, sondern nur ein sog. verwandtes Schutzrecht gibt, das lediglich den finanziellen und technischen Aufwand für ihre Erstellung vor einer unentgeltlichen Ausnutzung durch Dritte bewahren soll.[138]

Teilweise wird allerdings die Auffassung vertreten, dass es für **Computergrafiken** keinen Urheberrechtsschutz als Lichtbildwerk gebe. Zur Begründung wird darauf verwiesen, dass es sich bei Grafiken die mit einem CAD-Programm erstellt wurden, anders als bei Fotografien nicht um die Abbildung von „etwas in der Natur Vorgegebenem" handele.[139] Das mag zwar richtig sein, überzeugt aber im Ergebnis nicht. Dass selbst „bedeutungslose Knipsbilder" jedenfalls als „**Lichtbilder**" geschützt sind, weil sie unter Einsatz nicht unerheblicher finanzieller und technischer Mittel entstehen und deshalb vor dem unberechtigten Zugriff Dritter bewahrt werden sollen, wird von niemandem bestritten. Dann ist nicht einzusehen, warum die von einem Menschen geschaffene CAD-Grafik weniger schutzbedürftig sein soll als ein einfacher Schnappschuss einer billigen Digitalkamera, deren Bedienung noch nicht einmal besonderes technisches Verständnis erfordert.

Ein weiteres Argument dafür, dass es sich bei Computergrafiken nicht um Lichtbildwerke handeln soll, stützt sich darauf, dass das Computerprogramm die Grafik selbstständig hervorbringe. Schutzgegenstand könne bei solchen Computergrafiken daher nur das Programm selbst sein, das das entsprechende Computerbild hervorbringt. Der schöpferische Akt liege in der Programmierung, aber nicht in der Visualisierung des Programms.[140] Ein CAD-Programm bringt aber, wie jeder Grafiker aus leidvoller Erfahrung bestätigen kann, keine Grafiken „selbstständig hervor". Es stellt lediglich die Werkzeuge bereit, mit denen die Grafik – in unserem Fall also das 3D-Modell – entworfen und am Bildschirm angezeigt werden kann. Wir meinen deshalb, dass dem von einem Entwerfer mit Hilfe eines handelsüblichen CAD-Programms erzeugten 3D-Modell der Schutz als „Lichtbildwerk" grundsätzlich nicht versagt werden kann, wenn es die dafür erforderliche Individualität und Gestaltungshöhe aufweist.

(cc) Schutz des 3D-Modells als Computerprogramm?

Ein urheberrechtlicher Schutz des 3D-Modells als „Computerprogramm" wird dagegen regelmäßig ausscheiden. Dafür könnte zwar sprechen, dass das Urheberrechtsgesetz alle Ausdrucksformen eines Computerprogramms „in jeder Gestalt" schützt.[141] Seine Vervielfältigung, Bearbeitung und Verbreitung sowie öffentliche Zugänglichmachung im Internet ist nur mit Zustimmung des Rechtsinhabers zulässig und kann somit jedem untersagt werden, der von ihm kein Nutzungsrecht (sog. „Lizenz") erworben hat. Aber handelt es sich denn bei den Druckvorlagen tatsächlich um Computerprogramme? Ein Blick ins Urheberrechtsgesetz hilft hier nicht weiter, denn dort ist lediglich geregelt, dass Computerprogramme „Programme in jeder Gestalt, einschließlich des Entwurfsmaterials" sind. Frei nach *Gertrude Stein*[142] könnte man also sagen: „Eine Rose ist eine Rose und ein Programm ist ein Programm."

Auch wenn Computerprogramme in jeder „Ausdrucks"-form Urheberrechtsschutz genießen, spricht alles dafür, dass 3D-Druckvorlagen nicht dazu zählen. Die 3D-Modelle enthalten im Gegensatz zu Computerprogrammen keine Steuerungsbefehle, die den Programmablauf kontrollieren, sondern lediglich Datensätze.[143] Deutlich wird dies, wenn man beispielhaft den Druckvorgang in einem Stratasys FDM Drucker betrachtet. In diesen Druckern werden die CAD Dateien von einer Spezialsoftware in CMB Dateien konvertiert, die aus maschinenlesbaren Instruktionen für den Drucker bestehen. Die im Drucker eingebettete Bewegungssteuerungs- und Systemsoftware setzt sodann die in der CMB Datei enthaltenen Instruktionen um und sorgt dafür, dass der Drucker das Material in einer genau vorgegebenen Art und Weise bearbeitet. Auf diese Weise wird eine Reihe von Parametern an den Drucker übermittelt, zu denen etwa Vorgaben für die Temperierung des Druckraums sowie die Zuführung und Verweildauer des Rohmaterials in der Druckerdüse gehören. Die maschinenlesbaren Steuerungsbefehle für den Drucker werden also nicht vom 3D-Modell selbst, sondern erst von eigens zu diesem Zweck benutzten Computerprogrammen anhand des 3D-Modells erzeugt. Dann aber handelt es sich bei der Druckvorlage ebenso wenig um ein urheberrechtlich geschütztes Computerprogramm wie bei einer mit dem Textverarbeitungsprogramm Word erzeugten Datei. Allerdings gilt: abschließend geklärt ist diese Frage noch nicht und neue additive Fertigungsprozesse, Soft- und Hardware können künftig eine andere Bewertung erfordern.

(dd) Schutz von 3D-Modellen als Darstellungen wissenschaftlicher oder technischer Art?

Schließlich kommt ein urheberrechtlicher Schutz der CAD-Datei als **Darstellung wissenschaftlicher oder technischer Art** in Betracht. Dazu gehören etwa Zeichnungen, Pläne, Skizzen, Tabellen und plastische Darstellungen.[144] Urheberrechtlich geschützt sind solche technischen Darstellungen dann, wenn sie

- **das individuelle Ergebnis** der von technisch-gestalterischem Vorstellungsvermögen getragenen und mit den Mitteln der Grafik vorgenommenen Umsetzung bestimmter Einzelheiten eines Gegenstands einer technischen Konstruktion in eine technische Darstellung sind, und

- **der Informationsvermittlung** über den dargestellten Gegenstand dienen.[145] Erforderlich ist die Vermittlung von Informationen im Sinne einer „Belehrung oder Unterrichtung".[146]

Ob aber ein 3D-Modell bzw. die darauf beruhende Druckvorlage diese Anforderungen tatsächlich erfüllt, ist zweifelhaft. Beide dienen nicht der „Belehrung" oder Information des Verwenders, sondern lediglich dazu, die Daten an den Drucker zu senden, die dieser zur Herstellung eines dreidimensionalen Objekts benötigt (das allerdings unter bestimmten, noch zu erörternden Voraussetzungen selbst Urheberrechtsschutz genießen kann). Die Gerichte haben sich mit der Frage nach der Urheberrechtsschutzfähigkeit von 3D-Modellen, die mit einem

CAD-Programm geschaffen wurden, bislang noch nicht befasst. Der Bundesgerichtshof hat aber jedenfalls mit Urteil vom 13.11.2013[147] noch einmal klargestellt, dass bei einer Darstellung technischer Art allein die Form der Darstellung urheberrechtlichen Schutz genießt und nicht deren Inhalt. Das Urheberrecht an technischen Zeichnungen gewährt somit Schutz allein gegen die Verwertung der Darstellung, nicht aber gegen die Verwertung des Dargestellten und somit auch nicht gegen die Verwertung des Druckergebnisses.

Dass nur solche Darstellungen technischer Art Urheberrechtsschutz genießen können, die von anderen Menschen als dem Urheber wahrgenommen werden können, steht einem urheberrechtlichen Schutz der Druckvorlage allerdings nicht entgegen. 3D-Modelle können ebenso wie Konstruktionspläne und andere Darstellungen technischer Art die mit Hilfe eines CAD-Programms erstellt wurden, auf dem Bildschirm wahrnehmbar gemacht und ausgedruckt werden. Ob 3D-Modellen, die mit Hilfe eines CAD-Programms erstellt wurden (auch) als technische Zeichnung Urheberrechtsschutz zukommt, ist derzeit noch nicht abschließend geklärt und wird wohl auch in Zukunft nicht pauschal, sondern immer nur für ein bestimmtes Modell entschieden werden können.

Gelangt man im konkreten Fall zu dem Ergebnis, dass ein 3D-Modell Urheberrechtsschutz genießt, ist zu prüfen, ob die Benutzung des 3D-Modells bzw. der Druckvorlage durch einen dazu nicht autorisierten Dritten eine Urheberrechtsverletzung darstellt. Das ist der Fall, wenn sie etwa im Internet zugänglich gemacht oder durch Herunterladen aus dem Internet vervielfältigt und zu nicht rein privaten Zwecken benutzt wurde. Das Recht zur **öffentlichen Zugänglichmachung eines Werkes im Internet** liegt ebenso wie das **Recht zur Vervielfältigung** ausschließlich beim Urheber (oder demjenigen, dem diese Rechte vom Urheber eingeräumt wurden).[148] Auf die Ansprüche, die im Falle einer solchen unbefugten Verwertung der Druckvorlage gegen den Verletzer geltend gemacht werden können, wird in Kapitel 4 noch gesondert eingegangen.

Fazit:
Dreidimensionale CAD-Zeichnungen die als „Druckvorlage" zur additiven Fertigung eines Produkts dienen sollen, können als Werke der sog. bildenden Kunst urheberrechtlich geschützt sein, wenn

- ihre ästhetische Gestaltung nicht lediglich dem Gebrauchszweck des Produkts geschuldet ist, sondern auf einer künstlerischen Leistung beruht und

- dem Zeichner ein gewisser Gestaltungsspielraum zur Verfügung stand, den er ausgenutzt hat.

Die mit Hilfe eines handelsüblichen CAD-Programms entworfenen 3D-Modelle sind als Lichtbildwerke und möglicherweise auch als Darstellungen technischer Art geschützt.

(b) Designschutz für das 3D-Modell

Da das 3D-Modell die dreidimensionale Erscheinungsform des Produkts mit seinen Linien und Konturen wiedergibt, kann es, wie erläutert, als Design geschützt werden. Der Inhaber des eingetragenen Designs kann dessen Nutzung zur Herstellung von Produktimitationen und deren Vertrieb untersagen.[149]

Für die Einhaltung eines ausreichenden Abstandes von anderen Designs kommt es in erster Linie auf die Gestaltungsfreiheit des Entwerfers im fraglichen Warenbereich an. Je geringer diese Gestaltungsfreiheit ist, desto enger ist der Schutzbereich des eingetragenen Designs. Dies hat zur Folge, dass bereits geringe Gestaltungsunterschiede aus diesem Schutzbereich herausführen und bewirken, dass keine Schutzrechte verletzt werden.[150] Der Grad der Gestaltungsfreiheit wird dadurch beeinflusst, welche Gestaltungsmöglichkeiten der Verwendungszweck des jeweiligen Erzeugnisses eröffnet.[151]

Dass die Eintragung eines Designs durchaus Schutz vor Nachahmung bieten kann, beweist das erfolgreiche Vorgehen des Automobilherstellers BMW gegen einen chinesischen Geländewagenhersteller. BMW hatte sich verschiedene Fahrzeugdetails des Modells X5 schützen lassen, zu denen auch die hier abgebildete Gestaltung der Türen gehörte:

Quelle: OLG München, GRUR-RR 2010, 166

Abb. 55: Original PKW-Tür

Dieser Ausführung glich die nachfolgend abgebildete Wagentür des chinesischen Wettbewerbers wie ein Ei dem anderen:

Quelle: OLG München, GRUR-RR 2010, 166

Abb. 56: Imitation

Da der Wettbewerber aus China nicht nachweisen konnte, dass zum Zeitpunkt der Anmeldung durch BMW bereits entsprechende Wagentürformen anderer Hersteller bekannt waren, wurde er dazu verurteilt, den Vertrieb seines Fahrzeugs in Deutschland zu unterlassen.[152]

Gestaltungsmerkmale, die ausschließlich durch deren technische Funktion bedingt sind, unterliegen dagegen keinem Designschutz[153] und können deshalb nur durch ein Patent oder Gebrauchsmuster geschützt werden. Ebenfalls keinen Designschutz gibt es für Bauteile, die nach ihrem Einbau in eine Sache (z. B. ein Auto) nicht mehr sichtbar sind, also darin gleichsam „verschwinden".[154] Das leuchtet ein, da Design gerade die Sinne ansprechen soll und dies bei einem nicht sichtbaren Bauteil nicht möglich ist. Bleibt das Bauteil dagegen – wie z. B. die Motorhaube oder ein anderes Karosserieteil – sichtbar, dann nimmt es auch am Designschutz teil, wenn es für sich allein den Erfordernissen der Neuheit und Eigentümlichkeit genügt.[155]

> **Praxistipp**
>
> Angesichts des Fehlens höchstrichterlicher Rechtsprechung zum urheberrechtlichen Schutz von 3D-Modellen und -Druckvorlagen sollte die ästhetische Gestaltung und Formgebung eines neuen Produkts immer zur Eintragung in das Designregister angemeldet werden. Das ist dann möglich, wenn das Design des Erzeugnisses
>
> - neu ist und
> - Eigenart hat.
>
> Für eine Gestaltung, die ausschließlich technisch bedingt ist, kann zwar kein Designschutz beantragt werden. Bei Gebrauchsgegenständen besteht aber eine widerlegbare Vermutung dafür, dass ihre Gestaltung nicht nur der Funktion geschuldet ist, sondern auch das ästhetische Empfinden des Verbrauchers ansprechen soll.

(c) Markenschutz für die dreidimensionale Form

Im Überblick über die gewerblichen Schutzrechte wurde bereits erläutert, dass es nicht nur Wort- und Bildmarken, sondern auch dreidimensionale Marken gibt, mit denen sich auch die Form einer Ware vor einer Benutzung durch Dritte schützen lässt. Obwohl für dreidimensionale Marken an sich keine strengeren Schutzvoraussetzungen gelten (sollen), bereitet ihre Eintragung im Markenregister häufig Schwierigkeiten.

Ein prominentes Beispiel für ein als Marke schutzfähiges Zeichen ist die nachfolgend abgebildete „BMW-Niere", die von dem Autohersteller Mitte der achtziger Jahre zur Eintragung in das Markenregister angemeldet wurde:

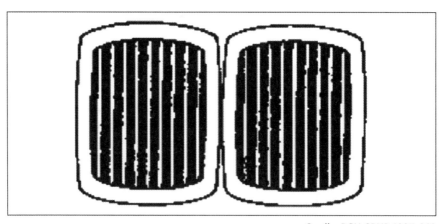

Quelle: BGH GRUR 1985, 383

Abb. 57: Die BMW Niere

Diese Gestaltung hat der Bundesgerichtshof nicht als bloße Verzierung oder Abbildung eines technisch-funktionellen Teils angesehen und ihr die grundsätzliche Eignung, als Herkunftshinweis zu dienen, zugestanden.[156]

Dreidimensionalen Formen bleibt die Eintragung im Markenregister dagegen oft mit der Begründung versagt, dass ihnen die dafür nötige Unterscheidungskraft fehle. Zwar ist bei der Prüfung der Unterscheidungskraft einer dreidimensionalen Marke kein strengerer Maßstab anzulegen, als bei anderen (zweidimensionalen) Markenformen.[157] Eine dreidimensionale Marke, die ja aus der Form oder den Farben der Ware selbst besteht, wird aber von den Verbrauchern nicht notwendig in gleicher Weise wahrgenommen wie eine Wort- oder Bildmarke, die aus einem Zeichen besteht, das vom äußeren Erscheinungsbild der damit gekennzeichneten Ware unabhängig ist. Der EuGH hat daraus den Schluss gezogen, dass ein Durchschnittsverbraucher aus der Form der Waren oder der ihrer Verpackung, jedenfalls dann, wenn grafische oder Wortelemente fehlen, gewöhnlich nicht auf die Herkunft dieser Waren schließt. Letztlich besitzt eine dreidimensionale Marke nur dann die notwendige Unterscheidungskraft, wenn sie erheblich von der Norm oder der Branchenüblichkeit abweicht und deshalb ihre wesentliche herkunftskennzeichnende Funktion erfüllt.[158] Dass es angesichts dieser Anforderungen schwieriger sein kann, die Unterscheidungskraft einer dreidimensionalen Marke als diejenige einer Wort- oder Bildmarke nachzuweisen, hat der EuGH bewusst in Kauf genommen.[159]

Auch der Bundesgerichtshof geht bei dreidimensionalen Marken, die die Form der Ware darstellen, davon aus, dass solchen Marken die erforderliche (konkrete) Unterscheidungskraft im Allgemeinen fehlt. Der vielleicht bekannteste Fall, in dem sich der Bundesgerichtshof mit dieser Frage zu befassen hatte betraf den nachfolgend abgebildeten Sportwagen:

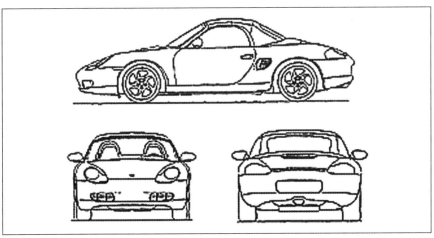

Quelle: BGH GRUR 2006, 679, 681

Abb. 58: Die zur Eintragung angemeldete Formmarke

Erkannt? Richtig, es handelte sich um den Porsche Boxter. Der BGH stellte fest, dass bei der Gestaltung der äußeren Form eines Sportwagens trotz strenger technischer Vorgaben vielfältige Gestaltungsmöglichkeiten bestehen, die es jedem Hersteller erlauben, trotz eines ähnlichen oder identischen Anforderungsprofils Automobile zu entwickeln, die sich jeweils durch eine eigenständige individualisierende Formgebung auszeichnen. Zugleich hat er sich der Rechtsprechung des EuGH angeschlossen und bekräftigt, dass an die zur Eintragung in das Register notwendige Unterscheidungskraft bei dreidimensionalen Marken keine höheren Anforderungen zu stellen sind, als bei jeder anderen Marke auch. Auch bei dreidimensionalen Marken kommt es für die Eintragungsfähigkeit also lediglich darauf an, ob die vom Markeninhaber angesprochenen Kundenkreise in dem angemeldeten Zeichen für die zu schützenden Waren oder Dienstleistungen einen Herkunftshinweis sehen.[160]

Diese Voraussetzung hat der BGH als erfüllt angesehen und dies zutreffend damit begründet, dass die Verbraucher seit langem bei Automobilen daran gewöhnt sind, in der äußeren Form des Fahrzeugs auch einen Herkunftshinweis zu sehen. Der BGH sah sich in dieser Auffassung dadurch bestätigt, *„dass sich die Automobilhersteller erkennbar darum bemühen, verschiedenen Modellen, die in zeitlicher Abfolge oder parallel im Rahmen der jeweiligen Modellpalette vertrieben werden, durch gleich bleibende herstellertypische Gestaltungsmerkmale ein Aussehen zu verleihen, das die Zugehörigkeit zu einer bestimmten Modellfamilie erkennen lässt und die Zuordnung zu einem bestimmten Hersteller erleichtert.“*

Wie der BGH weiter ausgeführt hat, *„wird diese Entwicklung dadurch unterstützt und gefördert, dass die Hersteller die entsprechenden Gestaltungsmerkmale werblich herausstellen und damit den Wiedererkennungseffekt solcher Formgestaltungen erhöhen. Dabei ist zu beobachten, dass auch dann, wenn funktionsbedingt oder auf Grund einer Modeströmung Modelle verschiedener Hersteller ähnliche Gestaltungsmerkmale aufweisen, andere Merkmale bleiben, die als charakteristisch empfunden werden und denen infolge dessen eine identitätsstiftende Funktion zukommt.“*

Der BGH bestätigte deshalb die Auffassung auch des Bundespatentgerichts, dass eine auffällige Form von Automobilen ein klassisches Beispiel für eine herkunftshinweisende Formgestaltung darstellt. Letzteres hatte festgestellt, dass selbst Kinder in der Lage sind, Automarken nach dem äußeren Erscheinungsbild des jeweiligen Fahrzeugs zu erkennen

Das bedeutet aber noch nicht, dass die Form auch durch Eintragung in das Markenregister als dreidimensionale Marke geschützt werden kann. Es sind auch solche Marken von der Eintragung im Markenregister **ausgeschlossen**, die ausschließlich aus Zeichen oder Angaben bestehen, die im Verkehr zur Bezeichnung von Eigenschaften der Ware dienen können; man sagt dann, dass **die Marke eine rein beschreibende Wirkung** hat. Der Begriff „Autoreifen" kann also nicht als Wortmarke für den Handel mit Autoreifen eingetragen werden. Bei dreidimensionalen Marken, die nur die äußere Form der Ware wiedergeben, verhält es sich nicht anders, denn auch sie beschreiben nur die Eigenschaften der Ware, nämlich deren äußere Gestaltung. An dieser äußeren Form besteht häufig ein **sogenanntes „Freihaltebedürfnis"**.[161] Wenn für eine bestimmte Warenkategorie typische Formgestaltungen ohne weiteres als Marke eingetragen werden könnten, dann könnte jedermann mit verhältnismäßig geringem Aufwand eine Vielzahl ähnlicher Gestaltungen zum Gegenstand von Markenanmeldungen machen und damit für sich monopolisieren. Dies bedeutete eine erhebliche Einschränkung der Gestaltungsfreiheit, weil sich neue Gestaltungen nicht nur von den Produkten der Wettbewerber, sondern auch von unzähligen als Marke eingetragenen Formgebungen absetzen müssten.

Ein solches Freihaltebedürfnis hat der BGH für die Form des Porsche Boxter angenommen und darin ein Hindernis für die Eintragung als dreidimensionale Marken gesehen.[162]

Aber auch in den Fällen, in denen ein Freihaltebedürfnis zugunsten anderer Hersteller ähnlicher Waren besteht, kann unter Umständen noch der Markenschutz erlangt werden. Wird die Formmarke von mindestens der Hälfte der „beteiligten Verkehrskreise" (dies sind vor allem die Abnehmer der jeweiligen Ware, mithin die Händler und Endverbraucher[163]) als Herkunftshinweis auf ein bestimmtes Unternehmen verstanden, dann hat sie sich **„im Verkehr durchgesetzt"**. Dies hat zur Folge, dass ein ursprünglich bestehendes Freihaltebedürfnis der Eintragung in das Markenregister nicht mehr entgegensteht.[164] Eine solche Verkehrsdurchsetzung nahm der BGH für die Form des Porsche Boxter an und folgte auch darin der Beurteilung des Bundespatentgerichts. Die Form des Porsche Boxster hatte sich bereits ein knappes Jahr nach seiner Markteinführung im Verkehr als Herkunftshinweis durchgesetzt, sodass die Marke in das Register eingetragen werden konnte, obwohl der BGH die Form der Karosserie für freihaltebedürftig hielt. Nicht jedes Produkt wird sich aber derart „kinderleicht" einem bestimmten Hersteller zuordnen lassen und der Nachweis einer entsprechenden Verkehrsdurchsetzung somit nicht immer gelingen. Wie kann also erreicht werden, dass einer Formmarke nicht der Schutz mit der Begründung verweigert wird, es mangele ihr an Unterscheidungskraft und/oder es bestehe ein Freihaltebedürfnis der Wettbewerber? Den Weg könnte ein Fall weisen, in dem es um die Eintragung einer dreidimensionalen Marke für eine Taschenlampe ging, die wohl den meisten Lesern bekannt sein wird:

Quelle: *BGH*, GRUR 2005, 158, 160

Abb. 59: Die MagLite Stabtaschenlampe

Diesem Fall lag der beim Deutschen Patent- und Markenamt gestellte Antrag eines Wettbewerbers der *Mag Instrument* Inc. zugrunde, die oben wiedergegebene Marke wegen fehlender Unterscheidungskraft und wegen ihrer angeblich rein beschreibenden Wirkung zu löschen. Die Zurückweisung des Löschungsantrages durch das Markenamt wurde zunächst vom Bundespatentgericht und dann auch vom BGH bestätigt. Dass die Marke nicht als schutzunfähig bewertet wurde, lag daran, dass der Hersteller der Lampe durch die Eintragung nicht nur Schutz für eine dreidimensionale Form, sondern für die Kombination derselben mit dem Wort „MAGLITE" erworben hatte. Dafür genügte schon die Aufbringung des Schriftzuges auf der Lampe und die Einreichung der oben eingeblendeten Abbildung zur Eintragung in das Markenregister. Dass die Anmeldung keinen Hinweis darauf enthielt, dass die dreidimensionale Marke einen Schriftzug aufweist, änderte für den BGH nichts daran, dass durch die Eintragung der Marke der Schutz für die Kombination von Wort (MAGLITE) und Form (siehe oben) erlangt wurde. Da das Wort „MAGLITE" für Taschenlampen keinen beschreibenden Inhalt hat und auch kein gebräuchliches Wort der deutschen Sprache ist, konnte dem Löschungsantrag nicht entsprochen werden. Auch ein Freihaltebedürfnis an der Marke wurde zunächst vom Bundespatentgericht und dann auch vom BGH verneint, da sich die Schutzfähigkeit der Marke jedenfalls auch aus dem Schriftzug und nicht nur isoliert aus der Form ergab.[165]

> **Praxistipp**
>
> Die Eintragungsfähigkeit einer Marke, die aus der dreidimensionalen Form einer Ware besteht, ist in einem **Zwei Stufen Test** zu ermitteln:
> - Zunächst ist zu prüfen, ob die zu schützende Form lediglich einen im Vordergrund stehenden beschreibenden Begriffsinhalt verkörpert.
> - In Schritt 2 ist zu prüfen, ob der Verbraucher in der Form nur bloße Gestaltungsmerkmale sieht oder sie als Herkunftshinweis versteht. Der Verbraucher wird in einer bestimmten Formgestaltung nur dann einen Herkunftshinweis sehen, wenn er diese Form nicht einer konkreten Funktion der Ware oder ganz allgemein dem Bemühen zuschreibt, ein ästhetisch ansprechendes Produkt zu schaffen.
>
> Unternehmen, die sich mittels Eintragung einer dreidimensionalen Marke vor Nachahmungen ihrer Produkte schützen wollen, sollten deshalb ihre Produkte möglichst so gestalten, dass sich ihre Formgebung erheblich von den für solche Produkte branchenüblichen Formen unterscheidet. Zudem sollten sie auch den Produktnamen als Marke schützen lassen und zum Bestandteil der Form machen, damit sie Schutz für die Kombination von Wort (Produktname) und Form beanspruchen können.

(d) Patent- und Gebrauchsmusterschutz für das 3D-Modell?

Patente werden für Erfindungen auf allen Gebieten der Technik erteilt, sofern sie

- neu sind,

- auf einer erfinderischen Tätigkeit beruhen und
- gewerblich anwendbar sind.[166]

Der Patentierung eines 3D-Modells für die additive Fertigung eines Maschinenbauteils oder Werkzeugs könnte allerdings auf den ersten Blick entgegenstehen, dass das Patentgesetz Programme für Datenverarbeitungsanlagen nicht als patentierfähige Erfindungen ansieht.[167] Nun mag zwar – wie oben schon erläutert – das 3D-Modell mit Hilfe eines CAD-Programms erstellt worden sein, das 3D-Modell ist aber nach unserem Verständnis selbst kein Computerprogramm.[168] Außerdem gilt der vermeintlich unumstößliche Grundsatz, dass Computerprogramme keine patentierfähigen Erfindungen darstellen nur insoweit, als für ein Computerprogramm „als solches" Patentschutz begehrt wird.[169] Das ist nicht der Fall, wenn der Patentschutz für eine „technische Lehre" beansprucht wird, die Anweisungen enthält, die der Lösung eines konkreten technischen Problems mit technischen Mitteln dienen. Nicht der Einsatz eines Computerprogramms selbst, sondern **die Lösung des technischen Problems** mit Hilfe eines Rechners kann somit die Patentfähigkeit einer Erfindung begründen.[170] Der BGH hat dafür in einem Fall die programmgesteuerte Einstellung von Geräteparametern, die sonst vom Bedienungspersonal manuell eingestellt werden müssten, genügen lassen.[171]

Ob sich ein 3D-Modell tatsächlich als „Erfindung" bewerten und somit patentieren lässt, ist derzeit allerdings noch völlig ungeklärt. Ein Patentschutz für das 3D-Modell könnte schon daran scheitern, dass es sich dabei um eine ästhetische Formschöpfung handeln könnte, für die kein Patentschutz gewährt wird.[172] Außerdem sieht das Patentgesetz nur den Schutz von „Erzeugnissen" und Verfahren vor. Das 3D-Modell wird man aber noch nicht als „Erzeugnis" im patenrechtlichen Sinn ansehen können, da das im 3D-Modell abgebildete Erzeugnis ja erst mit Hilfe des Modells hergestellt werden soll. Schließlich käme auch niemand auf die Idee, das Bild einer Waschmaschine im Webkatalog des Herstellers mit dem eigentlichen „Erzeugnis" (der Waschmaschine) gleichzusetzen.

Kann für die Druckvorlage kein Patentschutz erlangt werden, so kann die bloße **Erstellung des 3D-Modells mittels eines CAD Programms** auch nicht schon als Herstellung des patentierten Erzeugnisses behandelt werden – und in der Folge auch nicht als patentverletzend untersagt werden. Der Begriff des „Herstellens" umfasst zwar von Beginn an die gesamte Tätigkeit, durch die das Erzeugnis geschaffen wird. Er beschränkt sich nicht auf den letzten, die Vollendung des geschützten Erzeugnisses unmittelbar herbeiführenden Tätigkeitsakt. Nicht dazu gehören allerdings Handlungen, die bei natürlicher Betrachtung nicht schon als Beginn einer Herstellung gelten können. Dazu zählen etwa die bloße Anfertigung von Entwürfen und Konstruktionszeichnungen und zwar auch dann nicht, wenn es sich um Vorbereitungstätigkeiten handelt, die für eine spätere Herstellung unumgänglich sind.[173] Nach überwiegender Ansicht liegt deshalb in der Herstellung von Modellen und Entwürfen keine Benutzung des Patents und für die Erstellung der Druckvorlage einschließlich des darin enthaltenen 3D-Modells wird man nichts anderes annehmen können.[174]

Außerdem spricht noch ein anderes Argument dagegen, die Erstellung des 3D-Modells mit der Herstellung des in ihm abgebildeten Erzeugnisses gleichzusetzen. Damit eine mit der Herstellung nur beginnende Handlung als Patentverletzung bewertet werden kann, muss feststehen, dass wirklich ein Erzeugnis entsteht, das alle im Patentanspruch festgelegten erfindungsgemäßen Merkmale aufweist. Diese Voraussetzung ist aber nicht immer schon dann erfüllt, wenn zunächst nur eine Kopie des 3D-Modells oder der Druckvorlage hergestellt wird – denn ob diese dann auch wirklich unverändert zur Herstellung des patentierten Erzeugnisses verwendet wird, steht damit regelmäßig noch nicht fest.[175] Anders kann die Situation dann zu bewerten sein, wenn das 3D-Modell bzw. die Druckvorlage nicht nur ohne Zustimmung des Patentinhabers kopiert wurde, sondern die unbefugt erstellte Kopie bereits einem Dienstleister zur Herstellung des patentierten Erzeugnisses überlassen wurde. Dann wirkt derjenige, der die Kopie erstellt hat, an der Herstellung eines patentverletzenden Erzeugnisses mit.[176]

Allerdings kann die Überlassung des 3D-Modells bzw. der Druckvorlage an Dritte eine **mittelbare Patent- bzw. Gebrauchsmusterverletzung** bewirken, gegen die gerichtlich vorgegangen werden kann. Für eine mittelbare Schutzrechtsverletzung verlangt das Patentgesetz (ebenso wie das Gebrauchsmustergesetz) zunächst, dass ohne Zustimmung des Patentinhabers „Mittel, die sich auf ein wesentliches Element der Erfindung beziehen", einem Dritten zur Benutzung der Erfindung angeboten oder geliefert werden. Zu solchen Mitteln zählen alle körperlichen Gegenstände, die zur Herstellung des patentierten Erzeugnisses und damit zur Benutzung der patentierten Erfindung benutzt werden. Folglich fallen hierunter auch Modelle und (Konstruktions-) Zeichnungen[177], aber auch sog. CAM Software die zur Herstellung eines patentierten Erzeugnisses verwendet wird.[178] Rechnet man aber die CAM Software zur Herstellung des Erzeugnisses zu den „Mitteln", die nicht ohne Zustimmung des Schutzrechteinhabers an Dritte weitergegeben werden dürfen, so muss das Gleiche auch für die Druckvorlagen zur Herstellung eines patentierten Erzeugnisses gelten, die mit Hilfe eines CAD Programms erstellt wurden. Die Druckvorlage und das darin enthaltene 3D-Modell sind dann objektiv geeignet und dazu bestimmt, für die Herstellung des geschützten Erzeugnisses verwendet zu werden.[179] Damit erfüllt die Überlassung der Druckvorlage an Dritte auch die subjektiven Voraussetzungen einer mittelbaren Patent- bzw. Gebrauchsmusterverletzung: Die Druckvorlage kann nämlich zu keinem anderen Zweck als zur Herstellung des patentierten Erzeugnisses mittels eines 3D-Druckers verwendet werden.[180]

Der Inhaber des Patents bzw. Gebrauchsmusters kann die Überlassung der Druckvorlage durch Dritte an Personen unterbinden, denen er kein Recht zur Benutzung seiner Erfindung eingeräumt hat.[181] Die Benutzung der Druckvorlage stellt eine Patentverletzung dar, solange bei der Erstellung der Druckvorlage keine Änderungen an dem patentierten Erzeugnis vorgenommen werden.[182]

Fazit:

Die Erteilung eines Patents für ein 3D-Modell scheitert zwar nicht daran, dass Computerprogramme „als solche" nicht patentierbar sind. Ob sie als

„Erfindungen" im Sinne des Patentgesetzes angesehen werden können, ist derzeit aber noch ungeklärt. Dagegen könnte jedenfalls sprechen, dass es sich bei einem 3D-Modell um eine ästhetische Formschöpfung handeln könnte, für die es keinen Patentschutz gibt; außerdem stellt ein 3D-Modell noch kein patentfähiges „Erzeugnis" dar, sondern allenfalls eine Druckvorlage für die additive Fertigung eines Erzeugnisses. Die Überlassung des 3D-Modells an Dritte, denen der Schutzrechtsinhaber kein Benutzungsrecht eingeräumt hat, kann aber eine **mittelbare Patent- bzw. Gebrauchsmusterverletzung** bewirken, gegen die dann auch gerichtlich vorgegangen werden kann.

Fall 2: Überlassung des 3D-Modells bzw. der Druckvorlage an Dritte

In Fall 1 haben die Ermittlungen der Kriminalpolizei ergeben, dass Kopien des original 3D-Modells für die neu gestaltete Kühlerfigur des PKWs mittlerweile auf einschlägigen Internet-Plattformen zum Kauf angeboten werden. Dort kann das 3D-Modell von jedermann weltweit heruntergeladen und ausgedruckt werden. Der Vorstand fragt, ob dagegen aus gewerblichen Schutzrechten des Unternehmens vorgegangen werden kann.

(a) Urheberrechtsschutz

Ist das 3D-Modell als Lichtbild(-werk) oder technische Zeichnung urheberrechtlich geschützt, und wird es selbst zur **Handelsware**, in dem es gewerblichen Abnehmern oder Endverbrauchern auf einem Datenträger überlassen wird, so wird damit regelmäßig in die **Ausschließlichkeitsrechte des Urhebers** eingegriffen. Das Kopieren des 3D-Modells bzw. der Druckvorlage auf den Datenträger bewirkt nämlich eine dem Urheber vorbehaltene **Vervielfältigung**[183], die seiner vorherigen Zustimmung bedarf. Fehlt sie, bestehen Unterlassungs-, Auskunfts- und Schadensersatzansprüche, auf die später noch ausführlicher eingegangen wird (vgl. unten 4.6.3).

Im Ergebnis das Gleiche gilt für den Fall, dass die Druckvorlage und/oder das darin enthaltene 3D-Modell im Internet zum **Download** angeboten werden, denn dadurch wird das Recht des Urhebers **zur öffentlichen Zugänglichmachung** des von ihm geschaffenen Werkes verletzt.[184]

Unerheblich ist in beiden Fällen, ob die Überlassung der Druckvorlage gegen Zahlung einer Vergütung oder unentgeltlich erfolgt, denn beides ist unzulässig. Auch das Recht zur Vervielfältigung zum privaten Gebrauch gestattet nur die Überlassung einzelner „Vervielfältigungsstücke" im Freundes- oder Familienkreis, nicht aber die öffentliche Zugänglichmachung einer urheberrechtlich geschützten 3D-Druckvorlage im Internet.

(b) Markenschutz

Damit in einem solchen Fall eine Markenverletzung angenommen werden kann, muss eine **„markenmäßige Benutzung"** für identische oder zumindest ähnliche, verwechslungsfähige Waren vorliegen, d. h. die Marke muss im Rahmen des Warenabsatzes jedenfalls auch der Unterscheidung der Waren eines Unternehmens von denen anderer dienen[185]. Außerdem muss ihre Benutzung beim Verbraucher den **Eindruck** erwecken, das mit ihr gekennzeichnete Produkt stamme aus dem Betrieb des Markeninhabers. Handelt es sich um eine in Deutschland bekannte Marke, so wird es regelmäßig nicht darauf ankommen, für welche Waren sie ohne Zustimmung des Markeninhabers benutzt wird. Im Inland bekannte Marken dürfen nämlich auch für solche Waren nicht benutzt werden, die mit den im Markenregister eingetragenen *nicht* identisch oder ähnlich sind, wenn dadurch die **Unterscheidungskraft oder die Wertschätzung der bekannten Marke ohne rechtfertigenden Grund in unlauterer Weise ausgenutzt** oder beeinträchtigt wird. Bei der Verwendung einer eingetragenen Marke für ein Piraterieprodukt liegt immer eine solche Ausnutzung vor.

Handelt es sich nicht um eine bekannte Marke, so wird man das Anbieten des 3D-Modells zum Herunterladen im Internet oder dessen Verbreitung auf einem Datenträger nur dann als eine Markenverletzung bewerten können, wenn

- Das im Internet zum Herunterladen angebotene 3D-Modell die geschützte Marke selbst verkörpert (also z. B. ein 3D-Modell zur Herstellung eines Porsche Logos oder Mercedes-Sterns)

- Das zum Herunterladen angebotene 3D-Modell an sich zwar keine dreidimensionale Formmarke verletzt, aber in der Beschreibung auf der Webseite eine geschützte Marke zur Kennzeichnung des Modells benutzt wird (etwa wenn ein 3D-Modell für einen „Jaguar XJS Rückspiegel" angeboten wird)

- die Marke von ihrem Inhaber für 3D-Modelle erworben wurde oder in der Warenklasse 9 für „herunterladbare Bilddateien"[186] und/oder „Elektronische Publikationen [herunterladbar]" in das Markenregister eingetragen ist; denn dann wird vom Verletzer dieselbe Marke für eine identische Ware (das 3D-Modell als „elektronische Publikation" oder „herunterladbare Bilddatei") im geschäftlichen Verkehr benutzt.

Unternehmen, deren Kerngeschäft nicht im Vertrieb von Bilddateien oder Online-Magazinen besteht, werden ihre Marke(n) allerdings regelmäßig nicht **in der Klasse 9** angemeldet haben. Regelmäßig werden sie sie nur in den Warenklassen geschützt haben, die bislang für die Verhinderung eines Vertriebs identischer oder ähnlicher Waren unmittelbar einschlägig waren. Für einen Hersteller von Kraftfahrzeugen wäre das etwa die Klasse 12, für einen Möbelhersteller die Klasse 20 und für den Hersteller von Textilien die Klasse 24. Hat man seine Marke noch nicht für Bilddateien und elektronische Publikationen geschützt, muss man als Markeninhaber aber nicht gleich das Handtuch werfen und auf die Geltendmachung von Unterlassungs- und Schadensersatzansprüchen aus der Marke verzichten. Die Druckvorlage ist dann zwar nicht mit den Waren identisch, für die die Marke im Register eingetragen wurde; in der juristischen Kommentarliteratur wird aber die Auffassung vertreten, dass eine ausreichende

Warenähnlichkeit auch dann vorliegen kann, wenn *„der Durchschnittsabnehmer aufgrund der Bedeutung des Vorprodukts für das Endprodukt von einer einheitlichen Kontrollverantwortung des Inhabers der Marke für das Endprodukt ausgeht".*[187] Das wird man jedenfalls dann annehmen können, wenn künftig immer mehr Markenhersteller dazu übergehen, ihre Produkte nicht nur physisch, sondern auch in Form von 3D-Druckvorlagen zu vertreiben, denn dann liegt die Annahme nicht völlig fern, dass eine im Internet angebotene Druckvorlage auch vom Hersteller des Originalprodukts stammt. Zur Herstellung von mit der Marke gekennzeichneten Produkten darf sie natürlich nur benutzt werden, wenn es sich nicht um eine „Raubkopie" handelt.[188]

Praxistipp

Markeninhaber, die nicht ausschließen können, dass sie künftig einmal selbst Druckvorlagen zur Herstellung ihrer Produkte anbieten, sollten den Schutz ihrer Marken auch auf die Klasse 9 ausdehnen und für „herunterladbare Bilddateien" sowie „Elektronische Publikationen (herunterladbar)" eintragen lassen, um (auch) aus ihrer Marke gegen einen unautorisierten Handel mit 3D-Druckvorlagen für ihre Produkte vorgehen zu können.

Fall 3: Erstellung von 3D-Scans vom Originalprodukt und deren Nutzung zur Herstellung von Produktimitationen

Auf der Internationalen Automobilausstellung (IAA) in Frankfurt tauchen Personen am Stand eines für seine Innovationskraft bekannten Automobilherstellers auf, von denen einige die Mitarbeiter des Herstellers in Gespräche verwickeln und andere die neuen PKW-Modelle mit ihren Mobiltelefonen von allen Blickwinkeln fotografieren. Als sie von einem Mitarbeiter des Herstellers angesprochen werden, machen sich die Besucher schnell aus dem Staub. Wenig später werden sie aber von der Messepolizei aufgegriffen, und die Mobiltelefone sichergestellt, auf denen eine Vielzahl von 3D Scans aktueller Automodelle gefunden werden. Der Vorstandsvorsitzende ist erleichtert, dass eine Nutzung der 3D Scans verhindert werden konnte, will aber wissen, ob nicht schon die Erstellung der 3D-Scans und nicht erst deren Benutzung zur Herstellung von Produktimitationen gewerbliche Schutzrechte seines Unternehmens verletzt.

Für das **Scannen** zweidimensionaler Vorlagen hat der BGH schon vor über 10 Jahren entschieden, dass durch den Scanvorgang eine Vervielfältigung des Originals erfolgt, die der Zustimmung des Urhebers bedarf.[189] Für die Erstellung von 3D-Scans wird man nichts anderes annehmen können, zumal der Begriff der Vervielfältigung nicht nur identische Reproduktionen eines Originals, sondern auch dessen Nachbildung in einem anderen Werkstoff erfasst.[190] Deshalb ist z. B. auch die Fotografie einer dreidimensionalen Skulptur urheberrechtlich eine Vervielfältigung derselben. Ist die äußere Gestaltung des auf der Messe ausgestellten Produkts urheberrechtlich geschützt, so verletzt die Erstellung eines 3D-Scans von dem Produkt das Vervielfältigungsrecht des Entwerfers.

Eine Markenverletzung scheidet dagegen schon deshalb aus, weil das Scannen eines Automobils oder eines anderen Gegenstandes auch dann keine rechtlich relevante Markenbenutzung im geschäftlichen Verkehr darstellt, wenn die Form des Wagens als dreidimensionale Marke im Register eingetragen wurde.

Fazit:

Die Erstellung eines 3D-Scans von einer urheberrechtlich geschützten Vorlage bewirkt eine Vervielfältigung der Vorlage, die der vorherigen Zustimmung des Urhebers bzw. Rechteinhabers bedarf.

Fall 4: Herstellung von Produktimitationen mittels eines vom Verletzer selbst erstellen 3D-Modells

Unser Messebesucher aus Fall 3 hat sein Mobiltelefon leider im Hotelzimmer vergessen, hält aber die auf dem Messestand ausgestellte Designstudie eines neuen Geländewagens für so gelungen, dass er sich eine Pressemappe mitnimmt, in der auch ein Foto der Studie enthalten ist. Anhand des Fotos erstellt er kurze Zeit darauf mit Hilfe eines CAD-Programms ein 3D-Modell des Geländewagens, das zur additiven Fertigung eines eigenen Prototypen benutzt wird.

Hier stellt sich die Frage, ob bereits **die Erstellung eines 3D-Modells „from scratch"** mit Hilfe des CAD Programms eine Urheberrechtsverletzung bewirkt. Das wäre etwa dann der Fall, wenn darin eine Vervielfältigung der auf dem Messestand ausgestellten Designstudie läge. Das mag zunächst fernliegend erscheinen, denn schließlich wird ja das auf dem Messestand ausgestellte Fahrzeug nicht „durch den Kopierer" gegeben. **Der Begriff der Vervielfältigung** im Urheberrechtsgesetz ist allerdings denkbar weit und umfasst jede Herstellung einer oder mehrerer körperlicher Festlegungen, die geeignet sind, das geschützte Werk den menschlichen Sinnen auf irgendeine Weise wiederholt unmittelbar oder mittelbar wahrnehmbar zu machen.[191] Nach ständiger Rechtsprechung des BGH gehört dazu auch die bildhafte Wiedergabe von körperlichen Kunstwerken.[192] Dass es unserem Besucher des Messstandes gelingt, mit Hilfe eines CAD Programms ein in allen Details mit der ausgestellten Designstudie identisches 3D-Modell zu erstellen ist zwar in der Praxis eher unwahrscheinlich, für die rechtliche Bewertung des Vorgangs als Vervielfältigung – die der vorherigen Zustimmung des Urhebers bedarf – aber auch nicht erheblich. Eine Vervielfältigung liegt nämlich nicht erst dann vor, wenn das urheberrechtlich geschützte Werk identisch nachgeschaffen wird, sondern schon dann, wenn jedenfalls die wesentlichen eigenschöpferischen Elemente des Originals übernommen worden sind.[193] Dann wird das Originalwerk nicht nur als Anregung zur Schaffung eines neuen Werkes benutzt, in dem die charakteristischen Züge der Vorlage „verblassen."[194] Auch eine solche „unfreie Bearbeitung" verletzt dann zwar an sich noch keine Urheberrechte an der ausgestellten Designstudie, **ihre Veröffentlichung oder Verwertung** erfordert aber die vorherige Zustimmung des Entwerfers der Vorlage bzw. seines Arbeitgebers, der die Rechte an seinen Arbeitsergebnissen erworben hat.[195]

Praxistipp

- Die freihändige Erstellung eines 3D-Modells von einem urheberrechtlich geschützten Produkt mittels eines CAD-Programms kann eine Vervielfältigung des Produkts darstellen, die der Zustimmung des Urhebers bedarf, wenn die wesentlichen eigenschöpferischen Elemente der Vorlage übernommen werden.
- Dient das Originalprodukt lediglich als Anregung zur Schaffung eines neuen Werkes und „verblassen" die aus der Vorlage entlehnten eigenpersönlichen Züge in dem 3D-Modell, handelt es sich um eine freie Bearbeitung, die keiner Zustimmung des Urhebers bedarf.

4.6.3 Welche Ansprüche kann man gegen den Verletzer geltend machen?

Verletzt eine Produktimitation gewerbliche Schutzrechte, so stellt sich für den Rechteinhaber die Frage, welche Ansprüche ihm gegen den Verletzer zustehen. Im Folgenden erläutern wir anhand verschiedener Schutzrechte diese Ansprüche und welche grundlegenden Voraussetzungen vorliegen müssen, damit diese mit Aussicht auf Erfolg auch gerichtlich durchgesetzt werden können.

1. Markenrechtliche Ansprüche

Wird eine im Register beim Deutschen Patent und Markenamt eingetragene oder durch Benutzung erworbene Marke (oder eine damit verwechslungsfähige Kennzeichnung) ohne Zustimmung ihres Inhabers – und damit ja widerrechtlich – von einem Anbieter identischer oder ähnlicher Waren benutzt, so stehen dem Markeninhaber gegen den Verletzer folgende Ansprüche zu: Er kann

- vom Verletzer **Unterlassung** der Markenbenutzung verlangen, sofern die Gefahr einer Wiederholung der Markenverletzung besteht,
- bei fahrlässiger oder vorsätzlicher Verletzung seiner Marke den **Ersatz des ihm dadurch entstandenen Schadens** vom Verletzer verlangen und
- zur Vorbereitung seines Schadensersatzanspruchs vom Verletzer **Auskunft** über Art und Umfang der Verletzungshandlungen verlangen.

Der Unterlassungsanspruch besteht unabhängig davon, ob der Verletzer schuldhaft, also vorsätzlich oder fahrlässig gehandelt hat. Insbesondere beim Vertrieb einer Produktimitation die anhand einer Kopie der Originaldruckvorlage additiv gefertigt wurde, wird aber regelmäßig Vorsatz des Verletzers vorliegen mit der Folge, dass dem Markeninhaber auch **ein Schadensersatzanspruch** zusteht.

Unterlassung, Auskunftserteilung und Schadensersatz kann der Markeninhaber allerdings nur dann verlangen, wenn seine Marke ohne seine Zustimmung im geschäftlichen Verkehr benutzt wurde, da das Markengesetz keinen Schutz vor der Benutzung eines Kennzeichens **im rein privaten Bereich** bietet.

Zur Berechnung des Schadensersatzes kann der Markeninhaber zwischen drei Methoden wählen[196]: Er kann vom Verletzer

- **Ersatz des ihm konkret entstandenen Schadens** verlangen, zu dem vor allem der ihm entgangene Gewinn gehört, oder

- die **Herausgabe des Verletzergewinns**, also des vom Verletzer aus der Markenverletzung erzielten Gewinns verlangen oder

- nach der sogenannten **Lizenzgebührenanalogie** die Zahlung einer angemessenen Lizenzgebühr für die Benutzung seiner Marke verlangen.

Den Markeninhaber trifft die **Beweislast** dafür, dass ihm durch die widerrechtliche Markenbenutzung ein bestimmter Gewinn entgangen ist oder dass der Verletzer einen bestimmten Gewinn erzielt hat. Dieser Nachweis kann Schwierigkeiten bereiten. Daher ist oft sinnvoll, vom Verletzer die Zahlung **einer Lizenzgebühr** zu verlangen. Auf die Berechnungsmethoden zur Ermittlung des vom Verletzer zu leistenden Schadensersatzes wird unten noch detaillierter eingegangen.[197]

Zur Vorbereitung der Geltendmachung eines Schadensersatzanspruches kann der Verletzte den Verletzer auf unverzügliche **Auskunft** über die Herkunft und den Vertriebsweg von widerrechtlich gekennzeichneten Waren in Anspruch nehmen. Im Einzelnen muss der Verletzer Angaben machen über

- den Namen und die Anschrift der Hersteller, Lieferanten und anderer Vorbesitzer der markenverletzenden Waren sowie der gewerblichen Abnehmer und Verkaufsstellen, für die sie bestimmt waren, und

- die Menge der hergestellten, ausgelieferten, erhaltenen oder bestellten Waren sowie über die Preise, die für die betreffenden Waren bezahlt wurden.[198]

2. Urheberrechtliche Ansprüche

Wie gezeigt, kann zweifelhaft sein, ob einer .stl Datei oder dem darin enthaltenen, mittels eines CAD Programms geschaffenen 3D-Modell Urheberrechtsschutz zukommen kann. Das bedeutet aber nicht, dass **das Druckergebnis**, das unter Benutzung der Druckvorlage erzeugt wird, keinen Urheberrechtsschutz genießt. Solange es sich bei dem additiv gefertigten Werkstück um das Ergebnis einer persönlichen geistigen Schöpfung eines Menschen handelt, ist es urheberrechtlich geschützt. Bei den mit einem 3D-Drucker geschaffenen Werken der bildenden Kunst, denen man schon heute und künftig im Museum oder einer Galerie begegnet, ist diese Voraussetzung regelmäßig erfüllt.[199]

Urheberrechtsschutz kann nicht nur Werken der bildenden Kunst, sondern durchaus auch Gebrauchsgegenständen zukommen. Voraussetzung ist dafür zwar, dass sie die notwendige Gestaltungshöhe erreichen, die Anforderungen die dazu erfüllt sein müssen, sind aber nicht höher als bei jedem anderen Werk auch.[200]

Ist ein Produkt, das unter Verwendung additiver Fertigungsverfahren hergestellt wurde urheberrechtlich geschützt, so darf es nur vom Urheber verwertet
werden. Wie an anderer Stelle schon gezeigt, hat nur der Urheber das sog.
Vervielfältigungsrecht[201] und das Verbreitungsrecht.[202] Ein künstlerisch gestal-
teter und mittels eines 3D-Druckers hergestellter Schmuckring, dessen Form
nicht lediglich von seinem Gebrauchszweck diktiert wird, darf somit nur von
seinem Urheber in identischer Form reproduziert und öffentlich zum Verkauf
angeboten und/oder vertrieben werden. Ein anderes Unternehmen darf also
nicht einen Ring anbieten, der dieselben Gestaltungsmerkmale aufweist. Der
Urheber kann dann vom Verletzer die Beseitigung der Beeinträchtigung, bei
Wiederholungsgefahr auch Unterlassung verlangen. Der Anspruch auf Unterlassung besteht auch dann, wenn eine Urheberrechtsverletzung noch nicht
begangen wurde, sondern erstmalig droht (sogenannte „**Erstbegehungsgefahr**").
Dafür müssen allerdings greifbare Anhaltspunkte vorliegen, was in unserem
Beispiel etwa dann der Fall sein kann, wenn der Verletzer in der Vergangenheit
bereits Kopien anderer Schmuckstücke desselben Herstellers in den Verkehr
gebracht hat und/oder behauptet, hierzu berechtigt zu sein.[203] Ebenso wie der
markenrechtliche Unterlassungsanspruch ist auch der urheberrechtliche Unterlassungsanspruch verschuldensunabhängig, sodass es nicht darauf ankommt,
ob der Verletzer vorsätzlich gehandelt hat.

Ein vorsätzliches Handeln ist nur Voraussetzung für den Schadensersatzanspruch, für dessen Berechnung der Rechteinhaber unter den oben bereits erläuterten Methoden (Entgangener Gewinn, Verletzergewinn oder Lizenzgebührenanalogie) wählen kann.

Der Urheber kann aber nicht nur Beseitigung der Beeinträchtigung, Unterlassung und gegebenenfalls Schadensersatz vom Verletzer verlangen, sondern
darüber hinaus auch die **Vernichtung** der im Besitz oder Eigentum stehenden
Vervielfältigungsstücke. Von diesem Vernichtungsanspruch umfasst sind auch
jene Vorrichtungen, die zur Herstellung verwendet wurden. Da der Begriff der
„Vorrichtungen" zum Schutz des Urhebers bzw. Rechteinhabers weit auszule-
gen ist, fallen darunter **sämtliche Gegenstände**, die zur Herstellung der Kopie
benutzt wurden, also neben dem 3D-Drucker auch die noch vorhandenen
Druckmaterialien und Druckvorlagen.[204] Wurden urheberrechtsverletzende
3D-Drucke bereits an Wiederverkäufer oder Endkunden ausgeliefert, so kann
vom Verletzer auch der **Rückruf** der rechtswidrigen Vervielfältigungsstücke
oder deren endgültige Entfernung aus dem Vertriebsweg verlangt werden.[205]
Der Verletzer muss dann alle Abnehmer von der Rechtsverletzung benach-
richtigen und sie um Rücksendung (gegen Erstattung des Kaufpreises und der
Rücksendekosten!) bitten.[206]

Die Ansprüche auf Vernichtung und Rückruf sind allerdings dann ausgeschlossen, wenn sie im Einzelfall **unverhältnismäßig** sind.[207] Hierzu muss eine Abwägung des Vernichtungsinteresses des Verletzten und des Erhaltungsinteresses
des Verletzers vorgenommen werden. Als Abwägungskriterien können dabei
der Grad der Schuld des Verletzers, die Schwere des Eingriffs – unmittelbare
Übernahme oder Verletzung im Randbereich – und der Umfang des bei Vernichtung für den Verletzer entstehenden Schadens im Vergleich zu dem durch

die Verletzung eingetretenen wirtschaftlichen Schaden des Rechtsinhabers berücksichtigt werden.[208] Einzelnen Faktoren wie etwa die besondere Schwere der Schuld eines uneinsichtigen Wiederholungstäters oder die Möglichkeit zur Beseitigung der Schutzrechtsverletzung mit milderen Mitteln können ebenfalls zu berücksichtigen sein.[209]

Eine weitere Ausnahme besteht für solche (Bau-)Teile urheberrechtsverletzender Erzeugnisse, deren Herstellung und Verbreitung selbst nicht urheberrechtsverletzend ist und von dem schutzrechtsverletzenden Erzeugnis getrennt werden können. Auf die Vernichtung solcher Teile hat der Schutzrechtsinhaber keinen Anspruch.[210]

> **Praxistipp**
>
> Verletzen nur bestimmte Teile eines mittels 3D-Druck hergestellten Erzeugnisses die Urheberrechte des Originalherstellers, so kann die vollständige Vernichtung des gesamten Erzeugnisses nur dann verlangt werden, wenn sich die nicht urheberrechtsverletzenden Bauteile von den rechtsverletzenden nicht trennen lassen.

3. Ansprüche wegen Verletzung eines eingetragenen Designs

Dem Inhaber eines eingetragenen Designs stehen gegen denjenigen, der das Design verletzt im Wesentlichen dieselben Ansprüche zu, wie demjenigen, der ein urheberrechtlich geschütztes Werk geschaffen hat: Er kann den Verletzer auf Beseitigung der Beeinträchtigung und bei Wiederholungsgefahr auf Unterlassung in Anspruch nehmen. Er kann von ihm Auskunft und Schadensersatz verlangen, wenn der Verletzer vorsätzlich oder fahrlässig gehandelt hat. Die Schadensberechnung folgt denselben Grundsätzen und kann somit alternativ anhand des dem Rechteinhaber entgangenen Gewinns, des vom Verletzer erzielten Gewinns oder einer fiktiven Lizenzgebühr berechnet werden.[211] Zur Vorbereitung seines Schadensersatzanspruches kann auch der Inhaber eines geschützten Designs vom Verletzer und – insbesondere bei offensichtlichen Rechtsverletzungen – auch von Dritten Auskunft über die Herkunft und den Vertriebsweg der rechtsverletzenden Erzeugnisse verlangen.[212] Der zur Auskunft Verpflichtete muss dann den Namen und Anschrift der Hersteller, Lieferanten und anderer Vorbesitzer der Erzeugnisse sowie der gewerblichen Abnehmer und Verkaufsstellen, für die sie bestimmt waren mitteilen und offen legen, wie viele Exemplare zu welchen Preisen verkauft wurden.[213]

Neben den zivilrechtlichen Ansprüchen auf Beseitigung, Unterlassung und Schadensersatz kann eine **konsequente Strafverfolgung** dazu beitragen, dass sich die Verletzung in Zukunft nicht wiederholt und auch keine Nachahmer findet. Mit Freiheitsstrafe oder Geldstrafe von bis zu fünf Jahren im Falle eines gewerblichen Handelns wird allerdings nur derjenige bestraft, der ein eingetragenes Design *benutzt*, obwohl der Rechtsinhaber nicht zugestimmt hat.[214]

Natürlich wäre es hilfreicher, wenn es nicht erst dann zu einer Strafverfolgung kommen könnte, wenn das Design von einem Produktpiraten dazu verwendet wurde, ein äußerlich identisches Produkt herzustellen. Aus Sicht der Betroffenen zweckmäßiger wäre es, würden die Strafverfolgungsbehörden auf einen entsprechenden Strafantrag schon dann tätig werden, wenn ein Originalprodukt etwa auf einer Messe ohne Zustimmung des Rechteinhabers mit einem 3D-Scanner abgetastet wird. Derzeit bleiben die Strafverfolgungsbehörden hier untätig, weil das Einscannen der dreidimensionalen Form eines Produkts keinen strafbaren Versuch der Benutzung des dafür eingetragenen Designs darstellt. Das Einscannen der dreidimensionalen Form wird ebenso wie die Anfertigung von Fotografien nicht als Versuch einer strafbaren Benutzung des geschützten Designs zur Herstellung eines Erzeugnisses, hier also einer Produktimitation, sondern nur als straflose Vorbereitungshandlung für eine solche Herstellung eingestuft.[215]

Bleibt die Frage, ob schon der 3D-Scan als solcher und nicht erst das anhand des Scans hergestellte Endprodukt die Rechte an dem eingetragenen Design verletzt. Das Designgesetz steht dem jedenfalls nicht entgegen, da es keine abschließende Definition dafür enthält, was als rechtsverletzende Benutzung eines eingetragenen Designs angesehen werden kann.[216] Die Aufzählung der Handlungen im Designgesetz, die eine rechtsverletzende Benutzung darstellen, lässt damit Spielraum für eine Ausfüllung des Benutzungsbegriffs durch neue Herstellungstechniken und -verfahren.

Da es ohne die Vorlage (das Originalprodukt) keinen Scan gibt, wird sie zweifellos auch zur Erstellung des Scans verwendet. Der oben genannte Besucher eines Messestandes wird die Strafbarkeit seines Tuns aber womöglich mit der Behauptung bestreiten, dass ein schutzrechtsverletzendes „Erzeugnis" nach dem Designgesetz nur ein industriell oder handwerklich hergestellter *Gegenstand* sein kann, ein 3D-Scan aber kein „Gegenstand" sei.

Auch mit einer solchen Argumentation lässt sich aber die strafbare Benutzung eines eingetragenen Designs durch Erstellung eines dreidimensionalen Scans unseres Erachtens nicht verneinen. Die EG-Richtlinie über den Schutz von Mustern und Modellen[217], die mit dem Designgesetz in deutsches Recht umgesetzt wurde, sieht nicht vor, dass unter den Begriff der „Gegenstände" nur körperliche Gegenstände fallen, die man anfassen kann. Sie behandelt vielmehr auch graphische Symbole und typographische Schriftbilder als „Gegenstand". Das spricht dafür, auch andere graphische Darstellungen, Fotografien[218] und eben auch 3D-Scans als einen „Gegenstand" anzusehen. Graphische Darstellungen unterscheiden sich ebenso wie 3D-Scans von Computerprogrammen, die nicht als „Erzeugnis" im Sinne des Designgesetzes und der Richtlinie gelten, unter anderem dadurch, dass sie visuell wahrgenommen werden können. Behandelt man schon Fotografien wegen ihrer visuellen Wahrnehmbarkeit als „Erzeugnisse" im Sinne des Designrechts,[219] dann muss dies erst recht für hochauflösende 3D-Scans gelten, die eine detaillierte Wiedergabe der Linien, Konturen, der Gestalt und Oberflächenstruktur der Vorlage ermöglichen. Sie stellen ein detailgetreues Abbild des Erscheinungsbildes der Vorlage dar, sodass es nur konsequent ist, sie als schutzrechtsverletzendes Erzeugnis zu behandeln. Da

3D-Scans jederzeit wiederholt werden können und das dabei erzielte Ergebnis beliebig oft reproduziert werden kann, wird der Scan auch – wie es das Gesetz für ein „Erzeugnis" verlangt – industriell, zumindest aber handwerklich erzeugt.[220] Und schließlich enthält der Scan auch nicht lediglich solche Merkmale des eingescannten Erzeugnisses, die ausschließlich durch deren technische Funktion bedingt sind und deshalb keinem Designschutz unterliegen.[221]

Damit dürften alle Voraussetzungen erfüllt sein, damit das Erstellen eines 3D-Scans von einem geschützten Gebrauchsgegenstand durch Unbefugte auf Antrag des Rechteinhabers als Straftat verfolgt werden kann.

Eine weitere Möglichkeit zur Strafverfolgung kann sich aus dem Gesetz gegen den unlauteren Wettbewerb (UWG) ergeben. Dieses sieht vor, dass mit Freiheitsstrafe bis zu drei Jahren oder mit Geldstrafe bestraft wird, wer sich zu Zwecken des Wettbewerbs, aus Eigennutz, zugunsten eines Dritten oder in der Absicht, dem Inhaber des Unternehmens Schaden zuzufügen, ein Geschäfts- oder Betriebsgeheimnis durch Anwendung technischer Mittel oder Herstellung einer verkörperten Wiedergabe des Geheimnisses verschafft oder sichert.[222] Um ein Geschäftsgeheimnis kann es sich bei einem industriell hergestellten Gebrauchsgegenstand aber nur dann handeln, wenn er noch nicht offenkundig geworden ist, was aber dann anzunehmen ist, wenn er allgemein bekannt oder doch leicht zugänglich ist.[223] Der 3D-Scan von einem auf einer Messe ausgestellten Produkt erfasst indes nur dessen äußeres Erscheinungsbild, das jedem Messebesucher zugänglich gemacht wird und damit kein Geschäftsgeheimnis ist. Eine Strafverfolgung wegen Wettbewerbsverstoßes scheidet daher aus.[224]

4. Ansprüche aus der Verletzung eines Patents oder Gebrauchsmusters

Wer eine patentierte Erfindung ohne Zustimmung des Patentinhabers benutzt, kann vom Patentinhaber auf Unterlassung in Anspruch genommen werden. Der Unterlassungsanspruch kann vom Patentinhaber nicht erst dann geltend gemacht werden, wenn es bereits zu einer Patentverletzung gekommen ist, sondern auch dann, wenn konkrete Anhaltspunkte dafür vorliegen, dass eine solche **Patentverletzung droht** – etwa weil ein Wettbewerber angekündigt hat, ein Produkt auf den Markt zu bringen, dass sich die geschützte Erfindung zunutze macht.[225]

Wird die Handlung vorsätzlich oder fahrlässig begangen, kann der Verletzte Ersatz des ihm daraus entstandenen **Schadens** verlangen. Ebenso wie bei der Verletzung anderer Schutzrechte kann hierzu der dem Patentinhaber entgangene Gewinn, der vom Verletzer erzielte Gewinn oder die Zahlung einer fiktiven Lizenzgebühr verlangt werden. Außerdem kann der Inhaber des Patents oder Gebrauchsmusters vom Verletzer die **Vernichtung** der patentverletzenden Waren und der für ihre Herstellung benutzten Materialien und Geräte verlangen. Verletzt also eine Produktimitation ein Patent oder Gebrauchsmuster, so hat nun derjenige, der ein solches Produkt mittels additiver Fertigungsverfahren hergestellt hat, nicht nur die dazu verwendeten Materialien, sondern auch die Fertigungsanlage (den „3D-Drucker") zu vernichten, wenn es der Rechtsinhaber verlangt.[226] Patent- oder Gebrauchsmusterverletzende Waren, die bereits in den Handel gelangt sind, müssen auf Verlangen des Schutzrechteinhabers zurückgerufen und/oder aus den Vertriebswegen entfernt werden.[227]

Neben dem Inhaber des Patents oder Gebrauchsmusters kann auch ein **Lizenznehmer**, dem der Inhaber des Schutzrechtes ausschließliche Nutzungsrechte eingeräumt hat, gegen den Verletzer vorgehen.[228]

Da bei den technischen Schutzrechten eine Verletzungshandlung nicht immer auf den ersten Blick eindeutig festgestellt werden kann, empfiehlt es sich für die Rechteinhaber, sich zunächst ein Exemplar des vermutlich patent- oder gebrauchsmusterverletzenden Produkts zu beschaffen. In Zweifelsfällen ist eine sog. **Berechtigungsanfrage** einem **Abmahnschreiben** vorzuziehen, da damit noch keine Rechtsverletzung behauptet und noch keine Ansprüche geltend gemacht werden. Mit einer solchen Anfrage wird lediglich auf bestehende Schutzrechte hingewiesen und um Auskunft gebeten, warum der Adressat meint, zur Benutzung des Patents oder Gebrauchsmusters berechtigt zu sein. Im Gegensatz zur Abmahnung dient eine solche Berechtigungsanfrage noch nicht der Rechtsdurchsetzung gegenüber einem Verletzer, sondern der Sachverhaltsaufklärung.

4.6.4 Von wem kann Unterlassung, Auskunft und Schadensersatz verlangt werden?

Bevor gegen den Vertrieb schutzrechtsverletzender Druckvorlagen oder Waren aus dem 3D-Drucker vorgegangen werden kann, ist zu klären, wer eigentlich der richtige Anspruchsgegner für Unterlassungsansprüche oder Schadensersatzforderungen ist. Als Anspruchsgegner kommen in Betracht:

* Derjenige, der die schutzrechtsverletzenden Waren **selbst herstellt oder herstellen lässt,**
* Dienstleister, die 3D-Drucke **im Auftrag** ihrer Kunden erstellen oder diesen Zugang zu 3D-Druckern gewähren, damit sie selbst drucken können,
* Die Betreiber von **Internetplattformen**, auf denen Druckvorlagen angeboten werden.

Im folgenden Abschnitt wird auf diese möglichen Anspruchsgegner näher eingegangen und erklärt, wer wofür haftet.

1. Die Haftung des „Herstellers" eines schutzrechtsverletzenden 3D-Drucks

Der alte Aphorismus „Zwei Juristen = drei Meinungen" gilt nicht, wenn es um die Frage geht, ob derjenige, der ein fremdes Schutzrecht selbst verletzt, dafür einzustehen hat. Denn selbstverständlich **haftet derjenige als Täter einer Schutzrechtsverletzung, der diese selbst begeht**. Nach den hierfür auch im Zivilrecht **maßgeblichen, strafrechtlichen Grundsätzen ist Täter** derjenige, der die Zuwiderhandlung selbst oder in mittelbarer Täterschaft begeht.[229] Eine Mittäterschaft setzt eine gemeinschaftliche Begehung, also ein bewusstes und gewolltes Zusammenwirken der Täter voraus.[230]

Daneben kann aber auch derjenige als Täter haften, der die Verletzungshandlung zwar nicht selbst vorgenommen, aber doch **veranlasst** hat. Der Sammler, der die sklavische Nachahmung eines urheberrechtlich geschützten Möbelstücks aus dem Internet herunterlädt, dann aber nicht selbst ausdruckt, sondern damit ein FabLab beauftragt, haftet selbst als Täter für die damit begangene Urheberrechtsverletzung. Denn, wie schon erläutert, der Download der Druckvorlage stellt bereits eine Vervielfältigung des darin enthaltenen, urheberrechtsverletzenden 3D-Modells dar, die der Zustimmung des Rechteinhabers bedarf. Der eigentliche Ausdruck durch das FabLab bewirkt eine weitere zustimmungsbedürftige Vervielfältigung desselben Modells, die er sich wiederum zurechnen lassen muss. Er ist auch der Hersteller des vom FabLab für ihn gedruckten Möbelstücks, denn **Hersteller eines Vervielfältigungsstücks** ist stets derjenige, der die körperliche Festlegung technisch bewerkstelligt. Dies gilt auch dann, wenn er sich dabei technischer Hilfsmittel bedient, die Dritte (hier also das FabLab) zur Verfügung gestellt haben.[231] Gegen den Täter, der von Juristen auch als „Verletzer" bezeichnet wird, kann also der Schutzrechteinhaber die ihm zustehenden Ansprüche gerichtlich geltend machen.

Allerdings begeht nicht jeder, der eine identische Kopie eines urheberrechtlich oder durch ein eingetragenes Design, Gebrauchsmuster oder Patent geschützten Gegenstandes auf einem 3D-Drucker erstellt, damit auch eine **Schutzrechtsverletzung**. Das Urheberrechtsgesetz etwa lässt einzelne Vervielfältigungen eines Werkes **durch eine natürliche Person zum privaten Gebrauch** auf beliebigen Trägern zu, sofern (i) sie weder unmittelbar noch mittelbar **Erwerbszwecken** dienen und (ii) zur Vervielfältigung keine offensichtlich rechtswidrig hergestellte oder öffentlich zugänglich gemachte **Vorlage** verwendet wird. Der zur Vervielfältigung Befugte darf die Vervielfältigungsstücke auch durch einen anderen herstellen lassen, sofern dies **unentgeltlich** geschieht.[232] Die so hergestellten Vervielfältigungsstücke dürfen allerdings weder verbreitet noch zu öffentlichen Wiedergaben benutzt werden.[233]

„Verbreitet" wird das Vervielfältigungsstück wiederum dann, wenn ein körperliches Werkstück (in unserem Beispiel das auf dem 3D-Drucker hergestellte Möbelstück) öffentlich angeboten oder in den Verkehr gebracht wird. Eine unzulässige öffentliche Wiedergabe liegt auch dann vor, wenn der Sammler die rechtmäßig erstellte und von ihm heruntergeladene Druckvorlage im Internet öffentlich zugänglich macht.[234]

Der Hobbysammler, der sich die Druckvorlage für die maßstabsgetreue, dreidimensionale Kopie eines urheberrechtlich geschützten Bahnhofgebäudes für seine im heimischen Keller betriebene Modelleisenbahnanlage aus dem Internet herunterlädt und das 3D-Modell selbst ausdruckt, kann damit – anders als der Produktpirat, der immer zu Erwerbszwecken handelt – in zulässiger Weise von seinem Recht auf Erstellung einer Privatkopie Gebrauch machen. Dies allerdings immer nur unter der Voraussetzung, dass das 3D-Modell von seinem Anbieter nicht offensichtlich rechtswidrig erstellt oder zugänglich gemacht wurde.[235]

Früher oder später wird aber die Frage aufkommen, was bei Überlassung der Druckvorlage an ein FabLab, das den entgeltlichen Ausdruck im Kundenauftrag übernimmt, gilt. Durch einen anderen darf der zur Vervielfältigung Berechtigte eigentlich nur dann 3D-Modelle im Rahmen seines Rechts auf Privatkopien ausdrucken lassen, wenn dies unentgeltlich geschieht.[236] Unentgeltlich wird aber kein Dienstleister seine 3D-Drucker zur Verfügung stellen wollen. In der Konsequenz hieße das, dass Ausdrucke auch zu rein privaten Zwecken nur dann von Dienstleistern angefertigt werden dürfen, wenn die dafür benötigten Rechte beim Auftraggeber liegen. Das wäre aber nicht nur unangemessen, sondern auch nicht praktikabel. Da sich der Dienstleister darauf beschränkt, gleichsam als „verlängerter Arm" des Kunden tätig zu werden, bleibt der Kunde auch in solchen Fällen „Hersteller" des 3D-Drucks. Der Kunde und nicht der Dienstleister bestimmt, ob und wann welches 3D-Modell unter Verwendung welcher Druckmaterialien in welcher Größe gedruckt wird. Er behält damit die Organisationshoheit über den Vervielfältigungsvorgang, die nur der Hersteller innehat.[237] Ein solcher Ausdruck muss damit vom Privileg der Privatkopie gedeckt bleiben[238] wenn die verwendete Druckvorlage **nicht offensichtlich rechtswidrig erstellt** wurde. Über diesen Punkt herrscht in der Praxis oft Rechtsunsicherheit. Denn für die Frage, ob eine (Druck-)Vorlage rechtswidrig erstellt wurde und dies für den Benutzer auch **erkennbar** war, kommt es immer auf die Umstände an, unter denen sie angeboten wurde. Lädt sich etwa ein „Star Wars" Fan noch vor dem Kinostart der jüngsten Star Wars Episode[239] und vor dem offiziellen Verkaufsstart der Merchandisingprodukte zum Film eine 3D-Druckvorlage für eine Star Wars-Figurine von einer x-beliebigen Internet-Plattform herunter, kann an der Rechtswidrigkeit der Vorlage kein Zweifel bestehen. Sie darf dann auch nicht zum Ausdruck der Figurine für rein private (und schon gar nicht für geschäftliche bzw. gewerbliche) Zwecke benutzt werden. Bereits das Herunterladen einer solchen Druckvorlage aus dem Internet bewirkt eine Vervielfältigung des 3D-Modells der urheberrechtlich geschützten Figur; wird die Figur dann auf dem heimischen 3D-Drucker ausgedruckt, so entsteht dabei eine weitere zustimmungspflichtige Vervielfältigung der urheberrechtlich geschützten Figur. Als Täter der Urheberrechtsverletzung haftet der Sammler aber nicht nur dann, wenn er die Figurine selbst ausdruckt, sondern auch dann, wenn er die Druckvorlage einem FabLab zum Ausdruck überlässt. Wie bei der Anwendung des sog. Privatkopie-Privilegs erläutert, bleibt er nämlich Hersteller der Figurine und haftet deshalb auch für eine aus der Herstellung resultierende Urheberrechtsverletzung.

Nicht immer wird sich die **Rechtswidrigkeit der Druckvorlage** aber eindeutig erkennen lassen. Bedenkt man, dass allein auf der Plattform thingiverse.com an einem einzigen Tag im Dezember 2015 immerhin 4335 „Lego" Produkte angeboten wurden, der dreidimensionalen Lego Marke die Schutzfähigkeit als Marke erst kürzlich aberkannt wurde[240] und die Patente am Lego-Baustein abgelaufen sind,[241] so gibt es doch zunächst einmal keine Anhaltspunkte dafür, dass es sich dabei um offensichtlich rechtswidrig hergestellte Druckvorlagen handeln muss.

Der eine oder andere mit urheberrechtlichen Fragen vertraute Leser wird nun vielleicht daran denken, dass zur Herstellung dreidimensionaler Kopien urheberrechtlich geschützter Gebrauchsgegenstände oder Kunstwerke zu rein privaten Zwecken heute noch überwiegend Plastikfilament und damit meist **ein anderes Material verwendet** wird, als das, aus dem die Originale geschaffen bzw. hergestellt wurden.

Das Urheberrechtsgesetz verbietet aber die Vornahme jeglicher Änderungen an Werken, deren Benutzung es ausnahmsweise ohne Einwilligung des Urhebers gestattet.[242] Folgte man streng dem Gesetzeswortlaut, dann würde das bedeuten, dass urheberrechtlich geschützte Werke zwar zu rein privaten Zwecken vervielfältigt, aber eben nicht verändert werden dürfen. Dann dürfte etwa ein Kunstliebhaber selbst dann keine Kopie einer Bronzeskulptur unter Verwendung von ABS Filament ausdrucken, wenn er die selbst gedruckte Kopie nur in seinem Wohnzimmer *auf*stellen, aber nicht öffentlich *aus*stellen will. Glücklicherweise sind sich aber die Juristen darüber einig, dass das Änderungsverbot bei einem rein privaten Gebrauch nicht zur Anwendung gelangen kann, da Änderungen, die nicht in die Öffentlichkeit gelangen, nicht die Interessen des Urhebers berühren.[243]

Wird die in einer Galerie ausgestellte und dort mit einem 3D-Scanner abgetastete Bronzeskulptur mit handelsüblichem PLA oder ABS Filament gedruckt, so könnte darin allerdings das liegen, was Juristen eine **Bearbeitung oder sonstige Umgestaltung der Originalskulptur** nennen. Das Urheberrechtsgesetz sieht zwar vor, dass grundsätzlich nur die Veröffentlichung oder Verwertung einer Bearbeitung bzw. sonstigen Umgestaltung der vorherigen Zustimmung des Urhebers bedarf. Handelt es sich bei dem umgestalteten Werk um die „Ausführung von Plänen und Entwürfen eines **Werkes der bildenden Künste**", so bedarf aber schon das Herstellen der Bearbeitung oder Umgestaltung der Einwilligung des Urhebers.[244] Als eine solche Ausführung eines Entwurfes wird man die Herstellung der Skulptur auf einem 3D-Drucker durchaus ansehen können. Des Pudels Kern liegt folglich in der Frage, ob die bloße Verwendung eines anderen Werkstoffes zur Herstellung einer maßstabsgetreuen Kopie eines dreidimensionalen Werkes tatsächlich eine Bearbeitung oder andere Umgestaltung des Originalwerkes darstellt. Soweit ersichtlich hat sich mit dieser Frage noch kein Gericht beschäftigt. Eine pauschale Antwort auf diese Frage wird es wohl auch in Zukunft nicht geben, da nur anhand des konkreten Einzelfalles wird festgestellt werden können, welche Auswirkungen mit der Benutzung eines anderen Druckmaterials verbunden sind. Wird das **Wesen des Werkes** nicht verändert, wird man in der mittels 3D-Druck hergestellten, maßstabsgetreuen Kopie lediglich eine Vervielfältigung des Originals, aber wohl kaum eine Bearbeitung oder andere Umgestaltung sehen können, die der Einwilligung des Urhebers bedarf.[245] Bei „wirklichen" Kunstwerken, die – wie in unserem Beispiel die Bronzeskulptur – keinem Gebrauchszweck, sondern einzig der Erbauung des Betrachters dienen, wird man eher einen Eingriff in ihren Wesensgehalt annehmen können, wenn schnöder Kunststoff als Druckmaterial verwendet wird und die Kopie dadurch eine ganz andere Haptik und Ausstrahlung erhält. Geht es dagegen nur um einen formschönen Gebrauchsgegenstand, der wegen seiner Schöpfungshöhe Urheberrechtsschutz genießt, wird die bloße Verwendung eines anderen Materials zur Herstellung der Kopie auf dem 3D-Drucker häufig noch keine Umgestaltung des Originalprodukts darstellen. Sie bedarf dann auch nicht der vorherigen Zustimmung des Urhebers, wenn sie nicht zu Erwerbszwecken, sondern zur rein privaten Nutzung erfolgt.[246]

> **Praxistipp**
>
> Wer selbst Produkte herstellt und dabei in die Verwertungsrechte anderer eingreift, die ausschließlich dem Urheber eines geschützten Werkes oder dem Inhaber eines Patents, Gebrauchsmusters oder geschützten Designs vorbehalten sind, **haftet als Täter** für die Schutzrechtsverletzung. Dies gilt auch dann, wenn er sich hierzu **Dritter** (Dienstleister) bedient, die das gewünschte Produkt für ihn herstellen, da er sich deren Handlungen zurechnen lassen muss.
>
> Personen, die nicht zu beruflichen Zwecken handeln, können sich dagegen bei der Herstellung dreidimensionaler Kopien von urheberrechtlich geschützten Gegenständen unter den folgenden Voraussetzungen auf das Recht zur Erstellung von Privatkopien berufen:
>
> - wenn die Kopien weder unmittelbar noch mittelbar Erwerbszwecken dienen,
> - zur Vervielfältigung keine offensichtlich rechtswidrig hergestellte oder öffentlich zugänglich gemachte Vorlage verwendet wird und
> - die so hergestellten Vervielfältigungsstücke weder verbreitet noch zu öffentlichen Wiedergaben benutzt werden.

2. Die Haftung des Plattformbetreibers

Der Urheber oder Inhaber eines gewerblichen Schutzrechtes wird sich meist nicht damit zufrieden geben wollen, nur gegen die unmittelbaren Verletzer seiner Rechte vorzugehen. Das war schon vor dem Aufkommen von 3D-Druckern so und gilt umso mehr, wo die eigentlichen Hersteller von Produktnachahmungen immer schwerer oder gar nicht mehr ermittelt werden können. Etwa, weil sie in der sprichwörtlichen Garagenwerkstatt oder an wechselnden Orten, an denen der 3D-Drucker schnell auf- und auch wieder abgebaut werden kann, tätig sind. Für die praktische Durchsetzbarkeit der Ausschließlichkeitsrechte des Inhabers von Patenten, Gebrauchsmustern, Designs oder des Urhebers kann es deshalb von erheblicher Bedeutung sein, wer neben dem eigentlichen Verletzer sonst noch in Anspruch genommen werden kann.

Internetplattformen wie *Thingiverse*[247] oder *wamungo*[248] eröffnen jedermann den Zugang zu Druckvorlagen für die Herstellung dreidimensionaler Objekte, die von den Plattformnutzern hochgeladen werden. Für die Inhaber gewerblicher Schutzrechte oder Urheberrechte stellt sich deshalb die Frage, ob sie auch gegen den Plattformbetreiber vorgehen können. Wäre der Plattformbetreiber als sog. **Hostprovider** nämlich dazu verpflichtet, rechtswidrige Angebote selbst zu ermitteln und zu verhindern, würde dies dem Markeninhaber nicht nur eine fortlaufende Marktüberwachung, sondern auch eine zeit- und kostenintensive Rechtsverfolgung gegen eine Vielzahl von Verletzern ersparen. Diese Frage ist beileibe nicht neu, da sie sich ebenso beim Vertrieb schutzrechtsverletzender Waren etwa auf Online-Marktplätzen stellt.

Durch die vereinfachte Herstellung vom Original kaum unterscheidbarer Nachahmungen bekannter Markenartikel wird indes das Volumen des Handels mit 3D-Druckvorlagen stark ansteigen. Schon deshalb, aber auch wegen des ebenfalls zu erwartenden Anstiegs des Handels mit vorgefertigten oder „on Demand" gedruckten Nachahmungen geschützter Erzeugnisse lohnt es sich, sich mit diesem Thema und der dazu ergangenen Rechtsprechung des BGH vertraut zu machen. Auch über 14 Jahre nach Verabschiedung der E-Commerce Richtlinie wird die Reichweite der Haftung von Host-Providern für die von ihren Kunden bzw. Nutzern öffentlich zugänglich gemachten Inhalte kontrovers diskutiert; ein Ende dieser Diskussion ist nicht in Sicht.

Im folgenden Abschnitt gehen wir daher zunächst der Frage nach, unter welchen Voraussetzungen die Betreiber von Online-Marktplätzen für die Verletzung gewerblicher Schutzrechte durch die Nutzer ihres Marktplatzes haften. Eine solche Verletzung liegt etwa vor, wenn die Nutzer Modelle hochladen, bei denen es sich um wiederrechtlich erstellte Kopien urheberrechtlich geschützter Werke handelt oder das Angebot des 3D-Modells Markenrechte Dritter verletzt (1). Es schließt sich die Frage an, ob auch Fabshop-Betreiber Gefahr einer Inanspruchnahme laufen und welche Hinweispflichten sie gegenüber ihren Kunden treffen (2). Schlussendlich wird der Frage nachgegangen, ob auch Druckerhersteller für Schutzrechtsverletzungen haften können, die von den Benutzern ihrer Geräte begangen werden (3).

(a) Keine Haftung des Plattformbetreibers als Täter oder Teilnehmer einer Schutzrechtsverletzung

Mittlerweile geklärt ist die Frage, ob der Betreiber einer Internet-Plattform, auf der Nutzer Waren zum Verkauf bzw. Herunterladen anbieten, dem Rechteinhaber selbst als Täter oder Teilnehmer einer Schutzrechtsverletzung auf Unterlassung und/oder Schadensersatz haftet. Der Europäische Gerichtshof hat hierzu klargestellt, dass der Plattformbetreiber **durch die Zurverfügungstellung der technischen Mittel** zum Verkauf markenverletzender Waren selbst keine Markenverletzung begeht. Er bietet ja die rechtsverletzende Ware weder selbst an, noch bringt er sie in den Verkehr oder nutzt sie in der Werbung.[249]

Auch eine **Beihilfehaftung des Plattformbetreibers** hat der BGH mit überzeugender Begründung abgelehnt. Denn **Beihilfe** leistet nur, wer in bewusstem und gewolltem Zusammenwirken mit dem eigentlichen Täter eine Markenverletzung begeht. Da die Verkaufsangebote auf Online Marktplätzen wie *ebay.de* aber in einem automatischen Verfahren ohne vorherige Kenntnisnahme des Plattformbetreibers eingestellt werden[250] hat dieser keine Kenntnis von einer konkret drohenden Haupttat, die er unterstützen und zu der er somit Beihilfe leisten könnte, sodass es auch an einem bewussten und gewollten Zusammenwirken mit dem Täter fehlt.[251]

Eine Beihilfe zu einer Schutzrechtsverletzung kann zwar auch durch **Unterlassen** begangen werden, setzt dann aber ebenfalls das Vorliegen eines Vorsatzes in Bezug auf die Haupttat voraus, über den der Betreiber einer Handelsplattform regelmäßig nicht verfügt. Ihm kann nicht unterstellt werden, dass er den Absatz schutzrechtsverletzender Waren fördern wolle, von deren Existenz er gar keine Kenntnis hat.[252]

Bei dieser Diskussion darf man auch die tatsächlichen Gegebenheiten nicht aus dem Auge verlieren: Online Marktplätze, die ja ihrem Wesen nach den Zugang zu einer großen und sich ständig verändernden Zahl von Angeboten eröffnen, können ohne **Suchfunktionen** gar nicht sinnvoll genutzt werden. Ohne eine Schlagwortsuche auf der Website des Plattformbetreibers gerät die Suche nach einem bestimmten Produkt zur Suche nach der sprichwörtlichen Nadel im Heuhaufen. Längst üblich ist daher nicht nur die Bereitstellung einer Suchfunktion auf der Website, sondern auch die Möglichkeit, einen Suchauftrag zu erteilen, der dafür sorgt, dass der Nutzer von jedem neuen Verkaufsangebot, das auf die Plattform hochgeladen wird, per E-Mail benachrichtigt wird.

Diese **Benachrichtigungsfunktion** gibt es auf vielen Internetplattformen und auch sie begründet keine Haftung des Plattformbetreibers als Täter oder Teilnehmer. Durch die bloße Übersendung von E-Mails mit Suchergebnissen an die Plattformnutzer macht sich der Betreiber die darin aufgeführten Angebote nämlich nicht zu Eigen. Für den Online Marktplatz *eBay* hat der BGH zudem entschieden, dass dies auch dann gilt, wenn *eBay* Bezahlsysteme wie *PayPal* bereitstellt oder Hilfestellung bei der Präsentation von Verkaufsangeboten und der Verkaufsabwicklung leistet – jedenfalls solange, solange *eBay* dabei nicht selbst Kenntnis von den Angeboten nimmt.[253]

(b) Die mittelbare Haftung des Plattformbetreibers für Schutzrechtsverletzungen der Plattformnutzer

Unter bestimmten Voraussetzungen hat der BGH jedoch eine sog. **Störerhaftung des Plattformbetreibers** angenommen. Danach kann bei der Verletzung absoluter Rechte (das sind neben den Marken- und Urheberrechten auch die Rechte aus einem Patent, Gebrauchsmuster oder geschützten Design) ein Plattformbetreiber unter Umständen als Störer auf Unterlassung in Anspruch genommen werden. Als Störer wird er angesehen, wenn er *„in irgendeiner Weise willentlich und adäquat kausal an der Herbeiführung einer rechtswidrigen Beeinträchtigung mitwirkt*; Täter oder Teilnehmer braucht er nicht zu sein.[254] Festzuhalten gilt also: auch wer selbst gar keine Schutzrechte eines anderen verletzt hat, haftet für die von einem Dritten begangene Rechtsverletzung, wenn er **an der Schaffung oder Aufrechterhaltung der Schutzrechtsverletzung** mitgewirkt hat. Als „Mitwirkung" kann genügen, dass der in Anspruch Genommene die rechtliche Möglichkeit zur Verhinderung der verletzenden Handlung hatte, dies aber nicht getan hat.[255]

Wichtig aber: von einem „Störer" kann der Rechteinhaber lediglich die **Unterlassung** des beanstandeten Verhaltens verlangen. **Schadensersatzansprüche** stehen ihm nur gegen den Täter oder Teilnehmer der Schutzrechtsverletzung zu.[256]

Obwohl die Störerhaftung von der Rechtsprechung ursprünglich für die Geltendmachung wettbewerbsrechtlicher Ansprüche entwickelt wurde, gilt sie heute nur noch für den Schutz „absoluter", also von jedermann zu beachtender Rechte (wie etwa der Marke oder des Patents).[257]

Eine solche Störerhaftung setzt nach der Rechtsprechung des BGH allerdings die **Verletzung von Prüfpflichten** voraus. Inwieweit ist nun eine Prüfung zumutbar? Mit dieser Frage hat sich der BGH in den vergangenen Jahren vor allem im Rahmen solcher Fälle beschäftigt, in denen es um die Haftung der Betreiber von Internetplattformen für die von den Nutzern ihres Dienstes hochgeladenen Inhalte ging. Hierzu hat der BGH entschieden, dass der Plattformbetreiber immer dann, wenn er auf eine „klare" d.h. offenkundige und ohne weiteres erkennbare Rechtsverletzung hingewiesen worden ist, *„nicht nur das konkrete Angebot unverzüglich sperren (muss). Er muss vielmehr auch Vorsorge treffen, dass es möglichst nicht zu weiteren derartigen Schutzrechtsverletzungen kommt.*[258] *Ist die Zahl der zu überprüfenden Angebote groß, muss er eine geeignete Filtersoftware einsetzen, mit der er Verdachtsfälle aufspüren und einer Einzelüberprüfung unterziehen kann."*[259]

Fazit:

- Der Anbieter eines rechteverletzenden Artikels (des 3D-Modells oder Gegenstandes selbst) haftet als **Täter** einer Schutzrechtsverletzung auf **Unterlassung und Schadenersatz**.

- Der **Betreiber der Internetplattform**, auf der der Artikel angeboten wurde, haftet dagegen allenfalls als **Störer** und auch nur auf **Unterlassung, nicht aber Schadensersatz**. Störer ist er nur dann, wenn er auf eine klare Rechtsverletzung durch ein bestimmtes Angebot hingewiesen wurde und er dann gleichartige Angebote nicht verhindert hat, obwohl ihm dies rechtlich und tatsächlich möglich und zumutbar gewesen wäre.

In der Praxis fehlt es, das zeigt die Erfahrung, allerdings meist schon am **Hinweis auf eine „klare Rechtsverletzung"**. Dies liegt einerseits daran, dass die Frage, ob ein bestimmtes Angebot Schutzrechte Dritter verletzt in der Regel nur vom Rechteinhaber selbst, manchmal auch nur mit Hilfe eines im gewerblichen Rechtsschutz tätigen Juristen beantwortet werden kann.

Liegt etwa ein Handeln im geschäftlichen Verkehr vor, das ja, wie bereits gezeigt, Voraussetzung für die Annahme einer Markenverletzung ist? Ob derjenige, der die sklavische Nachahmung eines Markenartikels auf einer Internetplattform zum Kauf anbietet, als Privatperson oder aber zu Erwerbszwecken und damit im geschäftlichen Verkehr handelt, wird sich selbst für einen Juristen, oft nur schwer ermitteln lassen. Der Plattformbetreiber ist jedenfalls nicht verpflichtet, diese Prüfung von eigens juristisch ausgebildeten Mitarbeitern vornehmen zu lassen.[260] Auch wird der Plattformbetreiber in der Regel nicht beurteilen können, ob die von einem Plattformnutzer angebotene Druckvorlage ein Patent oder Gebrauchsmuster verletzt. Zum anderen werden die den Plattformbetreibern erteilten „Hinweise" auf die Verletzung gewerblicher Schutzrechte häufig **nicht ausreichend konkret** gefasst. Wer sich durch bestimmte Angebote in seinen Ausschließlichkeitsrechten verletzt fühlt, muss dem Plattformbetreiber **alle rechtlichen und tatsächlichen Umstände** mitteilen, welche diesen in die Lage versetzen, derartige Angebote ohne aufwendige rechtliche oder tatsächliche Wertungen als markenverletzend zu identifizieren. Eine solche Identifizierung muss allein anhand der in den Angebotsbeschreibungen benannten Markennamen und gegebenenfalls der Produktkategorie möglich sein.[261] Wird der Plattformbetreiber vom Rechteinhaber lediglich darauf hingewiesen, dass auf seiner Plattform *„schutzrechtsverletzende Waren oder 3D-Druckvorlagen bereit gehalten werden"* so reicht dies nicht aus, um eine Störerhaftung des Plattformbetreibers für bestimmte schutzrechtsverletzende Angebote zu begründen.

Außerdem darf den Plattformbetreibern **keine allgemeine Verpflichtung** auferlegt werden, die von ihnen übermittelten oder gespeicherten Angebote zu überwachen oder **aktiv** nach Umständen zu forschen, die auf eine rechtswidrige Tätigkeit hinweisen.[262] Der Betreiber einer Plattform, auf der von den Nutzern 3D-Druckvorlagen zum Download angeboten werden, kann daher nicht dazu verpflichtet werden, fortlaufend sämtliche von den Nutzern hochgeladene Druckvorlagen (oder die dann mit einem 3D-Drucker hergestellten Objekte) daraufhin zu überprüfen, ob sie Schutzrechte Dritter verletzen.

Der Bundesgerichtshof hält es allerdings für zulässig, dem Plattformbetreiber **„in spezifischen Fällen"** eine Überwachungspflicht aufzuerlegen. Eine solche „spezifische" Überwachungspflicht hat er etwa dann angenommen, wenn der Betreiber eines Online-Marktplatzes sog. **Adwordsanzeigen** schaltet, in denen er darauf hinweist, dass bestimmte Markenartikel auf seinem Marktplatz zum Verkauf angeboten werden. Verweist eine solche Anzeige auf eine automatisch generierte Suchergebnisliste, die alle auf dem Online-Marktplatz gerade verfügbaren Verkaufsangebote für den in der Anzeige genannten Markenartikel enthält, so soll der Marktplatzbetreiber verpflichtet sein, die Suchergebnislisten zu überprüfen und daraus alle markenverletzenden Angebote zu entfernen. Der BGH beruft sich insoweit auf den EuGH.[263] Er begründet dies damit, dass der Plattformbetreiber im Interesse der Anbieter der beworbenen Produkte nunmehr eine **aktive Rolle** einnehme. Der Anbieter verlasse seine neutrale Position, sobald er die Entscheidung treffe, für von ihm ausgewählte Suchwörter Adwords-Anzeigen bei Google zu buchen, um für Verkaufsangebote zu werben. Dann sei der Plattformbetreiber dazu verpflichtet, sich die Möglichkeit zu verschaffen, die von ihm beworbenen Verkaufsangebote zu kontrollieren.[264] Notfalls müsse dies händisch geschehen. Ob diese Rechtsprechung Bestand haben wird oder vom EuGH für mit dem Unionsrecht unvereinbar erklärt wird, lässt sich heute noch nicht abschätzen. Eine Verpflichtung des Plattformbetreibers, sich von bestimmten Angeboten, die Nutzer ohne sein Zutun oder Wissen hochladen, selbst erst Kenntnis zu verschaffen, hat der EuGH nämlich bislang nicht festgestellt. Vielmehr verbietet die E-Commerce Richtlinie (wie oben schon erläutert) den mitgliedstaatlichen Gerichten, den Plattformbetreiber zu verpflichten, die von den Plattformnutzern hochgeladenen Angebote zu überwachen oder aktiv nach Umständen zu forschen, die auf eine rechtswidrige Tätigkeit hinweisen.[265]

Unabhängig von den rechtlichen Bedenken gegen eine manuelle Überprüfung aller vom Plattformbetreiber beworbener Angebote wird sich diese bei dreidimensionalen Objekten wohl auch als nutzlos erweisen, wenn die Anbieter die Druckvorlagen verschlüsseln und/oder so verfremden, dass nicht mehr zu erkennen ist, ob durch deren Verwendung Schutzrechte Dritter verletzt werden. Das ist mit bestimmter Software schon heute möglich.[266] Damit lässt sich die Darstellung von dreidimensionalen Oberflächen so verzerren, dass ein Abgleich mit vertretbarem Aufwand nicht mehr möglich ist.

Welche praktische Schlussfolgerung lässt sich daraus nun aber ziehen? Bis zur endgültigen Klärung der Störerhaftung der Betreiber von Handelsplattformen im Internet sollte auf die Buchung von Adwordsanzeigen zur Bewerbung der von den Plattformnutzern hochgeladenen Angebote verzichtet werden, um sich nicht Unterlassungsansprüchen der Inhaber gewerblicher Schutzrechte auszusetzen.

Sobald der Plattformbetreiber auf bestimmte, schutzrechtsverletzende 3D-Modelle **hingewiesen** wird, sollte er die von den Nutzern seiner Plattform hochgeladenen Angebote mithilfe geeigneter Schlagwortfilter fortlaufend überprüfen und erst dann für alle Plattformnutzer freischalten, wenn die Prüfung keinen Anlass zu Beanstandungen ergeben hat. Dagegen ist es nicht ratsam, alle Angebote auch ohne Erteilung eines solchen Hinweises einer redaktionellen Vorabkontrolle zu unterziehen. Durch eine solche redaktionelle Prüfung kann sich der Plattformbetreiber nämlich die von seinen Nutzern stammenden Angebote „zu eigen machen" mit der Folge, dass er ebenso wie für eigene Inhalte für sie haftet. Man kann also auch zu viel des Guten tun.

Praxistipp

Liegt eine klare Schutzrechtsverletzung vor, so muss der Plattformbetreiber nach Erteilung eines **hinreichend konkreten Hinweises** seinen daraus resultierenden Prüfungspflichten nachkommen. Hinreichend konkret ist ein Hinweis dann, wenn er die Auffindung und Entfernung schutzrechtsverletzender Angebote auf Online-Marktplätzen ermöglicht.

Hat der Plattformbetreiber einen konkreten Hinweis auf bestimmte Angebote für den Download von schutzrechtsverletzenden Druckvorlagen erhalten, so muss er ähnliche Angebote mit Hilfe einer geeigneten **Filtersoftware** ermitteln und aussondern, bevor sie den Plattformnutzern allgemein zugänglich gemacht werden.

Eine Aussonderungspflicht besteht allerdings nur für solche Angebote, die der Plattformbetreiber problemlos und zweifelsfrei als schutzrechtsverletzend erkennen kann. Eine „Löschung auf Verdacht" ist also nicht geschuldet. Zu einer laufenden manuellen Überprüfung sämtlicher Angebote, die von den Plattformnutzern hochgeladen werden, ist er grundsätzlich nicht verpflichtet.

Nach der aktuellen Rechtsprechung des BGH treffen den Plattformbetreiber allerdings erhöhte Prüfungspflichten, wenn er Angebote seiner Nutzer z. B. mit einer AdWords-Anzeige bewirbt. Dann muss er fortlaufend alle von ihm beworbenen Angebote der Plattformnutzer auf eine eventuelle Verletzung von Schutzrechten Dritter überprüfen.

3. Die Haftung der Betreiber von FabLabs

Von großer Praxisrelevanz ist auch die Frage nach der Haftung der Betreiber sog. **FabLabs**. FabLabs sind Einrichtungen, die es jedermann ermöglichen, mit 3D-Druckern dreidimensionale Objekte bis zu einer bestimmten Größe herzustellen. Ende 2012 gab es in Deutschland bereits 8 solcher FabLabs.[267] Obwohl FabLabs keineswegs pauschal mit Kopierläden („Copy Shops") gleichgesetzt werden können, muss damit gerechnet werden, dass sie künftig von Besuchern in wachsendem Maße auch dazu missbraucht werden, widerrechtliche dreidimensionale Kopien urheberrechtlich geschützter Kunstwerke oder Gebrauchsgegenstände anzufertigen (oder durch einen FabLab Mitarbeiter anfertigen zu lassen). Für die Betreiber von Kopierläden hat der Bundesgerichtshof schon in den achtziger Jahren entschieden, dass sie verpflichtet sind, geeignete Maßnahmen zu treffen, durch die die Gefahr eines unberechtigten Vervielfältigens urheberrechtlich geschützter Vorlagen ausgeschlossen oder doch ernsthaft gemindert werden kann. Dazu müssen sie zwar das Selbstfotokopieren durch ihre Kunden in ihren Geschäftsräumen nicht vollständig untersagen und auch keine allgemeinen Kontrollen zu Beginn und Ende jedes Kopiervorganges durchführen. Der BGH hat aber die Anbringung eines **deutlich sichtbaren Hinweises** auf die Verpflichtung der Kunden zur Beachtung fremder Urheberrechte im Ladenlokal für zumutbar gehalten.

Diesen Hinweis müssen auch die FabLab Betreiber ihren Nutzern erteilen, was durch Aushang in der Werkstatt und in den Nutzungsbedingungen geschehen sollte. Um unerwünschte Haftungsfolgen zu vermeiden, ist es zudem gegebenenfalls anzuraten, den Benutzern lediglich den Zugang zu den 3D-Druckern zu ermöglichen, nicht aber ohne Weiteres den Druck im Auftrag durchzuführen. Für die Mitarbeiter wird oft nicht erkennbar sein, ob eine vom Benutzer des FabLab mitgebrachte Druckvorlage bzw. deren Benutzung in Urheberrechte oder gewerbliche Schutzrechte Dritter eingreift. Soll ein Ausdruck im Auftrag ausgeführt werden, so hat sich der FabLab Betreiber gegenüber dem Auftraggeber vertraglich abzusichern, dass durch den Druck keine Rechte Dritter verletzt werden.

 Fazit:

Betreiber sog. FabLabs sind nicht dazu verpflichtet, vor der Ausführung eines Kundenauftrages zu prüfen, ob der Kunde über die dazu erforderlichen Rechte verfügt. Sie müssen aber in ihren Geschäftsräumen und Nutzungsbedingungen darauf **hinweisen**, dass ihre Kunden die Urheberrechte und gewerblichen Schutzrechte Dritter zu beachten haben.

4. Die Haftung des Druckerherstellers für Schutzrechtsverletzungen Dritter

Gewissermaßen das erste Glied in der oft langen Kette bis zum Verletzer scheint der Hersteller des 3D-Druckers sein. Aber haftet dieser wirklich für die Verletzung gewerblicher Schutzrechte Dritter, die ohne sein Wissen von den Benutzern seiner Geräte begangen werden? Diese Frage hat sich schon einmal in ähnlicher Form gestellt, nämlich bei der Bewerbung von Tonbandgeräten. Mitte

Quelle: Grundig Intermedia GmbH

Abb. 60: Ein Nachfolgermodell des Grundig Reporter

der fünfziger Jahre kam der „Grundig-Reporter" auf den deutschen Markt, ein damals revolutionäres Gerät.

Es gab davon aber nicht nur eine tragbare Ausführung wie das oben abgebildete Nachfolgermodell, sondern auch Musikschränke, in denen das Gerät mit dem Plattenspieler und Rundfunkempfänger fest verbunden war. In der Werbung wurde deshalb auch darauf hingewiesen, dass man von seinen *„Lieblings-melodien, die im Rundfunk erklingen"*, Bandaufnahmen anfertigen könne. Dem Verkaufsprospekt war zu entnehmen, dass auch eine Anschlussbuchse für die Wiedergabe oder das Überspielen von Schallplatten auf Band vorhanden sei. Das rief damals sogleich die GEMA auf den Plan, die darin eine Verletzung der von ihr wahrgenommenen Rechte von Musikern sah. Sie verlangte vom Geräte-hersteller, es zu unterlassen, besagte Tonbandgeräte zu bewerben, ohne dabei darauf hinzuweisen, dass eine Benutzung der Geräte zur Aufnahme der von ihr verwalteten Werke ihrer Einwilligung bedürfe. Der Bundesgerichtshof hat den Gerätehersteller verurteilt. Er begründete dies damit, dass die ernsthafte Besorgnis eines urheberrechtsverletzenden Verhaltens der privaten Benutzer der Geräte bestünde. Dieser Besorgnis stehe nicht entgegen, dass die Geräte auch ohne Eingriff in Urheberrechte verwendet werden könnten, wie etwa zum Diktat oder zur Aufnahme eigener Darbietungen nicht geschützter Mu-sik. Hauptzweck der Geräte sei es, Rundfunksendungen und Schallplatten auf Tonbändern festzuhalten und wiederzugeben. Diese Verwendungsmöglichkeit sei, so der BGH, auch für die weitaus überwiegende Zahl der Erwerber solcher Geräte der eigentliche Grund der Anschaffung.[268] Die ernsthafte Besorgnis eines urheberrechtsverletzenden Verhaltens der privaten Benutzer der Geräte sei, so der Bundesgerichtshof weiter, auch dann gegeben, wenn in der Werbung der Beklagten diejenigen Verwendungsmöglichkeiten der Geräte, die Eingriffe in die Rechte der Klägerin befürchten ließen, nicht besonders angepriesen würden. Nach der Lebenserfahrung sei doch vielmehr davon auszugehen, dass ohnehin einer nicht unerheblichen Zahl der Interessenten bekannt ist, dass die angepriesenen Apparate zur Aufnahme von Musikdarbietungen aller Art und zu deren beliebigen Wiedergabe geeignet sind.

Seither hat sich nicht nur die Technik, sondern auch das Urheberrecht geändert. Im Jahr 1965 wurde das oben schon erörterte[269] Recht auf Herstellung von Privatkopien zu nicht kommerziellen Zwecken eingeführt und die Hersteller von Tonaufzeichnungsgeräten wurden im Gegenzug zur Zahlung einer sog. **Geräteabgabe** an die GEMA/Verwertungsgesellschaften verpflichtet. Das derzeit geltende Urheberrecht sieht also vor, dass die Hersteller von Geräten und Speichermedien verpflichtet sind, dem Urheber eines Werkes eine angemessene Vergütung (über die Geräteabgabe) zu bezahlen, wenn nach der Art des Werkes zu erwarten ist, dass es mit Hilfe des Gerätes vervielfältigt wird.[270] Die **Vergütungspflicht** gilt für alle Werkarten und alle Geräte, mit denen urheberrechtlich geschützte Werke vervielfältigt werden können. Dazu zählen insbesondere auch herkömmliche (2D)-Drucker und „Plotter".[271] Ob die Verwertungsgesellschaften auch von den Herstellern von 3D-Druckern eine Geräteabgabe verlangen werden, ist derzeit noch offen, aber sehr wahrscheinlich.

Mit der Zahlung einer Geräteabgabe ist die Frage nach der Haftung der Hersteller von 3D-Druckern aber noch nicht vom Tisch. Die Geräteabgabe schafft ja nur einen Ausgleich für die Erstellung rechtmäßiger Privatkopien und nicht für die Nutzung eines 3D-Druckers durch gewerbliche Produktpiraten. Nicht nur die Frage der Geräteabgabe für 3D-Drucker wird deshalb voraussichtlich noch die Gerichte beschäftigen. Auch die Frage nach den Hinweispflichten der Druckerhersteller wird virulent werden. Solche Hinweispflichten beschäftigten auch schon einmal, nämlich in den fünfziger und sechziger Jahren, die Gerichte. Damals entschied der BGH, dass Hersteller zwar nicht dazu verpflichtet sind, zu verhindern, dass die Erwerber ihrer Geräte damit Urheberrechte Dritter verletzen. Sie müssen aber die Erwerber bereits vor dem Kauf in der Werbung und wohl auch beim Kauf selbst (im Ladengeschäft oder Online) darauf hinweisen, dass ihre Geräte nicht dazu benutzt werden dürfen, urheberrechtlich geschützte Werke zu vervielfältigen.[272] Es ist davon auszugehen, dass diese Vorgaben auch für die Hersteller von 3D-Druckern gelten werden.

 Fazit:

Die Hersteller von 3D-Druckern für den Heimgebrauch haften nicht für die von Privatanwendern mit ihren Geräten hergestellten Kopien urheberrechtlich geschützter Gegenstände, sofern diese

- für den rein privaten Gebrauch bestimmt sind und
- nicht unter Verwendung einer rechtswidrigen Vorlage erstellt wurden.

Jedenfalls die Hersteller von Anlagen und Systemen, die in der industriellen additiven Fertigung eingesetzt werden, sollten zur Vermeidung unerwünschter Haftungsfolgen ihre Kunden zusätzlich darauf **hinweisen**, dass sie die Anlagen nicht dazu verwenden dürfen, um Produkte herzustellen, die gewerbliche Schutzrechte Dritter verletzen.

4.6.5 Abmahnen, aber richtig

Wer meint, durch eine Kopie seines 3D-Modells und/oder dessen Benutzung zur Herstellung und Verbreitung von Produktnachahmungen verletzt zu sein, sollte dagegen zügig, aber nicht übereilt vorgehen. Zuerst einmal gilt es zu prüfen, ob tatsächlich eine Rechtsverletzung vorliegt und ob diese ebenso wie die eigene Rechtsinhaberschaft lückenlos nachgewiesen werden kann.

Ist man sich nicht völlig sicher, beides im Streitfall vor Gericht darlegen zu können, sollte man den – vielleicht auch nur vermeintlichen – Verletzer nicht gleich mit einem Anwaltsschreiben abmahnen lassen sondern erst einmal eine sogenannte **Berechtigungsanfrage** an ihn richten. Damit wird der mögliche Verletzer davon in Kenntnis gesetzt, dass man Inhaber eines bestimmten Schutzrechtes ist und in einer bestimmten Handlung des Verletzers einen widerrechtlichen Eingriff in dieses Schutzrecht sieht. Sodann wird er aufgefordert, innerhalb einer angemessenen Frist mitzuteilen, warum er meint, etwa zur Benutzung der Marke, des Patents oder eingetragenen Designs berechtigt zu sein. Erst wenn der mögliche Verletzer eine solche Anfrage nicht beantwortet oder keine überzeugenden Gründe dafür liefert, dass seine Handlungen keine Schutzrechte des Anfragenden verletzen, sollte die Angelegenheit dann weiter verfolgt werden.

Warum so vorsichtig? Ganz einfach: Wenn der Verletzer sogleich **abgemahnt und zur Abgabe einer Unterlassungserklärung** sowie Erstattung von Anwaltskosten aufgefordert wird und sich später herausstellt, dass gar keine Schutzrechte verletzt wurden, liegt eine **sog. „unberechtigte Schutzrechtsverwarnung"** vor. Diese wird in ständiger Rechtsprechung als rechtswidriger **Eingriff in den „eingerichteten und ausgeübten Gewerbebetrieb"** angesehen und löst ggf. Schadensersatzansprüche des zu Unrecht Verwarnten aus.[273] Anlass für diese Rechtsprechung waren vor allem unberechtigte Verwarnungen aus (abgelaufenen oder aus anderen Gründen nicht verletzten) Patenten oder Gebrauchsmustern, die für den Verwarnten in aller Regel einschneidende Wirkungen zur Folge haben.[274] Wer eine solche Verwarnung von einem Patent- oder Rechtsanwalt erhält, steht vor der schwierigen Entscheidung, ob er die Herstellung oder den Vertrieb der umstrittenen Erzeugnisse wie gefordert einstellen oder fortsetzen soll. Setzt er die Herstellung und den Vertrieb der beanstandeten Erzeugnisse fort, macht er sich schadensersatzpflichtig, wenn die Abmahnung zu Recht erfolgt ist. Stellt er Herstellung und Vertrieb ein, dann entsteht ihm ein noch größerer Schaden, wenn sich im Nachhinein herausstellt, dass er gar keine Schutzrechte verletzt hat.[275] Derjenige, der die Abmahnung veranlasst hat, weiß in aller Regel besser über den Bestand und die Reichweite seines Schutzrechts Bescheid, und soll deshalb auch das Risiko einer unberechtigten Abmahnung tragen.[276] Zur Vermeidung von Schadensersatzansprüchen sollten deshalb nur hinreichend klare Schutzrechtsverletzungen förmlich abgemahnt werden.

Steht die Schutzrechtsverletzung aber fest, so sollte mit der Geltendmachung der daraus folgenden Ansprüche nicht zu lange gewartet werden. Warum dann eigentlich erst abmahnen, und nicht gleich zu Gericht gehen? In der Tat ist eine vorherige **Abmahnung** des Schutzrechtsverletzers weder für die Klage noch für den Antrag auf Erlass einer einstweiligen Verfügung Prozessvoraussetzung. Sie erlaubt es dem Schutzrechtsinhaber aber, das Schutzrecht gegebenenfalls ohne gerichtliche Hilfe durchzusetzen, und bewahrt ihn vor unerwünschten Kostenfolgen.[277] Wird der Verletzer nämlich nicht abgemahnt und erkennt er die vom Schutzrechtsinhaber gegen ihn geltend gemachten Ansprüche im gerichtlichen Verfahren sofort an, so hat er keine Veranlassung zur Anrufung des Gerichts gegeben. Dies hat zur Folge, dass der Rechteinhaber die Gerichtskosten und die dem Verletzer entstandenen Anwaltsgebühren allein zu tragen hat.

Die Abmahnung sollte möglichst immer durch einen Rechtsanwalt erfolgen. Zum **Mindestinhalt eines Abmahnschreibens** gehört jedenfalls die Angabe des konkreten Schutzrechts, auf das die Rechtsverfolgung gestützt wird (also Angabe der verletzten Marke und der Nummer, unter der sie im Markenregister eingetragen ist), die genaue Angabe der Handlungen, die Anlass zu der Abmahnung gegeben haben und die Aufforderung zur Abgabe einer sogenannten strafbewehrten Unterlassungserklärung. „**Strafbewehrt**" bedeutet, dass sich der Verletzer für den Fall einer Wiederholung des beanstandeten Verhaltens zur Zahlung einer angemessenen **Vertragsstrafe** verpflichten muss; das bloße Versprechen des Verletzers, von nun an ein besserer Mensch zu werden und das Schutzrecht künftig nicht mehr zu verletzen, genügt nicht, um die **Wiederholungsgefahr** zu beseitigen. Zur Abgabe der Unterlassungserklärung ist dem Verletzer eine **angemessene Frist** zu setzen. Wie lang die Frist sein muss, hängt von den Umständen des Einzelfalls ab; in besonders eiligen Fällen mit erheblichem Schadenspotenzial kann eine Stundenfrist schon ausreichen,[278] in der Regel wird aber eine Frist von einer Woche zur Abstellung der Schutzrechtsverletzung angemessen sein.[279]

Last but not least muss in der Abmahnung darauf hingewiesen werden, dass der Markeninhaber zur Durchsetzung der ihm gegen den Verletzer zustehenden Ansprüche den Rechtsweg beschreiten wird, wenn die geforderte Unterlassungserklärung nicht abgegeben wird. Diese **Androhung eines gerichtlichen Vorgehens** unterscheidet die Abmahnung von der sogenannten Berechtigungsanfrage, mit der ein vermuteter Rechtsverletzer lediglich zur Mitteilung darüber aufgefordert wird, warum er glaubt, zur Benutzung etwa einer Marke oder eines eingetragenen Designs berechtigt zu sein.

Fazit:

Verletzt die Kopie eines 3D-Modells oder ein Nachahmerprodukt gewerbliche Schutzrechte, so ist es ratsam, den Verletzer vor der Inanspruchnahme gerichtlicher Hilfe unverzüglich schriftlich **abzumahnen** und ihm Gelegenheit zur Abgabe einer sog. **strafbewehrten Unterlassungserklärung** zu geben. In dieser muss er sich bei Meidung einer angemessenen Vertragsstrafe verpflichten, das beanstandete Verhalten künftig zu unterlassen. Das bloße Versprechen des Verletzers, künftig keine Schutzrechte mehr verletzen zu wollen genügt nicht zur Beseitigung der vom Verletzer geschaffenen **Wiederholungsgefahr**. In der Unterlassungserklärung sollte die Durchsetzung der dem Rechteinhaber zustehenden Ansprüche auf dem **Rechtsweg** angedroht werden. Wird die Erklärung wie gefordert abgegeben, sollte deren Einhaltung vom

Rechteinhaber überwacht und bei weiteren Verstößen die Zahlung der vereinbarten Vertragsstrafe verlangt werden.

4.6.6 Nach der Abmahnung: Einstweiliger Rechtsschutz und Klage

Der weitere Ablauf hängt von der Reaktion des Verletzers auf die Abmahnung ab. Gibt er die Unterlassungserklärung ab und stellt er die Bewerbung und/oder den Vertrieb der beanstandeten Produkte ein, so ist das vom Markeninhaber mit der Abmahnung verfolgte Ziel erreicht und die Sache insoweit erledigt. Lässt der Verletzer die ihm gesetzte Frist ungenutzt verstreichen oder erklärt er lediglich, die beanstandete Handlung künftig unterlassen zu wollen, ohne eine Vertragsstrafe für den Fall der Zuwiderhandlung zu versprechen, muss der Unterlassungsanspruch dagegen gerichtlich durchgesetzt werden. Das geschieht in der Regel durch die Beantragung des **Erlasses einer einstweiligen Verfügung**, mit der dem Verletzer die Benutzung der Marke bei Androhung eines **Ordnungsgeldes** untersagt wird. Wird die einstweilige Verfügung antragsgemäß erlassen, muss der Verletzer das ihm untersagte Verhalten ab Zustellung der gerichtlichen Entscheidung einstellen, da er sonst zur Zahlung eines Ordnungsgeldes an die Gerichtskasse verurteilt werden kann.

Gegenüber einer Klageerhebung hat das einstweilige Rechtsschutzverfahren eine Reihe von **Vorteilen**: Die einstweilige Verfügung kann erheblich schneller erlangt werden (meist innerhalb weniger Tage) als eine Verurteilung des Verletzers im Hauptsacheverfahren (bis zu der mehrere Monate und manchmal auch Jahre vergehen können). Obendrein ist sie für den Markeninhaber kostengünstiger. Aussicht auf Erfolg hat ein solcher Antrag auf Erlass einer einstweiligen Verfügung allerdings nur, wenn die Sache **eilbedürftig** ist. Das ist nur dann der Fall, wenn der Markeninhaber nicht zu lange abwartet, bevor er zu Gericht geht. Wie lange „zu lange" ist, wird von den Gerichten regional unterschiedlich beurteilt. Am strengsten sind die Gerichte in Bayern: Sie verlangen, dass die einstweilige Verfügung innerhalb von einem Monat ab Kenntniserlangung des Markeninhabers von der Schutzrechtsverletzung beantragt wird.[280] In Nordrhein-Westfalen ist man etwas großzügiger und erlässt auch dann noch einstweilige Verfügungen, wenn die Antragstellung innerhalb von zwei Monaten ab Kenntniserlangung vom Verstoß erfolgte.[281] Der Antrag auf Erlass einer einstweiligen Verfügung kann bei jedem Gericht gestellt werden, in dessen Bezirk das schutzrechtsverletzende Erzeugnis zum Kauf angeboten bzw. öffentlich zugänglich gemacht wurde. Im Fall der öffentlichen Zugänglichmachung schutzrechtsverletzender Produkte aus dem 3D-Drucker im Internet kann somit jedes deutsche Gericht um die Gewährung einstweiligen Rechtsschutzes ersucht werden.

Da die einstweilige Verfügung **nur vorläufigen Charakter** hat, ist es damit aber nicht getan. Der Verletzer muss vielmehr noch zur Abgabe einer sogenannten **Abschlusserklärung** aufgefordert werden, mit der er die einstweilige Verfügung **als endgültige Regelung anerkennt** und auf die **Einlegung von Rechtsmitteln verzichtet**.[282] Erst dann ist die Gefahr weiterer Markenverletzungen endgültig gebannt und eine Klageerhebung gegen den Verletzer entbehrlich. Im sog. **Abschlussschreiben** ist dem Verletzer eine angemessene Frist für die Abgabe der Abschlusserklärung zu setzen. Wie lang die Frist sein muss, ist gesetzlich nicht geregelt. Die Frist sollte aber jedenfalls nicht kürzer als 4 Wochen ab Zustellung der einstweiligen Verfügung an den Verletzer und 2 Wochen ab Zugang des Abschlussschreibens sein.[283]

Reagiert der Markenverletzer nicht auf das Abschlussschreiben und will der Markeninhaber die widerrechtliche Benutzung seiner Marke dauerhaft unterbinden, so muss er **Hauptsacheklage** auf Unterlassung gegen den Verletzer erheben. Gibt der Markenverletzer die Abschlusserklärung nicht ab und legt er stattdessen **Widerspruch** gegen die einstweilige Verfügung ein, so muss zunächst das Gericht, das ihm die Markenbenutzung untersagt hat, entscheiden, ob es die einstweilige Verfügung bestätigen oder aufheben will. Gegen die im Widerspruchsverfahren ergangene Entscheidung kann dann vom Markeninhaber und/oder Markenverletzer **Berufung** zum Oberlandesgericht eingelegt werden, das über die Aufhebung oder Bestätigung der einstweiligen Verfügung entscheidet. Wichtig: die Einlegung des Widerspruchs durch den Markenverletzer hat keine „aufschiebende Wirkung", sodass er die gegen ihn ergangene Verfügung gleichwohl zu beachten hat und die Marke bis zur Aufhebung der Verfügung nicht mehr benutzen darf. Wird die Unterlassungsverfügung im Widerspruchsverfahren nicht aufgehoben, muss der Markenverletzer (erneut) zur Abgabe einer **Abschlusserklärung** aufgefordert werden, sofern er dem nicht freiwillig nachkommt. Hat er auch dann noch kein Einsehen, sollte der Markeninhaber seine Ansprüche wie oben beschrieben im Wege der Hauptsacheklage weiter verfolgen.

Fazit:

Gibt der Verletzer die in der Abmahnung verlangte Unterlassungserklärung nicht oder nicht wie gefordert ab, empfiehlt es sich für den Rechteinhaber, seinen Unterlassungsanspruch in einem **einstweiligen Rechtsschutzverfahren** durchzusetzen. Er kann bei einem örtlich zuständigen Gericht **eine einstweilige Verfügung** gegen den Verletzer beantragen, mit der dieser zur **Unterlassung** der vom Rechteinhaber beanstandeten Handlung verpflichtet wird. Sofern dem Antrag vom Gericht entsprochen wird, muss der Verletzer zur Abgabe einer sog. **Abschlusserklärung** aufgefordert werden, mit der er auf die Einlegung von Rechtsmitteln verzichtet und die Untersagungsverfügung als endgültig anerkennt. Weigert sich der Verletzer die Abschlusserklärung abzugeben, muss der Rechteinhaber seinen Unterlassungsanspruch im Wege einer **Hauptsacheklage** weiter verfolgen und ein zu seinen Gunsten ergehendes Urteil vollstrecken.

1. Unterlassungsklage

Hat die Abmahnung des Verletzers nicht zum gewünschten Erfolg geführt, muss der Rechteinhaber zur Vermeidung weiterer Schutzrechtsverletzungen **Unterlassungsklage** gegen den Verletzer erheben. Wer sich in seinen Rechten verletzt sieht, will dem Verletzer meist alle nur erdenklichen Handlungen untersagen lassen, die sein Schutzrecht verletzen könnten. Diesem ersten Impuls sollte man aber nicht folgen, da man damit eine teilweise Klageabweisung riskiert. Stattdessen sollte der Verletzte darauf achten, dass sein Klageantrag darauf gerichtet ist, dem Verletzer nur ganz konkrete Handlungen zu untersagen, die der Verletzer begangen hat, also z. B. die öffentliche Zugänglichmachung eines genau bezeichneten 3D-Modells im Internet. Hierzu kann es zweckmäßig sein, **Abbildungen** in den Klageantrag mit aufzunehmen, um den Streitgegenstand genauer einzugrenzen.

Zum Hintergrund:
Der Streitgegenstand eines Zivilrechtsstreits wird durch

- den Klageantrag und
- den sogenannten Klagegrund, also den Lebenssachverhalt, auf den die Klage gestützt wird, gebildet.[284]

Mit der Klage sollte möglichst nur die konkrete Verletzungsform, so wie sie sich zugetragen hat, angegriffen werden und nicht auch andere Benutzungsformen, die nicht gleichartig sind. Durch diese Selbstbeschränkung entstehen dem Rechteinhaber auch keine Nachteile, denn wird der Klage antragsgemäß stattgegeben, dann verbietet das Urteil dem Verletzer auch sog. **kerngleiche Verletzungshandlungen**. Das sind solche, die sich nicht maßgeblich von den beanstandeten unterscheiden.[285]

Mancher Verletzer versucht den Rechteinhaber und/oder das Gericht dazu zu bewegen, ihm eine sog. **Aufbrauchsfrist** zu gewähren. In dieser will er noch dazu berechtigt sein, etwa bereits hergestellte und mit einem fremden Kennzeichen versehene oder patentverletzende Waren abzuverkaufen. Der BGH hat früher solche Aufbrauchsfristen in Kennzeichenverletzungsfällen gewährt, wenn *„der unterlassungspflichtigen Partei für den Fall einer sofortigen Umstellung unverhältnismäßige Nachteile erwachsen würden und wenn andererseits die befristete Weiterbenutzung der untersagten Bezeichnung für den Verletzten keine unzumutbaren Beeinträchtigungen mit sich bringt“*.[286] Dagegen wurde allerdings zu Recht eingewandt, dass der Verletzer auch ohne eine solche Aufbrauchsfrist jedenfalls in einem Hauptsacheverfahren (das in aller Regel einige Monate und manchmal auch Jahre andauert, bis ein Urteil ergeht) genügend Zeit hat, seine Produktion umzustellen.[287]

Geht es um die Verletzung eines gewerblichen Schutzrechts durch einen Produktpiraten, der sich eines fremden 3D-Modells bedient, um äußerlich identische Waren herzustellen oder wird das 3D-Modell selbst Dritten ohne Zustimmung seines Urhebers zugänglich gemacht, so scheidet die Gewährung einer Aufbrauchsfrist auf jeden Fall aus. Hier gibt es keinen Grund dafür, dem Verletzer weiterhin zu erlauben, sich ein fremdes Schutzrecht anzumaßen. Etwas anderes wird man allenfalls bei geringfügigen Schutzrechtsverletzungen durch **Gelegenheitsverletzer** annehmen können, die sich der Rechtsverletzung nicht bewusst waren; da diese aber keine unverhältnismäßigen Nachteile erleiden, wenn sie die Schutzrechtsverletzung sogleich einstellen müssen, sollte auch ihnen keine Aufbrauchsfrist eingeräumt werden.

2. Schadensersatzklage

Schadensersatzansprüche können nicht im einstweiligen Rechtsschutzverfahren, sondern nur durch die Erhebung einer sog. Hauptsacheklage geltend gemacht werden. Voraussetzung für eine erfolgreiche Klage ist natürlich erst einmal ein Schaden, der dem Rechteinhaber durch die Verletzungshandlung entstanden sein muss. Da dieser Schadensnachweis, der vom Rechteinhaber zu führen ist, häufig Probleme bereitet, hat die Rechtsprechung **drei alternative Wege der Schadensberechnung** anerkannt: Der Geschädigte kann den sog. Verletzergewinn herausverlangen, den ihm entgangenen Gewinn einfordern oder die Zahlung einer Lizenzgebühr verlangen. Der Verletzte hat also ein Wahlrecht und kann frei entscheiden, nach welcher Berechnungsmethode er seinen Schaden ersetzt haben will.[288] Was es mit diesen drei Schadensberechnungsmethoden im Einzelnen auf sich hat, wollen wir wegen der erheblichen praktischen Bedeutung für die Durchsetzung gewerblicher Schutzrechte hier kurz erläutern:

(a) Klage auf Ersatz des dem Rechteinhaber entgangenen Gewinns

Wie oben schon erwähnt, ist diese Berechnungsmethode zwar die nächstliegende, aber zugleich auch die schwierigste. Dies liegt daran, dass es dem Rechteinhaber oft nicht gelingen wird, den ihm obliegenden Beweis dafür zu erbringen, dass er ohne den Eingriff in seine Rechtsposition mehr (Original-)Produkte verkauft und dadurch einen höheren Gewinn gemacht hätte, der ihm durch die Verletzungshandlung entgangen ist. Dass ein Verbraucher eine Nachahmung statt des Originals erwirbt, kann nämlich vielfältige Gründe haben. Zu diesen zählt natürlich vor allem der vermeintlich günstigere Preis, oft auch die leichtere Verfügbarkeit eines sonst gar nicht mehr oder nur unter Inkaufnahme langer Wartezeiten erhältlichen Produkts. Das Originalprodukt hätte der Verbraucher vielleicht niemals gekauft. In diesen und anderen Fällen ist dem Rechteinhaber also kein Gewinn entgangen, da er ohne die Rechtsverletzung keinen höheren Absatz erzielt hätte.

Der Bundesgerichtshof hat dieses Problem freilich schon früh erkannt und die Hürde für den vom Rechteinhaber zu führenden Nachweis eines entgangenen Gewinns etwas niedriger gelegt. Danach ist es zur **schlüssigen Geltendmachung** eines entgangenen Gewinns immerhin ausreichend, wenn der Berechtigte darlegt, dass ohne die Verletzung eine (entsprechende) Benutzung durch ihn oder durch berechtigte Dritte erfolgt wäre. Schon daraus ist nämlich nach den Grundsätzen der Lebenserfahrung zu folgern, dass die Geschäfte des Verletzers zu einer Beeinträchtigung der Umsatzerwartung des Berechtigten geführt haben. Will der Verletzer diesen Ursachenzusammenhang in Zweifel ziehen, so muss er darlegen, dass die vom Schadensersatzkläger behauptete Einbuße ganz oder teilweise durch andere Gründe als die Verletzung verursacht ist.[289]

Außerdem ist ein Gewinnentgang bereits dann zu bejahen, wenn es nach den gewöhnlichen Umständen des Falls wahrscheinlicher ist, dass der Gewinn ohne das haftungsbegründende Ereignis (also z. B. die Benutzung einer geschützten Marke oder eines geschützten Designs) erzielt worden, als das er ausgeblieben wäre. Diese Prognose kann zwar nur dann angestellt werden, wenn der Geschädigte konkrete **Anknüpfungstatsachen** darlegt und nachweist; an die Darlegung solcher Anknüpfungstatsachen dürfen jedoch keine zu hohen Anforderungen gestellt werden.[290] Kann die Höhe des Gewinnausfalls beim Rechteinhaber nicht vollständig ermittelt werden, besteht die Möglichkeit zur Bestimmung eines vom Verletzer zu ersetzenden **Mindestschadens**.[291]

(b) Klage auf Herausgabe des Verletzergewinns

Alternativ zum entgangenen Gewinn kann der Rechteinhaber vom Verletzer auch den Gewinn herausverlangen, den dieser durch den Eingriff etwa in seine Marken-, Urheber-, Design- oder Patentrechte erzielt hat. Wie hoch dieser Gewinn ist, kann durch die Geltendmachung des dem Rechteinhaber gegen den Verletzer ebenfalls zustehenden **Auskunftsanspruchs** ermittelt werden. Wer nun meint, auf diesem Weg schnell und problemlos zu einer vollständigen Entschädigung zu gelangen, sieht sich allerdings nicht selten enttäuscht. Herauszugeben ist der sog. Verletzergewinn nämlich nur insoweit, als er tatsächlich auf der Rechtsverletzung beruht.[292] **Die Höhe des Anteils**, zu dem der erzielte Gewinn auf der Rechtsverletzung beruht, ist vom Gericht nach seinem Ermessen zu schätzen, wenn nicht ausnahmsweise jeglicher Anhaltspunkt für eine Schätzung fehlt.[293] Damit die Schätzung möglichst niedrig ausfällt, wird der Verletzer immer versuchen, möglichst viele Abzüge an dem von ihm erzielten Gewinn vorzunehmen und diesen damit kleinzurechnen. In der Rechtsprechung ist mittlerweile geklärt, dass der Rechteinhaber vom Verletzer tatsächlich nur in Ausnahmefällen den gesamten Gewinn herausverlangen kann, der unter Benutzung einer geschützten Marke oder durch den Eingriff in ein fremdes Urheberrecht erzielt wurde. Das kann etwa dann in Betracht kommen, wenn das von einem Produktpiraten nachgeahmte Produkt einzig und allein deshalb Abnehmer gefunden hat, weil es mit der Originalmarke gekennzeichnet war und es unter einer anderen Marke nicht verkäuflich gewesen wäre. Bei Urheberrechtsverletzungen kommt es darauf an, inwieweit der Entschluss der Käufer zum Erwerb eines Nachahmerprodukts gerade darauf zurückzuführen ist, dass es die Züge erkennen lässt, auf denen der Urheberrechtsschutz des als Vorlage benutzten Werkes beruht.[294] Allerdings wird dies eher die Ausnahme bleiben. Meist kann der gesamte Verletzergewinn nicht herausverlangt werden, weil der geschäftliche Erfolg in vielen Fällen nicht ausschließlich oder noch nicht einmal überwiegend auf der Verwendung des fremden Kennzeichens beruht.[295]

Zur Ermittlung des Verletzergewinns ist der Gesamtgewinn um sämtliche Kosten zu bereinigen, die der Herstellung und dem Vertrieb der schutzrechtsverletzenden Gegenstände unmittelbar zugerechnet werden können.[296] Dazu zählen neben den Produktions- und Materialkosten und den Vertriebskosten die Kosten des Personals, das für die Herstellung und den Vertrieb des Nachahmungsprodukts eingesetzt wurde, sowie bei Investitionen in Anlagevermögen die Kosten für Maschinen und Räumlichkeiten (anteilig bezogen auf ihre Lebensdauer), die nur für die Produktion und den Vertrieb der Nachahmungsprodukte verwendet worden sind. Nicht anrechenbar und somit auch nicht abzugsfähig sind dagegen die Kosten, die unabhängig vom Umfang der Produktion und des Vertriebs bestimmter, schutzrechtsverletzender Erzeugnisse durch die Unterhaltung des Betriebs entstanden sind. Hierzu zählen allgemeine Marketingkosten, die Geschäftsführergehälter, die Verwaltungskosten sowie die Kosten für Anlagevermögen, das nicht konkret der Rechtsverletzung zugerechnet werden kann. Nicht anrechenbar sind daneben auch Anlauf- und Entwicklungskosten sowie Kosten für die nicht mehr veräußerbaren Produkte.[297] Das leuchtet ein, denn schließlich ist nicht einzusehen, warum der Verletzer dafür belohnt werden sollte, dass er sich fremde Rechte angemaßt hat. In der Praxis werden von den Rechteverletzern aber dennoch häufig weitere Abzüge von dem Gewinn vorgenommen, sodass für jeden einzelnen Abzug sehr sorgfältig geprüft werden muss, ob dieser zu Recht erfolgt ist oder nur dazu dient, möglichst wenig von den mit einer Schutzrechtsverletzung erzielten Einnahmen herauszugeben.

(c) Schadensberechnung nach der Lizenzgebührenanalogie

Neben dem Verlangen nach Ersatz des dem Rechteinhaber entgangenen Gewinns und nach Herausgabe des vom Verletzer erzielten Gewinns gibt es noch eine dritte Methode zur Schadensberechnung: die sog. Lizenzgebührenanalogie. Tatsächlich ist diese die in der Praxis meist genutzte Schadensberechnungsmethode. Sie kommt überall dort in Betracht, wo die Übertragung oder Überlassung von Immaterialgüterrechten zur Benutzung durch Dritte gegen Entgelt rechtlich möglich und verkehrsüblich ist. Das ist bei Eingriffen in Urheberrechte, Patent- und Gebrauchsmusterrechte aber auch bei Eingriffen in Markenrechte seit langem anerkannt, da diese Rechte in weitestem Umfang durch die Einräumung von Lizenzen ausgewertet werden.[298] Wählt der Geschädigte diese Berechnungsmethode, so bedarf es keiner Feststellung eines konkret entstandenen Schadens und es spielt auch keine Rolle, in welcher Branche der Geschädigte und der Verletzer tätig sind. Erforderlich ist nur, dass für das verletzte Schutzrecht ganz allgemein die Erteilung von Lizenzen verkehrsüblich ist.[299] Ist dies – wie regelmäßig – der Fall, so kann der Geschädigte vom Verletzer ersetzt verlangen, was ein vernünftiger Lizenzgeber bei vertraglicher Einräumung eines Nutzungsrechts gefordert und ein vernünftiger Lizenznehmer gezahlt hätte, wenn beide die im Zeitpunkt der Entscheidung gegebene Sachlage gekannt hätten. Es wird also der **Abschluss eines Lizenzvertrages** zwischen dem Rechteinhaber und dem Verletzer **fingiert** und gefragt, welche Lizenzgebühr der Rechteinhaber für die Benutzung etwa seiner Marke oder seines eingetragenen Designs verlangt und ein rechtstreuer Lizenznehmer bezahlt hätte.[300] Es kommt nicht darauf an, ob der Geschädigte überhaupt dazu bereit gewesen wäre, dem Verletzer eine Lizenz zu gewähren oder darauf, welchen Wert der Verletzer der Benutzung einer geschützten Marke oder eines Patents oder Gebrauchsmusters beimisst, sondern einzig und allein darauf, welchen **objektiven Wert** das Nutzungsrecht hat.[301] Mit der Zahlung einer fiktiven Lizenzgebühr soll der Verletzer nicht besser, aber auch nicht schlechter als ein vertraglicher Lizenznehmer gestellt werden.[302]

Da es sich aber nur um eine fiktive Lizenzgebühr handelt, erhält der Verletzer durch diese Schadensberechnung **kein Recht, seine Nachahmerprodukte weiterhin zu verkaufen**; hierzu muss er vielmehr tatsächlich einen Lizenzvertrag mit dem Rechteinhaber schließen, der ihm dies gestattet. Die fiktive Lizenz dient also lediglich der vereinfachten Schadensberechnung, legitimiert aber keine weiteren Eingriffe in die Immaterialgüterrechte des Geschädigten.

Die Höhe der vom Verletzer an den Geschädigten zu zahlenden fiktiven Lizenzgebühr ist vom Gericht zu schätzen. Dabei sind alle Umstände zu berücksichtigen, die auch bei freien Lizenzverhandlungen auf die Höhe der Vergütung Einfluss gehabt hätten.[303] Die vom Verletzer zu zahlende Lizenzgebühr wird vom Gericht als prozentualer Anteil des vom Verletzer infolge der Nutzung des verletzten Immaterialgüterrechts vor Steuern erzielten Umsatzes ermittelt. Allgemeinverbindliche Vorgaben des Gesetzgebers oder der Rechtsprechung für die Höhe des Prozentsatzes gibt es nicht, die Spanne reicht in der Regel von 1 % bis 5 % des Verletzerumsatzes, bei der widerrechtlichen Benutzung bekannter Marken auch darüber.[304] Lizenzerhöhend kann sich ein besonderer Ruf bzw. die Bekanntheit der widerrechtlich benutzten Marke oder des nachgeahmten Erzeugnisses auswirken, lizenzmindernd eine nicht nur gelegentliche Duldung ihrer Benutzung auch durch andere, dazu nicht befugte Dritte.[305] Insbesondere bei hochwertigen Markenprodukten ist eine Erhöhung der vom Verletzer zu zahlenden Lizenzgebühr vorzunehmen, wenn ihr Ruf durch eine billige Imitation gefährdet wird. Auch wenn dies nicht der Fall ist, hat der Verletzer jedenfalls den sogenannten „**Marktverwirrungsschaden**" zu ersetzen. Dieser entsteht, weil Verbraucher, die mit dem Nachahmerprodukt in Berührung kommen zu der Fehlannahme verleitet werden, es handele sich um ein Original.[306]

Da der Verletzer die Lizenzgebühr nicht wie ein vertraglicher Lizenznehmer in kurzen zeitlichen Abständen zu den vertraglich vereinbarten Fälligkeitszeitpunkten, sondern erheblich später (nämlich in der Regel erst nach rechtskräftiger Verurteilung) zahlt, ist die fiktive Lizenzgebühr zu **verzinsen**, damit der Verletzte so gestellt wird, als hätte er die Lizenzzahlungen in lizenzvertraglich üblicher Weise aufgrund laufender Abrechnung erhalten.[307]

Zu ersetzen ist aber immer nur der Schaden, der im Schutzbereich der verletzten Rechtsnorm liegt, also gerade aus dem Eingriff in das fremde Recht entstanden ist. Die angemessene Lizenzgebühr kann daher der Schadensberechnung nur insoweit zugrunde gelegt werden, als sie bei einer üblichen Rechtseinräumung gerade für diesen Eingriff in das Recht und nicht lediglich für die Überlassung sonstiger wirtschaftlicher Vorteile gezahlt worden wäre.[308]

Fazit:

Der Inhaber eines gewerblichen Schutzrechtes kann vom Verletzer Ersatz des ihm durch den Eingriff in seine Rechte entstandenen Schadens verlangen. Zur Geltendmachung seines Schadens hat er die **Wahl unter drei Berechnungsmethoden**:

- Er kann vom Verletzer die Erstattung des ihm durch die Schutzrechtsverletzung entgangenen Gewinns verlangen,
- den vom Verletzer erzielten Gewinn herausverlangen oder
- die Zahlung einer angemessenen Lizenzgebühr für die Nutzung seiner Schutzrechte fordern.

Wegen der für den Rechteinhaber mit einer Geltendmachung des entgangenen Gewinns oder Verletzergewinns verbundenen Beweisschwierigkeiten ist die Schadensberechnung im Wege der sog. Lizenzgebührenanalogie meist die vorteilhafteste Lösung. Die vom Verletzer zu zahlende Lizenzgebühr muss dem objektiven Wert der Benutzungsberechtigung entsprechen, die er sich an dem Schutzrecht angemaßt hat. Die Höhe der vom Verletzer zu zahlenden Lizenzgebühr ist vom Gericht zu schätzen, wobei die besondere Bekanntheit einer verletzten Marke oder eines verletzten Designs lizenzgebührenerhöhend berücksichtigt werden kann. Außerdem ist die Lizenzgebühr für den gesamten Verletzungszeitraum zu verzinsen.

Anmerkungen

Hinweis: Alle Fußnoten dieses Buches gibt es als kostenloses Dokument unter www.vahlen.de/160 222 32. So müssen Sie keinen Link abtippen.

[1] Vgl. hierzu „Die Lust auf die Fälschung", FAZ online vom 04.01.2015, abrufbar unter http://www.faz.net/aktuell/stil/mode-design/produktpiraterie-die-lust-auf-die-faelschung-13343329.html
[2] probe-finds-flood-of-fake-military-parts-from-china-in-u-s-equipment
[3] VDMA Studie Produktpiraterie 2014, abrufbar unter http://www.vdma.org/article/-/articleview/3616439
[4] VDMA Studie S. 5
[5] Die Zollverwaltung Jahresstatistik 2014, abrufbar unter http://www.bundesfinanzministerium.de/Content/DE/Downloads/Broschueren_Bestellservice/2015-03-12-zollverwaltung-jahresstatistik-2014.pdf?__blob=publicationFile&v=3
[6] Allein im Mai 2014 wurden in über 100 Ländern mehr als 9 Millionen gefälschte Arzneimittel beschlagnahmt und nach Schätzungen der WHO liegt der Anteil der gefälschten Arzneimittel derzeit bereits bei 10 %, vgl. www.vfa.de/download/pos-arzneimittelfaelschungen.pdf.
[7] Siehe hierzu Fußnote 8 (Fischer, Razzia...)
[8] Vgl. hierzu *Fischer*, Razzia auf der Automechanika, Spiegel Online, abrufbar unter http://www.spiegel.de/auto/aktuell/automechanika-zoll-geht-gegen-faelscher-auf-messe-fuer-autoteile-vor-a-992176.html und *Viehweg*, Gefährlicher Trend – mit gefälschter Billigbremse steigt das Risiko, http://www.welt.de/motor/article112158864/Mit-gefaelschter-Billigbremse-steigt-das-Unfallrisiko.html
[9] *Produktpiraterie: eine Gefahr für die deutsche Industrie Befragung von Verbrauchern und Unternehmen*, Ernst & Young, abrufbar unter http://www.lebensmittelzeitung.net/studien/pdfs/525_.pdf
[10] http://www.oecd.org/sti/ind/44088872.pdf
[11] Abrufbar unter http://pks.vdma.org/documents/105628/900795/VDMA+Studie+Produktpiraterie+2014_final.pdf/7debf619-8233-4114-a635-b32d808552b9
[12] Im Jahr 2013 wurden vom Zoll immerhin noch rund 4 Millionen Artikel sichergestellt, die einen Gesamtwert von 134 Millionen Euro hatten, was die Dimension des Problems verdeutlicht (vgl. http://www.zoll.de/SharedDocs/Broschueren/DE/Reise-Post/

statistik_gew_rechtsschutz_2013.html;jsessionid=5CF6C6777F2CA89D9EA394CDB1B-181B7?nn=100160)

[13] http://www.3d-print-news.de/3d-drucker-druckt-mit-keramik/

[14] Siehe dazu z. B. http://3druck.com/3d-druckmaterialien/exone-stellt-sechs-neue-materialien-im-bereich-metall-3d-druck-vor-5830130/ und https://trin.do/3d-druck-materialien/

[15] http://www.heise.de/make/meldung/3D-Druck-mit-Glasfaser-und-Carbon-2100067.html

[16] Ein Überblick der mittlerweile verfügbaren Druckmaterialien findet sich unter http://www.rapidreview.de/3d-druck/materialien/

[17] Vgl. http://www.spiegel.de/netzwelt/gadgets/marktforscher-befuerchten-produktpiraterie-mit-3-d-druckern-a-946178.html und https://www.gartner.com/doc/2631234

[18] So etwa die Definition der Internationalen Handelskammer (ICC), abrufbar unter http://www.original-ist-genial.de/rat-fuer-betroffene/hersteller/rechtslage/definition.html; weitere Definitionsversuche aus der überwiegend juristischen Fachliteratur finden sich in der Dissertation von Grüneis, „Produktpiraterie in China", abrufbar unter https://mediatum.ub.tum.de/doc/796665/796665.pdf

[19] US Patent no. 8,286,236 B2, abrufbar unter http://patft.uspto.gov/netahtml/PTO/srchnum.htm; vgl. dazu auch http://www.technologyreview.com/view/429566/nathan-myhrvolds-cunning-plan-to-prevent-3-d-printer-piracy/

[20] Vgl. das Abstract in FN 162 sowie FIG. 5c des Patentanspruchs.

[21] Mehr dazu unter http://www.qmcdots.com/products/products-3dprinting.php

[22] Vgl. hierzu http://www.popularmechanics.com/military/research/a10907/plant-dna-the-new-tool-to-thwart-military-counterfeiters-17021500/

[23] Vgl. etwa die Lösung von Secured3D unter http://secured3d.com/how-it-works

[24] Auch Juristen vergessen allerdings zuweilen die Aufforderung, die ihnen schon im Studium eingetrichtert wurde („greifen Sie zum äußersten: schauen Sie ins Gesetz") obschon es aber manchmal sehr hilfreich und zeitsparend sein kann, eben dies zu tun: nicht alles aber vieles klärt sich dann oft von selbst und für den Rest gibt es ja immer noch die Anwälte.

[25] Amtl. Begr. BT Drucksache IV/ 270 vom 23.03.1962, S. 86

[26] Die verwandten Schutzrechte sind im zweiten Teil des Urheberrechtsgesetzes (§§ 70-87e UrhG) geregelt und schützen neben sog. wissenschaftlichen Ausgaben und nachgelassenen Werken die Lichtbilder und Erzeugnisse, die ähnlich wie Lichtbilder geschaffen werden (§ 72 UrhG), die Leistungen der ausübenden Künstler (§§ 73-80 UrhG), des Veranstalters (§ 81 UrhG) sowie des Herstellers von Tonträgern (§§ 85-86 UrhG), des Sendeunternehmens (§ 87 UrhG) und des Datenbankherstellers (§ 87a-87e UrhG)

[27] *Ahlberg* in *Ahlberg/Götting*, BeckOK UrhG § 2 Rd. 54 mwN

[28] *LG Berlin*, GRUR 1990, 270 – „Satellitenfoto" und *Fromm/Nordemann*, Urheberrecht, 11. Aufl., § 72 Rdn. 26

[29] *Nordemann* in: *Fromm/Nordemann,* Urheberrecht, 11. Aufl., § 43 Rdn. 1; der gesetzestext des § 43 UrhG ist dagegen missverständlich, worauf *Nordemann* zu Recht hinweist

[30] *BGH* GRUR 1993, 34, 36 – „Betriebsanweisung"

[31] *Nordemann* in: *Fromm-Nordemann*, Urheberrecht, 11. Aufl., § 2 Rdn. 41; *OLG Nürnberg*, GRUR-RR 2001, 225 – „Dienstanweisung"

[32] *BGH* GRUR 1993, 34, 36 – „Betriebsanweisung";

[33] *Schricker*, Urheberrecht, 3. Aufl. § 2 Rdn. 26 mwN.

[34] *BGH* GRUR 1985, 1041, 1048 – „Inkassoprogramm"

[35] Vgl. § 91 Abs. 1 und 2 UrhG

[36] Vgl. § 64 UrhG

[37] Vgl. § 1 Abs. 3 Nr. 2 und 3 PatG

[38] Vgl. § 3 Abs. 1 PatG; maßgeblich ist der Stand der Technik am Tag der Patentanmeldung, *BGH* GRUR 1989, 899, 902

[39] *Mes*, Patentgesetz Gebrauchsmustergesetz, § 3 Rdn. 6 4. Auflage 2015

[40] Vgl. § 4 PatG

[41] http://3druck.com/forschung/organovo-stellt-3d-gedrucktes-nierengewebe-vor-3132299/

[42] Gemäß § 2a Abs. 3 Nr. 1 PatG handelt es sich bei biologischem Material um ein Material, „das genetische Informationen enthält und sich selbst reproduzieren oder in einem biologischen System reproduziert werden kann"

[43] So § 1 Abs. 2 PatG

[44] Vgl. § 1a Abs. 1 PatG. Für die Patentierung biologischen Materials gilt ergänzend zum Patentgesetz die sog. Biopatentrichtlinie (Richtlinie 98/44/EG des Europäischen Parlaments und des Rates vom 6. Juli 1998 über den rechtlichen Schutz biotechnologischer Erfindungen, ABl. EG Nr. L 213 vom 30.07.1998, S. 13 ff., abrufbar unter http://eur-lex.europa.eu/LexUriServ/LexUriServ.do?uri=OJ:L:1998:213:0013:0021:DE:PDF

[45] Vgl. § 1a Abs. 2 PatG

[46] Vgl. § 9 PatG

[47] Vgl. § 6 PatG

[48] Vgl. § 7 ArbEG

[49] Vgl. § 13 Abs. 1 PatG

[50] Vgl. § 19 Abs. 1 ArbEG

[51] Vgl. § 14 PatG

[52] Vgl. 22 PatG

[53] *BGH* GRUR 1999, 145 – „ Stoßwellen-Lithotripter"

[54] *BGH* GRUR 1954, 391 – „Latex"

[55] Vgl. § 17 PatG

[56] Vgl. 20 PatG

[57] Vgl. § 23 Abs. 1 PatG

[58] Vgl. § 16 Abs. 1 PatG

[59] Vgl. § 11 Abs. 1 GebrMG

[60] Vgl. hierzu GRUR 2004, 495 – „Signalfolge"

[61] Vgl. § 1 Abs. 2 Nr. 5 GebrMG

[62] Vgl. dazu oben Kap. 4 I. 2.

[63] *Mes*, Patentgesetz Gebrauchsmustergesetz, 4. Auflage 2015, § 1 Rdn. 9

[64] Vgl. § 15 Abs. 1 GebrMG

[65] Gemäß § 7 Abs. 1 GebrMG ermittelt das Patentamt auf Antrag den Stand der Technik, der für die Beurteilung der Schutzfähigkeit des Gegenstandes der Gebrauchsmusteranmeldung oder des Gebrauchsmusters in Betracht zu ziehen ist

[66] Vgl. § 16 PatG einerseits und § 23 GebrMG andererseits

[67] Vgl. § 11 Abs. 1 GebrMG

[68] Gemäß § 1 Nr. 1 DesignG ist ein Design *„die zweidimensionale oder dreidimensionale Erscheinungsform eines ganzen Erzeugnisses oder eines Teils davon, die sich insbesondere aus den Merkmalen der Linien, Konturen, Farben, der Gestalt, Oberflächenstruktur oder der Werkstoffe des Erzeugnisses selbst oder seiner Verzierung ergibt"*

[69] Vgl. § 1 Nr. 2 DesignG

[70] Der Designfähigkeit eines 3D-Modells steht nach der hier vertretenen Auffassung auch nicht entgegen, dass 3D-Modelle selbst keine „Gegenstände" sind. Die Sichtbarkeit auf dem Bildschirm genügt nämlich für die Designfähigkeit. Wie hier *Eichmann/v. Falckenstein/Kühne*, Deigngesetz, 5. Aufl. 2015, § 1 Rdn. 26 mwN.

[71] Genauer: von dem Gesamteindruck, den ein anderes Design bei demselben Benutzer hervorruft, das vor dem Anmeldetag offenbart worden ist, § 2 Abs. 3 Designgesetz; vgl. zum Geschmacksmustergesetz schon *OLG München*, GRUR-RR 2010, 166 – „Geländewagen"

[72] *BGH* GRUR 1981, 269 – Haushaltsschneidemaschine II

[73] Vgl. § 38 Abs. 1 DesignG

[74] Vgl. § 38 Abs. 2 DesignG

[75] § 38 Abs. 1 S. 2 DesignG

[76] Vgl. § 40 Nr. 1 und 5 DesignG

[77] Vgl. § 7 DesignG

[78] Vgl. § 17 DesignG

[79] Genfer Fassung des Haager Abkommens über die internationale Eintragung gewerblicher Muster und Modelle abgeschlossen in Genf am 2. Juli 1999, für Deutschland in Kraft getreten am 13. Februar 2010.

[80] Vgl. §33 DesignG

[81] Art. 11 Abs. 2 VO 6/2002.

[82] Art. 27 VO 6/2002

[83] Vgl. Art. 11 VO 2/2006

[84] *EuGH*, Urt. vom 25. 1. 2007 – C-48/05 *Adam Opel AG/Autec AG, Adam Opel/Autec*, abrufbar unter http://curia.europa.eu/juris/liste.jsf?language=de&jur=C,T,F&num=C-48/05&td=ALL; *EuGH*, Urt. v. 8.4.2003 – verb.Rs. C-53/01 bis C-55/01, Slg. 2003, I-3161 Tz. 40, GRUR 2003, 514 – *Linde, Winward u. Rado*; Urt. v. 12.2.2004 – Rs. C-218/01, GRUR 2004, 428, 429 f. Tz. 30 – Henkel (flüssiges Wollwaschmittel); Urt. v. 29.4.2004 – verb. Rs. C-456/01 P, C-457/01 P, – *Henkel* (Geschirrspülmittel-Tablette); *BGH*, Beschl. v. 20.11.2003 – I ZB 46/98, WRP 2004, 761, 762 – *Rado-Uhr II* und *BGH* WRP 2004, 755, 756 – *Stabtaschenlampen II*.

[85] *EuGH*, Urt. vom 12. 11. 2002 – Rs. C-206/01 Arsenal Football Club plc/Matthew Reed, Arsenal FC, abrufbar unter http://curia.europa.eu/juris/liste.jsf?language=de&jur=C,T,F&num=C-206/01&td=ALL

[86] *BGH* GRUR 2004, 151, 153 – „Farbmarkenverletzung I"

[87] So *EuGH* GRUR 2002, 1022 – „Wicklerform" und *EuGH* GRUR 1999, 723 – Windsurfing Chiemsee; *EuGH* GRUR 2002, 804 – Philips und *EuGH* GRUR 2005, 763 – Nestlé

[88] *BGH* GRUR 2004, 151, 153

[89] BGH GRUR 2010, 138 – „ROCHER-Kugel unter Verweis auf *BGH*, GRUR 2001, 1042 – REICH UND SCHOEN; *BGH* GRUR 2006, 760 Rdnr. 20 – LOTTO; *BGH* GRUR 2008, 710 Rdn. 26 – VISAGE; vgl. zum Ganzen auch *Ingerl/Rohnke*, Markengesetz, 3. Auflage 2010, §4 Rdn. 21

[90] §47 Abs. 1 und 2 MarkenG

[91] §3 Abs. 1 MarkenG

[92] *EuGH*, GRUR 2012, 610 – Rs. C-344710 Freixenet SA/Harmonisierungsamt für den Binnenmarkt)

[93] *EuGH*, GRUR 2002, 804 – Rs. C-299/99 Philips/Remington; *EuGH*, GRUR 2006, 589 – Rasierer mit drei Scherköpfen; *EuGH*, GRUR 2003, 514 – Rs. C-53/01 – C 55/01 – *Linde*; *BGH*, GRUR 2008, 71 – „Fronthaube"; *BGH*, GRUR 2008, 510 – „Milchschnitte"

[94] Vgl. § Abs. 2 MarkenG

[95] *BGH* GRUR 2010, 138 – „ROCHER-Kugel"

[96] *BGH* GRUR 2006, 679, 681; Vgl. dazu nunmehr auch *EuGH* Urt. vom 18.09.2014 in der Rs. C-205/13 – Tripp Trapp Stuhl, wonach damit verhindert werden soll, dass der Schutz des Markenrechts seinem Inhaber ein Monopol für technische Lösungen oder Gebrauchseigenschaften einer Ware einräumt, die der Benutzer auch bei den Waren der Mitbewerber suchen kann

[97] Siehe oben F. I. 4. und §38 DesignG

[98] *BGH*, GRUR 2003, 356, 357 – „Präzisionsmessgeräte" unter Verweis auf *BGH*, GRUR 1996, 210, 211 – „Vakuumpumpen"; *BGH*, GRUR 1999, 751,752] – „Güllepumpen"; *BGH*, GRUR 1999, 1106, 1107 – „Rollstuhlnachbau"; *BGH*, GRUR 2000, 521, 523 – „Modulgerüst"; *BGH*, GRUR 2002, 86, 89 – „Laubhefter" und *BGH*, GRUR 2002, 820 821 – „Bremszangen"

[99] Vgl. §4 Nr. 9 c UWG

[100] *Köhler* in: *Köhler/Bornkamm*, UWG, 33. Auflage 2015, §4 Rdn. 9.21, 9.22 mwN.

[101] *BGH* GRUR 2002, 820, 822 – „Bremszangen" unter Verweis auf *BGH* GRUR 1998, 3773 – Les-Paul-Gitarren; *BGH*, GRUR 2000, 521 – Modulgerüst; *BGH* GRUR 2002, 89 f. – Laubhefter.

[102] *BGH*, GRUR 1999, 1106 Rollstuhlnachbau; *BGH*, GRUR 2000, 521 – Modulgerüst; *BGH*, GRUR 2002, 90 – Laubhefter

[103] *BGH*, GRUR 2007, 339 Rdn. 26 – „Stufenleitern" mwN

[104] *BGH*, GRUR 2005, 166 – „Puppenausstattungen"

[105] *BGH*, GRUR 2008, 790 – „Baugruppe", mwN

[106] *BGH*, GRUR 2000, 521 – „Modulgerüst"

[107] *BGH*, GRUR 2009, 1073 unter Verweis auf GRUR 2007, 984 Rdn. 20 – „Gartenliege"

[108] *BGH*, GRUR 2000, 521, 523 – „Modulgerüst"; vgl. hierzu auch *BGH*, GRUR 1986, 673 – „Beschlagprogramm"

[109] *BGH*, GRUR 2003, 356 unter Verweis auf *BGH*, GRUR 1999, 1106, 1108 – „Rollstuhlnachbau" und *BGH*, GRUR 2002, 820, 821 f. – „Bremszangen"; ebenso *BGH*, GRUR 1996, 210, 211 – „Vakuumpumpen" und *BGH*, GRUR 2001, 443, 445 – „Vienetta"

[110] *BGH*, GRUR 1999, 751, 753 – „Güllepumpen; ebenso *BGH* GRUR 2004, 941, 943 – „Metallbett" und *BGH* GRUR 2007, 984 – „Gartenliege"

[111] Vgl. zur herkömmlichen Nachahmung eines Plüschbärs *KG*, GRUR-RR 2003, 84, 85 – „Tatty Teddy"

[112] *BGH*, GRUR 2007, 984 – „Gartenliege"

[113] *BGH*, GRUR 2000, 521, 525 – „Modulgerüst"

[114] *BGH*, GRUR 2000, 521, 526 – „Modulgerüst"

[115] So *BGH* GRUR 2000, 521, 527 „Modulgerüst" unter Verweis auf *BGH*, GRUR 1968, 698, 701 – „Rekordspritzen"

[116] Wie der BGH an gleicher Stelle unter Verweis auf BGH, GRUR 1984, 283 – „Telekonverter" ausgeführt hat, kann etwas anderes *„ausnahmsweise dann gelten, wenn Sicherheitsanforderungen nicht berührt sind und ohne weiteres zu erkennen ist, dass eine Qualitätsbeeinträchtigung, die bei einer Verbindung von Originalprodukt und Austauschprodukt auftritt, nicht aus den Komponenten der Originalware herrührt, sondern ausschließlich auf dem kompatiblen Austauschprodukt des Mitbewerbers beruht".*

[117] *BGH*, GRUR 2010, 1125, 1128; *BGH*, GRUR 1996, 210 – „Vakuumpumpen"

[118] *BGH*, GRUR 2010, 1125 – „Femur Teil"; *BGH*, GRUR 2000, 521, 526 f. – „Modulgerüst"

[119] *Köhler/Bornkamm*, UWG, 29. Aufl. [2011], § 4 Rdnr. 9.53

[120] *BGH*, GRUR-RR 2012, 213, 215 – „Cabat Tasche" unter Verweis auf *BGH*, GRUR 2007, 795 –„Handtaschen" und *BGH*, GRUR 1985, 876 – „Tchibo/Rolex"

[121] *BGH*, GRUR 1961, 40, 42 – „Wurftaubenpresse"

[122] *BGH*, GRUR 2010, 536, 541 – „Modulgerüst II"

[123] *Köhler* in: *Köhler/Bornkamm*, UWG, 33. Auflage 2015, § 17 Rdn. 4

[124] *Köhler* in: *Köhler/Bornkamm*, UWG, 33. Auflage 2015, § 17 Rdn. 6

[125] Vgl. *Köhler* in: *Köhler/Bornkamm*, UWG, 33. Auflage 2015, § 17 Rdn. 20

[126] *BGH*, GRUR 2009, 416 – „Küchentiefstpreis-Garantie"

[127] Vgl. dazu § 17 Abs. 2 UWG

[128] Im Sinne des § 4 Nr. 9 lit. c) UWG

[129] *BGH*, GRUR 2003, 356, 357 mwN.

[130] Der BGH es für die Annahme eines wettbewerbswidrigen Vertrauensbruchs auch schon genügen lassen, wenn technische Zeichnungen im Rahmen einer Vertragsanbahnung über die Anfertigung von Werkzeugen ohne ausdrückliche Verpflichtung zur Geheimhaltung überlassen wurden und die Zeichnungen zur Herstellung entsprechender Werkzeuge für Wettbewerber des Überlassenden benutzt wurden, der sich damit eigene Konstruktionsarbeit erspart, vgl. *BGH*, GRUR 1964, 31 – „Petromax II". Für die Überlassung einer 3D-Druckvorlage wird nichts anderes gelten können.

[131] Vgl. dazu auch noch unten 4.6.3.

[132] BGH GRUR 1984, 659, 660 – „Ausschreibungsunterlagen"

[133] Die Entscheidung zur Löschung des Europäischen Patents EP1232198 kann auf der Website des Europäischen Patentamts unter dem Link https://register.epo.org/application?documentId=EWFAE45Q9470FI4&number=EP00960620&lng=en&npl=false abgerufen werden.

[134] *BGH*, GRUR 2014, 175 – „Geburtstagszug"

[135] Vgl. *BGH*, GRUR 2002, 1046, 1047 – „Faxkarte" und *Nordemann* in: *Fromm/Nordemann*, Urheberrecht, 11. Aufl., §§ 23/24 UrhG, Rdn. 35 mwN.

[136] So das Landgericht München I, Entscheidung vom 27.07.1994 – Az. 21 O 22343/93

[137] *BGH* GRUR 1962, 470 „AKI"

[138] *Nordemann* in: *Frmm/Nordemann*, Urheberrecht, 11. Aufl. § 72 UrhG Rdn. 1 mwN

[139] *Schricker*, Urheberrecht, 4. Aufl., § 2 Rdn. 176, der allerdings einräumt, dass Bildfolgen als Filmwerke geschützt sein können, da der Begriff des Filmwerks die Abbildung von etwas in der Natur vorgegebenem voraussetze. Warum das bei einem Lichtbildwerk bzw. ähnlich wie einem Lichtbildwerk oder Lichtbild geschaffenen Werk anders sein soll, erschließt sich aber weder aus dem Gesetzeswortlaut der §§ 2, 72 UrhG die eine solche Voraussetzung nicht enthalten, noch aus der Rechtsprechung

[140] So OLG Hamm, GRUR-RR 2005, 73, 74 für Web-Grafiken

[141] Vgl. § 69a Abs. 2 UrhG

[142] https://de.wikipedia.org/wiki/Gertrude_Stein

[143] *Wandtke/Bullinger*, Urheberrecht, § 69a Rdn. 17 und OLG Hamburg, CR 1998, 332, 333 – „Computerspielergänzung"

[144] Vgl. § 2 Abs. 1 Nr. 7 UrhG

[145] KG Berlin, GRUR-RR 2002, 91, 92 unter Verweis auf BGH, GRUR 1993, 34 [35] – Bedienungsanweisung;Schricker/Loewenheim, UrheberR, 2. Aufl., § 2 UrhG Rdnr. 192; ebenso Nordemann in: Fromm/Nordemann, Urheberrecht, 11. Aufl., § 3 Rdn. 211 mwN.

[146] KG Berlin, GRUR-RR 2002, 91, 92

[147] So *BGH* MMR 2014, 333 – „Geburtstagszug" unter Verweis auf *BGH* GRUR 1979, 464 – „Flughafenpläne"; und *BGH* GRUR 2011, 803 Rdnr. 50 – „Lernspiele"

[148] Vgl. zum Recht auf öffentliche Zugänglichmachung § 19a UrhG und zum Vervielfältigungsrecht § 16 UrhG andererseits

[149] Vgl. § 38 Abs. 1 DesignG und oben F. I. 4.

[150] *OLG Frankfurt a. M.*, Beschluss vom 17.11.2014 – 6 W 96/14, BeckRS 2015, 01670; *BGH* GRUR 2013, 285 – Kinderwagen II, Tz. 31

[151] *OLG Frankfurt a. M.*, GRUR-RR 2013, 251 – „Henkellose Tasse", Tz. 16

[152] OLG München, GRUR-RR 2010, 166

[153] Vgl. § 3 Abs. 1 Nr. 1 DesignG

[154] Vgl. § 4 DesignG

[155] Vgl. § 4 DesignG; ebenso zum Geschmacksmuster schon *BGH* GRUR 1962, 258, 260 – „Moped Modell" und *BGH* GRUR 1974, 406, 409 – „Elektroschalter"

[156] BGH GRUR 1985, 383 –„BMW-Niere"

[157] So ausdrücklich *EuGH* GRUR 2003, 514 – Linde Winward und Rado

[158] *EuGH* GRUR Int. 2004, 631, 634 – „Dreidimensionale Tablettenform I"; ebenso EuGH GRUR 2006, 233 – Standbeutel und EuGH GRUR INt. 2006, 842 –Storck/HABM; *EuGH* GRUR 2008, 339 – „Develey/HABM". Ein solches, erhebliches „sich Abheben" von dem üblichen Formenschatz hat das Bundespatentgericht mit Beschluss vom 24.11.2009 (abrufbar unter BeckRS 2011, 27798) für eine Parfümflasche angenommen; ähnlich auch BGH GRUR 2004, 329 für die willkürliche charakteristische Gestaltung eines Käses in Blütenform.

[159] *EuGH* GRUR Int. 2004, 631, 634 – „Dreidimensionale Tablettenform I"

[160] BGH GRUR 2006, 679, 681 – „Eintragungsfähigkeit der Warenformmarke eines Automobils"

[161] So der *BGH* in GRUR 2006, 682 unter Verweis auf *EuGH*, GRUR 2003, 514 Rdnr. 73 – „Linde, Winward und Rado")

[162] *BGH*, GRUR 2006, 679 Tz. 21 – „Porsche Boxter"; ähnlich streng *BGH* GRUR 2008, 71, 74 Tz. 28 – „Fronthaube"; kritisch dazu *Jänich*, GRUR 2008, 873. Für die dreidimensionale Marke zum Schutz einer Armbanduhr der Fa. Rado hat der *BGH* in GRUR 2007, 973 dagegen ein Freihaltebedürfnis verneint, da es sich nicht um eine Kombination üblicher Gestaltungsmerkmale handelte und für Armbanduhren eine nahezu unübersehbar große Zahl von Gestaltungsmöglichkeiten und eine entsprechende Formenvielfalt bestehen, was gegen ein Interesse der Allgemeinheit spricht, die als Marke beanspruchte Form freizuhalten

[163] *Ströbele/Hacker*, Markengesetz, 11. Aufl., § 4 Rdn. 33

[164] So die Ausnahmeregelung in § 8 Abs. 3 MarkenG

[165] *BGH*, GRUR 2005, 158, 160 – „Stabtaschenlampe „MAGLITE"

[166] Vgl. oben F. I. 2. und § 1 PatG

[167] Vgl. § 1 Ab. 3 PatG

[168] Vgl. hierzu schon oben F. I. 2.

[169] Vgl. § 1 Abs. 4 PatG

[170] Std. Rspr., vgl. z. B. *BGH* GRUR 2009, 479, 480 Rdn. 11 – „Steuerungseinrichtung für Untersuchungsmodalitäten"; GRUR 2010, 613, 616, Rdn. 22 – „Dynamische Dokumentengenerierung"; GRUR 2011, 610 – „Webseitenanzeige"

[171] *BGH*, GRUR 2009, 479, 480 – „Steuerungseinrichtung für Untersuchungsmodalitäten"

[172] So ausdrücklich § 1 Abs. 3 Nr. 2 PatG

[173] OLG Düsseldorf, Urt. vom 22.03.2007, Az. I-2 U 128/05 (abrufbar unter http://www. justiz.nrw.de/nrwe/olgs/duesseldorf/j2007/I_2_U_128_05urteil20070322.html)

[174] Wie hier *Nordemann/Rüberg/Schaefer*, NJW 2015, 1265, 1269

[175] Ebenso *Mengden*, MMR 2014, 79

[176] *OLG Düsseldorf* aaO. So wohl auch OLG Karlsruhe, GRUR 1982, 295, 299

[177] *Mes*, Patentgesetz Gebrauchsmustergesetz, 4. Auflage 2015, § 10 Rdn. 11

[178] BGH GRUR 2013, 713 – „Fräsverfahren"

[179] Dafür genügt es, dass aus der Sicht des Dritten bei objektiver Betrachtung nach den Umständen die hinreichend sichere Erwartung besteht, das der Abnehmer die Druckvorlage zur patentverletzenden Verwendung bestimmen wird, vgl. BGH GRUR 2006, 839, 841.

[180] *BGH*, GRUR 200, 679 Rdn. 37 – „Haubenstretchautomat" und *Mes*, Patentgesetz Gebrauchsmustergesetz, 4. Auflage 2015, § 10 Rdn. 23 mwN.

[181] Im Ergebnis ebenso *Mengden*, MMR 2014, 79, 81 und *Nordemann/Rüberg/Schaefer*, NJW 2015, 1265, 1269

[182] Darauf zu Recht hinweisend *Nordemann/Rüberg/Schaefer*, NJW 2015, 1265, 1269

[183] Gemäß § 16 UrhG ist das Vervielfältigungsrecht das Recht, Vervielfältigungsstücke des Werkes herzustellen, gleichviel ob vorübergehend oder dauerhaft, in welchem Verfahren und in welcher Zahl. Gemäß § 15 Abs. 1 UrhG steht das Vervielfältigungsrecht ausschließlich dem Urheber zu

[184] Gemäß § 19a UrhG ist das Recht der öffentlichen Zugänglichmachung das Recht, das Werk drahtgebunden oder drahtlos der Öffentlichkeit in einer Weise zugänglich zu machen, dass es Mitgliedern der Öffentlichkeit von Orten und zu Zeiten ihrer Wahl zugänglich ist. Es ist ebenso wie das Recht zur Vervielfältigung gemäß § 15 Abs. 2 UrhG ausschließlich dem Urheber vorbehalten.

[185] Vgl. BGH GRUR 2009, 1055, 1058 – „airdsl"; EuGH GRUR 2003, 55 – Arsenal FC; BGH, GRUR 2005, 414 – Russisches Schaumgebäck; GRUR 2008, 793 – Rillenkoffer.

[186] Dafür *auch Nordemann/Rüberg/Schaefer*, NJW 2015, 165, 1267

[187] So Ingerl/Rohnke, Markengesetz, 3. Auflage 2010, § 14 Rdn. 764

[188] Zum Begriff der „Raubkopie" und seiner Abgrenzung von der Markenpiraterie vgl. oben Kap. 4 D.

[189] *BGH*, GRUR 2002, 246 – „Scanner"

[190] *Dustmann* in: *Fromm/Nordemann*, Urheberrecht, 11. Aufl., § 16 Rdn. 11

[191] Begründung zum Regierungsentwurf des Urheberrechtsgesetzes, BT-Drs. IV/270, S. 47; ebenso *BGH* GRUR 2001, 51, 52 – „Parfumflakon" mwN.

[192] *BGH* GRUR 1983, 28, 29 – „Presseberichterstattung und Kunstwerkwiedergabe II"; *BGH* GRUR 2001, 51 – „Parfumflakon"

[193] So das *KG Berlin*, GRUR 1997, 128, 129 zur unfreien Bearbeitung des verhüllten Reichstages durch Herstellung und Verbreitung einer Gedenkmedaille mit einer verkleinerten Ansicht des Werkes; ebenso *Wandtke/Bullinger*, Praxiskommentar zum Urheberrecht, 4. Aufl. 2014, § 16 Rdn. 5

[194] *BGH* GRUR 1994, 191, 192 – „Asterix-Persiflagen" unter Verweis auf BGH GRUR 1971, 588, 589 – Disney-Parodie; GRUR 1980, 853, 854 – „Architektenwechsel"; GRUR 1981, 267, 269 – „Dirlada"; GRUR 1981, 352, 353 – „Staatsexamensarbeit"

[195] In der Kommentarliteratur zum Urheberrechtsgesetz ist allgemein anerkannt, dass die Nutzungsrechte an einem vom Arbeitnehmer in Ausübung seiner dienstlichen Pflichten geschaffenen Werk auch ohne besondere Vereinbarung auf den Arbeitgeber übergehen, soweit der Arbeitgeber diese für die betriebliche Verwertung benötigt, vgl. etwa Fromm/Nordemann, Urheberrecht, 11. Aufl., § 43 Rdn. 27. Dies gilt allerdings nicht für freie Mitarbeiter, mit denen unbedingt vertraglich geregelt werden muss, welche Rechte ihr Auftraggeber an den von ihnen geschaffenen Arbeitsergebnissen erhalten soll.

[196] Vgl. hierzu im Einzelnen BGH GRUR 2006, 419 – Noblesse und Ingerl/Rohnke, MarkenG, 10. Aufl., Vorbemerkungen zu §§ 14–19 d Rdn. 229 f. mwN.

[197] Vgl. unten Kap. 4 F. VI.

[198] Vgl. § 19d Abs. 1 und 3 MarkenG

[199] Das Metropolitain Museum of Art in New York City betreibt ein eigenes „Media Lab" zur Erforschung der Auswirkungen des 3D-Drucks auf das Museumserlebnis der Besucher, vgl. ein http://www.metmuseum.org/about-the-museum/museum-departments/office-of-the-director/digital-media-department/digital-underground/posts/2013/introducing-the-media-lab. Das Prado Museum in Madrid ermöglicht es visuell beeinträchtigten Menschen, 3D-Repliken bekannter Kunstwerke abzutasten und so einen eigenen Eindruck von einem Kunstwerk „aus erster Hand" zu gewinnen, http://www.openculture.com/2015/03/prado-creates-first-art-exhibition-for-visually-impaired.html.

[200] *BGH*, GRUR 2014, 175 – „Geburtstagszug"

[201] Vgl. § 16 UrhG

[202] Vgl. § 17 Abs. 1 UrhG

[203] Vgl. hierzu *OLG Zweibrücken*, GRUR 1997, 827, 829 – „Pharaon-Schmucklinie". In einem solchen Fall spricht man auch von einer „Berühmung" bestimmter Rechte. Das hat nichts mit Berühmtheiten zu tun, sondern bedeutet nur, dass der Verletzer gegenüber dem Urheber bzw. Rechteinhaber die Ansicht vertritt, zur Vornahme der als urheberrechtsverletzend beanstandeten Handlungen berechtigt zu sein.

[204] KG GRUR-RR 2001, 292, 294 – „Bachforelle" und Nordemann in: Fromm/Nordemann, Urheberrecht, 11. Aufl., § 98 Rdn. 17 mwN.

[205] Vgl. § 98 Abs. 2 UrhG

[206] Fromm in : Fromm/Nordemann, Urheberrecht, 11. Aufl., § 98 Rdn. 25

[207] Vgl. § 98 Abs. 4 UrhG

[208] BGH GRUR 1997, 899 – „Vernichtungsanspruch"

[209] BGH aaO.

[210] Vgl. § 98 Abs. 5 UrhG

[211] Siehe dazu im Einzelnen noch unten Kap. 4 F. VI. 2.

[212] Vgl. § 46 Abs. 1 DesignG

[213] Vgl. hierzu im Einzelnen § 46 Abs. 3 GesignG

[214] Vgl. § 51 Abs. 1, 2 GesignG

[215] Ebenso für das Fotografieren von Waren auf einer Messe *Brandau/Gal*, GRUR 2009, 118, 121

[216] Vgl. § 38 Abs. 1 S. 2 DesignG

[217] Richtlinie 98/71/EG des Europäischen Parlaments und des Rates vom 13. Oktober 1998 über den rechtlichen Schutz von Mustern und Modellen (ABl. Nr. L 289 S. 28)

[218] Dafür *Brandau/Gal*, GRUR 2009, 118

[219] So zutreffend *Brandau/Gal*, GRUR 2009, 118

[220] *Brandau/Gal*, GRUR 2009, 118, 122

[221] Vgl. § 3 Abs. 1 Nr. 1 DesignG

[222] Vgl. § 17 Abs. 2 UWG

[223] Köhler in: *Köhler/Bornkamm*, UWG, 33. Auflage 2015, Rdn. 6

[224] aA für Fotografien *Brandau/Gal*, GRUR 2009, 118

[225] Vgl. § 139 Abs. 1 PatG und § 24 Abs. 1 GebrMG

[226] Vgl. hierzu § 140a PatG und § 24a Abs. 1 GebrMG

[227] § 140a Abs. 3 PatG, § 24a Abs. 2 GebrMG

[228] Mes, Patentgesetz Gebrauchsmustergesetz, 4. Auflage 2015, § 139 Rdn. 46 mwN

[229] vgl. § 25 Abs. 1 StGB und *BGH* NJW 1975, 49 sowie *BGH* NJW 1984, 1226

[230] vgl. § 830 Abs. 1 Satz 1 BGB

[231] *BGH*, GRUR 2009, 845 – „Internet-Videorecorder

[232] Vgl. § 53 Abs. 1 UrhG; zum Merkmal der offensichtlich rechtswidrigen Herstellung vgl. *Grübler* in: *Ahlberg/ Götting* (Hrsg.), BeckOK UrhG § 53, Rdn. 13 mwN.; *Lüft* in: *Wandtke/Bullinger*, Praxiskommentar zum Urheberrecht, 4. Auflage 2014, § 53 Rdn. 16 f. mwN;

[233] Dies verbietet § 53 Abs. 6 UrhG

[234] Vgl. Dreier in: Schulze/Dreier, UrhG, § 53 Rdn. 53 und § 19a UrhG

[235] Vgl. § 53 Abs. 1 S. 1 UrhG und sogleich noch unten

[236] Vgl. § 53 Abs. 1 S. 2 UrhG

[237] Vgl. dazu *Schricker-Loewenheim*, Urheberrecht, § 53 Rdn. 15 und *Dreier* in: *Dreier/Schulze*, UrhG, § 53 Rdn. 14 mwN

[238] *BGH* GRUR 1999, 707 – Kopienversanddienst; BGH NJW 2009, 3511 – „Internet-Video-recorder"

[239] http://www.starwars.com/news/star-wars-the-force-awakens-products-to-arrive-on-force-friday-september-4

[240] EuGH, Urteil vom 14. September 2010 – C48/09 P; siehe hierzu auch *Richter geben Lego-Steine zum Kopieren frei* in: Spiegel Online, 14. September 2010, abrufbar unter http://www.spiegel.de/wirtschaft/unternehmen/markenschutz-verweigert-richter-geben-lego-steine-zum-kopieren-frei-a-717475.html.

[241] Siehe dazu etwa http://www.brandeins.de/archiv/2008/tempo/konkurrenz-auf-dem-noppenmarkt/

[242] So § 62 Abs. 1 UrhG

[243] *Schricker/Dietz*, Urheberrecht, § 62 Rdn. 10; ebenso *Wandtke/Bullinger*, § 62 Rdn. 4

[244] Vgl. § 23 UrhG

[245] Schricker/Loewenheim, Urheberrecht, 3. Aufl. § 23 Rdn. 6

[246] In seiner Entscheidung zur Herstellung einer Bibelreproduktion in NJW-RR 1990, 1061 hat der BGH die inhaltlich unveränderte Übernahme von urheberrechtlich geschützten Kupferstichen nicht als Umgestaltung bewertet

[247] http://www.thingiverse.com/

[248] http://www.wamungo.de/

[249] vgl. EuGH, Urteil vom 12. Juli 2011 – C-324/09, Slg. 2011, I-6011 = GRUR 2011, 1025 Rdn. 101 ff. – „L'Oréal/eBay". Ebenso *BGH* GRUR 2004, 860 – „Internet-Versteigerung I" und *BGH* GRUR 2007, 708, 711 Rdn. 28 – „Internet-Versteigerung II"

[250] Vgl. dazu im Einzelnen *BGH* GRUR 2007, 890 – „jugendgefährdende Medien bei ebay"

[251] *BGH* MMR 2012, 815 Rdn. 4.

[252] *BGH*, GRUR 2011, 152 Rdn. 34 – „Kinderhochstühle im Internet I"

[253] *BGH* Urt. vom 05.02.2015, Az. I ZR 240/12, abrufbar unter http://juris.bundesgerichtshof.de/cgi-bin/rechtsprechung/document.py?Gericht=bgh&Art=en&sid=26b04962f06a13190504e5e868ecbc84&nr=70484&pos=0&anz=1; dort hat der BGH in Rdn. 45 festgestellt, dass sich aus der „Autocomplete" – Entscheidung (BGH, Urteil vom 14.05.2013 – VI ZR 269/12, BeckRS 2013, 08626) nichts anderes ergibt. Auch dort hat der BGH keine Täter- oder Gehilfenhaftung eines Suchmaschinenbetreibers angenommen

[254] *BGH* Urt. vom 05.02.2015 (FN 396), Rdn. 49: *BGH*, GRUR 2002, 618, 619 – „Meißner Dekor" unter Verweis zum Wettbewerbsrecht auf *BGH*, GRUR 1997, 313 [315 – Architektenwettbewerb; zum Urheberrecht: GRUR 1999, 418 [419 f.] – Möbelklassiker, mwN; siehe auch *Köhler/Bornkamm*, UWG, 33. Auflage 2015, Rn. 2.2

[255] *BGH* GRUR 2003, 969, 970 unter Verweis auf *BGH*, GRUR 1997, 313, 315 - „Architektenwettbewerb", mwN und *BGH* GRUR 2002, 902, 904 – „Vanity-Nummer"

[256] *BGH* GRUR 2002, 618 – „Meißner Dekor"

[257] *BGH* GRUR 2011, 152 Rn 48 – „Kinderhochstühle im Internet I"

[258] *BGH* GRUR 2004, 860 – „Internet-Versteigerung I"

[259] *BGH* GRUR 2011, 152 – „Kinderhochstühle im Internet"

[260] *BGH GRUR 2011, 152 – „Kinderhochstühle im Internet"* Rdn. 48

[261] *BGH* MMR 2012, 178 Rdn. 29 – „Stiftparfum"

[262] Vgl. Art. 15 der E-Commerce Richtlinie (Richtlinie 2000/31/EG des Europäischen Parlaments und des Rates vom 8. Juni 2000 über bestimmte rechtliche Aspekte der Dienste der Informationsgesellschaft, insbesondere des elektronischen Geschäftsverkehrs, im Binnenmarkt („Richtlinie über den elektronischen Geschäftsverkehr"), Amtsblatt Nr. L 178 vom 17/07/2000 S. 0001 – 0016, abrufbar unter http://eur-lex.europa.eu/legal-content/DE/TXT/HTML/?uri=CELEX:32000L0031&from=DE.

[263] *EuGH*, GRUR 2011, 1025, Rn. 116 und 123 – „L'Oréal/eBay"

[264] *BGH*, Urt. vom 05.02.2015 (Fn. 396), Rdn. 56.

[265] Vgl. Art. 15 RL 2000/31/EG

[266] Etwa der von dem Künstler Matthew-Plummer Fernandez entwickelten Software „Disarming Corruptor". Die Software wurde mit dem „Ars Electronica" Preis des gleichnamigen Museums in Linz, Österreich ausgezeichnet, siehe http://prix2014.aec.at/prixwinner/12583/. Dort wird darauf hingewiesen, dass der Disarming Corruptor in Zeiten der Bekämpfung von File Sharing und wachsender Sorge um den 3D-Druck

illegaler Objekte und urheberrechtlich geschützter Artifakte eine „free software that helps people to circumvent these issues" sei. Vgl. auch http://www.spiegel.de/netzwelt/apps/3-d-drucker-verschluesselung-durch-objektverzerrung-a-932064.html.

[267] http://www.computerbild.de/artikel/cb-Heft-Service-zum-Heft-19-12-3D-Drucker-Fab-Lab-Adressen-7714564.html

[268] Vgl. *BGH* GRUR 1960, 340, 343 – „Werbung für Tonbandgeräte" und die vorausgegangene Entscheidung *BGH* GRUR 1955, 492 – „Tonbandgeräte"

[269] Vgl. oben IV. 1. (Praxistipp)

[270] Vgl. § 54 UrhG

[271] So ausdrücklich der *BGH* in GRUR MMR 2014, 760 – „Drucker und Plotter III" unter Aufgabe seiner früheren Rechtsprechung *BGH* MMR 2008, 245 – „Drucker und Plotter I" siehe dazu auch die vorangegangene Vorabentscheidung des EuGH in GRUR 2013, 812 – „VG Wort/Kyocera u. a." sowie den Vorlagebeschluss des BGH in MMR 2011, 751 – „Drucker und Plotter II"

[272] Etwa so wie der 2D Druckerhersteller Canon in seinen aktuellen Bedienungsanleitungen auf die Unzulässigkeit des Scannens, Druckens oder jeder anderen Vervielfältigung urheberrechtlich geschützter Werke ohne Genehmigung des Urheberrechtsinhabers hinweist: http://img.billiger.de/dynimg/TMlPyZeV6q1X90aFpmTDmHt4H9rycHje Ba9LTdXG2DAD_wDy6e0b9JEWU_ZmSTfIMpfWKG2YR6pjlcfA6Fj390/Bedienungsanleitung.pdf. Für spitzfindige Juristen ist anzumerken, dass eine solche Genehmigung allerdings nicht ausreicht, da unter den Begriff der „Genehmigung" nur nachträgliche Zustimmungen des Rechteinhabers fallen, die Zustimmung aber schon vor dem Druck als *Einwilligung* eingeholt werden muss.

[273] Ständige Rechtsprechung, vgl. *BGH, GRUR 2004, 959 – Verwarnung aus Kennzeichenrecht* sowie *BGH, GRUR – Maschenfester Strumpf*

[274] *BGH, GRUR 1963 – Kindernähmaschinen; BGH, GRUR 1997, 741 [742] – Chinaherde*

[275] BGH, GRUR 2004, 958, 959 – *Verwarnung aus Kennzeichenrecht*

[276] *BGH, WRP 1965, 97, 99 – Kaugummikugeln*

[277] BGH (GSZ), GRUR 2005, 882 *Unberechtigte Schutzrechtsverwarnung*

[278] *OLG München, NJW-RR 1988, 680*

[279] *Bornkamm* in: *Köhler/Bornkamm,* UWG, 33. Auflage 2015 Rdn. 1.19 unter Verweis auf *OLG Stuttgart* WRP 2004, 1395

[280] *OLG München, WRP 2008, 972, 976*

[281] *OLG Düsseldorf,* GRUR-RR 2014, 273, 275

[282] Vgl. dazu *Sosnitza* in: *Ohly/Sosnitza,* Gesetz gegen den unlauteren Wettbewerb, 6. Aufl. 2014, Rdn. 183 ff.

[283] Vgl. zur insoweit gleichgelagerten Abmahnung bei Wettbewerbsverstößen *Köhler* in: *Köhler/Bornkamm,* UWG, 33. Auflage 2015, § 12 UEG Rdn. 3.73

[284] BGH GRUR 2011, 521, 523 – *TÜV I und BGH GRUR 2011, 1043, 1044 – TÜV II*

[285] Vgl. z. B. *BGH* GRUR 1994, 844 – *Rotes Kreuz* und Ströbele/Hacker, Markengesetz, 11. Aufl., § 14 Rdn. 467 mwN.

[286] *BGH, GRUR 1969, 690, 693 – Faber*

[287] So zurecht *Ingerl/Rohnke,* Markengesetz, 3. Aufl., Vorbemerkungen zu §§ 14–19 d, Rdn. 384 f.

[288] Dieses Wahlrecht erlischt erst durch die rechtskräftige Zuerkennung des Anspruchs aber nicht schon durch die Erhebung einer Zahlungsklage unter Zugrundelegung einer bestimmten Berechnungsart; der Verletzte bleibt also bis zum Prozessende in seiner Wahl frei, vgl. *BGH, GRUR 1993, 55 – „Tchibo/Rolex II"*

[289] *BGH, GRUR 1993, 757 – „Kollektion Holiday"*

[290] *BGH, GRUR 2008, 933, 935 – „Schmiermittel"* unter Verweis auf *BGH,* NJW 2002, 825 [826] und Urt. v. 23. 4. 2002 – X ZR 29/00 Rdnr. 19, BeckRS 2002, 30255282.

[291] *BGH GRUR 2008, 933, 935 – „Schmiermittel"*

[292] Vgl. zur Verletzung von Urheberrechten *BGH, GRUR 2009, 856 – Tripp-Trapp-Stuhl* unter Verweis auf *BGH, GRUR 1959, 379 [380] – Gasparone; BGH GRUR 1987, 37 [39 f.] – Videolizenzvertrag; BGH, GRUR 2002, 532 – Unikatrahmen;* für das Markenrecht *BGH, GRUR 2006, 419 Rdnr. 15 – Noblesse;* für das Geschmacksmusterrecht *BGH, GRUR 1974, 53 [54] – Nebelscheinwerfer; BGH, GRUR 2001, – Gemeinkostenanteil;* für

den wettbewerbsrechtlichen Leistungsschutz *BGH*, GRUR 1993, 55 – Tchibo/Rolex II; *BGH*, GRUR 2007, 431 Rdnr. 37 – Steckverbindergehäuse).

[293] Vgl. hierzu § 287 ZPO und *BGH*, GRUR 2009, 856, 860 – Tripp-Trapp Stuhl mwN.

[294] *BGH*, GRUR 2009, 856, 860

[295] *BGH*, GRUR 2006, 419 – „Noblesse"

[296] *BGH*, GRUR 2009, 856, 860 unter Verweis auf *BGH* GRUR 2001, 329 – Gemeinkostenanteil und *BGH*, GRUR 2007, 431 – Steckverbindergehäuse

[297] *BGH*, GRUR 2007, 431 – Steckverbindergehäuse (Leitsatz)

[298] Vgl. *BGH*, GRUR 1966, 375, 376 „Meßmer Tee II" mwN

[299] *BGH*, GRUR 2010, 240 – „BTK", Tz. 23 unter Verweis auf *BGH*, GRUR 2006, 143, 145 – „Catwalk".

[300] Zum Markenrecht *BGH*, GRUR 1962, 401, 404 – „Kreuzbodenventilsäcke III" und *BGH*, GRUR 1966, 375 – „Meßmer Tee II"

[301] *BGH*, GRUR 2010, 239 – „BTK", Tz. 20; *BGH*, GRUR 2009, 660 – „Resellervertrag", Tz. 13; *Ingerl/Rohnke*, Markengesetz, 3. Aufl. 2010, Vorbem. zu §§ 14–19d, Rdn. 261; *Ströbele/Hacker*, Markengesetz, 10. Aufl., § 14 Rdn. 486; *Lange*, Marken- und Kennzeichenrecht, 2. Aufl. 2012, § 9 Rdn. 5625.

[302] *BGH*, GRUR 1962, 509, 513 Dia-Rähmchen II; BGHZ 82, 310, 321 f. 7 – „Fersenabstützvorrichtung"

[303] *BGH*, GRUR 1959, 430 – Caterina Valente; BGHZ 82, 310 [321] – Fersenabstützvorrichtung; *BGH*, GRUR 2000, 685, 688 – Formunwirksamer Lizenzvertrag

[304] Vgl. *Ingerl/Rohnke*, Markengesetz, 3. Aufl., Vor §§ 14–19d, Rdn. 269; *Ströbele/Hacker*, Markengesetz Kommentar, 11. Aufl., § 14 Rdn. 546 mWN.

[305] *BGH*, GRUR 1993, 55, 58 – „Tchibo/Rolex II"

[306] Zum Marktverwirrungsschaden im Einzelnen *Ströbele/Hacker*, Markengesetz Kommentar, 11. Aufl., § 14 Rdn. 553 f. mwN.

[307] *BGH*, GRUR 2010, 240 – „BTK", Tz. 55 unter Verweis auf *OLG Düsseldorf*, GRUR 1981, 45, 52 f. – „Absatzhaltehebel" bestätigt durch *BGH*, NJW 1982, 1151, 1153 – „Fersenabstützvorrichtung"; *BGH*, GRUR 2010, 239, 243 Tz. 55 – „BTK"; *OLG Düsseldorf*, GRUR –RR 2003, 209, 211 – „Meißner Dekor"; OLG Brandenburg, Urt. vom 15.05.2009 (Az.: 6 U 37/08); *LG Kassel*, Urt. vom 04.11.2010 (Az.: 1 O 772/10).

[308] *BGH* GRUR 1966, 375 – „Meßmer Tee II"

So ziemlich jedes Wirtschaftsgut erfordert irgendwann den Austausch von Verschleißteilen sowie kleinere oder größere Reparaturen. Allein in Deutschland hatte der Markt für PKW-Ersatzteile 2013 ein Volumen von rund 15 Milliarden Euro.[1] Auch bei anderen langlebigen Produkten wie Haushaltsgeräten oder Unterhaltungselektronik müssen früher oder später Verschleißteile ersetzt werden.

Der 3D-Druck wird auch das Ersatzteil- und Zubehörgeschäft grundlegend verändern. Zu erwarten sind hier konkret zwei unterschiedliche Entwicklungen:

- Zum einen werden sich die **Originalhersteller** künftig zunehmend externer Partnerunternehmen bedienen, die Ersatzteile in ihrem Auftrag mittels additiver Fertigung kostengünstiger herstellen können als der Originalhersteller selbst,

- zum anderen werden künftig vermehrt **Anbieter alternativer Ersatzteile** in den Markt drängen, die von dem oft jahrelang aufgebauten Kundenstamm bekannter Markenhersteller profitieren wollen.

Beide Szenarien werfen rechtliche Fragen auf, die wir im Folgenden zunächst aus Sicht des gewerblichen Rechtsschutzes betrachten wollen.[2]

5.1 Additive Auftragsfertigung von Bauteilen und Ersatzteilen

Werden Ersatzteile nicht vom Originalhersteller, sondern in dessen Auftrag von einem externen Zulieferer mittels additiver Fertigungsverfahren hergestellt, so muss der Zulieferer hierzu entweder das 3D-Modell des gewünschten Ersatzteils vom Originalhersteller erhalten oder ein solches Modell im Auftrag des Originalherstellers mit Hilfe eines CAD-Programms oder durch Scannen einer Vorlage erzeugen. Wie oben gezeigt, kann das 3D-Modell bzw. die äußere Form des Bauteils urheberrechtlich und/oder als dreidimensionale Marke sowie als eingetragenes Design geschützt sein.[3] Besteht Urheberrechtsschutz für das 3D-Modell und wird es vom Zulieferer unverändert zur additiven Fertigung des Bauteils oder Ersatzteils benutzt, so muss sich der Zulieferer vom Originalhersteller das Recht zur Vervielfältigung einräumen lassen.

Nicht selten wird der Originalhersteller allerdings den Wunsch nach einer **Verbesserung** eines Bauteils äußern und den Zulieferer fragen, ob seine Ingenieure hierzu Vorschläge unterbreiten können. Meist wird der Originalhersteller auch schon eigene Vorstellungen davon haben, wie mit Hilfe additiver Fertigungstechnologien bestimmte Produktmerkmale verbessert, das Bauteil z. B. leichter gemacht oder darin integrierte Lüftungskanäle optimiert werden können.

Sofern der Zulieferer über das dazu benötigte Know-how und die erforderliche Fertigungstechnik verfügt, wird er einen darauf gerichteten Zusatzauftrag sicherlich gerne übernehmen, insbesondere, wenn der Originalhersteller dazu bereit ist, ihm diese Entwicklungsarbeit gesondert zu vergüten. Die Produktverbesserung durch den Zulieferer wirft aber die Frage auf, wer dann die **Rechte an dem verbesserten Bauteil** innehat: Der Originalhersteller, der Zulieferer oder beide gemeinsam?

Werden die Veränderungen am Bauteil allein vom Zulieferer vorgenommen und vom Originalhersteller nur abgenommen, so liegt darin **keine Miturheberschaft**, sondern lediglich die Bearbeitung eines bereits vorbestehenden Werkes. Wie wir oben schon gesehen haben, bedarf noch nicht die Bearbeitung, sondern erst deren Verwertung der Zustimmung des Urhebers, der das Originalwerk geschaffen hat. Will sich der Zulieferer seine Verbesserungen nicht nur gesondert vergüten lassen, sondern diese auch selbst wirtschaftlich verwerten – indem er sie etwa anderen Kunden entgeltlich zur Nutzung überlässt – so muss er dafür also die Einwilligung des Urhebers einholen.[4] Der Urheber bzw. Rechteinhaber kann eine Einwilligung ganz ablehnen. Er kann sie aber auch inhaltlich, räumlich und/oder zeitlich beschränken. Handelt es sich bei der Bearbeitung um eine persönliche geistige Schöpfung des Zulieferers, so wird sie zu seinen Gunsten wie ein selbstständiges Werk geschützt.[5] Ein solches **Bearbeiterurheberrecht** erstreckt sich allerdings nicht auf die gesamte Werkvorlage (hier also das gesamte Bau- oder Ersatzteil), sondern ist auf die vom Zulieferer vorgenommenen Änderungen bzw. Verbesserungen beschränkt.

Werden an dem Bauteil bzw. Ersatzteil vom Originalhersteller und Zulieferer **gemeinsam Verbesserungen vorgenommen**, so können beide Miturheber der Verbesserungen werden, wenn diese die notwendige Gestaltungshöhe erreichen. Eine gemeinschaftliche Werkschöpfung setzt allerdings eine Zusammenarbeit der Beteiligten voraus, die auf einer **Verständigung über die gemeinsame Aufgabe und die Unterordnung unter eine Gesamtidee** beruhen muss.[6] Sind diese Voraussetzungen erfüllt, so steht das Recht zur Veröffentlichung und Verwertung der von den Miturhebern geschaffenen Werke den Miturhebern „zur gesamten Hand" zu. Dann darf keiner die Arbeitsergebnisse allein verwerten, sondern jeder benötigt dazu die Einwilligung des jeweils anderen Miturhebers. Dieser darf die Einwilligung aber nicht wider Treu und Glauben verweigern.[7]

> **Praxistipp**
>
> Wird der Zulieferer nicht nur mit der additiven Fertigung eines vom Originalhersteller benötigten Bauteils, sondern auch mit dessen **technischer Verbesserung und Weiterentwicklung** beauftragt, so erwirbt weder der Originalhersteller ohne weiteres Zutun alle Rechte an solchen Verbesserungen, noch der Zulieferer irgendwelche Rechte an dem Ausgangserzeugnis.
>
> Werden vom Originalhersteller und Zulieferer **gemeinsam neue urheberrechtlich geschützte Werke** geschaffen, kann eine **Miturheberschaft** vorliegen mit der Folge, dass die Arbeitsergebnisse nur gemeinsam verwertet werden dürfen.
>
> Um **Rechtssicherheit** zu schaffen und eine ungestörte Verwertung sicherzustellen, sollten beide Seiten in solchen Fällen unbedingt schriftlich regeln, wer woran welche Rechte erwirbt und welche Rechte der Vertragsparteien von der Bearbeitung unberührt bleiben.

5.2 Herstellung und Vertrieb alternativer Ersatzteile durch vom Originalhersteller nicht autorisierte Anbieter

Kaffeekapseln, Aufsätze für elektrische Zahnbürsten, Tintenpatronen, Staubsaugerbeutel – für die Hersteller vieler Gegenstände des täglichen Bedarfs ist es längst Realität, dass von ihnen nicht lizenzierte Dritte kompatibles Verbrauchsmaterial zu günstige(re)n Preisen als sie selbst vertreiben. Allerdings kann ein solcher Handel mit Ersatzteilen und Verbrauchsmaterial das Geschäftsmodell des Originalherstellers natürlich erheblich beeinträchtigen. So wird sich oft die Frage stellen, ob und in welchem Ausmaß dies hinzunehmen ist.

Besteht für das nachgeahmte Produkt kein Sonderrechtsschutz (mehr) weil z. B. ein erteiltes Patent schon abgelaufen ist, kann dagegen dennoch erfolgreich vorgegangen werden, wenn ein unlauterer Vertrieb vorliegt. Oben war bereits ausgeführt worden, wann ein solches unlauteres Handeln gegeben ist: wenn nämlich eine vermeidbare Herkunftstäuschung, eine Rufausnutzung vorliegt oder die zur Herstellung verwendete Druckvorlage unrechtmäßig erlangt wurde.[8] Was aber gilt, wenn das nicht der Fall ist? Kann dann der Vertrieb von Ersatzeilen, Verbrauchsmaterialien oder Zubehörteilen gar nicht unterbunden werden, auch wenn sie zu erheblich günstigeren Preisen angeboten werden?

In diesen Fällen wird man danach unterscheiden müssen, was Gegenstand des konkreten Angebots ist und wie dieses beworben wird.

Grundsätzlich gilt, dass die Herstellung und der **Vertrieb von Ersatzteilen und Zubehör** zu den Produkten eines Wettbewerbers **zulässig** sind. Dies gilt auch dann, wenn es sich dabei um Ersatzteile oder Zubehör für einen Markenartikel handelt.[9] Besteht kein Sonderrechtsschutz durch ein Patent, eingetragenes Design oder Gebrauchsmuster, so kann der Originalhersteller kein Monopol für sämtliche Produkte beanspruchen, die seinem Gerät einen zusätzlichen Nutzen geben oder durch Verschleiß unbrauchbar gewordene Bauteile ersetzen.[10]

Etwas anderes haben die Gerichte bislang nur in zwei Ausnahmefällen angenommen, die sich deutlich vom üblichen Ersatzteil- bzw. Zubehörgeschäft unterscheiden, aber dennoch eine genauere Betrachtung verdienen.

5.2.1 Der Fall Lego

Foto: www.colourbox.de

Abb. 61: Der Stein des Anstoßes

So ein Prachtstück ließe sich doch wunderbar auf dem 3D-Drucker herstellen, oder? Auf diese Idee sind freilich schon andere gekommen und bieten auf den einschlägigen Internet-Plattformen 3D-Modelle von Klemmbausteinen als „Lego Brick" an.[11] Das Start-up Unternehmen Lunchbox Electronics bietet Lego-kompatible Bausteine an, die LED enthalten, mit denen aus original Lego Bausteinen errichtete Modelle beleuchtet werden können.[12]

Wer die Einleitung zum gewerblichen Rechtsschutz gelesen hat, wird nun natürlich sogleich daran denken, dass solche Angebote eine für die LEGO-Bausteine geschützte, dreidimensionale Marke verletzen könnten. Tatsächlich hatte LEGO Mitte der neunziger Jahre seinen archetypischen Klemmbaustein auch als 3D-Marke in das deutsche Markenregister eintragen lassen. Die Marke wurde aber nach einem langen Rechtsstreit später wieder gelöscht. Das Bundespatentgericht gelangte nämlich zu dem Schluss, dass die wesentliche technische Funktion der Noppen auf der Oberseite sowie der Hohlräume auf der Unterseite der Spielbausteine in einem Verbindungseffekt bestehe, der Stabilität diene und eine leichte Verbindung der Trennung erlaube. Weil diese **rein technische Wirkung** im Vordergrund stand, bestätigte später auch der Bundesgerichtshof die Auffassung des Bundespatentgerichts, dass die wesentlichen funktionellen Merkmale der Form von LEGO-Bausteinen allein der technischen Wirkung zuzuschreiben sind. Wäre die Marke nicht gelöscht worden, so wäre damit eine im Wesentlichen technisch bedingte Warenform zugunsten des Markeninhabers monopolisiert und andere Unternehmen wären von deren Nutzung ausgeschlossen worden.

Die Löschung der dreidimensionalen Marke für die von LEGO angebotenen Klemmbausteine berührte allerdings nicht den Fortbestand der ebenfalls im Markenregister eingetragenen Wortmarke „LEGO". Wer heute auf Thingiverse oder anderen Plattformen ein 3D-Modell für einen kompatiblen Klemmbaustein mit identischen Abmessungen anbietet, verletzt somit nur dann keine Markenrechte von LEGO, wenn er dabei klar erkennen lässt, dass das 3D-Modell nicht von LEGO stammt.

Da gewöhnliche Wortmarken aber niemanden daran hindern können, identische Produkte unter einer anderen Bezeichnung anzubieten, ist der damit erzielbare Schutz begrenzt. Wie oben gezeigt, kann in solchen Fällen der sog. **ergänzende wettbewerbsrechtliche Leistungsschutz** Abhilfe schaffen. Tatsächlich konnte sich LEGO lange Zeit auf eine Grundsatzentscheidung des Bundesgerichtshofes berufen, mit der einem Wettbewerber das Anbieten kompatibler Klemmbausteine unter der heute kaum noch bekannten Marke „Puwi"[13] untersagt worden war. Die Puwi Klemmbausteine hatten genau dieselben Abmessungen wie die Lego-Bausteine und wurden auch als *„passend zu LEGO"* beworben. Der Bundesgerichtshof untersagte den Vertrieb dieses „LEGO-Clone" in Deutschland seinerzeit deshalb, weil es der Zweckbestimmung der original „LEGO"-Bausteine entsprach, durch den Zukauf weiterer Bausteine ergänzt zu werden. Dieser Ergänzungsbedarf wurde vom Originalhersteller bewusst geweckt. Der wettbewerbliche Erfolg, der mit der Lieferung einer „LEGO" Grundausstattung erzielt wurde, erschöpfte sich nicht in dieser einen Lieferung, sondern erfasste auch den aus der Natur der LEGO-Bausteine sich ergebenden Ergänzungsbedarf. Im Fall Lego ging es eben nicht um den einmaligen Verkauf eines selbstständig verwendbaren Produkts, sondern um den Vertrieb von Bausteinen, deren voller Gebrauchszweck sich erst in Verbindung mit weiteren Bausteinen derselben Serie entfalten konnte. Wegen dieses von vornherein im Produkt angelegten Ergänzungsbedarfes hielt es der BGH für unlauter,

> *„wenn ein Nachahmer sein Produkt gleichsam in die fremde Serie einschiebt und dadurch den Erfolg der fremden Leistung auf sich ableitet und für sich ausbeutet, obwohl ihm eine Fülle von Ausweichmöglichkeiten zur Verfügung stünde, um bei unverminderter technischer Brauchbarkeit des eigenen Erzeugnisses dieses Einhängen in ein fremdes Arbeitsergebnis zu vermeiden."*[14]

Der entscheidende Unterschied gegenüber dem wettbewerblich zulässigen Ersatzteilgeschäft – bei dem ebenfalls eine Art „Ergänzungsbedarf" befriedigt wird – bestand für den BGH darin, dass der Ersatzteillieferant nur einzelne, durch normalen Verschleiß oder auch unvorhergesehene Umstände unbrauchbar gewordene Teile ergänzt. Auch hat der Hersteller des Ausgangsprodukts seinen vollen Markterfolg durch das erste Umsatzgeschäft üblicherweise bereits verwirklicht. Bietet etwa ein Dritter Aufsatzdüsen zu einem Staubsauger an, den dessen Hersteller bereits erfolgreich vermarktet hat, und macht sich der Dritte eine neue und bislang verkannte Verwendungsmöglichkeit des Staubsaugers zunutze, dann liegt kein wettbewerbswidriges „Einschieben in eine fremde Serie" vor.

Obwohl der Bundesgerichtshof diese Einschätzung Anfang der neunziger Jahre noch einmal bestätigt hat,[15] folgte im Jahr 2005 die Klarstellung, dass der wettbewerbsrechtliche Schutz eines Unternehmens vor einem „Einschieben fremder Produkte" in seine Serie **keinen zeitlich unbegrenzten Schutz vor Nachahmungen** für eine Innovation gewährt.[16] Ein unbegrenzter wettbewerblicher Leistungsschutz hätte doch zur Folge, dass der eigentlich zeitlich begrenzte Sonderrechtsschutz aus Patenten, Gebrauchsmustern oder eingetragenen Designs gleichsam unbefristet verlängert werden könnte, was aber vom Gesetzgeber nicht beabsichtigt war. Der Grundsatz der Freiheit der Nachahmung von Produkten, die keinem sonderrechtlichen Schutz (mehr) unterfallen, würde damit leerlaufen. Wie lange ein „Einschieben in die fremde Serie" nach dieser zeitlichen Begrenzung durch den BGH noch untersagt werden kann, blieb leider offen, da der BGH keine Frist festgelegt hat. Im Fall von LEGO waren seit der Markteinführung der berühmten Klemmbausteine schon 45 Jahre verstrichen, sodass der wettbewerbliche Innovationsschutz schon lange abgelaufen war.

Diese zeitliche Begrenzung des ergänzenden wettbewerbsrechtlichen Leistungsschutzes gilt allerdings nur für das (im Fall LEGO einschlägige) Einschieben in eine fremde Serie. Sie gilt nicht für Unterlassungs- und Schadensersatzansprüche, die auf einer vermeidbaren Herkunftstäuschung, Rufausbeutung bzw. Ausnutzung der Wertschätzung oder einen Vertrauensbruch gestützt werden können.

Praxistipp

Der LEGO-Fall ist bis heute eine Ausnahme geblieben. Da sich ein vergleichbarer Ergänzungsbedarf für andere Produkte meist nicht feststellen lassen wird und das „Einschieben in eine fremde Serie" auch nicht zeitlich unbegrenzt untersagt werden kann, sollte stets geprüft werden, ob sich das Anbieten eines im 3D-Druck hergestellten Nachbaus (auch) unter anderen Gesichtspunkten als wettbewerbswidrig erweisen könnte.

5.2.2 Originalersatzteile und Erstausstatterqualität

Die zweite Ausnahme machte der BGH in einem Fall, in dem es um **Ersatzteile**, genauer um den Vertrieb eines Kotflügels für einen Audi 80 ging. Im Gegensatz zum Originalkotflügel von Audi war der von einem Ersatzteile-Hersteller angebotene Kotflügel unverzinkt, was ihn rostanfälliger machte. Da Audi in seiner Werbung und Selbstdarstellung die Vollverzinkung ihrer Fahrzeuge besonders hervorgehoben hatte, hielt das OLG München die an sich zulässige Nachah-

Grafik: www.colourbox.de

Abb. 62: Augen auf beim Ersatzteilekauf

mung des Kotflügels für wettbewerbswidrig, da sich der Ersatzteilehersteller **an den Ruf und das Prestige** von Audi anhängte, die auf der Verzinkung aller Blechteile beruhten. Mangels entsprechenden Hintergrundwissens gehe der Kunde, davon aus, als Ersatzteil einen vollverzinkten Kotflügel zu bekommen. Außerdem werde das ganze Fahrzeug durch unverzinkte Kotflügel entwertet. Auch wenn später nur der ersetzte Kotflügel rostet, unterscheidet ein Passant, der das Fahrzeug dann auf der Straße sieht nicht zwischen dem Kotflügel und dem übrigen Fahrzeug, sondern denkt sich nur *„Der Audi rostet doch!"*.[17]

> **Fazit:**
>
> Der Vertrieb von Ersatzteilen und Zubehör, die keinem Sonderrechts-schutz unterliegen, ist grundsätzlich zulässig. **Untersagt werden** kann ihr Verkauf aber dann, wenn sie nicht die in der Werbung bekanntgemachte Qualität der Hauptware haben. Denn dann hängt sich der Hersteller der Ersatzteile wettbewerbswidrig an den guten Ruf der Hauptware an und entwertet diese. Außerdem täuscht er auch den Endkunden über die von diesem erwartete, aber letztlich nicht vorhandene Qualität der Ersatzteile.

Entspricht das Ersatz- oder Zubehörteil der in der Werbung herausgestellten Qualität des Hauptprodukts und handelt es sich auch nicht um ein von vorneherein auf einen Ergänzungsbedarf angelegtes Produkt, so kann sein Vertrieb nicht untersagt werden. Möglicherweise kann aber gegen die konkrete Bewerbung eines solchen Teilprodukts vorgegangen werden. Häufig werden beispielsweise KFZ-Ersatzteile als „Original-Ersatzteile" für verschiedene Fabrikate angeboten. In der Regel ist das auch nicht wettbewerbswidrig, da Autofahrer schon lange wissen, dass viele Teile ihres Wagens nicht in der Fahrzeugfabrik selbst, sondern von Zulieferern hergestellt werden. Wird ein

„Originalersatzteil" beworben, so erwartet der Fahrzeughalter daher nur ein Ersatzteil, das die sog. „**Erstausstatterqualität**" besitzt. Ferner setzt er voraus, dass der Fahrzeughersteller zur Erhaltung seines guten Rufes auf Grund einer irgendwie gearteten Zusammenarbeit mit dem Zulieferer eine gewisse **Qualitätskontrolle** vornimmt mit der Folge, dass er für die Tauglichkeit der Ersatzteile einstehen möchte.[18]

Spätestens jetzt werden die meisten Leser stutzig geworden sein. Denn der Autohersteller, der einen Neuwagen an seinen Kunden ausgeliefert hat, kann natürlich nicht dafür einstehen, dass mittels 3D-Druck gefertigte Ersatzteile anderer Hersteller tauglich sind. Denn deren genaue Herkunft kennt er nicht, deren Qualität hat er nicht geprüft – warum sollte er also dafür geradestehen, dass solche Teile ebenso ihren Verwendungszweck erfüllen, wie ein von ihm selbst hergestelltes oder beauftragtes Fahrzeugteil? Der Vertrieb von „Original-Ersatzteilen" aus dem 3D-Drucker eines vom Fahrzeughersteller nicht geprüften Anbieters wird deshalb als **wettbewerbswidrig** zu bewerten sein. Ein Käufer wird dann in seiner berechtigten Erwartung getäuscht, dass ihm der Kfz-Hersteller selbst die Gewähr dafür bietet, dass das Ersatzteil dem für die Erstausstattung seines Wagens verwendeten Bauteil entspricht.

Allerdings wird man dem Anbieter von Ersatzteilen aus dem 3D-Drucker nicht jede Bezugnahme auf die Originalprodukte verbieten können, für die das Ersatzteil bestimmt ist. Solange sich der Ersatzteilhersteller bzw. -lieferant darauf beschränkt, in seiner Werbung und/oder gegenüber Kunden darauf hinzuweisen, dass seine Teile „passend für" bzw. „geeignet für" das Hauptprodukt des Herstellers X seien, liegt darin auch keine Benutzung der Marke X, die der Zustimmung des Markeninhabers bedürfte. Es handelt sich dann lediglich um eine sogenannte **Bestimmungsangabe**[19] Das Gleiche gilt auch für den Fall, dass der Anbieter seine alternativen Ersatzteile mit dem Hinweis bewirbt, dass sie bestimmte Originalteile „ersetzen"[20] oder für den Fall, dass er in seiner Werbung die **OEM- bzw. Bestellnummern der Originalteile** mit angibt.[21] Unzulässig werden solche Bezugnahmen auf die Teile des Originalherstellers erst dann, wenn sie sachlich nicht unbedingt notwendig sind oder nicht eindeutig klargestellt wird, dass die Ersatzteile nicht von demselben Hersteller stammen, der auch die Erstausstattung geliefert bzw. das Hauptprodukt hergestellt hat.[22]

Fazit:

Die Anbieter alternativer Ersatzteile aus dem 3D-Drucker dürfen grundsätzlich in der Werbung und Kundenansprache auf die Produkte des Originalherstellers Bezug nehmen, sofern und soweit dies zwingend notwendig ist, um die Kunden über ihren **Verwendungszweck** zu informieren. Wichtig: Die **Benutzung der Bildmarke** des Originalherstellers gehört regelmäßig nicht dazu.

Anmerkungen

Hinweis: Alle Fußnoten dieses Buches gibt es als kostenloses Dokument unter www.vahlen.de/160 222 32. So müssen Sie keinen Link abtippen.

1 http://www.rolandberger.de/pressemitteilungen/514-press_archive2014_sc_content/ Studie_zum_Online_Markt_fuer_Kfz_Ersatzteile.html
2 Zur Frage nach der Produkt- und Produzentenhaftung für Ersatzteile die im Auftrag des Originalherstellers gefertigt wurden vgl. noch unten Kapitel 8
3 Vgl. oben Kap. 4 I. 1. und 4.
4 Vgl. § 23 UrhG
5 Vgl. § 3 UrhG
6 *Schricker-Loewenheim*, Urheberrecht, 3. Aufl., § 8 UrhG Rdn,8 unter Verweis auf *BGH* GRUR 1994, 39,40 – Buchhaltungsprogramm und *OLG Düsseldorf*, RUR-RR 2005, 2 – Beuys Kopf
7 Vgl. § 8 Abs. 2 UrhG
8 Vgl. oben Kap. 4 F. I. 6.
9 So schon *BGH*, GRUR 1958, 343 – „Bohnergerät"; *BGH*, GRUR 1963, 142 – Original-Ersatzteile"; *BGH*, GRUR 1968, 698 – „Rekordspritzen"; *BGH*, GRUR 1976, 434 – „Merkmalklötze"; *BGH*, GRUR 1984, 282 – „Telekonverter"; *BGH*, GRUR 1990, 528 – „Rollen-Clips"
10 *BGH*, GRUR 1984, 282 – „Telekonverter"
11 Vgl. etwa http://www.thingiverse.com/thing:231651;
12 Näheres dazu unter http://www.lunchboxelectronics.com/. Der „Bricasso" Drucker von Jason Allemann besteht dagegen selbst aus original Lego-Bausteinen und benutzt auch nur solche Bausteine zur Erzeugung dreidimensionaler Mosaike, vgl. http://3d-print.com/77532/bricasso-lego-3d-printer/
13 Siehe http://www.historia.com.pt/legos/clones/texts/diplom.htm
14 *BGH*, GRUR 1964, 621, 624 – „Klemmbausteine"
15 *BGH*, GRUR 1992, 619 – „Klemmbausteine II"
16 *BGH*, GRUR 2005, 349, 352 – „Klemmbausteine III"
17 *OLG München*, GRUR 1995, 429, 431 – „Unverzinkte Kotflügel"
18 *BGH*, GRUR 1966, 211, 212 – „Ölfilter"; ebenso schon *BGH*, GRUR 1963, 142 _
19 *BGH*, GRUR 158, 343, 344 – „Bohnergerät"
20 *BGH*, GRUR 2003, 444 – „Ersetzt"
21 Vgl. hierzu EuGH GRUR 2002, 354 – „Toshiba/Katun und *BGH*, GRUR 2001, 350 – „Gegenüberstellung von Bestellnummern"
22 *BGH*, GRUR 1958, 343, 344 – „Bohnergerät"

Das sieht kein Druckerhersteller gerne: Alternatives Verbrauchsmaterial für 3D-Drucker

6.1 Günstige 3D-Drucker, teures Druckmaterial – das Rockefeller Prinzip

Noch vor wenigen Jahren waren 3D-Drucker für private Anwender und Kleingewerbetreibende unerschwinglich. Inzwischen werden Einsteigergeräte aber immer günstiger und wer keine allzu hohen Ansprüche stellt, bekommt schon für unter 300 Euro ein Gerät.[1] Der „Peachy Printer" soll gar für unter 100 Dollar angeboten werden[2] und der Bau eines 3D-Druckers für ganze 60 Euro durch den deutschen Schüler *Johannes Rostek*[3] beweist, dass es sogar noch günstiger geht.

Da somit jedenfalls an Einsteigergeräten nicht mehr viel zu verdienen ist, zeichnet sich bei den Heimgeräten bereits eine Entwicklung ab, die schon das Geschäftsmodell für den Verkauf von herkömmlichen 2D-Tintenstrahldruckern geprägt hat: Die Hardware wird zu einem sehr niedrigen Endverkaufspreis in den Handel gebracht, die Verbrauchsmaterialien sind dagegen recht teuer. Diese Strategie der Markterschließung wurde übrigens erstmals von John D. Rockefeller angewendet, dessen Gesellschaft Standard Oil in China Öllampen verschenkte, um die Nachfrage nach dem Brennstoff Kerosin auf dem chinesischen Markt zu fördern.[4]

Die Anbieter von Consumergeräten für den 3D-Druck zuhause haben auf den zunehmenden Preisverfall für die Drucker-Hardware inzwischen mit der Entwicklung sog. **proprietärer Kartuschen für die Druckmaterialien** reagiert. Dabei handelt es sich um Materialbehälter, die nur in den Geräten eines bestimmten Druckerherstellers eingesetzt werden können. Die Druckerhersteller haben ihre Geräte also so konstruiert, dass sie nur die Verwendung dieser Kartuschen zulassen. So kann der populäre „Cube" 3D-Drucker des 3D-Druck-Pioniers *3D-Systems Inc.* nur mit Kartuschen desselben Unternehmens betrieben werden, die dem Drucker mittels eines Chips die Farbe des Druckmaterials und die jeweils verbleibende Materialmenge mitteilen. Dies hat wiederum bereits erste Hacker auf den Plan gerufen, die eine Umgehungslösung zur Benutzung handelsüblicher „Filament"-Meterware auf diesem Drucker anbieten.[5] Auch einige industriell genutzte 3D-Drucker wie etwa die *Stratasys*-Systeme können nur noch mit proprietärem Druckmaterial der Druckerhersteller betrieben werden.

Additive Fertigungsanlagen für industrielle Anwendungen sind zwar ungleich kostspieliger als Einsteigergeräte für den Verbrauchermarkt, es ist aber damit zu rechnen, dass auch diese Anlagen mit zunehmendem Wettbewerb durch neue Anbieter einem wachsenden Preisdruck ausgesetzt sein werden. Hinzu kommt, dass die Entwicklung von Verbrauchsmaterialien für die additive Fertigung in der Regel sehr zeitaufwendig und kostenintensiv ist. Die Herstellung des meist in Pulverform angebotenen Materials ist alles andere als trivial, da bestimmte Anforderungen (Korngrößen, etc.) an die Materialqualität eingehalten werden müssen. Fehlt es an den notwendigen Anlagen, dem Know-how oder geeigneten Prozessen, so kann es zu Qualitätseinbußen oder erheblicher Ausschussproduktion bis hin zur Beschädigung oder Zerstörung der Herstellungsanlagen durch Verarbeitungsfehler kommen. Die Erzeugung von Verbrauchsmaterialien für die industrielle additive Fertigung rechnet sich daher erst ab Losgrößen, die von einem einzelnen Anwender derzeit oft noch nicht erreicht werden.

❗ Fazit:

Verschiedene Interessen treffen aufeinander, die nicht leicht in Einklang zu bringen sind. Auf der einen Seite steht das Interesse der Hersteller additiver Fertigungsanlagen für die Industrie, ihre Investitionen in die Entwicklung geeigneten Verbrauchsmaterials durch den Verkauf möglichst großer Mengen dieses Materials wieder hereinzuholen. Auf der anderen Seite stehen die Anwender, die möglichst kostengünstig drucken möchten.

Aufgrund des steigenden Bedarfs für den Einsatz von 3D-Druckern in Schlüsselindustrien wie der Luft- und Raumfahrt, im Automobilbau und der Medizin kann der Kampf um das Druckmaterial als dem „Treibstoff der additiven Fertigung" entscheidende Weichenstellungen für die Zukunft diverser additiver Fertigungsprozesse bedeuten.

Angesichts der steigenden Nachfrage nach Rohstoffen für die additive Fertigung ist damit zu rechnen, dass es nicht mehr allzu lange dauern wird, bis alternative Anbieter diesen stark wachsenden Markt für sich entdecken. Nach einer aktuellen Studie wird der Markt für Schlüsselmaterialien der additiven Fertigung – Photopolymere, Thermoplastfilamente, Thermoplastpulver, Metallpulver, Sand und Bindemittel, Schweißdraht und Gips – bis zum Jahr 2025 auf 8 Milliarden US Dollar anwachsen.[6] Ein Einstieg in die Herstellung von Kunststoff- oder Metallpulver für 3D-Drucker lohnt sich allerdings nur, wenn es von den Anwendern anstelle des vom Druckerhersteller angebotenen Originalpulvers verwendet werden kann und der Drucker nicht seinen Dienst versagt, wenn mit Drittmaterial befüllte Kartuschen eingesetzt werden.

Unternehmen, die sich die Vorteile der additiven Fertigung zu Nutze machen wollen, müssen sich über kurz oder lang mit der Frage auseinandersetzen, ob sie eine Abschottung der Drucksysteme durch proprietäre Verbrauchsmaterialkartuschen und Authentifizierungssysteme hinnehmen oder einen dadurch bedingten „Lock in" Effekt vermeiden wollen. Diese Frage ist, wie gesehen, nicht gänzlich neu, da sie auch schon im Zusammenhang mit dem Vertrieb von Druckerpatronen für herkömmliche (2D) Tintenstrahldrucker und Tonerkartuschen für Laserdrucker aufgetreten ist; sie wird aber gerade für industrielle Anwender additiver Fertigungsverfahren neue Aktualität erlangen und ihre Beantwortung wird für die Durchsetzung dieser Verfahren in der Serienproduktion von erheblicher Bedeutung sein. Auch wenn es derzeit noch keine abschließenden Antworten auf diese Fragen gibt, wollen wir hier einige davon näher betrachten.

6.2 Kompatible Kartuschen, „Refilled" oder „Refurbished"?!

Vorab soll die Bedeutung der nicht immer einheitlich verwendeten Begriffe für alternatives Verbrauchsmaterial geklärt werden, um anderenfalls auftretenden Missverständnissen entgegenzuwirken.

- Alternative Druckmaterialien werden für herkömmliche Laser- und Tintenstrahldrucker häufig als sog. **Kompatible Druckerkartuschen** (die auch als „Patronen" bezeichnet werden) angeboten. Diese werden gelegentlich auch Fremdpatronen genannt. Bei diesen Patronen handelt es sich um Nachbauten der Originalpatronen, die über die gleichen Abmessungen verfügen und somit in den Originaldruckern verwendet werden können. Sowohl die Patrone als auch deren Inhalt sind also neu, stammen aber nicht vom Druckerhersteller.

- Davon zu unterscheiden sind die sogenannten „Refill-Kartuschen", also Originalpatronen, die von einem anderen Anbieter mit einem nicht vom Originalhersteller stammenden Toner wieder befüllt wurden.

- **Wiederaufbereitete Kartuschen**, die auch als sog. „**Rebuilt**" Kartuschen, oder „**Refurbished**" bezeichnet werden, sind solche, bei denen nicht nur die Patrone neu befüllt wurde, sondern daneben auch alle beweglichen Teile wie etwa die Druckertrommel ausgetauscht wurden.[7] Die Wiederaufbereitung kann entweder vom Originalhersteller selbst oder von darauf spezialisierten, alternativen Anbietern vorgenommen werden.

- **OEM-Kartuschen** enthalten dagegen neues Verbrauchsmaterial, das ebenso wie die Kartusche selbst vom Originalhersteller produziert und verkauft wird.

- Bei **gefälschten Kartuschen** handelt es sich schließlich um Nachbauten, die ohne Zustimmung des Markeninhabers unter der derselben Marke angeboten werden wie die Originalkartuschen.

Definition
Im Folgenden verwenden wir den Begriff „wieder befüllte Kartuschen" für Kartuschen, die ursprünglich vom Hersteller eines 3D-Druckers in den Verkehr gebracht und nach Entleerung von einem anderen Anbieter neu befüllt wurden und den Begriff „kompatible" Kartuschen für Nachbauten der vom Druckerhersteller angebotenen Originalkartuschen.

6.3 Alternative Verbrauchsmaterialien: Kostensenkung oder Garantieverlust?

Wer alternative Verbrauchsmaterialien nutzt, möchte kostengünstiger drucken. Er möchte aber möglichst keine Qualitätseinbußen hinnehmen und keine Garantie- oder Gewährleistungsansprüche verlieren. Die alte Erkenntnis, dass es *„kaum etwas auf dieser Welt (gibt), das nicht irgendjemand schlechter machen und etwas billiger verkaufen könnte, und die Menschen, die sich nur am Preis orientieren, (…) die gerechte Beute solcher Machenschaften (werden)"*[8] gilt zwar auch für die in 3D-Druckern verwendeten Verbrauchsmaterialien. Aber: günstigere Alternativen zu den vom Druckerhersteller angebotenen Materialien müssen nicht immer schlechter sein.

Um eine Abwanderung ihrer Kunden zu anderen Anbietern zu verhindern, weisen manche Druckerhersteller gerne darauf hin, dass bei der Verwendung von Kartuschen anderer Hersteller *„jegliche Garantieansprüche"* verlorengingen. Das zeigt bei Rechtsunkundigen oft die gewünschte Wirkung, ist so allerdings in der Sache nicht richtig. Zwar steht es jedem Druckerhersteller grundsätzlich frei, seine Garantiebedingungen so zu gestalten, dass er nicht für jeden Defekt Ersatz leisten muss. Hat der Druckerhersteller aber für seine Geräte eine sog. **Haltbarkeitsgarantie** gewährt, dann kann er die kostenlose Instandsetzung eines defekten Druckers nur dann ablehnen, wenn er beweisen kann, dass der Defekt tatsächlich durch die Verwendung von kompatiblen oder wieder befüllten Kartuschen verursacht wurde. Der Grund dafür ist ebenso einfach wie einleuchtend: Eine Herstellergarantie soll den Kunden besser stellen, als er ohne eine solche Garantie stünde. Dieser Zweck würde aber verfehlt und die Garantie entwertet, wenn der Käufer beweisen müsste, dass der in der Garantiezeit aufgetretene Mangel nicht durch eigenes Verschulden herbeigeführt wurde.[9] Zum anderen ist der Umstand, dass ein während der Garantiezeit eingetretener Mangel vom Käufer schuldhaft herbeigeführt wurde, der Ausnahmefall, der nach allgemeinen Beweislastregeln vom Garantiegeber darzutun und zu beweisen ist.[10]

Praxistipp

Gewährt der Hersteller einer gewerblich genutzten additiven Fertigungsanlage oder eines Consumer-3D-Druckers eine **Haltbarkeitsgarantie** auf seine Geräte, so kann er die kostenlose Instandsetzung eines defekten Geräts wegen der Verwendung von ihm nicht vertriebener Kartuschen oder losen Druckmaterials (sog. „Bulkware") während der Garantiezeit nur dann verweigern, wenn er beweisen kann, dass der Defekt tatsächlich durch die Verwendung alternativen Verbrauchsmaterials verursacht wurde. Ein **pauschaler Ausschluss der Garantieansprüche** des Kunden für den Fall der Verwendung alternativer Kartuschen anderer Hersteller ist dagegen **unwirksam**.

6.4 Kann die Herstellung und der Vertrieb kompatibler Kartuschen untersagt werden?

In der industriellen Fertigung genutzte 3D-Drucker erfordern ohnehin heute schon die Verwendung vom Druckerhersteller bezogener Druckmaterialien. Filament für privat genutzte 3D-Drucker wird noch ganz überwiegend als Meterware angeboten.[11]

In Anbetracht der Tatsache, dass schon der Preis für Filament-Meterware derzeit etwa das zehn- bis zwanzigfache des Rohmaterials beträgt[12] und sich für besonders nachgefragte Drucker noch höhere Preise für proprietäre Druckerkartuschen durchsetzen lassen, kann es sich für die Hersteller von 3D-Druckern für den Heimanwender durchaus lohnen, ihre Geräte als **geschlossene Systeme** zu konstruieren, die nur ihre eigenen Druckmaterialien akzeptieren. Aber auch und gerade die Hersteller der zur additiven Fertigung in der Industrie genutzten Anlagen, die zugleich auch die Verbrauchsmaterialien für ihre Geräte liefern, haben ein vitales Interesse daran, die hohen Kosten für die Entwicklung und Herstellung neuer Verbrauchsmaterialien wieder hereinzuholen.

Allerdings ist damit zu rechnen, dass die Hersteller von 3D-Druckern und der dazugehörigen Kartuschen die gleiche Erfahrung machen werden wie die Hersteller von Tintenstrahl- und Laserdruckern, für die es inzwischen ein breites Tonerangebot verschiedenster Hersteller gibt.[13] Auch den Herstellern von 3D-Druckern wird sich bald die Frage stellen, ob sie die Benutzung kompatibler Kartuschen oder von anderen Anbietern wieder befüllter Originalkartuschen in ihren Geräten wirksam unterbinden können. Darüber hinaus werden sie sich einer ganz neuen Herausforderung stellen müssen: Der Herstellung kompatibler Kartuschen durch die Anwender selbst (also jenen Verbrauchern, die doch eigentlich die vom Druckerhersteller angebotenen Originalkartuschen kaufen sollen!). 3D-Drucker, die ihre eigenen Ersatzteile selbst drucken, gibt es schon länger. Wenn es schon möglich ist, kompatible Tintenpatronen für herkömmliche Tintenstrahldrucker herzustellen, dann liegt vor allem für gewerbliche Anwender und Dienstleister, die selbst additive (Auftrags-)Fertigung betreiben, der Gedanke nahe, kompatible Kartuschen auch für ihre 3D-Drucker selbst herzustellen und diese dann mit preisgünstigem Verbrauchsmaterial selbst zu befüllen. Bislang scheitert dies oft noch daran, dass die Herstellung des dafür benötigten Kunststoff- oder Metallpulvers technisch anspruchsvoll und zugleich kostenintensiv ist, aber ein entsprechender Trend zeichnet sich doch ab.

Der Markt für Verbrauchsmaterial für 3D-Drucker ist also groß, die Herausforderung, ein Abwandern der Kunden zu Anbietern alternativer Druckmaterialien zu verhindern, aber auch. Die Hersteller von 3D-Druckern können dabei so manches von den Herstellern der Tintenstrahl- und Laserdrucker lernen, die mit unterschiedlichem Erfolg auf dem Rechtsweg gegen den Vertrieb alternativen Verbrauchsmaterials vorgegangen sind. Während die Druckerhersteller mit technischen Mitteln und Patenten die Verwendung alternativen Verbrauchsmaterials auf ihren Geräten zu verhindern versuchen, ist in den USA bereits ein Anbieter alternativer Verbrauchsmaterialien gegen einen Hersteller von

3D-Druckern gerichtlich vorgegangen, da er das von diesem eingesetzte System zum Ausschluss fremden Verbrauchsmaterials für **kartellrechtswidrig** hielt.

Mit dem weiteren Anstieg der Nachfrage nach solchen Verbrauchsmaterialien wird es auch in Deutschland und den anderen Mitgliedstaaten der Europäischen Union künftig vermehrt zu gerichtlichen Auseinandersetzungen kommen, die komplexe wettbewerbsrechtliche, patentrechtliche und urheberrechtliche Fragen aufwerfen. Da es immer kostengünstiger ist, von anderen zu lernen, die schon vor ähnlichen Herausforderungen standen, schlagen wir hier einen unkonventionellen Weg ein und betrachten zunächst einen Fall, der auf den ersten Blick keine Bedeutung für unser Thema zu haben scheint. Bei näherer Betrachtung erweist er sich aber als Lehrstück dafür, wie sich die Nutzung von original-Verbrauchsmaterialien durch den Gerätehersteller *nicht* durchsetzen lässt – davon können auch die Hersteller von 3D-Druckern lernen.

6.4.1 (Kein) Patentschutz gegen Trittbrettfahrer: Der Fall Nespresso

Ein Unternehmen, das besonders schmerzhafte Erfahrungen mit Alternativanbietern gemacht hat, ist die Firma Nestlé mit der Nespresso-Maschine. Das von dem Ingenieur *Eric Favre* bereits im Jahr 1970 erfundene Kaffeeextraktionssystem wurde 1976 patentiert, die Markteinführung erfolgte aber erst 1986 und war zunächst trotz hoher Investitionen wenig erfolgreich. Heute verkauft Nestlé jährlich über 5 Milliarden Kaffeekapseln und ist damit der drittgrößte Anbieter von sogenanntem Portionskaffee.[14] Was das alles mit 3D-Druck zu tun hat?

Foto: www.colourbox.de

Abb. 63: Verkapselt

Nun, der Fall Nespresso zeigt, dass sich der Nachbau proprietärer Behälter für Verbrauchsmaterial nicht ohne weiteres mittels eines Patents für die Maschine untersagen lässt, in der diese Behälter benutzt werden.

Was also hat es mit den Kaffeekapseln auf sich? Als immer mehr Anbieter mit kompatiblen Kaffeekapseln für die Nespressomaschinen auf den Markt drängten und versuchten, am Erfolg des mit hohem Aufwand eingeführten Systems teilzuhaben, versuchte Nespresso zunächst den Vertrieb solcher Kapseln unter Berufung auf das ihr **für das Extraktionssystem erteilte Patent** untersagen zu lassen. Die Entscheidung des Oberlandesgerichts Düsseldorf, mit der es den Erlass einer einstweiligen Verfügung auf Unterlassung des weiteren Vertriebs dieser Kapseln zurückwies, hat nicht nur in der juristischen Fachpresse viel Beachtung gefunden. Die Düsseldorfer Richter haben ihre Entscheidung sehr ausführlich und sorgfältig begründet. Im Wesentlichen blieb das Unterlassungsbegehren von Nestlé aber aus drei Gründen erfolglos:

- Im Patentrecht gilt der Grundsatz, dass der **bestimmungsgemäße Gebrauch eines patentierten Erzeugnisses** keine Patentverletzung zur Folge hat. Wäre das anders, so könnte sich niemand mehr einen Kaffee zubereiten, ohne dadurch möglicherweise schon Patente des Kaffeemaschineherstellers zu verletzen. Zum „bestimmungsgemäßen Gebrauch" gehört auch die **Erhaltung und Wiederherstellung der Gebrauchstauglichkeit** eines patentierten Gegenstandes, wenn dieser etwa durch üblichen Verschleiß gelitten hat oder beschädigt wurde. Ein vom Patentinhaber gewollter Gebrauch liegt dann nicht mehr vor, wenn das patentierte Erzeugnis nicht sachgemäß repariert oder verbrauchte Teile ersetzt werden, sondern es neu hergestellt wird. Ist mit dem Austausch bestimmter Teile eines patentierten Erzeugnisses während seiner Lebensdauer üblicherweise zu rechnen, liegt grundsätzlich **keine patentverletzende Neuherstellung** vor. Eine Ausnahme gilt nur dann, wenn sich gerade in den ausgetauschten Teilen die technischen Wirkungen der Erfindung widerspiegeln und deshalb durch den Austausch dieser Teile der technische oder wirtschaftliche Vorteil der Erfindung erneut verwirklicht wird.[15] Ist dies der Fall, liegt eine Neuherstellung vor, die der vorherigen Zustimmung des Patentinhabers bedarf. Dies entspricht dem Sinn und Zweck eines Patents, besondere Leistungen im Bereich der Technik anzuerkennen und dem Erfinder – auch als Ansporn für weitere Leistungen – eine Gegenleistung dafür zu gewähren, dass er den technischen Fortschritt und das technische Wissen der Allgemeinheit bereichert hat.[16]

- **Da der Austausch von Kapseln während der Lebensdauer** einer Nespresso Maschine üblich ist und der Kunde typischerweise erwartet, die Maschine mit neuen Kaffeekapseln mehrfach benutzen zu können, liegt in dem Austausch der Kapsel grundsätzlich keine Neuherstellung.

- Damit stellte sich die Frage, ob sich die technischen Wirkungen des patentierten Kaffeeextraktionssystems in den Nespresso-Maschinen (auch) in den Kaffeekapseln widerspiegelte, denn nur dann hätte noch von einer „Neuherstellung" der patentierten Maschine die Rede sein können, die der vorherigen Zustimmung des Patentinhabers bedurft hätte. Das hat das OLG Düsseldorf aber verneint. Nicht die Kapsel, sondern das patentierte Extraktionssystem ist ausschlaggebend für die Erreichung des erfinderischen Erfolges (nämlich dem Verbraucher ein einfach zu bedienendes und dennoch zuverlässiges Extraktionssystem mit möglichst wenig beweglichen Teilen zur Verfügung zu stellen).

Lehren aus dem Fall Nespresso:
Die Hersteller von für den industriellen Einsatz bestimmten additiven Fertigungsanlagen und Consumer-3D-Druckern können aus dem Fall Nespresso die Lehre ziehen, dass sie den Vertrieb kompatibler Kartuschen für Verbrauchsmaterial nicht ohne weiteres unter Berufung auf ihre Patente untersagen können, die ihnen für ihre Anlagen und Geräte erteilt wurden. **Schutz vor einem Nachbau der Originalkartuschen** bieten nur Patente, die gerade für die **Konstruktion der Kartuschen** erteilt wurden.

6.4.2 Patent- und Gebrauchsmusterschutz für Druckerkartuschen

Dass es nicht nur für die Hersteller von Kaffeekapseln lohnend sein kann, über ein Patent oder Gebrauchsmuster für die **Verbrauchsmaterialbehälter** zu verfügen, haben andere Fälle gezeigt. Es gibt eine Reihe von Entscheidungen, mit denen der Vertrieb von Tonerkartuschen für Laserdrucker und Patronen für Tintenstrahldrucker untersagt wurde. So hat *Samsung* Ende 2014 gegen 11 Wiederverkäufer obsiegt, die kompatible Tonerkartuschen für *Samsung*-Laserdrucker angeboten hatten.[17] Die Klage hatte Erfolg, da es sich bei den angebotenen Tonerkartuschen um kompatible Nachbauten handelte, die Europäische Patente für die Originalkartuschen verletzten. Auch *Canon* gelang es, den Vertrieb wiederaufbereiteter Originalkartuschen für seine Laserdrucker zu unterbinden, da *Canon* über ein Europäisches Patent auf eine elektrofotografische fotosensitive Trommeleinheit verfügte, das durch die Wiederaufbereitung verletzt wurde.[18] Dass es nicht immer ein **Patent** sein muss, hatte zuvor schon die Untersagung des Vertriebs kompatibler Tintenpatronen von *Pelikan* für *Brother* Drucker durch das Landgericht Düsseldorf gezeigt.[19] Dieses Gericht entschied, dass es sich bei den äußeren Konstruktionsmerkmalen der Brother Druckpatronen nicht nur um ästhetische, sondern um technische Gestaltungen handelte, die durch das von Brother erworbene **Gebrauchsmuster** geschützt waren. *Pelikan* wurde deshalb verurteilt, es zu unterlassen, im räumlichen Geltungsbereich des von *Brother* erworbenen Gebrauchsmusters (Deutschland) kompatible Patronen für *Brother* Drucker anzubieten, welche die vom Gebrauchsmuster geschützten Konstruktionsmerkmale aufweisen. Anderen Herstellern von Verbrauchsmaterialien für Tintenstrahldrucker erging es nicht besser: *Jet Tec* wurde bald darauf in England von *Epson* auf Unterlassung des Vertriebs kompatibler Druckerpatronen verklagt, was *Jet Tec* schließlich dazu zwang, die Herstellung der beanstandeten Patronen für *Epson* Drucker einzustellen.[20]

Zusammenfassung:

Den Vertrieb von Nachbauten ihrer Verbrauchsmaterialkartuschen für 3D-Drucker werden die Hersteller unter Berufung auf ein **Patent** oder **Gebrauchsmuster** untersagen können, wenn ihre Originalkartuschen Gestaltungsmerkmale aufweisen, die nicht nur eine ästhetische Formgebung aufweisen, sondern der Lösung eines technischen Problems dienen. Dann lassen sich die Kartuschen durch ein Patent oder Gebrauchsmuster schützen, das durch Nachbauten verletzt sein kann.

Wie das erfolgreiche Vorgehen verschiedener Hersteller von Tonerkartuschen für Laserdrucker gegen Nachbauten und wiederaufbereitete Kartuschen zeigt, kann auch der Vertrieb kompatibler Pulverkartuschen für die additive Fertigung mit Risiken verbunden sein. Eine genaue Prüfung und Bewertung der konkreten Konstruktionsmerkmale und der vom Originalhersteller erworbenen Schutzrechte ist hier erforderlich. Kompatible Kartuschen zur Verwendung in 3D-Druckern werden sich wegen der damit verbundenen Gefahr von Patent- und Gebrauchsmusterverletzungen vermutlich nicht als Alternative zu Originalkartuschen durchsetzen.

6.4.3 Ist der Verkauf wieder befüllter Originalkartuschen zulässig?

Nicht zuletzt aufgrund der geschilderten, oft jahrelangen Patent- und Gebrauchsmusterstreitigkeiten haben manche Anbieter auf die Wiederbefüllung gebrauchter Originalpatronen umgestellt. Nicht nur wegen der Kostenersparnis, sondern auch wegen der Umweltfreundlichkeit wieder befüllter Patronen waren diese bald so populär, dass sie zur ernsthaften Alternative zu den Originalpatronen wurden.

Nach der in den EU-Mitgliedstaaten geltenden Rechtslage wird es den Herstellern proprietärer Druckerpatronen für 3D-Drucker nicht möglich sein, mit Erfolg gegen den Vertrieb wieder befüllter Kartuschen vorzugehen, solange die wieder befüllten Kartuschen nicht unter derselben Marke vertrieben werden wie die Originalkartuschen. Bevor die neu befüllte Kartusche in den Handel gelangt, muss also die darauf angebrachte Kennzeichnung des Originalherstellers durch die Marke des Wiederbefüllers ersetzt werden. Geschieht dies nicht, so liegt in dem Inverkehrbringen der wieder befüllten Kartusche unter der Marke des Originalherstellers eine Verletzung der Vertrauens- und Herkunftsfunktion der Originalmarke – und damit ein Eingriff in den spezifischen Schutzgegenstand der Marke.[21]

Werden wieder befüllte Kartuschen unter der **Eigenmarke des Anbieters** vertrieben, muss in der Werbung für solche Kartuschen dennoch nicht vollständig auf die Nennung der **Originalmarken** verzichtet werden. Das Markengesetz lässt eine Nennung in bestimmten Grenzen zu. Der Inhaber einer Marke hat nicht das Recht, einem Dritten zu untersagen, im geschäftlichen Verkehr die

Marke oder die geschäftliche Bezeichnung als Hinweis auf die **Bestimmung einer Ware**, insbesondere als Zubehör oder Ersatzteil zu benutzen, soweit die Benutzung dafür notwendig ist und nicht gegen die guten Sitten verstößt.[22] Ein Verstoß gegen die „guten Sitten" liegt nur dann vor, wenn die Benutzung der Marke den berechtigten Interessen des Markeninhabers in unlauterer Weise zuwiderläuft. Der Hersteller von Verbrauchsmaterial für 3D-Drucker kann also damit werben, dass sich seine Druckerpatronen zur Verwendung mit einem bestimmten Drucker eignen. Er darf aber nicht den unzutreffenden Eindruck erwecken, dass seine Patronen vom Druckerhersteller stammen oder aufgrund einer von diesem erteilten Lizenz hergestellt werden. Das würde nämlich eine vermeidbare Herkunftstäuschung der Kunden bewirken. Der bloße Hinweis *„passend für"* unter Angabe des Druckermodells eines bestimmten Herstellers hat noch keine solche Herkunftstäuschung zur Folge. Das Gleiche gilt für die Formulierung *„ersetzt Kartuschen vom Typ XYZ"* unter Angabe der Ersatzteilnummern.[23]

Die Grenze zur vermeidbaren Herkunftstäuschung wird allerdings dann überschritten, wenn nicht nur auf die Eignung zur Verwendung der Kartusche in einem bestimmen Druckermodell hingewiesen, sondern hierzu auch noch **die Marke des Druckerhersteller abgebildet** wird.[24] Die Benutzung eines Bildzeichens des Originalherstellers in der Werbung erzeugt eine Aufmerksamkeit, die über eine bloße Information über die Bestimmung der angebotenen Leistungen hinausgeht und die Gefahr einer Rufausbeutung in sich birgt. Besteht eine solche Gefahr, bedarf es einer Interessenabwägung, die meist zugunsten des Markeninhabers ausgehen wird. Etwas anderes kann nur angenommen werden, wenn die Abbildung der Marke zwingend notwendig ist, um den Verbraucher über die Eignung zur Verwendung der Kartuschen in einem bestimmten Druckermodell zu informieren.[25] Die bloße Übernahme von Symbolen auf den Kartuschen, die der einfacheren Zuordnung der Kartuschen zu einem bestimmten Druckermodell ermöglichen, ist nicht zu beanstanden. Dies gilt jedenfalls, solange nicht zusätzliche Umstände hinzukommen, die eine solche Zeichenbenutzung unlauter machen.[26]

 Fazit:

Der Vertrieb wieder befüllter Originalkartuschen für Verbrauchsmaterial kann markenrechtlich nur dann untersagt werden, wenn die wieder befüllten Kartuschen unter der **Marke des Originalherstellers** angeboten werden.

In der Werbung für wieder befüllte Kartuschen, die unter einer Eigenmarke des Anbieters vertrieben werden, darf auf ihre Eignung zur Verwendung in bestimmten Fertigungssystemen bestimmter, namentlich genannter Hersteller hingewiesen werden; auf **Abbildungen der Originalmarke** sollte dabei aber verzichtet werden.

6.4.4 Technische Schutzvorrichtungen und Rückgabepflichten

Da die Hersteller von 3D-Druckern mithin ein vitales Interesse daran haben, die Verwendung von alternativen Verbrauchsmaterialien in ihren Geräten zu verhindern, war es nur eine Frage der Zeit bis zur Einführung von **Authentifizierungssystemen**, wie wir sie von den Herstellern handelsüblicher Tintenstrahl- und Laserdrucker kennen. Den Anfang machte die 3D-Systems Inc., die im Jahr 2005 von ihr vertriebene Kunstharz-Kartuschen mit einem RFID (engl. „Radio Frequency Identification") Transponder und die Drucker mit einem Lesegerät ausstattete. Dadurch konnten die 3D-Drucker mit den Kartuschen kommunizieren und überprüfen, ob es sich bei diesen um Originalkartuschen handelt. Um sicherzustellen, dass die Erwerber der Drucker ausschließlich Originalkartuschen verwenden, wird der Drucker von einer softwarebasierten Funktion abgeschaltet, wenn die Überprüfung ergibt, dass es sich bei der eingesetzten Kartusche um keine von 3D-Systems für diesen Drucker frei gegebene Kartusche handelt. Das führte in den USA zum ersten Kartellrechtsreit um die Zulässigkeit solcher Maßnahmen zur Verhinderung der Verwendung alternativen Verbrauchsmaterials in 3D-Druckern.

1. Der Fall Desotech ./. 3D-systems

Die DSM Desotech Inc., ein Hersteller von Verbrauchsmaterial für Stereolitografie-3D-Drucker, sah in der technischen Vorrichtung zur Verhinderung der Verwendung von 3D-Systems nicht frei gegebener Filamente eine gegen das Kartellrecht verstoßende Wettbewerbsbeschränkung. Sie verklagte 3D-Systems in den USA wegen behaupteten Verstoßes gegen den sog. Sherman Act[27], ein Gesetz, das wettbewerbsbeschränkende Maßnahmen verbietet. Außerdem wurde die Klage auf einen Verstoß gegen den Clayton Act[28] gestützt. Dieses Gesetz untersagt es Anbietern, Waren unter der Bedingung zu verkaufen, dass der Erwerber damit keine Produkte verwendet, die von einem Wettbewerber des Veräußerers stammen, wenn dadurch der Wettbewerb beschränkt oder ein Monopol geschaffen wird.

Die Klage wurde in erster und zweiter Instanz abgewiesen. Um mit ihrer Klage durchzudringen, hätte Desotech nachweisen müssen, dass entweder SL-Drucker oder die Verbrauchsmaterialien für SL-Drucker einen eigenen Markt im kartellrechtlichen Sinn bilden. Zu einem solchen Markt zählen nach dem auch in den USA geltenden „Bedarfsmarktkonzept" grundsätzlich alle Erzeugnisse, die aus der Sicht der Nachfrager nach Eigenschaft, Verwendungszweck und Preislage zur Deckung eines bestimmten Bedarfs austauschbar sind. Das Berufungsgericht gelangte zu dem Schluss, dass Desotech den Nachweis der Existenz eines eigenen Marktes für SL-Drucker schuldig geblieben war. Damit folgte es der Vorinstanz, die SL-Drucker und andere 3D-Drucker für austauschbar gehalten hatte. Die Folge war, dass in der Verhinderung der Verwendung von 3D-Systems nicht zugelassener Verbrauchsmaterialien keine verbotene Wettbewerbsbeschränkung gesehen werden konnte. Denn die Anwender haben die Möglichkeit, auf andere 3D-Drucker anderer Hersteller auszuweichen.

Desotech stützte ihre Klage aber noch auf einen weiteren Gesichtspunkt, nämlich die Behauptung, dass 3D-Systems die für die SL-Drucker erhältlichen Verbrauchsmaterial-Varianten beschränke bzw. überhöhte Preise für SL-Verbrauchsmaterial verlange. Auch dieser Argumentation war aber kein Erfolg beschieden, da die Kunden von 3D-Systems ja jederzeit die Möglichkeit hatten, ein Gerät von einem anderen Druckerhersteller zu erwerben. Ein solcher Systemwechsel verursachte auch keine prohibitiven Kosten für die Kunden, da sie bereits vor dem Kauf ihres Druckers über das von 3D-Systems eingeführte Authentifizierungssystem und die Bindung an bestimmte Verbrauchsmaterialien unterrichtet worden waren. Wegen dieser Wahlfreiheit lag kein „lock-in" Effekt zu Lasten der Erwerber eines von 3D-Systems hergestellten und vertriebenen Geräts vor.

Schließlich wurde die Klage auch insoweit abgewiesen, als sie auf den Vorwurf einer unerlaubten und vorsätzlichen Behinderung der Klägerin im Wettbewerb gestützt worden war. Das Gericht gelangte nämlich zu dem Ergebnis, dass das von 3D-Systems eingeführte Authentifizierungssystem und Lizenzsystem dazu diente, die Verwendung qualitativ hochwertigen Verbrauchsmaterials in ihren Druckern sicherzustellen und dadurch den guten Ruf von 3D-Systems zu schützen. Desotech hatte demgegenüber keinen Nachweis dafür erbracht, dass 3D-Systems böswillig und nicht nur zur – legitimen – Förderung des eigenen Wettbewerbs gehandelt hatte.

Ob das von Desotech eingeleitete Verfahren vor einem deutschen Gericht den gleichen oder einen ähnlichen Ausgang genommen hätte, lässt sich nicht abschließend beurteilen. Der Fall wirft aber einige diskussionswürdige Fragen nach der Marktabgrenzung zwischen 3D-Druckern auf. Und diese Frage wird früher oder später auch die Gerichte auf dieser Seite des Atlantiks beschäftigen. Prognosen sind insoweit schwierig, da der Markt für 3D-Drucker und Verbrauchsmaterial aktuell erheblichen Veränderungen sowie Konsolidierungen ausgesetzt ist. Zudem werden ständig neue Druckverfahren für – etwa spezielle Metalle oder Glas – entwickelt, die nicht untereinander substituierbar sind.

2. Der Fall Lexmark

Dass Authentifizierungssysteme kein unüberwindliches Hindernis für die Anbieter von alternativem Verbrauchsmaterial darstellen müssen, zeigt indes der Rechtsstreit *Lexmark vs. Static Control*, der ebenfalls vor Gerichten in den USA ausgetragen wurde. Hintergrund dieses Verfahrens war die Praxis von Lexmark, Original-Tonerkassetten für Lexmark Laserdrucker in zwei verschiedenen Ausführungen zu verkaufen: Einmal zum regulären Verkaufspreis, wobei bei Bezahlung die Tonerkassette in das Eigentum des Käufers übergeht. Alternativ erfolgte der Verkauf mit Rabatt, der aber nur dem Kunden gewährt wurde, der sich dazu verpflichtet, die entleerte Tonerkassette nach Gebrauch an Lexmark zurückzugeben. Auf die Rückgabepflicht, mit der die Wiederbefüllung der Tonerkassette durch andere Anbieter verhindert werden soll, wird auch in Deutschland auf jeder Verpackung einer Tonerkassette hingewiesen.

Um die geforderte Rückgabe der leeren Tonerkassetten tatsächlich durchzusetzen, hat Lexmark ein Authentifizierungssystem entwickelt, mit dem sicher gestellt werden soll, dass mit Lexmark Laserdruckern nur unter Verwendung von Original-Lexmark Tonerkassetten gedruckt werden kann, die von Lexmark selbst befüllt wurden. Das Authentifizierungssystem beruht auf zwei Computerprogrammen, von denen eines (das „Drucker Funktionsprogramm") im Drucker und eines (das „Toner Ladeprogramm") auf einem Chip in der Tonerkassette installiert ist. Wird eine neue Tonerkassette in den Drucker eingesetzt, so wird ein „Handshake" zwischen der Tonerkassette und dem Drucker ausgeführt. Der Drucker funktioniert nur dann, wenn der vom Computerprogramm im Drucker berechnete Authentifizierungscode mit dem vom Computerprogramm in der Tonerkassette berechneten übereinstimmt.

Dieses System geriet jedoch ins Wanken, als ein Hersteller von Druckerzubehör in den USA, die *Firma Static Control Components* (SCC) einen eigenen Mikrochip entwickelte, der nach Austausch gegen den Originalchip auf den Tonerkassetten von Lexmark dessen Funktion übernahm und die Benutzung wieder befüllter Tonerkassetten anderer Hersteller in Lexmark Druckern ermöglichte. Lexmark verklagte daraufhin die Firma SCC wegen Urheberrechtsverletzung. Lexmark stützte die Klage darauf, dass SCC das Toner Ladeprogramm widerrechtlich kopiert habe. Durch den Verkauf eines Produkts, das der Umgehung von Zugangskontrollen zum Toner-Ladeprogramm von Lexmark diene, habe SCC die Urheberrechte von Lexmark verletzt.[29] Auch dieser Fall verdient eine nähere Betrachtung. Er zeigt sehr schön, dass die Antwort auf die Frage, ob gegen Authentifizierungssysteme erfolgreich vorgegangen werden kann, nicht nur von der rechtlichen Konstruktion, sondern auch von der jeweils gewählten technischen Lösung abhängt.

Betrachten wir zunächst die Rückgabepflicht. Ob ein auf der Verpackung der Kartuschen aufgedruckter Hinweis zur Begründung eines „Lizenzvertrages" zwischen dem Hersteller der Kartusche und dem Erwerber ausreicht, ist nach deutschem Recht sehr zweifelhaft. Auf diese Weise wird der Hersteller den Käufer wohl nicht zur Rückgabe der Kartusche nach Gebrauch verpflichten können. Wird vor der Bestellung einer solchen Kartusche im Online-Shop des Herstellers oder seiner Vertriebspartner nicht auf die Rückgabeverpflichtung hingewiesen, wird die Vereinbarung nicht Bestandteil des vom Händler mit dem Erwerber geschlossenen Kaufvertrages und ist folglich unwirksam. Verwendungsbeschränkungen muss der Käufer für das von ihm erworbene Druckmaterial nicht hinnehmen, wenn er davon erst nach dem Kauf erfährt.

Auch der Vertrieb von Mikrochips, die dafür sorgen, dass eine von einem alternativen Anbieter wieder befüllte Kartusche vom Drucker akzeptiert wird, kann nicht einfach so untersagt werden. Sofern der Mikrochip auf der Kartusche ein Computerprogramm zur Authentifizierung des „Handshake" mit dem 3D-Drucker enthält, kann eine Kopie dieses Programms auf dem alternativen Mikrochip nur dann untersagt werden, wenn dieses Programm auch urheberrechtlich geschützt ist. Dazu muss es zwar keine besondere Schöpfungs- oder Gestaltungshöhe aufweisen, aber über die notwendige Individualität verfügen, die es von anderen Programmen unterscheidet. An der Individualität fehlt es dem Programm aber dann, wenn die Befehlsabfolge notwendigerweise aus der Problemanalyse oder der Hardware folgt und somit technisch vorgegeben ist.[30] Urheberrechtlich geschützt sind die Authentifizierungsprogramme im Drucker und in der Kartusche deshalb nur dann, wenn der Programmierer bei der Erstellung des Programms ein gewisses Maß an Gestaltungsfreiheit hatte und nicht nur an sachlich-technische oder funktionelle Notwendigkeiten gebunden war. Ob diese Voraussetzung erfüllt ist, muss für jedes Authentifizierungsprogramm individuell festgestellt werden.[31]

Auch wenn diese Prüfung positiv verläuft und sich ergibt, dass eine individuelle Leistung des Programmierers vorliegt, gewährt das Urheberrecht noch lange keinen schrankenlosen Schutz vor jedem Eingriff in die Rechte des Urhebers des Programms. Ist die Vervielfältigung des Codes oder die Übersetzung der Codeform nämlich unerlässlich, um die erforderlichen Informationen zur Herstellung der Interoperabilität eines unabhängig geschaffenen Computerprogramms mit anderen Programmen zu erhalten, bedarf es dazu keiner vorherigen Zustimmung des Urhebers.[32] In dem von *Lexmark* gegen *SCC* eingeleiteten Verfahren gelangte das Berufungsgericht denn auch zu dem Schluss, dass die Erstellung von Kopien des Toner-Ladeprogramms von *Lexmark* zur Herstellung der Kompatibilität erforderlich war.[33]

Für die Wiederbefüllung verbrauchter Originalkartuschen durch Drittanbieter bedeutet dies folgendes: Kann der Druckvorgang nur dann gestartet werden, wenn ein Authentifizierungsprogramm die Druckfreigabe erteilt hat, so darf der Anbieter von Recycling-Kartuschen das Authentifizierungsprogramm dekompilieren. Auf diese Art und Weise kann er dann ein neues Computerprogramm schaffen, das eine erfolgreiche Authentifizierung seiner Kartuschen ermöglicht.[34] Nur so kann er erreichen, dass der Drucker auch mit solchen Kartuschen druckt, die nicht vom Druckerhersteller (wieder-)befüllt wurden. Solange dazu der dekompilierte Programmcode nicht einfach übernommen oder an Dritte weitergegeben wird (das wäre eine unerlaubte Vervielfältigung), ist damit keine Urheberrechtsverletzung verbunden.[35]

Um den Verkauf von Original-Kartuschen zu verhindern, die nicht von ihm selbst (wieder-)befüllt wurden, kann sich der Druckerhersteller dann nur noch darauf berufen, dass das Urheberrecht jedenfalls die Beseitigung oder Umgehung technischer **Programmschutzmechanismen** verbietet.[36] Weiter muss er sich auf den Standpunkt stellen, dass es sich bei dem Programm zur Authentifizierung der Druckerkartuschen um einen solchen Schutzmechanismus handele. Das trifft aber nicht auf jedes Authentifizierungsprogramm zu – und es traf auch auf das von *Lexmark* verwendete Authentifizierungsprogramm nicht zu. Zwar hinderte es den Drucker daran, den Druckauftrag auszuführen, wenn eine nicht von *Lexmark* befüllte Kartusche eingesetzt wurde. Das Authentifizierungsprogramm verhinderte aber nicht das Kopieren des Programmcodes. Das Authentifizierungsprogramm stellte also keine Zugangskontrolle dar. Das Programm selbst war vielmehr frei zugänglich.[37]

Auch das deutsche Urheberrecht schützt nur solche Authentifizierungsprogramme vor einer Umgehung, die mit einem Kopierschutz versehen sind.[38] Allein die Tatsache, dass das Authentifizierungsprogramm den Druckerhersteller (oder, je nach Betrachtungsweise auch den Erwerber des Druckers) vor der Verwendung von Fremdkartuschen schützen soll, macht es also noch nicht zu einem technischen Schutzmechanismus. Das Computerprogramm muss seinerseits mit einem Schutzmechanismus versehen sein, der den Zugang zum Programmcode kontrolliert.

Über die Frage, ob die Umgehung verschlüsselter Computerprogramme, die der Authentifizierung von Verbrauchsmaterialkartuschen dienen, auch künftig als Urheberrechtsverletzung bewertet werden sollte, ist in den USA ein heftiger Streit entbrannt. Auslöser dieser Diskussion war ein Gesetzesentwurf, mit dem es den Benutzern von 3D-Druckern ermöglicht werden soll, Rohmaterial ihrer Wahl zu verwenden, ohne gegen das Verbot der Umgehung technischer Schutzmaßnahmen zu verstoßen.[39] Der Vorschlag hat einige Befürworter, aber auch Gegner gefunden. Den Druckerhersteller *Stratasys* hat er zu einer lesenswerten Stellungnahme veranlasst, in der ausführlich erläutert wurde, warum der Vorschlag nicht umgesetzt werden sollte.[40] Interessant ist dabei, dass die von den Gegnern einer solchen Ausnahmeregelung vorgebrachten Argumente zumindest teilweise durchaus legitim sind. Letztendlich können sie eine Verhinderung der Benutzung nicht autorisierten Verbrauchsmaterials mit Hilfe des Urheberrechts aber nicht rechtfertigen.

Die Druckerhersteller weisen durchaus zutreffend darauf hin, dass die Entwicklung geeigneter Verbrauchsmaterialien für die additive Fertigung ungleich aufwendiger sein kann, als die Herstellung von Papier und Toner zur Verwendung in 2D-Druckern. Geschlossene Systeme, die nur die Verwendung vom Druckerhersteller frei gegebener Verbrauchsmaterialien erlauben, ermöglichen zweifellos konsistente Druckergebnisse. Werden die vom Druckerhersteller angebotenen (oder empfohlenen) Materialien verwendet und seine Vorgaben für den Herstellungsprozess eingehalten, so sollte sich der Anwender auch darauf verlassen können, dass er damit die gewünschten Ergebnisse erzielen kann. Dieser Aspekt ist natürlich insbesondere in hochsensiblen Branchen von Bedeutung, etwa in der Luftfahrtindustrie, im Automobilbau und der Medizintechnik. Dort können bereits geringe Qualitätsschwankungen die Druckergebnisse unbrauchbar machen und beträchtliche Risiken nach sich ziehen. Verbrauchsmaterial für 3D-Drucker muss auf eine Reihe von Parametern wie etwa die Temperatur des Druckkopfes und des Druckraums abgestimmt werden. Manche Materialien müssen nach Abschluss des Fertigungsprozesses mit UV Licht ausgehärtet werden und/oder ruhen, um ihre endgültige Festigkeit zu erreichen. Auch wird man den Druckerhersteller nicht dafür verantwortlich machen können, wenn es durch die Verwendung von nicht frei gegebenen Verbrauchsmaterialien zu Schäden am Drucker kommt.

Qualitätsschwankungen beim Verbrauchsmaterial für 3D-Drucker können sicherlich weitaus gravierendere Konsequenzen haben, als ein mangelhafter Toner für einen Tintenstrahl- oder Laserdrucker. **Allerdings ist es nicht Zweck des Urheberrechts**, die Hersteller oder Verwender von (Verbrauchsmatrial für) 3D-Drucker(n) vor den damit verbundenen Risiken zu schützen. Urheberrechtliche Normen und somit auch das Verbot der Umgehung technischer Schutzmaßnahmen dienen einzig dazu, das **geistige Eigentum und die schöpferische Leistung des Urhebers zu schützen.**

Wenn technische Anforderungen und/oder der Schutz der Verbraucher, die mit additiv gefertigten Produkten in Berührung kommen, es erfordern, dass nur bestimmte Verbrauchsmaterialien in bestimmten 3D-Druckern verwendet werden, dann muss der Gesetzgeber prüfen, wie dies sichergestellt werden kann.

Technische Schutzmaßnahmen dürfen aber gleichwohl nur dazu dienen, Computerprogramme vor einer unbefugten Übernahme ihres Codes in andere Programme zu schützen. Sie sind nicht dazu da, die Verwendung alternativer Verbrauchsmaterialien in 3D-Druckern generell zu verhindern. Wie der Gesetzgeber diese unterschiedlichen Regelungsziele künftig in Einklang bringt, wird man abwarten müssen, Handlungsbedarf besteht dafür aber schon jetzt.

Fazit:

Ob sich proprietäre Kartuschen für additive Fertigungsanlagen und Consumer-3D-Drucker im Markt durchsetzen werden, wird das Nachfrageverhalten der Anwender entscheiden. Wie die Diskussion um die Schaffung einer Ausnahmeregelung zum Verbot der Umgehung technischer Schutzmaßnahmen in den USA zeigt, müssen künftig die Interessen der Druckerhersteller und Anwender in Einklang gebracht werden. Einerseits muss es möglich sein, jedes Verbrauchsmaterial, das den jeweiligen Qualitätsanforderungen entspricht, auf jedem dafür geeigneten 3D-Drucker zu verwenden, andererseits muss nicht zuletzt im Interesse der Sicherheit additiv gefertigter Produkte sichergestellt werden, dass tatsächlich auch nur solches Verbrauchsmaterial verwendet wird. Im Einzelnen gilt:

Die Herstellung und der Vertrieb **kompatibler Kartuschen** werden sich nur durch den Erwerb eines **Patents** oder **Gebrauchsmusters** für die technischen Konstruktionsmerkmale der Originalkartuschen untersagen lassen. Daneben kommt auch ein **Designschutz** für die Kartuschen in Betracht, der sich allerdings nicht auf Merkmale erstreckt, die durch die technische Funktion bedingt sind.

Die Herstellung und der Vertrieb **wieder befüllter Originalkartuschen** lassen sich mit rechtlichen Mitteln lediglich dann verhindern, wenn sie unter derselben Marke wie die Erstausrüster-Kartuschen angeboten werden. **Authentifizierungsprogramme** zur Identifizierung kompatibler Fremdkartuschen oder nicht vom Hersteller wieder befüllter Originalkartuschen bieten nur dann einen wirksamen Schutz, wenn sie mittels Verschlüsselung vor einem Zugriff auf ihren Programmcode geschützt werden.

Anmerkungen

Hinweis: Alle Fußnoten dieses Buches gibt es als kostenloses Dokument unter www.vahlen.de/160 222 32. So müssen Sie keinen Link abtippen.

[1] Vgl. http://www.heise.de/make/meldung/CES-3D-Drucker-werden-billiger-2514593. html und http://www.3ddinge.de/makibox/

[2] https://www.kickstarter.com/projects/117421627/the-peachy-printer-the-first-100-3d-printer-and-sc

[3] http://www.3d-grenzenlos.de/magazin/3d-drucker/3d-drucker-fuer-60-euro-27112143.html

[4] Vgl. hierzu http://www.sdi-research.at/lexikon/rockefeller-prinzip.html und http:// en.wikipedia.org/wiki/Freebie_marketing. Als Beispiel für die erfolgreiche Anwendung dieses Prinzips durch andere Unternehmen gilt der Verkauf von Rasierklingen durch den Gilette Konzern nach dem Motto *„Give them the razor, sell 'em the blades"* („Gebt ihnen den Rasierer, verkauft ihnen die Klingen")

[5] Siehe http://hackaday.com/2013/04/26/cube-3d-printer-hack-lets-you-use-bulk-filament/

[6] *Gordon/Harrop*, 3D Printing Materials 2015-2015: Status, Opportunities, Market Forecasts (3D Printing report), kostenpflichtig abrufbar unter http://www.idtechex.com/research/reports/3d-printing-materials-2015-2025-status-opportunities-market-forecasts-000416.asp

[7] Vgl. zu alledem instruktiv https://www.tintenmarkt.de/FAQs/Kompatibel-Refill-Refilled-Rebuilt-Was-ist-der-Unterschied-aid-31.html

[8] Dieses Zitat wird – wohl fälschlich – dem englischen Sozialphilosophen *John Ruskin* (1819–1900) zugeschrieben: Vgl. http://www.forbriger.com/html/ruskin.pdf einerseits und http://www.victorianweb.org/authors/ruskin/quotation.html sowie http://de.wikiquote.org/wiki/John_Ruskin andererseits

[9] So schon *BGH* NJW 1995, 516 unter Verweis auf *Limbach*, MDR 1967, 87 f.; Winterfeld, DAR 1985, 65, 69 f. für eine Gebrauchtwagengarantie

[10] *BGH* aaO. und *Limbach*, MDR 1967, 87 f.

[11] So etwa auf http://www.filamentworld.de/shop/?gclid=COy3nuTP9cQCFULJtAodYAUAvA und https://www.igo3d.com/de/3d-drucker-filamente.html

[12] http://money.cnn.com/2014/02/20/technology/innovation/3d-printer-filament/

[13] Vgl. nur beispielhaft http://www.pelikan.com/pulse/Pulsar/de_DE.CMS.displayCMS.116707./pelikan-druckerpatronen-fuer-tintenstrahldrucker und http://farbtoner.com/toner-sparset4-kompatibel-fuer-lexmark-c500-x502-p-1524_2.html?language=-de&gclid=COjb7dWC9sQCFbMatAodJl4A3 g

[14] Näheres zur Nespresso Historie und Eric Favre findet sich in dem Artikel *„Wer hat's erfunden? Abgekappselt"* von *Joel Bedetti*, abrufbar unter http://folio.nzz.ch/2014/juni/abgekapselt; sieh auch *Glüsing/ Klawitter, Die Bohnenrevolution*, Der Spiegel 7/2010, abrufbar unter http://www.spiegel.de/spiegel/print/d-69065816.html

[15] *OLG Düsseldorf*, GRUR-RR 2013, 185, 191 und *BGH*, GRUR 2004, 758 [762] – „Flügelradzähler" sowie *BGH* GRUR 2006, 837 [838] – „Laufkranz"; *BGH* GRUR 2007, 769 [772] – „Pipettensystem"; GRUR 2012, 1118 [1120] – „Palettenbehälter II"

[16] Sog. „Belohnungstheorie, vgl. dazu *Mes*, Patentgesetz Gebrauchsmustergesetz 4. Auflage 2015, § 1 Rdn. 2 und die dort genannten Entscheidungen *BGH* GRUR 1987, 231, 232, 233 – „Tollwutvirus" sowie *BGH* GRUR 1996, 109, 114 – „Klinische Versuche I"

[17] *LG München I*, Urt. vom 13.11.2014, Az. 7 O 25647/13 bis 7 O 26669/13 und 7 O 26671/13

[18] LG Düsseldorf, Urt. vom 11.06.2015, Az 4 a 44/14 und 4 a O 45/14 sowie 4 a O 72/14

[19] LG Düsseldorf, Urt. vom 22.12.2009, Az. 4a O 268/08, BeckRS 2010, 01461

[20] http://blog.tintenalarm.de/insider/jet-tec-beendet-verkauf-kompatibler-epson-patronen

[21] *OLG Frankfurt am Main*, GRUR 2000, 1062

[22] So § 23 Nr. 3 MarkenG

[23] *BGH* GRUR 2003, 444 – „Ersetzt"

[24] *BGH* GRUR 2011, 1135 – „VW"

[25] So der BGH aaO. zur unzulässigen Bewerbung von KFZ-Inspektionen für PKW von VW unter Benutzung des VW Logos in einer Zeitungsanzeige der Firma A.T.U.

[26] *BGH* NJW-RR 2012, 39

[27] Abrufbar unter https://www.law.cornell.edu/uscode/text/15/1

[28] Vgl. dazu http://www.encyclopedia.com/topic/Clayton_Antitrust_Act.aspxn

[29] LEXMARK INTERNATIONAL, INC., Plaintiff-Appellee, v. STATIC CONTROL COMPONENTS, INC., Defendant-Appellant, No. 03-5400, United States Court of Appeals, Sixth Circuit, Urteil vom 26.10.2004,im Volltext abrufbar unter http://openjurist. org/387/f3d/522/lexmark-international-inc-v-static-control-components-inc

[30] *Grützmacher* in: *Wandtke/Bullinger*, Praxiskommentar zum Urheberrecht, 4. Auflage 2014, §69a Rdn. 35 mwN;

[31] Auf diese Voraussetzung hat auch der United States Court of Appeals for the Sixth Circuit in seinem Urteil hingewiesen, die Klärung der Frage, ob das Toner Ladeprogramm von Lexmark sie erfüllt aber dem Gericht erster Instanz überlassen, ibd. Tz. 52

[32] Vgl. §69e UrhG

[33] United States Court of Appeals for the Sixth Circuit, ibd. Tz 56.

[34] Grundlegend zu den Voraussetzungen und Grenzen der Dekompilierung eines urheberrechtlich geschützten Computerprogramms *Grützmacher* in: *Wandtke/Bullinger*, Praxiskommentar zum Urheberrecht, 4. Auflage 2014O, §69e Rdn. 8 ff. sowie *Vinje* GRUR Int. 1992, 250, 255 f.

[35] Vgl. zum Ganzen auch *Fromm/Nordemann*, Urheberrecht, 11. Aufl., §69e Rdn. 13, 14 mwN.

[36] Vgl. §69 f. Abs. 2 UrhG

[37] 387 F3d Lexmark International Inc. v. Static Control Components Inc. Urt. Vom 26.10.2004, Tz. 77

[38] Vgl. §69 f. Abs. 2 UrhG und RegE ÄndG 1992 – BT Drucksache 12/4022, S. 12 und *Fromm/Nordemann*, Urheberrecht, 11. Aufl., §69 f. UrhG Rdn. 8 mwN.

[39] Petition for a proposed exemption under 17 U.S.C. §1201 of Public Knowledge vom 03.11.2014, abrufbar unter https://www.publicknowledge.org/documents/petition-for-a-proposed-exemption-under-17-usc-1201-3d-printing

[40] Die Stellungnahme kann auf der Website des US Copyright Office unter http://copy right.gov/1201/2015/comments-032715/class%2026/STRATASYS_Class26_1201_2014. pdf abgerufen werden

Der Begriff der „Compliance" wird in der Tagespresse und in Wirtschaftsmagazinen regelmäßig verwendet, obwohl ihm abhängig von dem Kontext, in dem er benutzt wird, unterschiedliche Bedeutungen zukommen können. Oft bleibt unklar, was der Autor im konkreten Fall genau gemeint hat. Eine gesetzliche Definition der „Compliance" gibt es nicht. Immerhin verpflichtet aber die aktuelle Fassung des Deutschen Corporate Governance Kodex den Vorstand einer Aktiengesellschaft dazu, *„für die Einhaltung der gesetzlichen Bestimmungen und der unternehmensinternen Richtlinien zu sorgen" und „auf deren Beachtung durch die Konzernunternehmen hin zu wirken (Compliance)".*[1]

Zu diesen gesetzlichen Bestimmungen gehören nicht nur das Aktienrecht und Handelsrecht. Hierzu werden auch solche Gesetze und Verordnungen gerechnet, die Sicherheitsanforderungen an Produkte, speziell Verbraucherprodukte, stellen. Eine umfassende Darstellung sämtlicher branchenspezifischer Regelungen kann schon aus Platzgründen hier nicht erfolgen. Es lohnt sich aber, sich wenigstens einen Überblick über die wichtigsten Regelungen zu verschaffen. Aus diesen können sich vielfältige Pflichten für alle an der additiven Fertigung und/oder dem Vertrieb von Produkten Beteiligten ergeben.

7.1 Pflichten des Herstellers nach dem Produktsicherheitsgesetz

Das bis zum Jahr 2011 geltende Geräte- und Produktsicherheitsgesetz (GPSG) sollte im Rahmen der Herstellung gleicher Wettbewerbsbedingungen im Europäischen Wirtschaftsraum bewirken, dass Hersteller und Händler dem Verbraucher nur sichere Produkte zur privaten Nutzung überlassen. Soweit bestimmte andere Vorschriften eine CE-Kennzeichnung (CE für Communauté Européenne, also Europäische Gemeinschaft) eines Produkts vorsahen, durfte das Produkt nur in den Verkehr gebracht werden, wenn es korrekt mit diesem Kennzeichen versehen war.[2]

Seit dem Jahre 2011 hat das Produktsicherheitsgesetz (ProdSG) das GPSG abgelöst und regelt die öffentlich-rechtlichen Anforderungen an das Inverkehrbringen von Produkten. Wesentliche Neuerung ist etwa ein erweiterter Schutzbereich des Gesetzes. Geschützt wird durch das ProdSG nun auch der geschäftliche (B2B) Verkehr. Auch solche Produkte, die nicht von privaten Endverbrauchern, sondern etwa in Gewerbebetrieben verwendet werden, müssen also den vom Gesetzgeber festgelegten sicherheitsrechtlichen Anforderungen entsprechen.

> **Praxistipp**
>
> Das Produktsicherheitsgesetz (ProdSG) ist nicht zu verwechseln mit dem Produkthaftungsgesetz (ProdHaftG). Während das ProdSG die **öffentlich-rechtlichen** Anforderungen an die Sicherheit eines Produktes regelt, bestimmt das ProdHaftG (neben weiteren zivilrechtlichen Normen, namentlich Regelungen des Bürgerlichen Gesetzbuches BGB) die **zivilrechtlichen** Verantwortlichkeiten im Falle eines Schadens. Allerdings können die Bestimmungen des ProdSG auch zivilrechtlich relevant werden bei der Frage, ob dem Hersteller eine Pflichtverletzung zur Last gelegt werden kann.

Das Produktsicherheitsgesetz ist immer dann zu beachten, wenn in Deutschland im Rahmen einer Geschäftstätigkeit **Produkte** auf dem Markt **bereitgestellt, ausgestellt** oder **erstmals verwendet** werden.[3] Daneben gilt es auch für die Errichtung und den Betrieb überwachungsbedürftiger Anlagen, wenngleich dieser Aspekt für die additive Fertigung und den 3D-Druck weniger von Bedeutung sein dürfte.

Das Produktsicherheitsgesetz findet unabhängig davon Anwendung, wie das Produkt hergestellt wurde. Als **Produkte** sind nach der Definition des Produktsicherheitsgesetzes alle Waren, Stoffe und Zubereitungen anzusehen, die durch (irgend-)einen Fertigungsprozess hergestellt worden sind.[4] Dazu zählen neben den in herkömmlichen Fertigungsverfahren hergestellten Bauteilen und Zulieferprodukten ohne weiteres auch solche Waren, die mit Hilfe additiver Fertigungsverfahren hergestellt werden. Ob sie auf einem industriellen 3D-Drucker oder einem Einsteigermodell für wenige hundert Euro hergestellt werden, ist dabei ebenso irrelevant wie die Frage, ob es sich dabei um Prototypen, Serienprodukte oder Einzelanfertigungen handelt.[5] Ausdrücklich vom Anwendungsbereich des Produktsicherheitsgesetzes ausgenommen sind nur einige wenige Produkte wie Antiquitäten, Gebrauchtwaren, Produkte für militärische Zwecke sowie Lebens- und Futtermittel. Ebenfalls nicht vom Produktsicherheitsgesetz erfasst, sondern in gesonderten Normen geregelt sind die – für die additive Fertigung besonders interessanten – Medizinprodukte.[6]

Bereitgestellt wird ein Produkt immer schon dann, wenn es entgeltlich oder unentgeltlich zum Vertrieb, Verbrauch oder zur Verwendung auf dem Markt der Europäischen Union im Rahmen einer Geschäftstätigkeit abgegeben wird.[7] **Ausgestellt** wird ein Produkt etwa dann, wenn es auf einer Messe beworben und/oder vorgeführt wird. Eine **„erstmalige Verwendung"** liegt vor, wenn etwa in einem Unternehmen das defekte Originalteil einer Maschine durch ein im Betrieb mittels 3D-Druck hergestelltes Ersatzteil ausgetauscht wird.[8]

Das Produktsicherheitsgesetz sieht vor, dass Produkte nur dann auf dem Markt bereitgestellt werden dürfen, wenn sie bei bestimmungsgemäßer oder vorhersehbarer Verwendung **die Sicherheit und Gesundheit von Personen** nicht gefährden. Für die Beurteilung der Frage, ob ein Produkt sicher ist, stellt das Produktsicherheitsgesetz verschiedene Kriterien auf. So sind die Eigenschaften des Produkts zu berücksichtigen, die Verpackung und Aufmachung, die Gebrauchsanweisung und Warnhinweise. Auch ist maßgeblich, an welche Zielgruppe sich ein Produkt wendet. Ist eine Zielgruppe stärker gefährdet als andere, ist das zu berücksichtigen. Dabei stellen nicht nur etwa Kleinkinder oder Senioren eine solche Gruppe dar, die gefährdeter ist als andere, sondern hierunter kann etwa auch der handwerkliche Laie fallen. Er ist bei der Nutzung einer Kettensäge sicher stärker in Verletzungsgefahr als ein Forstarbeiter, der seine Kenntnisse im Umgang mit solchem Gerät in speziellen Kursen immer wieder auffrischt.

Praxistipp

Der Gedanke, dass die speziellen Fähigkeiten und Bedürfnisse der Zielgruppe zu berücksichtigen sind, wird dem Leser auch an anderer Stelle wieder begegnen – nämlich bei der Frage, ob und wann der Produkthersteller für Fehler eines Produkts dem Nutzer gegenüber haftet (siehe hierzu sogleich die Darstellung zur Produkthaftung unten Kapitel 8).

Jene **Produkte, deren Inverkehrbringen in einer besonderen Rechtsverordnung geregelt ist**, müssen zudem die darin festgelegten Anforderungen erfüllen.[9] Dieser Satz klingt zunächst einmal redundant und ohne besonderen Aussagegehalt. Diese Regelung macht aber durchaus Sinn. Es liegt ihr der Gedanke zugrunde, dass das Produktsicherheitsgesetz einen Mindeststandard aufstellt. Soweit durch Rechtsverordnungen **höhere oder weitergehende Anforderungen** festgeschrieben werden, gelten diese. Der Clou an der Sache ist, dass diese **Rechtsverordnungen** nicht den Rang eines Gesetzes haben und auch nicht in einem aufwändigen Prozess von einem gesetzgebenden Organ (Legislative) verabschiedet werden müssen. Es handelt sich vielmehr um Regeln, die die **Verwaltung** (also die Exekutive) aufstellt. Mit dem Produktsicherheitsgesetz schreibt also der Gesetzgeber fest, dass auch die Regeln der Verwaltung einzuhalten sind.

Als Verordnungsgeber ermächtigt das ProdSG unterschiedliche Bundesministerien, etwa das Bundesministerium für Arbeit und Soziales, für Wirtschaft und Technologie, für Umwelt, etc. Diese können dann jeweils in ihrem Verantwortungsbereich Verordnungen über die Sicherheitsanforderungen an bestimmte Produkte festlegen.

Ein schönes Beispiel ist die Verordnung über die Sicherheit von Spielzeug.[10] Sie sieht vor, dass Spielzeug, einschließlich der darin enthaltenen chemischen Stoffe, bei bestimmungsgemäßer oder vorhersehbarer Verwendung und unter Berücksichtigung des Verhaltens von Kindern die Sicherheit oder Gesundheit der Benutzer oder Dritter nicht gefährden darf.[11] Klar, Kinder nehmen das Matchboxauto eben auch einmal in den Mund oder lutschen am Ohr des Stoffelefanten. Spielzeug, das unter Verwendung von Blei, Antimon, Arsen, Barium und Quecksilber hergestellt wurde, darf nur auf dem Markt bereitgestellt werden, wenn beim Umgang mit dem Spielzeug bestimmte Grenzwerte für die Aufnahme dieser Schwermetalle nicht überschritten werden.[12] Spielzeug darf zudem erst und nur dann in den Verkehr gebracht werden, nachdem es umfassende Sicherheitsprüfungen auf Entflammbarkeit und andere Gefahren bestanden hat.[13]

Produkte, deren Verwendung, Ergänzung oder Instandhaltung besonderen Regeln unterliegen, müssen mit einer Gebrauchsanleitung (in deutscher Sprache) versehen werden. Handelt es sich um Produkte, **die für Verbraucher bestimmt sind**, so müssen bei der Bereitstellung auf dem Markt zusätzliche Anforderungen eingehalten werden.[14] Dies gilt auch, wenn ein Produkt zwar gar nicht für den Verbraucher bestimmt ist (z. B. eine Industriesäge), aber vorhersehbar ist, dass es dann doch von einem Verbraucher benutzt wird (weil die Säge z. B. in einem normalen Baumarkt vertrieben wird). Der Hersteller muss in einem solchen Fall zunächst einmal sicherstellen, dass der Verwender **Informationen** über die **Risiken**, die mit dem Produkt während der üblichen oder vernünftigerweise vorhersehbaren Gebrauchsdauer verbunden und die ohne entsprechende Hinweise nicht unmittelbar erkennbar sind, erhält; dann kann der Nutzer die Risiken einschätzen und sich gegebenenfalls gegen diese schützen. Jeder Hersteller muss außerdem seinen **Namen und seine Kontaktanschrift** auf dem Produkt anbringen. Er hat weiter sicherzustellen, dass das Produkt so **eindeutig gekennzeichnet** ist, dass es ohne weiteres identifiziert werden kann. Ferner muss er Vorkehrungen **für geeignete Maßnahmen zur Vermeidung von Risiken treffen**, die mit dem Verbraucherprodukt verbunden sein können: diese können von der Rücknahme des Produkts über Warnungen vor dessen Verwendung bis zum Rückruf bereits in den Handel gelangter Verbraucherprodukte reichen.

Schlussendlich endet seine Verantwortung auch nicht mit dem Verkaufsangebot oder der Abgabe seines Produkts. Er muss vielmehr bei den auf dem Markt bereitgestellten Verbraucherprodukten **Stichproben vornehmen, Beschwerden prüfen** und gegebenenfalls ein Beschwerdebuch führen. Falls erforderlich, muss er die Händler über weitere, das Verbraucherprodukt betreffende **Maßnahmen unterrichten**.

Praxistipp

Bei den Verbraucherprodukten hat der Hersteller jedenfalls

- den Verbraucher über Produktrisiken zu informieren
- das Produkt deutlich mit seinem Namen und seinen Kontaktdaten zu kennzeichnen
- die Identifikation des Produkts durch eindeutige Kennzeichen sicherzustellen.

Ferner muss er auch die auf den Markt gebrachten Produkte weiter im Blick halten, er muss

- Stichproben durchführen
- Beschwerden prüfen und
- gegebenenfalls die Händler über das Produkt betreffende Maßnahmen informieren.

Auch dieser Gedanke, dass der Hersteller sein Produkt auf dem Markt weiter beobachten und auf Beobachtungen, Beschwerden etc. zu reagieren hat, ist ein Aspekt, der bei der Produkthaftung wieder virulent wird (vgl. hierzu unten Kapitel 8).

In der Vergangenheit bereitete es meist keine besonderen Schwierigkeiten zu ermitteln, wer der Adressat dieser vielfältigen gesetzlichen Pflichten ist. Die Erfüllung der allgemeinen Anforderungen für die Bereitstellung von Produkten auf dem Markt hat der **Hersteller** und jeder **Händler** zu überprüfen. Ob die zusätzlichen Anforderungen bei der Bereitstellung von **Verbraucherprodukten** erfüllt sind, muss darüber hinaus auch jeder Bevollmächtigte und derjenige, der die Produkte eingeführt hat, überprüfen.[15]

Werden nun aber Konsumgüter oder in der Industrie verwendete Produkte mittels additiver Verfahren gefertigt, fällt die Pflichtenzuordnung zuweilen weniger eindeutig aus. Dann stellt sich nämlich die Frage, wer denn eigentlich der „Hersteller" des Produkts ist. Der sonst oft hilfreiche Blick ins Gesetz bringt dazu erst einmal nicht die erhoffte Erkenntnis, denn nach der Legaldefinition des Gesetzgebers ist Hersteller im Sinne des Produktsicherheitsgesetzes *„jede natürliche oder juristische Person, die ein Produkt herstellt oder entwickeln oder herstellen lässt und dieses Produkt unter ihrem eigenen Namen oder ihrer eigenen Marke vermarktet."* Überspitzt (und verkürzt) formuliert könnte man also sagen: Hersteller ist, wer ein Produkt herstellt. Das wäre nun aber zu kurz gedacht. Als Hersteller gilt nämlich auch jeder, der geschäftsmäßig seinen **Namen**, seine **Marke** oder ein anderes **unterscheidungskräftiges Kennzeichen** an einem Produkt anbringt. Denn dadurch gibt er sich als Hersteller aus. Ein Gleiches gilt für denjenigen, der ein Produkt wiederaufarbeitet oder die Sicherheitseigenschaften eines Verbraucherprodukts beeinflusst und dieses anschließend auf dem Markt bereitstellt.[16] Das ist dann der sog. „**Quasi-Hersteller**".

Praxistipp

Auch die Figur des Quasi-Herstellers wird dem Leser bei der Frage nach der zivilrechtlichen Produkthaftung wieder begegnen. Auch das Produkthaftungsgesetz kennt – wie das Produktsicherheitsgesetz – den Quasi-Hersteller. Beide Gesetze erweitern also den Begriff des Herstellers auch auf diejenigen, die nach außen hin den Eindruck erwecken, sie seien Hersteller.

Die Herausforderungen dieses besonderen Herstellerverständnisses für die Ermittlung des für die Produktsicherheit Verantwortlichen, werden im folgenden Abschnitt anhand einiger praktischer Beispiele erläutert. Um die Sache spannend (und praxisnah) zu machen geht es in allen Fällen um additiv gefertigte Produkte, die nie eine herkömmliche Fabrik von innen gesehen haben. Sie alle werfen eine Reihe von Fragen auf: Gelangt das Produktsicherheitsgesetz zur Anwendung? Falls ja: Wer ist Hersteller der Gegenstände, wenn sie aus dem 3D-Drucker kommen? Wer muss sicherstellen, dass das Endprodukt den Anforderungen des Produktsicherheitsgesetzes entspricht? Gibt es Sondervorschriften, die es einzuhalten gilt und wenn ja, wer ist dafür verantwortlich?

Soweit ersichtlich, hatten deutsche Gerichte bislang noch nicht die Gelegenheit, sich mit diesen konkreten Fragen des 3D-Drucks auseinanderzusetzen. Nichtsdestotrotz sollen im Folgenden auf der Basis bestehender Rechtsprechung erste Lösungsansätze entwickelt werden.

Fall 1: Das Werbegeschenk aus dem 3D-Drucker

Die Fernweh GmbH bietet ihren Kunden maßgeschneiderte Individualreisen an und verteilt jedes Jahr zum Weihnachtsfest ein Werbegeschenk. Für dieses Jahr soll es etwas Besonderes sein und es dauert nicht lange bis die Geschäftsleitung das Richtige gefunden hat: Ein Schlüsselanhänger mit Gravur des „Fernweh" Logos, der sich mittels 3D-Druck auch in kleiner Auflage kostengünstig herstellen lässt. Die Schlüsselanhänger werden von einem Mitarbeiter der Fernweh GmbH in einem FabShop hergestellt und rechtzeitig zum Fest an die Kunden ausgeliefert.

Dieser Fall bereitet keine besonderen Schwierigkeiten. Hier gelangt das Produktsicherheitsgesetz ohne weiteres zur Anwendung, denn dafür spielt es keine Rolle, ob ein Produkt **entgeltlich oder unentgeltlich** überlassen wird. Auch die **kostenlose Abgabe eines Werbegeschenks** zur Verwendung durch den Beschenkten ist deshalb eine „Bereitstellung im Markt" und sie erfolgt auch „im Rahmen einer Geschäftstätigkeit". Denn sie ist Ausdruck der Teilnahme am Wirtschaftsverkehr und erfolgt nicht zu privaten Zwecken. Der Hersteller der Schlüsselanhänger lässt sich problemlos ermitteln: da der Mitarbeiter der Fernweh GmbH die Schlüsselanhänger nicht für sich, sondern für seinen Arbeitgeber hergestellt hat, und die Werbegeschenke den Namen der Fernweh GmbH tragen, werden sie unter ihrem eigenen Namen vermarktet. Hersteller der Schlüsselanhänger ist damit die Fernweh GmbH, die somit dafür sorgen muss, dass ihr Werbegeschenk die Sicherheit und Gesundheit ihrer Kunden nicht gefährdet. Der Gedanke, dass sich ein Kunde an einem Schlüsselanhänger ernsthaft verletzt, mag zugegebenermaßen fernliegen. Allerdings erfreuen sich, wie ein Blick in die einschlägigen Kataloge zeigt, auch gefahrgeneigtere Werbegeschenke wie Feuerzeuge großer Beliebtheit.

Fall 2: Das virtuelle Möbelhaus

Die „Style4U GmbH" hat sich auf die Fertigung von Designer-Leuchten spezialisiert und vertreibt diese von Barcelona aus in ganz Europa, so auch an deutsche Kunden. Die Gründer Philipp, Oliver und Marcel halten nichts von no-name Produkten und haben sich deshalb Ihren Firmennamen europaweit auch als Wortmarke schützen lassen, die sie auf jeder ihrer Leuchten anbringen. Sie unterhalten kein Lager, sondern fertigen ihre Leuchten nur auf Kundenbestellung in ihrer eigenen Werkstatt, was schon zu Beschwerden wegen der damit verbundenen Lieferfristen geführt hat. Marcel hat die Mailänder Möbelmesse besucht und dort einen Kunststoffstuhl gesehen, der aus dem 3D-Drucker

---

kam. Er denkt sich, das können wir mit unseren Leuchten doch auch und erzählt seinen Gesellschaftern davon. Oliver und Philipp finden die Idee zwar spannend, scheuen aber die hohen Kosten für die Anschaffung und den Betrieb eines zur Serienfertigung geeigneten 3D-Druckers, mit dem die Leuchten ohne Qualitätseinbußen hergestellt werden können. Sie entscheiden sich deshalb dafür, eine ihrer Leuchten künftig auch als 3D-Modell auf ihrer eigenen Website anzubieten damit sie von ihren Kunden selbst ausgedruckt werden kann. Dort wird sie vom Studenten Jim Geek heruntergeladen, der sie auf seinem eigenen 3D-Drucker ausdruckt.

Hier ist die Ermittlung des Herstellers schon nicht mehr ganz so einfach. Das Produktsicherheitsgesetz erweist sich als wenig hilfreich, denn danach ist Hersteller – wie eingangs schon erwähnt – jede natürliche oder juristische Person, die ein Produkt herstellt oder entwickeln oder herstellen lässt und dieses Produkt unter ihrem eigenen Namen oder ihrer eigenen Marke vermarktet. Demnach ist Jim Geek **in Fall 2** jedenfalls nicht „Hersteller", denn er hat seine Leuchte zwar selbst ausgedruckt, vermarktet sie aber nicht unter seinem Namen. Das Produktsicherheitsgesetz findet auf ihn keine Anwendung, da er keine Produkte auf dem Markt bereitstellt und auch nicht im Rahmen einer Geschäftstätigkeit verwendet. Kann dann die Style4U GmbH als Hersteller in die Pflicht genommen werden, obwohl sie nur die Druckvorlage geliefert hat? Das ist durchaus möglich. Das Produktsicherheitsgesetz sieht nämlich vor, dass auch derjenige als Hersteller gilt, der

- geschäftsmäßig seinen Namen, seine Marke oder ein anderes unterscheidungskräftiges Kennzeichen an einem Produkt anbringt und sich dadurch als Hersteller ausgibt oder
- ein Produkt wiederaufarbeitet oder
- die Sicherheitseigenschaften eines Verbraucherprodukts beeinflusst und dieses anschließend auf dem Markt bereitstellt.

Enthält das 3D-Modell der Leuchte also die Marke der Style4you GmbH und wird diese Marke auf jeder Leuchte „ausgedruckt", weil sie Bestandteil des von der Style4you GmbH gelieferten 3D-Modells ist, dann muss sie als sogenannter „**Quasi-Hersteller**" dafür sorgen, dass die Leuchte den Anforderungen des Produktsicherheitsgesetzes entspricht. Dass die Marke nicht von Mitarbeitern der Style4you GmbH eigenhändig auf jedem einzelnen Leuchten-Exemplar angebracht wird, steht dem nicht entgegen, da dies auch bei anderen Leuchten nicht der Fall ist, die mittels herkömmlicher (subtraktiver) Verfahren in Serie hergestellt werden. Entscheidend für die Eigenschaft als Quasi-Hersteller muss in solchen Fällen vielmehr sein, dass die Marke fester Bestandteil des 3D-Modells ist, das dem Verbraucher zum Ausdruck überlassen wird, denn damit gibt sich der Lieferant der Druckvorlage als Hersteller des Endprodukts aus.

> **Fall 3: Spielzeug zum Herunterladen und Ausdrucken**
> *Susi Sorglos will ihrem Sohn zum fünften Geburtstag ein Spielzeugauto schenken. Bei ihrer virtuellen Einkaufstour entdeckt sie 3DToyz, einen Internet-Marktplatz für 3D-Modelle von Spielzeugen. Dort findet sie schnell das Gesuchte und lädt sich die Druckvorlage des Designers im STL-Format herunter. Da sie über keinen eigenen 3D-Drucker verfügt, sendet sie die Datei an einen Auftragnehmer, der sie ausdruckt und ihr das Spielzeugauto per Post zusendet.*

Die Ermittlung des (Quasi-)Herstellers in Fall 2 war noch relativ einfach und kann damit als Einstiegsübung betrachtet werden. Hier wird es dagegen schon schwieriger, da das fertig ausgedruckte Spielzeugauto keine Marke trägt. Zwar handelt es sich bei dem Spielzeugauto um ein Produkt, das durch einen Fertigungsprozess hergestellt wurde. Der **Plattformbetreiber**, der das 3D-Modell gegen Entgelt zum Herunterladen angeboten hat, ist selbst aber nicht der tatsächliche Hersteller des Spielzeugs. Er ist auch nicht dessen „Quasi-Hersteller" geworden, jedenfalls nicht, solange er nicht seine Marke auf dem Endprodukt „Spielzeugauto" anbringt. Wie schon erwähnt gilt als („Quasi")Hersteller allerdings auch derjenige, der ein Produkt wiederaufarbeitet oder die Sicherheitseigenschaften eines Verbraucherprodukts beeinflusst und dieses anschließend auf dem Markt bereitstellt. Wurde das 3D-Modell aber vom Anbieter der STL-Datei und nicht vom Plattformbetreiber erstellt, dann hat letzterer auch keinen Einfluss auf die Sicherheitseigenschaften des Spielzeugs nehmen können und in der Tat auch nicht genommen. Dies konnte allein der Ersteller der Druckvorlage. Der Plattformbetreiber selbst bearbeitet oder kontrolliert die Druckvorlage indes nicht. Ist dann derjenige, der die Druckvorlage erstellt hat vielleicht der „Hersteller" der für die Produktsicherheit verantwortlich ist? Auch dies ist fraglich, denn nach wohl überwiegender Ansicht soll das Produktsicherheitsgesetz auf die Übertragung von Software ohne Datenträger keine Anwendung finden, da Software(code) als solcher kein Produkt im Sinne des Gesetzes sei.[17] Folgt man dieser Auffassung, dann dürfte auch die von einer Website heruntergeladene Datei mit der Druckvorlage kein „Produkt" sein, auf das das Produktsicherheitsgesetz anzuwenden ist.

Susi Sorglos muss sich jedenfalls um das Produktsicherheitsgesetz schon deshalb keine Gedanken machen, da sie das Spielzeugauto nicht unter ihrem eigenen Namen vermarktet, daran keine Marke angebracht hat und auch dessen Sicherheitseigenschaften nicht beeinflusst hat.

Was ist mit dem Auftragnehmer, der das fertige Spielzeug ausgedruckt und an Susi Sorglos geliefert hat? Natürlich hat dieser es selbst gedruckt, aber hat er es auch unter seinem Namen oder seiner eigenen Marke vermarktet? Das wird man zumindest bezweifeln können, denn die Druckvorlage wurde ihm von seiner Kundin überlassen und das Spielzeugauto von ihm lediglich im Kundenauftrag ausgedruckt. Er könnte sich also auf den Standpunkt stellen, unter seinem Namen vermarkte er nur die von ihm angebotene Leistung, aber nicht das fertige Produkt. Allerdings zählen zu den „Verbraucherprodukten", für die das Produktsicherheitsgesetz gilt, auch solche Produkte, die dem Verbraucher im Rahmen einer Dienstleistung zur Verfügung gestellt werden[18] und um eben solche Produkte dürfte es sich auch bei den vom Auftragnehmer mittels eines 3D-Druckers im Kundenauftrag gefertigten Gegenständen handeln. Ob der Auftragnehmer deshalb auch als „Hersteller" des Verbraucherprodukts angesehen werden kann, ist damit aber noch nicht geklärt. Endgültige Rechtssicherheit wird hier wohl nur der Gesetzgeber schaffen können, indem er die Definition des Herstellerbegriffs im Produktsicherheitsgesetz entsprechend präzisiert.

Fall 4: Der Power Seller

Der Autofahrer Unverzagt stellt fest, dass der Kaltlufteinlass seines Sportwagens defekt ist. Da er schon immer getreu dem Grundsatz „Jetzt helfe ich mir selbst" gehandelt hat, scannt er das defekte Bauteil mit einem 3D-Scanner ein und druckt es auf seinem 3D-Drucker aus. Als er seinen Freunden im örtlichen Sportwagen Club davon berichtet, interessieren sich einige Clubmitglieder dafür. Dies bringt Unverzagt auf die Idee, den Kaltlufteinlass, der weder die Marke Porsche noch ein eigenes Kennzeichen von Unverzagt trägt, auf einem Online-Marktplatz für drei verschiedene Sportwagen-Modelle zum Kauf anzubieten.[19] Dort kann das von ihm erstellte 3D-Modell gegen Bezahlung des Kaufpreises an den Marktplatzbetreiber entweder als STL Datei heruntergeladen oder vom Marktplatzbetreiber direkt auf den 3D-Drucker des Erwerbers gestreamt werden. Die Nachfrage ist dort allerdings recht bescheiden: Innerhalb von 12 Monaten finden nur drei Exemplare einen Abnehmer und der Erlös beschränkt sich auf einige wenige Euro.

Dieser Fall unterscheidet sich jedenfalls dadurch von allen anderen Beispielsfällen, dass das Endprodukt nicht nur vom Verwender selbst hergestellt und rein privat benutzt, sondern auch verkauft wird. Das Anbieten auf dem Online-Marktplatz kann auch als Bereitstellen auf dem Markt angesehen werden. Damit das Produktsicherheitsgesetz zur Anwendung gelangen kann, müsste dies jedoch „im Rahmen einer Geschäftstätigkeit" geschehen. Das wird man aber bei nur gelegentlichen Verkäufen nicht annehmen können.

Als Hersteller im Sinne des Produktsicherheitsgesetzes könnte allerdings der Betreiber des Online-Marktplatzes in Betracht kommen, wenn er von dem Lufteinlass nicht nur ein 3D-Modell zum Herunterladen anbietet, sondern den Lufteinlass auf Bestellung seines Kunden sogleich ausdruckt und ausliefert („On Demand Printing"). Dann vermarktet er nämlich das Produkt, das er für den Kunden herstellt und ihm überlässt, unter seinem eigenen Namen und beschränkt sich – anders als die Betreiber reiner Online-Marktplätze wie etwa *eBay* oder *thingiverse* – nicht auf die Bereitstellung einer technischen Plattform, auf der die Nutzer eigene Angebote hochladen können. Von einem reinen Internet-Händler unterscheidet sich ein solcher Marktplatzbetreiber dann nur noch darin, dass er die von ihm angebotenen Produkte nicht nur vertreibt, sondern zugleich auch herstellt.

Derzeit noch ungeklärt ist aber die Frage, ob der Plattformbetreiber (auch dann noch) als „Hersteller" im Sinne des Produktsicherheitsgesetzes angesehen werden kann, wenn er das gewünschte Produkt nicht auf einem seiner eigenen Drucker ausdruckt und an den Besteller versendet, sondern die Druckvorlage direkt auf den 3D-Drucker des Bestellers streamt.

Der Plattformbetreiber wird durch die bloße Bereitstellung technischer Mittel zum Streaming der Druckvorlage auf den 3D-Drucker des Bestellers wohl nicht zum Hersteller des Endprodukts, wenn der Druckbefehl gleichwohl vom Besteller gegeben bzw. der Druckauftrag von ihm – und nur von ihm – etwa durch Anklicken eines Buttons auf der Website des Plattformbetreibers erteilt wird. Zunächst wird man in einem solchen Fall davon ausgehen können, dass die so übertragene Druckvorlage vom Plattformbetreiber weder selbst hergestellt noch in seinem Auftrag hergestellt oder entwickelt wurde.[20] Zum anderen ist der Plattformbetreiber selbst nicht am Herstellungsprozess des Endprodukts beteiligt und lässt das Endprodukt, das vom Plattformnutzer unter Verwendung der Druckvorlage hergestellt wird, auch nicht herstellen oder entwickeln. Solange er keine Druckvorlagen vertreibt, die ein mit seiner Marke oder seinem Firmennamen gekennzeichnetes 3D-Modell enthalten und auf dem Endprodukt erscheinen, wird man ihn auch nicht als „Quasi-Hersteller" behandeln können.

Stellt der Plattformbetreiber die Druckvorlage selbst her und bietet er sie zum Herunterladen an, so lässt sich dagegen nicht bestreiten dass er damit jedenfalls Einfluss auf die Sicherheitseigenschaften des (End-)Produkts nimmt; ob ihn dies schon ohne weiteres und stets zum Hersteller im Sinne des Gesetzes macht, wird früher oder später von den Gerichten entschieden werden müssen.

Fall 5: Der Oldtimer-Sammler

Der Talkshow Host Jack Tire ist passionierter Oldtimer Sammler. Für seinen White Steam Car (Baujahr 1907)[21] benötigt er ein Ventil, das natürlich schon lange nicht mehr hergestellt wird und auch gebraucht nicht mehr zu bekommen ist. Er kann sein Problem dadurch lösen, dass er das zu ersetzende Ventil mit einem 3D-Scanner einscannt und sodann auf einem 3D-Drucker ausdruckt und in sein Sammlerstück einbaut, das in seiner Privatgarage steht und dort von Oldtimer Fans nach Terminvereinbarung nur kostenlos besichtigt, aber nicht gefahren werden kann. Dank des hochauflösenden Scanners passt das Ersatzteil wie das Original und der Wagen ist wieder betriebsbereit.

Hier kommt nur der Oldtimer-Sammler selbst als Hersteller in Betracht. Fraglich ist hier aber schon, ob überhaupt ein Produkt auf dem Markt bereitgestellt, ausgestellt oder erstmals verwendet wird, sodass das Produktsicherheitsgesetz Anwendung findet. Das Ventil wird nicht auf dem Markt bereitgestellt, sondern lediglich in ein Fahrzeug eingebaut, das im alleinigen Gewahrsam des Sammlers verbleibt. Es wird auch nicht ausgestellt (ausgestellt wird allenfalls das Fahrzeug, aber nicht das darin verbaute und von außen nicht sichtbare Ventil). Behandelt man aber die Herstellung von Maschinen für den Eigengebrauch als erstmaliges Verwenden, dann könnte dies auch für die Herstellung des Ventils gelten, wenn dies im Rahmen einer Geschäftstätigkeit geschieht. Daran dürfte es hier aber fehlen, denn das Ventil wird nicht zur Erreichung eines wirtschaftlichen Zwecks, sondern lediglich zur Befriedigung eines ideellen Sammlerinteresses hergestellt. Die Herstellung des Ventils ist damit auch nicht Ausdruck der Teilnahme am Wirtschaftsleben, sondern Teil der Ausübung eines privaten Hobbys. Anders könnte die Rechtslage allerdings zu bewerten sein, wenn der Oldtimer von einem gewerblichen Autovermieter entgeltlich an Kunden vermietet wird.

Fazit:

Die oben dargestellten Beispiele zeigen, dass die Produktsicherheit durch den 3D-Druck vor neue Herausforderungen gestellt wird, die sorgfältig durchdacht werden müssen und eine Anpassung der aktuellen Gesetzeslage an die dadurch geänderten Rahmenbedingungen erforderlich machen können.

Welche Folgen treffen nun Hersteller, die die maßgeblichen Sicherheitsanforderungen an Produkte nicht einhalten? Das ProdSG regelt die öffentlich-rechtliche Seite der Produktsicherheit. Die sog. Marktüberwachungsbehörden überwachen die Einhaltung der Vorschriften auf der Grundlage eines sog. Überwachungskonzepts. In diesem haben sie nach dem Gesetz[22] die Erhebung und Auswertung von Informationen und Überprüfungsmaßnahmen für die Waren zu regeln. Stellen Sie hierbei Verstöße fest, so können Bußgelder gegen die Hersteller verhängt werden.[23] Bei vorsätzlichem und beharrlichem Verstoß gegen zentrale Bestimmungen des ProdSG liegt sogar eine Straftat vor, die mit Geld- oder Freiheitsstrafe geahndet werden kann.[24]

Auf einen Blick:

Das **Produktsicherheitsgesetz** ist immer dann zu beachten, wenn in Deutschland im Rahmen einer **Geschäftstätigkeit Produkte** auf dem Markt

- bereitgestellt,
- ausgestellt oder
- erstmals verwendet werden.

Auch additiv gefertigte Produkte dürfen demnach nur dann auf dem Markt bereitgestellt werden, wenn sie bei bestimmungsgemäßer oder vorhersehbarer Verwendung **die Sicherheit und Gesundheit von Personen** nicht gefährden.

Für bestimmte Produkte wie etwa Spielzeug, Aufzüge, Druckbehälter, etc. gelten zudem besondere Anforderungen, die in das Produktsicherheitsgesetz ergänzenden **Rechtsverordnungen** festgelegt sind.

Die Erfüllung der allgemeinen Anforderungen für die Bereitstellung von Produkten auf dem Markt haben der **Hersteller** und der **Händler** sicherzustellen, die zusätzlichen Anforderungen bei der Bereitstellung von Verbraucherprodukten treffen auch die **Bevollmächtigten des Herstellers** und den Importeur.

Neben demjenigen, der ein Produkt selbst gefertigt hat (oder sich hierzu eines Dienstleisters bedient hat), gilt auch derjenige als **Quasi-Hersteller**, der seinen Namen, seine Marke oder ein anderes unterscheidungskräftiges Kennzeichen an einem Produkt anbringt. Quasi-Hersteller ist auch der, der ein **Produkt wiederaufarbeitet** oder die **Sicherheitseigenschaften eines Verbraucherprodukts** beeinflusst und dieses anschließend auf dem Markt bereitstellt.

7.2 Besondere, spezialgesetzlich geregelte Sicherheits-anforderungen

7.2.1 Implantate und andere Medizinprodukte

Der Europäische Markt für Medizinprodukte hat mittlerweile ein Umsatzvolumen von rund 100 Milliarden Euro erreicht.[25] Nicht wenige davon wie z.B. Zahnersatz(-implantate) sind Sonderanfertigungen, die sich mittels additiver Fertigung wirtschaftlicher und besser herstellen lassen als mit herkömmlichen Methoden.[26] Die additive Fertigung hat in diesem Bereich bereits heute den üblichen Feinguss nahezu vollständig ersetzt.[27]

Zum Schutz insbesondere der Patienten und Ärzte ist das Inverkehrbringen von Medizinprodukten spezialgesetzlich geregelt. Unter den Begriff der „Medizinprodukte" fallen u.a. alle Gegenstände, die der Behandlung, Linderung oder Kompensierung von Verletzungen oder Behinderungen zu dienen bestimmt sind und/oder die der Ersetzung oder der Veränderung des anatomischen Aufbaus oder eines physiologischen Vorgangs dienen sollen. Damit sind auch Implantate aller Art erfasst. Es werden sog. aktive und nicht aktive (sonstige) Medizinprodukte unterschieden: **Aktive Medizinprodukte** sind solche, deren Betrieb von einer Stromquelle oder einer anderen Energiequelle (mit Ausnahme der direkt vom menschlichen Körper oder durch die Schwerkraft erzeugten Energie) abhängig ist, ein Beispiel hierfür wäre der Herzschrittmacher. **Nichtaktive Medizinprodukte** – wie ein Zahnimplantat – benötigen keine Energiequelle.

Für Unternehmen, die medizinische Implantate im Auftrag additiv fertigen, stellt sich die Frage, ob sie selbst für die **Einhaltung der gesetzlichen Anforderungen** zu sorgen haben, oder dafür allein ihr Auftraggeber verantwortlich ist. Das Medizinproduktegesetz sieht vor, dass Verantwortlicher für das erstmalige Inverkehrbringen von Medizinprodukten grundsätzlich der Hersteller oder sein Bevollmächtigter ist. Einmal mehr haben wir also mit dem Herstellerbegriff zu kämpfen. „**Hersteller**" ist nach dem Medizinproduktegesetz die natürliche oder juristische Person (also z.B. eine GmbH oder AG), die das Medizinprodukt **im eigenen Namen** in Verkehr bringt. Dies gilt unabhängig davon, ob sie das Produkt selbst in den Verkehr bringt oder diese Aufgabe Dritten überträgt. Bei einer reinen Auftragsfertigung wird das Implantat nicht vom Auftragnehmer unter seinem eigenen Namen in den Verkehr gebracht, sondern natürlich vom Auftraggeber. Gesetzlich verantwortlich für die Einhaltung der rechtlichen Rahmenbedingungen für Medizinprodukte ist damit nicht der **Auftragsproduzent**, sondern sein Auftraggeber, der die additiv gefertigten Implantate unter seinem Namen vertreibt. Wie wir gleich noch sehen werden, ändert dies allerdings nichts daran, dass die Einhaltung aller gesetzlichen Anforderungen in der additiven Fertigung von Implantaten und anderen Medizinprodukten durch den Auftragsproduzenten durch entsprechende **vertragliche Vereinbarungen** zwischen dem Hersteller und dem Auftragsproduzenten sicher gestellt werden muss.

1. Compliance mit EU-Richtlinien, ISO-Normen und nationalem Recht

Welche Anforderungen Implantate und andere Medizinprodukte erfüllen müssen, ist insbesondere in EU-Richtlinien und zahlreichen ISO-Normen geregelt, von denen hier nur einige in den Grundzügen dargestellt werden können. Insgesamt sind die Regelungen durchaus komplex, so dass im Einzelfall stets genau zu prüfen ist, welche Anforderungen das Produkt nun im Einzelnen erfüllen muss.

Die technischen Anforderungen an die Eigenschaften von Medizinprodukten und die Prüfverfahren sind in verschiedenen ISO-Normen festgelegt. Die Allgemeinen Anforderungen an nichtaktive chirurgische Implantate sind etwa in der DIN EN ISO 14630[28] geregelt, die Anforderungen an metallische Werkstoffe für chirurgische Implantate in der ISO 5832, die aus 14 Teilen besteht.[29] Für die Hersteller von Implantaten und anderen Medizinprodukten, kommt eine **Zertifizierung** nach der ISO 13485 in Betracht, die ein umfassendes, prozessorientiertes **Qualitätsmanagementsystem** für das Design und die Herstellung von Medizinprodukten definiert. Wegen des Umfangs dieser und anderer Normen wird hierzu auf die einschlägige Fachliteratur verwiesen.[30]

Die grundlegenden Anforderungen, die jedes Medizinprodukt und damit auch jedes Implantat (mit Ausnahme solcher Implantate, die auf eine elektrische oder andere Energiequelle angewiesen sind) erfüllen muss, sind im Anhang zur **Richtlinie 93/42/EG**[31] geregelt. Danach müssen die Produkte so ausgelegt und hergestellt werden, dass ihre Anwendung weder den klinischen Zustand und die Sicherheit der Patienten noch die Sicherheit und die Gesundheit der Anwender oder gegebenenfalls Dritter gefährdet; immer vorausgesetzt sie werden unter den vorgesehenen Bedingungen und zu den vorgesehenen Zwecken eingesetzt. Neben diesen und weiteren allgemeinen Anforderungen gehören dazu u. a. Anforderungen an die Auslegung und Konstruktion u. a. im Hinblick auf die chemischen, physikalischen und biologischen Eigenschaften, Infektionsrisiken und die Kennzeichnung durch den Hersteller. Auch das Herstellungsverfahren muss so ausgelegt sein, dass das Infektionsrisiko für Patienten, Anwender und Dritte ausgeschlossen oder soweit wie möglich verringert wird.[32]

Bei additiv gefertigten Medizinprodukten handelt es sich heute meist um **Sonderanfertigungen**, also Produkte, die nach schriftlicher Verordnung eines namentlich angegebenen spezialisierten Arztes unter seiner Verantwortung nach spezifischen Auslegungsmerkmalen eigens angefertigt werden. Diese sind zur ausschließlichen Anwendung bei einem namentlich genannten Patienten bestimmt. Gerade bei solchen Spezialanfertigungen kann die additive Fertigungstechnik ihre Vorteile voll ausspielen: der 3D-Druck ermöglicht es ohne weiteres, etwa anatomisch passgenaue Knochenersatzstücke oder Zahnimplantate zu fertigen. Nicht als Sonderanfertigung gilt allerdings das serienmäßig hergestellte Medizinprodukt, das angepasst werden muss, um den spezifischen Anforderungen des Arztes, Zahnarztes oder des sonstigen beruflichen Anwenders zu entsprechen. Sonderanfertigungen bedürfen keiner **CE-Kennzeichnung**, alle anderen Medizinprodukte, dürfen dagegen – von einigen im Medizinproduktegesetz geregelten Ausnahmefällen einmal abgesehen – in Deutschland nur in den Verkehr gebracht werden, wenn sie mit einer solchen Kennzeichnung versehen sind.[33] Die CE-Kennzeichnung wird gelegentlich auch als **„technischer Reisepass" eines Medizinproduktes** bezeichnet, da es für die Aufsichtsbehörden die **Konformität des damit gekennzeichneten Produkts** mit dem EU-Recht bescheinigt.

Ein aktuelles Beispiel für eine individuell für einen bestimmten Patienten erstellte Sonderanfertigung sind Hörgeräte, die individuell an den Gehörgang des Trägers angepasst werden. Das Medizinproduktegesetz sieht vor, dass Sonderanfertigungen nur in den Verkehr gebracht oder in Betrieb genommen werden dürfen, wenn die im Anhang zur Richtlinie 93/42/EG geregelten, grundlegenden Anforderungen erfüllt sind und das für sie vorgesehene **Konformitätsbewertungsverfahren** nach Maßgabe der Medizinprodukteverordnung („MPV") durchgeführt worden ist.

Der Nachweis, dass die in Anhang I zur Richtlinie 93/42/EG genannten merkmal- und leistungsrelevanten Anforderungen von einem Produkt unter normalen Einsatzbedingungen erfüllt werden, sowie die Beurteilung von unerwünschten Nebenwirkungen und der Annehmbarkeit des Nutzen-/Risiko-Verhältnisses, müssen generell auf der Grundlage klinischer Daten erfolgen (sog. **klinische Bewertung**). Die klinische Bewertung und ihr Ergebnis sind vom Hersteller zu dokumentieren und müssen ebenso wie die Dokumentation aktiv anhand der aus der Überwachung nach dem Inverkehrbringen gewonnenen Daten stets auf dem neuesten Stand gehalten werden.[34]

Welches Konformitätsverfahren im Einzelfall einzuhalten ist, hängt davon ab, welcher **Risikoklasse** das Produkt angehört. Grundsätzlich wird zwischen den Risikoklassen I (Geringes Risiko) bis III (sehr hohes Risiko) unterschieden; es gibt jedoch keine verbindliche Zuordnung bestimmter Medizinprodukte zu bestimmten Risikoklassen, da diese grundsätzlich vom Hersteller selbst vorzunehmen ist.

Für alle Sonderanfertigungen muss der Hersteller eine schriftliche Erklärung ausstellen, die folgende Angaben enthalten muss:

- Name und Anschrift des Herstellers;
- die zur Identifizierung des betreffenden Produkts notwendigen Daten;
- die Versicherung, dass das Produkt ausschließlich für einen bestimmten Patienten bestimmt ist, und den Namen dieses Patienten;

- den Namen des Arztes oder der hierzu befugten Person, der/die das betreffende Produkt verordnet hat, und gegebenenfalls den Namen der betreffenden medizinischen Einrichtung;

- die spezifischen Merkmale des Produkts, wie sie in der Verschreibung angegeben sind;

- die Versicherung, dass das betreffende Produkt den in Anhang I zur Richtlinie 93/42/EG genannten grundlegenden Anforderungen entspricht, und gegebenenfalls die Angabe der grundlegenden Anforderungen, die nicht vollständig eingehalten worden sind, unter Angabe der Gründe.[35]

Medizinprodukten der Risikoklassen II und III hat der Hersteller eine Kopie dieser Erklärung beizufügen, die für den durch seinen Namen, ein Akronym oder einen nummerischen Code identifizierbaren Patienten verfügbar sein muss. Die Auslegung, die Herstellung und die Fertigungsstätte sowie die Leistungsdaten einschließlich der vom Hersteller vorgesehenen Leistung solcher Sonderanfertigungen müssen vom Hersteller gemäß Anlage VIII zur Richtlinie 93/42/EG schriftlich dokumentiert werden. Nur so kann beurteilt werden, ob die Sonderanfertigung den Anforderungen der Richtlinie entspricht.[36] Außerdem muss der Hersteller alle erforderlichen Maßnahmen treffen, damit im Herstellungsverfahren die Übereinstimmung der hergestellten Produkte mit der Dokumentation sichergestellt wird. **Die Erklärung und die Dokumentation** muss der Hersteller mindestens 5 Jahre, bei Implantaten sogar 15 Jahre aufbewahren.[37]

Ein besonders wichtiger Aspekt bei der Herstellung von Medizinprodukten ist die **Validierung der Produktionsprozesse** einschließlich der dabei – etwa in der Fertigungsanlage – eingesetzten Software. Gegenstand dieser Prozessvalidierung ist die **Ausarbeitung eines dokumentierten Nachweises,** dass der Herstellungsprozess ein Produkt erzeugt, welches die vorgegebenen Anforderungen erfüllt.

Die Validierung erfolgt in drei Stufen:

- Wird ein neuer Produktionsprozess aufgesetzt, so ist zunächst mittels einer **Installationsqualifizierung** zu prüfen, ob alle dafür eingesetzten Anlagen (und somit auch die 3D-Drucker) korrekt installiert, die Herstellervorgaben eingehalten und die Geräte voll funktionsfähig sind. Dazu gehört auch die Definition der Umgebungsbedingungen für die Produktion.

- Sind alle Anlagen richtig installiert, folgt die **Funktionsqualifizierung,** mit der überprüft wird, ob sich mit dem geplanten Fertigungsprozess die gewünschten Eigenschaften des Produkts erreichen lassen. Dies geschieht unter Berücksichtigung u. a. der Eigenschaften des verwendeten Druckmaterials, der konstruktiven Vorgaben für das Produkt, der Software Parameter zur Steuerung der Fertigungsanlage und aller Faktoren, sie sich auf den Fertigungsprozess auswirken können.

- Die sich daran anschließende **Leistungsqualifizierung** dient schließlich der Überprüfung, ob sich mit dem definierten Herstellungsprozess auch im Dauerbetrieb die gewünschten Ergebnisse erzielen lassen. Die ISO 13485 verlangt zudem ausdrücklich, dass in der Fertigung eingesetzte Softwareanwendungen, die die Fähigkeiten des Produkts beeinflussen können, **vor dem ersten Einsatz** validiert werden müssen. Die Software zur Steuerung additiver Fertigungsanlagen gehört zweifellos dazu und bedarf somit vor dem Ersteinsatz ebenfalls der Validierung.

Wird die Herstellung von Medizinprodukten als Auftragsproduktion auf einen Dienstleister ausgelagert, der über die dafür benötigten 3D-Drucker verfügt, so kann die „**Guidance for Notified Bodies auditing suppliers to medical device manufacturers**"[38] als Orientierungshilfe der dabei zu erfüllenden Anforderungen dienen. Die darin enthaltenen Leitlinien wurden von der „Notified Body Operations Group" (NBOG) ausgearbeitet. Der Hersteller kann nämlich seine Verantwortung für die Einhaltung des von ihm errichteten Qualitäts-Management Systems **nicht an den Auftragsproduzenten delegieren**, sondern muss dafür sorgen, dass diese auch von jenem eingehalten werden. Die Leitlinien enthalten Kriterien für die Auditierung der Auswahl und Beauftragung eines bestimmten Lieferanten mit der Herstellung der Medizinprodukte, die Auditierung der Geschäftsräume des Auftragsproduzenten sowie deren Dokumentierung. **Mit der Auditierung** der Lieferantenauswahl wird geprüft, ob die vom Hersteller verwendeten Prozesse sicherstellen, dass die von den Auftragsproduzenten gelieferten Produkte, Materialien und Dienstleistungen regelkonform sind. Mit der Auditierung der Geschäftsräume des Auftragsproduzenten wird verifiziert, ob der Hersteller eine effektive Kontrolle über den Auftragsproduzenten ausübt und der Auftragsproduzent in der Lage ist, Produkte zu liefern, die durchgängig die (Qualitäts-) Anforderungen des Herstellers erfüllen.

Ein zentraler Prüfpunkt sind dabei die vom Hersteller mit dem Auftragsproduzenten geschlossenen **Verträge**, die bestimmten inhaltlichen Mindestanforderungen entsprechen müssen. So wird unter anderem geprüft, ob

- der Hersteller sicher gestellt hat, dass er die Kontrolle über alle Auftragsproduzenten und Subunternehmer behält,

- die getroffenen Vereinbarungen detaillierte Spezifikationen für die herzustellenden Produkte enthalten,

- klar geregelt ist, wer die Verantwortung für die Dokumentation des Herstellungsprozesses trägt, wie die Rückverfolgbarkeit der Rohmaterialien und Werkstoffe/Komponenten geregelt ist,

- sichergestellt ist, dass die Verantwortung für das Produktdesign beim Hersteller (und nicht beim Auftragsproduzenten) liegt,

- ein Verfahren zur Vornahme von Änderungen am Endprodukt, der zu seiner Herstellung verwendeten Materialien oder des Fertigungsprozesses vereinbart wurde, das festlegt, wie solche Änderungen initiiert, frei gegeben, implementiert, dokumentiert und an alle Beteiligten kommuniziert werden,

- Verfahren für die Zusammenarbeit zwischen dem Hersteller und dem Auftragsproduzenten im Falle eines Produktrückrufes sowie zur Erfüllung von Meldepflichten gegenüber den Aufsichtsbehörden vereinbart wurden,

- Vereinbarungen zur Kontrolle des Fertigungsprozesses durch den Hersteller in den Geschäftsräumen des Auftragsproduzenten getroffen wurden,

- der Auftragsproduzent dazu verpflichtet wurde, dem Hersteller Änderungen seiner Zertifizierung anzuzeigen, die sich auf die Qualität des zu fertigenden Produkts auswirken können.

Die Pflichten des Herstellers **enden auch nicht mit der Produktion.** Vielmehr muss er die Erfahrungen mit seinen Produkten in der der Herstellung nachgelagerten Phase auswerten und dokumentieren, um evtl. erforderliche Korrekturen vorzunehmen. Er muss die zuständigen Behörden über

- jede Funktionsstörung und jede Änderung der Merkmale und/oder der Leistung sowie jede nicht sachgerechte Kennzeichnung/Gebrauchsanweisung seines Produkts, die zum Tod oder zu einer schwerwiegenden Verschlechterung des Gesundheitszustandes eines Patienten oder eines Anwenders führen kann,

- jeden Grund technischer oder medizinischer Art, der durch die Merkmale und Leistungen des Produkts bedingt ist und zum systematischen Rückruf von Produkten desselben Typs durch den Hersteller geführt hat informieren.[39]

Sog. **aktive implantierbare medizinische Geräte (AIMDD),** dürfen nur in den Verkehr gebracht werden, wenn sie die in der **Richtlinie 90/385/EG**[40] niedergelegten, grundlegenden Anforderungen erfüllen. Zu diesen Geräten zählen alle aktiven medizinischen Geräte, die dafür ausgelegt sind, ganz oder teilweise durch einen chirurgischen oder medizinischen Eingriff in den menschlichen Körper oder durch einen medizinischen Eingriff in eine natürliche Körperöffnung eingeführt zu werden und dazu bestimmt sind, nach dem Eingriff dort zu verbleiben. In diese Kategorie der Medizinprodukte fallen etwa die oben bereits erwähnten implantierbaren Herzschrittmacher. Sofern es sich bei solchen Geräten um Sonderanfertigungen handelt, müssen insbesondere die Anforderungen in Anhang VI zur Richtlinie 90/385/EG eingehalten werden, für alle anderen implantierbaren medizinischen Geräte gelten die in Anhang 1 der Richtlinie 90/385/EG genannten allgemeinen Anforderungen.[41]

2. Einführung von einheitlichen Produktkennzeichnungen für Medizinprodukte

Wie eingangs gezeigt, ermöglicht die additive Fertigung in vielen Fällen erst die wirtschaftliche Herstellung von „maßgeschneiderten Medizinprodukten" und ist damit ein Segen für die Träger und Verwender solcher Produkte. Die im vorangegangenen Abschnitt erläuterten Anforderungen an die Entwicklung und Herstellung von Medizinprodukten sind allerdings hoch und erfordern ein hohes Maß an Fach- und Sachkenntnis. Nachdem das Inverkehrbringen gefälschter Arzneimittel seit 2013 durch das neu geschaffene securPharm-System[42] erschwert wurde, haben die Produktpiraten nunmehr die Medizinprodukte als lukrative und leichter zu fälschende Alternative entdeckt. Die möglichen Folgen eines gefälschten Herzschrittmachers kann sich jeder auch ohne Medizinstudium ausmalen. In einigen Mitgliedstaaten der Europäischen Union und in den USA wurden deshalb unterschiedliche Systeme zur **Rückverfolgbarkeit** von Medizinprodukten entwickelt. Ein erster Schritt zur Angleichung dieser Systeme sind die Empfehlungen der EU-Kommission zur Schaffung einheitlicher Produktkennzeichnungen („**Unique Device Identifier – UDI**") für Medizinprodukte.[43] Die Empfehlungen sehen vor, dass „Gesundheitseinrichtungen"[44] wie z. B. Kliniken bei der Entwicklung ihrer eigenen nationalen UDI-Mechanismen über die gesamte Lieferkette hinweg Informationen zur Produktkennung (statische Informationen) und zur Herstellungskennung (variable Informationen) speichern. Diese Informationen sollen zunächst im Zusammenhang mit der Produktkennung in den nationalen UDI-Datenbanken und später in der künftigen Europäischen Datenbank für Medizinprodukte (EUDAMED) erfasst werden.

Damit sollen zwar in erster Linie **effizientere Maßnahmen beim Rückruf** oder bei der Rücknahme von Produkten ermöglicht werden und eine Verringerung der Wahrscheinlichkeit medizinischer Fehler aufgrund einer Fehlanwendung erreicht werden, zugleich kann damit aber auch die Produktpiraterie besser bekämpft werden.[45]

Auf einen Blick:

Für Medizinprodukte gelten **besondere Sicherheitsanforderungen**, die im

- Medizinproduktegesetz,
- der Medizinprodukteverordnung und in
- verschiedenen EU-Richtlinien geregelt sind.

Für die Erfüllung dieser Anforderungen ist der **Hersteller** verantwortlich, also diejenige natürliche oder juristische Person (z. B. eine GmbH oder AG), die das Medizinprodukt im eigenen Namen in Verkehr bringt.

Welchen **Anforderungen** ein Medizinprodukt im Einzelfall entsprechen muss, bestimmt sich danach, welcher **Risikoklasse** es angehört. Für **Sonderanfertigungen** muss der Hersteller eine schriftliche Erklärung abgeben, in der er u. a. versichert, dass das Produkt alle gesetzlichen Anforderungen erfüllt.

Wer Medizinprodukte herstellt muss außerdem ein **Qualitätsmanagementsystem** einführen, das den Anforderungen der ISO 13485 entspricht. Er muss seine Herstellungsprozesse von Medizinprodukten einschließlich der dabei – etwa in der Fertigungsanlage – eingesetzten Software validieren, bevor mit der Produktion begonnen werden kann.

Wird die Herstellung von Medizinprodukten an einen **Auftragsproduzenten ausgelagert**, so sind zusätzlich die Leitlinien der „Notified Body Operations Group" (NBOG) zu beachten und nicht zuletzt alle für die Auftragsproduktion wesentlichen Aspekte vertraglich zu regeln.

Die zu erwartende Zunahme der Herstellung von und des Handels mit die Patientensicherheit gefährdenden Nachbauten von Medizinprodukten soll künftig durch eine spezifische Produktkennung (Unique Device Identifier – UDI") erschwert werden, die (bei Originalprodukten) eine Rückverfolgung bis zum Hersteller ermöglicht. Damit wird das Risiko der Verwendung von Imitationen verringert.

Die Voraussetzungen und Verfahrensschritte, die zu erfüllen sind, bevor ein Medizinprodukt in den Verkehr gebracht werden darf, sind in der nachfolgenden Grafik im Überblick dargestellt.

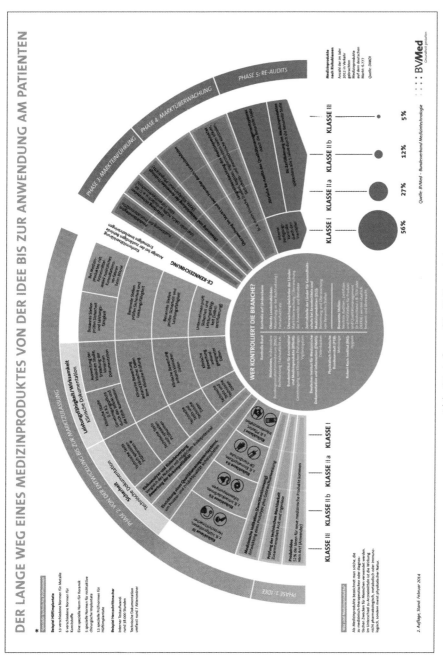

Abb. 64: Infografik: BVBmed.de

7.2.2 Kraftfahrzeug-Ersatzteile

Bestimmte, sicherheitsrelevante KFZ-Ersatzteile dürfen nur dann angeboten werden, wenn sie über eine sogenannte **Bauartgenehmigung** verfügen und mit einem **Prüfzeichen** versehen wurden. Dazu gehören u. a. die Lichtmaschine, Reifen, Sicherheitsgurte und Stoßstangen, Bremsen sowie die meisten Fahrzeugleuchten.[46]

Diese Fahrzeugteile dürfen also nicht einfach auf einem 3D-Drucker ausgedruckt und ohne Prüfzeichen im Internet angeboten werden. Dies gilt auch dann, wenn der Anbieter explizit darauf hinweist, dass deren Verwendung im Geltungsbereich der StVO/StVZO nicht zulässig ist oder die Teile nicht zur Verwendung im allgemeinen Straßenverkehr zugelassen sind.[47]

7.3 Geprüfte Sicherheit

Verwendungsfertige (Serien-)Produkte die mit Hilfe additiver Verfahren hergestellt wurden, können wie jedes andere Produkt auch mit dem **GS-Zeichen** versehen werden, wenn ihnen das Zeichen von einer GS-Stelle auf Antrag des Herstellers oder seines Bevollmächtigten **zuerkannt** worden ist.[48]

Die Anbringung des Zeichens für „geprüfte Sicherheit" ist also nicht etwa vom Gesetzgeber vorgeschrieben, sondern **freiwillig**. Es signalisiert dem Verbraucher, dass er das Produkt sicher benutzen kann. Um die Zuerkennung des GS-Zeichens für ein Produkt zu erhalten, muss bei der zuständigen GS-Stelle ein sog. **Baumuster** eingereicht werden, das den im Produktsicherheitsgesetz und etwaigen spezialgesetzlich festgelegten Anforderungen entsprechen muss.[49] Außerdem muss sichergestellt sein, dass die verwendungsfertigen (Serien-) Produkte dann auch dem Baumuster entsprechen. Der Hersteller des Produkts darf das GS-Zeichen nur verwenden und mit ihm werben, wenn ihm von der GS-Stelle eine Bescheinigung über die **Zuerkennung des Zeichens** ausgestellt wurde. Ist dies der Fall, so ist er dazu berechtigt, das nachfolgend – nicht maßstabsgetreu – abgebildete Zeichen auf seinen Produkten anzubringen:

Abb. 65: Das GS Siegel

7.4 Die CE-Kennzeichnung

Bestimmte Produkte wie etwa die schon erwähnten Medizinprodukte oder auch Spielzeug dürfen in der Europäischen Union und den EFTA-Staaten nur dann erstmalig in den Verkehr gebracht werden, wenn sie mit der nachfolgend abgebildeten CE-Kennzeichnung versehen wurden. Welche Produkte kennzeichnungspflichtig sind und welchen Anforderungen sie genügen müssen, damit sie die CE-Kennzeichnung tragen dürfen, ist in über 20 verschiedenen EU-Richtlinien und nationalen Gesetzen sowie Verordnungen geregelt, die zu ihrer Umsetzung ergangen sind. Bevor die Kennzeichnung auf dem Produkt angebracht werden darf, muss es einer Konformitätsprüfung unterzogen werden. Erfüllt das Produkt sämtliche Anforderungen, die in den für das Produkt harmonisierten Normen festgelegt sind, so gilt eine Konformitätsvermutung. Die Anbringung der Kennzeichnung erfolgt durch den Hersteller des Produkts, alternativ durch seinen Bevollmächtigten in der Europäischen Union. Ausführliche Informationen zur Kennzeichnungspflicht enthält der sog. „Blue Guide on the Implementation of EU Product Rules", der von der Website der Europäischen Kommission heruntergeladen werden kann.[50]

Abb. 66: Die CE-Kennzeichnung

7.5 Die VDI-Richtlinien für additive Fertigungsverfahren

Der Verband Deutscher Ingenieure (VDI) hat bereits im Jahr 2003 den Fachausschuss „Rapid Prototyping" gegründet und im Jahr 2009 mit der VDI Richtlinie 3404 das weltweit erste technische Regelwerk für die additive Fertigung geschaffen. Die 2014 neu gefasste Richtlinie[51] wendet sich an Anwender von additiven Fertigungsverfahren und enthält neben einer Erläuterung der wichtigsten Verfahren Angaben zu deren **Eignung für bestimmte Einsatzbereiche** sowie erste Empfehlungen für den Umfang und Inhalt von (Qualitätssicherungs-)Prüfungen und Lieferantenvereinbarungen. Die Richtlinie behandelt den additiven Fertigungsprozess von der Datenvorbereitung bis zum fertigen Produkt und behandelt mögliche Fehlerquellen, die zu fehlerhaften Endprodukten führen und somit Haftungsfolgen auslösen können. Dabei werden Auswahlkriterien für die additive Fertigung genannt und nützliche Hinweise für die Anforderungen an Bauteile sowie die Bauteil- und Prozessprüfung gegeben. Die Richtlinie bietet damit eine gute Grundlage für die Erarbeitung künftiger Normenwerke auch auf internationaler Ebene.

Anmerkungen

Hinweis: Alle Fußnoten dieses Buches gibt es als kostenloses Dokument unter www.vahlen.de/160 222 32. So müssen Sie keinen Link abtippen.

[1] Vgl. Ziff. 4.1.3. des Deutschen Corporate Governance Kodex in der Fassung vom 5. Mai 2015, abrufbar unter http://www.dcgk.de//files/dcgk/usercontent/de/download/kodex/2015-05-05_Deutscher_Corporate_Goverance_Kodex.pdf

[2] Vgl. §1 des Gesetzes zur Regelung der Sicherheitsanforderungen an Produkte und zum Schutz der CE-Kennzeichnung (Produktsicherheitsgesetz – ProdSG) vom 22. April 1997 (BGBl. I S. 934), abrufbar unter http://www.gesetzesweb.de/ProdSG.html.

[3] §1 ProdSG

[4] Vgl. §2 Nr. 22 ProdSG

[5] *Klindt/Schucht* in *Klindt* (Hrsg.) Produktsicherheitsgesetz, 2. Aufl. 2015, §2 Rdn. 160

[6] Vgl. zu diesen noch unten Kap. 7 B. I.

[7] §2 Nr. ProdSG

[8] So zur Herstellung von Maschinen für den Eigengebrauch *Schucht* in: *Klindt* (Hrsg.) Produktsicherheitsgesetz, 2. Aufl. 2015, §1 Rdn. 24

[9] So muss beispielsweise Spielzeug den in der Verordnung über die Sicherheit von Spielzeug (2. GPSGV) festgelegten Anforderungen entsprechen

[10] Zweite Verordnung zum Geräte- und Produktsicherheitsgesetz (Verordnung über die Sicherheit von Spielzeug) vom 7. Juli 2011 (BGBl. I S. 1350, 1470 –„GPSGV"), abrufbar unter http://www.gesetze-im-internet.de/gpsgv_2/

[11] Vgl. §19 Abs. 2 der 2. GPSGV

[12] §19 Abs. 3 der 2. GPSGV

[13] Vgl. §14 2. GPSGV

[14] Vgl. dazu §6 ProdSG

[15] Für §6 ProdSG ergibt sich der Regelungsadressat schon aus dem Gesetzeswortlaut, für §3 ProdSG ergeben sich die Händlerpflichten aus dem Beschluss 768/2008/EG des Europäischen Parlaments und Rates vom 01.07.2008 (ABl. EU 2008 Nr. L 218/82). Vgl. zum Ganzen *Klindt*, Produktsicherheitsgesetz, §3 Rdn. 40.

[16] Vgl. §2 Nr. 14 ProdSG

[17] So *Klindt/Schlucht* in: *Klindt* (Hrsg.), Produktsicherheitsgesetz, Kommentar, 2. Aufl. 2015, §2 Rdn. 165 mwN. Unserer Meinung nach sprechen die in Kapitel 8 Ziff. 8.4.2 zur Produkthaftung erörterten Gründe dafür, 3D-Modelle und Druckvorlagen ebenfalls als Produkt ist §2 Nr. 22 ProdSG zu behandeln.

[18] So ausdrücklich §2 Nr. 26 ProdSG; vgl. auch *Klindt*, Produktsicherheitsgesetz, §2 Rdn. 169

[19] Siehe http://www.google.de/imgres?imgurl=http://www.teil-der-maschine.de/wp-content/uploads/2012/12/cold-air-intake-porsche-928-720.jpg&imgrefurl=http://www.teil-der-maschine.de/?p%3D3252&h=560&w=720&tbnid=4CdYVjkMpaUl2M:&zoom=1&tbnh=90&tbnw=116&usg=__sqlIOqlnqjFUYTzRDMhmzqi9eBY=&docid=zvqFoxt0Bf5U0M; bei dem dortigen Anbieter handelt es sich natürlich nicht um den fiktiven Porsche Fahrer in unserem Fall und jede Ähnlichkeit mit Lebenden oder Verstorbenen ist rein zufällig und nicht beabsichtigt.

[20] Dazu, dass die Druckvorlage aber durchaus ein „Produkt" iSd §2 Nr. 22 ProdSE sein kann, vgl. oben Fn. 17

[21] Vgl. http://whitesteamcar.com/White_Steam_Car_Registry/Home.html

[22] §25 ProdSG

[23] §39 ProdSG

[24] §40 ProdSG

[25] http://ec.europa.eu/growth/sectors/medical-devices/index_en.htm

[26] Vgl. http://www.ingenieur.de/Themen/Werkzeuge-Maschinen/Zahnersatz-kommt-kuenftig-3-D-Drucker

[27] Vgl. http://www.ingenieur.de/Themen/Werkzeuge-Maschinen/Zahnersatz-kommt-kuenftig-3-D-Drucker

[28] Herunterladbar unter http://www.beuth.de/de/norm/din-en-iso-14630/153967023

[29] Vgl. zu den einzelnen Normenteilen https://de.wikipedia.org/wiki/ISO_5832

[30] Vgl. etwa *Harer*, Anforderungen an Medizinprodukte: Praxisleitfaden für Hersteller und Zulieferer, München 2014; *R. Mildner* (Hrsg.), Regulatorische Anforderungen an Medizinprodukte: Einführung und Handlungshilfen – von klinischer Bewertung bis HTA, Berlin 2012. Für die Auslegung der ISO 13485 ist der Leitfaden „Medical devices – Quality management systems – Guidance on the application of ISO 13485:2003 (ISO/TR 14969:2004); German version CEN ISO/TR 14969:2005" hilfreich.

[31] Richtlinie 93/42/EWG des Rates vom 14. Juni 1993 über Medizinprodukte (ABl. L 169 vom 12.7.1993, S. 1), in der Fassung der RL 2007/47/EGvom 5. September 2007, abrufbar unter http://eur-lex.europa.eu/LexUriServ/LexUriServ.do?uri=CONSLEG:1993L0042:20071011:de:PDF

[32] Vgl. Anhang I RL 93/42, Ziff. 8.1

[33] Vgl. §6 Abs. 1 MPG

[34] RL 93/42/EG Anhang X Ziff. 1.1c

[35] RL 93/42/EG Anhang VIII Ziff. 2.1

[36] RL 93/42/EG Anhang VIII Ziff. 32.1

[37] RL 93/42/EG Anhang VIII Ziff. 4

[38] Abrufbar unter http://www.nbog.eu/resources/NBOG_BPG_2010_1.pdf

[39] RL 93/42/EG Anhang VIII Ziff. 5

[40] Richtlinie des Rates vom 20. Juni 1990 zur Angleichung der Rechtsvorschriften der Mitgliedstaaten über aktive implantierbare medizinische Geräte (90/385/EWG), ABl. L 189 vom 20.7.1990, S. 17

[41] Abrufbar unter http://eur-lex.europa.eu/LexUriServ/LexUriServ.do?uri=CONSLEG:1990L0385:20071011:de:PDF

[42] Siehe dazu http://www.vfa.de/de/wirtschaft-politik/artikel-wirtschaft-politik/securpharm-der-deutsche-schutzschild-gegen-gefaelschte-arzneimittel.html

[43] Empfehlung der Kommission vom 5. April 2013 über einen gemeinsamen Rahmen für ein System einmaliger Produktkennzeichnung für Medizinprodukte in der Union (2013/172/EU), ABl. Nr. L 99/17 vom 9.4.2013, abrufbar unter http://eur-lex.europa.eu/LexUriServ/LexUriServ.do?uri=OJ:L:2013:099:0017:0024:DE:PDF.

[44] In den Empfehlungen sind Gesundheitseinrichtungen als Organisationen definiert, deren Hauptzweck in der Versorgung oder Behandlung von Patienten und/oder der Förderung der öffentlichen Gesundheit besteht.

[45] Ziff. 14 der Empfehlungen

[46] Vgl. hierzu im Einzelnen die detaillierte Auflistung in §22a StVZO

[47] *OLG Hamm*, Beschluss vom 25.09.2012, Az. I-4W 72/12, MMR 2013, 100

[48] Vgl. §20 Abs. 1 ProdSG

[49] Produkte müssen nach §21 ProdSG somit den in §3 ProdSG genannten Anforderungen entsprechen und zur Verwendung durch Verbraucher bestimmte Produkte zusätzlich den Anforderungen des §6 ProdSG

[50] http://ec.europa.eu/growth/single-market/ce-marking/

[51] Die Richtlinie kann von der Website http://www.beuth.de/de/ kostenpflichtig heruntergeladen oder in gedruckter Form bestellt werden

Die rasanten Veränderungen in Herstellung und Handel, die der 3D-Druck und die additive Fertigung erlauben, ziehen unweigerlich eine Vielzahl juristischer Probleme nach sich. Neben den Problemen des Geistigen Eigentums und der Produktpiraterie werfen die neuen Fertigungsmöglichkeiten und Fertigungstechniken noch eine weitere große Frage auf: nämlich die Frage, welche Ansprüche bestehen, wenn der Nutzer oder ein Dritter durch ein so gefertigtes **Produkt zu Schaden kommt**. Viele Unternehmen experimentieren mit neuartigen Materialien und Verfahren; viele neue Hersteller drängen auf den Markt. Das Ganze wird befeuert durch sinkende Preise und eine Vielzahl neuer Gestaltungsmöglichkeiten, die erst die additive Fertigung erlaubt. Günstige 3D-Drucker auch für den „Hausgebrauch" und eine lebhafte Maker Szene lassen erwarten, dass auch ambitionierte Enthusiasten etwa auf dem Markt für Ersatzteile mitwirken werden.

Damit rückt die **Haftung des Produktherstellers** wieder in den Fokus. Hier werfen der 3D-Druck und die additive Fertigung ganz **neue Fragestellungen** auf: ist man Hersteller und mithin Verantwortlicher, wenn man nur eine digitale Druckvorlage ausdruckt? Haftet als Hersteller des Produkts denn auch derjenige, der den Drucker betätigt? Haftet er allein – oder trifft vielleicht auch den Hersteller des Materials, der Fertigungsanlage, der digitalen Druckvorlage eine Verantwortlichkeit? Trifft diese Haftung auch einen Privatmann, der daheim „mal eben" ein Ersatzteil ausdruckt? Haftet man als Hersteller des Endprodukts für einen Fehler, der einem Zulieferer passiert ist? Und: Was heißt es für einen Hersteller, wenn Dritte plötzlich anfangen, Ersatz- oder Zubehörteile zum Produkt mit Hilfe additiver Fertigungsmethoden herzustellen?

8.1 Die Notwendigkeit einer Herstellerhaftung

Dass man gegen einen Vertragspartner, der einen Vertrag nicht ordnungsgemäß erfüllt, Ansprüche wegen der Verletzung vertraglicher Pflichten geltend machen kann, leuchtet ein: Ist eine gekaufte Sache mangelhaft, kann man als Käufer Gewährleistungsrechte gegen den Verkäufer geltend machen (und etwa die Rückabwicklung des Kaufvertrages verlangen). Ein Mieter, der in der Wohnung einen Mangel entdeckt, kann die Miete mindern. Diese Grundsätze, dass Verträge zu erfüllen sind, sind auch dem juristischen Laien vertraut.

Ganz unabhängig davon sieht der Gesetzgeber in bestimmten Fällen eine Haftung aber auch zwischen solchen Personen vor, die **in keinerlei vertraglicher Beziehung** zueinander stehen, ja die sich vielleicht noch nie zuvor begegnet sind und sich auch künftig nicht mehr begegnen werden. Insofern gilt nämlich das

Prinzip: wer unerlaubt ein geschütztes Rechtsgut eines anderen verletzt, muss diesem den erlittenen Schaden ersetzen. So ist etwa derjenige, der einen anderen niederschlägt oder versehentlich mit dem Fahrrad anfährt, zur Entschädigung des Opfers verpflichtet. Dies ist die so genannte **gesetzliche Haftung**, die in unterschiedlichen Gesetzen geregelt wird.

Als **Prinzip** des deutschen Rechtssystems kann also festgehalten werden:

> Menschen treten zueinander in Rechtsbeziehung entweder
> - aufgrund vertraglicher Regelung (also „weil sie es so wollen") oder
> - aufgrund gesetzlicher Regelungen (also „weil das Gesetz es so will")

Denkbar ist es eben auch, dass eine Person beim Umgang mit einem bestimmten **Produkt** zu Schaden kommt. Eine Getränkeflasche explodiert, ein Reifen platzt, eine Dichtung bricht. Die Frage ist dann, ob der so Verletzte auch gegen den **Hersteller des Produkts**, das schadensursächlich gewirkt hat, Ansprüche geltend machen kann. Dies ist von beträchtlicher Bedeutung, denn heute ist der Verkäufer in den seltensten Fällen auch selbst der Hersteller. Natürlich, das gibt es schon auch: der Möbelhändler, der von ihm produzierte Möbelstücke eigenhändig ab Werk abgibt oder die Markthändlerin, die die von ihr zubereiteten Konfitüren selbst verkauft. Der Regelfall ist es aber nicht. Den Neuwagen kaufen wir beim Händler, die Kreissäge im Baucenter und die Marmelade im Supermarkt.

Freilich gibt es im Falle eines fehlerhaften Produkts in aller Regel auch einen Vertragspartner, nämlich den Verkäufer (also den Kfz-Händler oder den Betreiber des Baucenters oder den Inhaber des Supermarkts).

> **Praxistipp**
>
> In der Regel gibt es in einer solchen Konstellation keine direkte **vertragliche Beziehung des Käufers zum Hersteller**. Eine Ausnahme hiervon gibt es allerdings dann, wenn der Hersteller dem Endkunden ein selbständiges **Garantieversprechen** gibt („Herstellergarantie").

Wie gleich noch gezeigt werden wird, ist es im Falle eines fehlerhaften Produkts aber nicht immer möglich, den *Verkäufer* in Haftung zu nehmen. Daher stellt sich die Frage, ob nicht doch noch ein anderer verantwortlich ist – nämlich derjenige, der das Produkt in den Verkehr gebracht hat, also der *Hersteller*. Tatsächlich ist dieser Anspruch gegen den Hersteller oft von zentraler Bedeutung, wie das folgende Beispiel verdeutlichen soll.

Beispiel

Man kann sich zum Beispiel vorstellen, dass ein Familienvater einen Neuwagen beim Kraftfahrzeughändler erwirbt. Der Wagen wurde von der Firma P produziert, die Teile der Bremsen im 3D-Druck-Verfahren gefertigt hat.

An der ersten Ausfahrt mit dem Wagen nimmt nicht nur die Ehefrau teil, sondern es wird auch noch ein Nachbar hierzu eingeladen. Es kommt nun, wie es kommen muss – ein Unfall ohne Fremdeinwirkung, zurückzuführen auf einen Fehler der Bremsen. Alle drei Insassen werden leicht verletzt.

Der erste Gedanke wäre nun: kann man sich an den Vertragspartner halten?

Während man bei der Ehefrau noch überlegen könnte, ob nicht über ihren Ehemann irgendwie doch noch eine vertragliche Beziehung zum Kfz-Händler besteht, ist die Sache beim Nachbarn klar. Er steht sicherlich nicht in irgendeiner vertraglichen Beziehung zum Verkäufer des Fahrzeugs. Folglich kann er insoweit auch keine vertraglichen Ansprüche geltend machen.

Aber auch dem Familienvater wird die vertragliche Beziehung zum Fahrzeugverkäufer hier nichts „nutzen" – der abgeschlossene Vertrag gibt ihm nämlich keine Ansprüche. Hat der Fahrzeughändler den Mangel der Bremsen nicht zu vertreten, besteht auch kein Schadenersatzanspruch des Käufers gegen den Verkäufer wegen einer Verletzung vertraglicher Pflichten.[1] Den Verkäufer trifft auch nicht etwa die Pflicht, die bei ihm von Hersteller angelieferten Neufahrzeuge auf etwaige Produktionsmängel zu untersuchen. Ein Anspruch wegen einer Verletzung vertraglicher Nebenpflichten besteht also auch nicht.[2]

Und selbst wenn den *Hersteller* (hier also unsere Firma P) ein Verschulden am Mangel des fabrikneuen Kfz treffen sollte, verhilft das dem Geschädigten noch lange nicht zu einem Anspruch gegen den *Verkäufer*. Denn einen Verkäufer trifft keine Pflicht, für das Verschulden des Herstellers einzustehen,[3] weil die Herstellung des Produkts nicht zum Pflichtenkreis des Verkäufers gehört. Diese stellt vielmehr einen eigenen Pflichtenkreis des Herstellers dar. Der Hersteller kann also nicht etwa als der Verrichtungsgehilfe des Händlers angesehen werden.

Hätten nun also unser Familienvater, seine Ehefrau und sein Nachbar keine eigenen direkten Ansprüche gegen den Hersteller, sie würden allesamt leer ausgehen.

Tatsächlich gibt es aber spezielle Regeln, die besagen, dass durch ein Produkt geschädigte Personen unter bestimmten Umständen einen Anspruch gegen den *Hersteller* des Produkts haben. So ist etwa seit dem 1.1.1990 das auf EU-Vorgaben beruhende **Produkthaftungsgesetz** (abgekürzt: ProdHaftG) in Kraft. Daneben regeln die **Bestimmungen des Bürgerlichen Gesetzbuches (BGB)** die deliktische Haftung des Herstellers.[4] Letztere wird oft auch „Produzentenhaftung" genannt, die Bezeichnung ist aber nicht immer einheitlich. Noch einmal sei betont: das gesamte Produkthaftungsrecht ist kein Vertragsrecht, setzt also keinerlei vertragliche Beziehung zwischen dem Hersteller und dem Geschädigten voraus.

> Bei der Haftung „für ein Produkt" ist also zu unterscheiden
> - die Produkthaftung nach dem ProdHaftG
> - die deliktische Haftung nach dem BGB („Produzentenhaftung")

Dort wo es eine **Herstellerhaftung** gibt (etwa in den Mitgliedsstaaten der EU, den USA), lässt sich übrigens noch ein anderes Phänomen beobachten. Der Hersteller ist (anders vielleicht als der eigentliche „kleine Verkäufer") oft ein solides Unternehmen, das über entsprechende finanzielle Reserven verfügt. In den USA spricht man hier umgangssprachlich auch von den „tiefen Taschen des Unternehmens" den sog. „deep pockets". Einen potenten Schuldner verklagt der Geschädigte schon einmal grundsätzlich lieber als einen solchen, bei dem finanzielle Engpässe zu befürchten sind. Hinzukommt, dass ein Unternehmen oft einen „guten Ruf" zu verlieren hat, was es motivieren mag, lieber schnell eine vergleichsweise Einigung zu suchen als einen langwierigen öffentlichen Prozess zu führen. Selbst wenn die Anspruchsgrundlage „wacklig" ist, mag sich aus der Perspektive des Klägers eine solche Klage gegen einen Konzern also lohnen in der Hoffnung, das Unternehmen werde um „des lieben Friedens und des guten Namens willen" einem Vergleich offen gegenüber stehen.

Zum Hintergrund:
Auch ein einmal begonnener Zivilrechtsstreit muss nicht zwangsläufig mit einem Urteil des Gerichts enden. Die Parteien können sich auch während eines laufenden Prozesses – also in jedem Verfahrensstadium – „vergleichen", sprich: eine Lösung durch eine Einigung finden. Den **Inhalt des Vergleichs** bestimmen die Parteien selbst, das Gericht bietet hierbei lediglich seine Unterstützung an.

Neben dem Vorteil, dass beide Seiten mit einem Vergleich „gesichtswahrend" den Streit zu Ende bringen können, können die Parteien den Inhalt der Einigung auch beliebig gestalten. Sie können neben einem finanziellen Ausgleich etwa auch eine Vertraulichkeitsvereinbarung dergestalt treffen, dass über sämtliche Vorgänge Stillschweigen zu wahren ist. Die Höhe etwaiger Zahlungen der einen Partei an die andere bestimmen die Parteien autonom, das Gericht darf hier lediglich Vorschläge einbringen.

Den Vergleich können die Parteien in einem Gerichtstermin schließen; sie können sich aber auch außergerichtlich einigen und dieses dem Gericht mitteilen. Das Gericht stellt dann im Beschlusswege (also nicht durch Urteil) das Zustandekommen eines Vergleichs fest, die Parteien brauchen gar nicht mehr zu einem (weiteren) Gerichtstermin zu erscheinen.

Wichtig: Der gerichtlich festgestellte Vergleich stellt einen **Vollstreckungstitel** dar. Erfüllt eine der Parteien die im Vergleich vereinbarte Leistungspflicht nicht, kann die andere einen Gerichtsvollzieher mit der Durchsetzung der im Einigungswege gefundenen Lösung beauftragen.

Damit klingt auch bereits eines der großen faktischen Probleme der Produktfehler für Unternehmen an: diese haben einen **guten Ruf** zu verlieren. Und darin liegt eben weniger eine juristische Herausforderung denn ein tatsächliches Problem. In Zeiten, wo jeder im Internet mit wenig Aufwand und ohne Kosten mit einer mehr oder weniger fundierten Behauptung zu einem Produktfehler eine Lawine lostreten kann, ist dies wahrlich kein zu vernachlässigender Aspekt. Man kann sich beliebig ausmalen, was da in den sozialen Medien so gebloggt und getwittert wird, zum Beispiel: *„Kindersitz der Firma XY = Todesfalle für Babys"*. Selbstverständlich ist auch im Internet beileibe nicht jede Behauptung erlaubt. Der betroffene Hersteller kann sich natürlich juristisch gegen einzelne Einträge etwa in den sozialen Netzwerken wehren – aber das ist mühsam, zeit- und kostenintensiv und bringt am Ende vielleicht nicht einmal den gewünschten Effekt. Bevor die problematischen Beiträge wieder gelöscht sind, haben sie sich in Sekundenschnelle schon einmal um den Globus verbreitet.

Einmal mehr gilt also, dass eine auch nur potenzielle Produkthaftung ein Problem ist, dem proaktiv begegnet werden muss: durch entsprechende Organisations- und Informationsstrategien und gegebenenfalls die Versicherung der entsprechenden Haftungsrisiken.

> **Praxistipp**
>
> Für die Versicherung der mit der Produkthaftung verbundenen Risiken hat sich in Deutschland das Produkthaftpflichtmodell (ProdHB) durchgesetzt; die Versicherer bieten dieses als Baustein der Allgemeinen Betriebshaftpflicht (AHB) an.[5] Eine entsprechende Versicherungs*pflicht* für Unternehmen besteht aber nicht.

8.2 Problemaufriss: Fragestellungen der Produkthaftung zur additiven Fertigung

Bevor die eigentlichen juristischen Fragen der Herstellerhaftung dargestellt werden sollen, soll zunächst der Blick noch einmal geschärft werden für die (produkthaftungs-) rechtlichen Probleme, die die additive Fertigung mit sich bringen mag.

Es ist zu erwarten, dass nicht wenige Unternehmen früher oder später im eigenen Hause Fertigungsanlagen für den 3D-Druck einrichten werden. Noch häufiger vielleicht – und juristisch diffiziler – dürfte vermutlich jedoch der Fall sein, dass der Unternehmer einen Dritten (Auftragnehmer) mit eben dieser Fertigung beauftragt. Das Problem an der Sache – auf den Punkt gebracht – ist, dass man die Verantwortung nicht gleichsam mit der Fertigung „auslagern" kann, sondern als Produkthersteller in der Verantwortung bleibt.

Ein Beispiel:

Ein beauftragter Dritter fertigt die Spielfiguren für das Brettspiel, das der Hersteller neu auf den Markt bringen möchte. Dann steht der Auftraggeber selbst weiter in der Verantwortung für das Produkt, etwa wenn sich später herausstellt, dass das Plastik der Figuren unerlaubte Weichmacher enthält oder ein Kleinkind wegen einer unguten Dimensionierung die Spielsteine verschluckt.

Die ganze Brisanz der Produkthaftung wird offensichtlich, wenn wir unser Beispiel abwandeln: es werden jetzt keine Spielsteine zugeliefert, sondern Bauteile für ein Auto, einen Hubschrauber, einen Düsenjet. Auch hier bleibt der Hersteller des Endproduktes, obschon er den Fertigungsprozess aus der Hand gibt, in der Haftung für etwaige Schäden, die Nutzer oder Dritte erleiden.

Hinweis:

Unternehmen, die für andere die Fertigung mit Hilfe additiver Verfahren übernehmen, bezeichnen sich oft selbst als „(Druck-) Dienstleister" (oder mit dem englischen Wort „Service Provider"). Meist wird aber gar kein Dienstvertrag im rechtlichen Sinne vorliegen, sondern eher ein Werkvertrag. Juristisch exakt ist der Begriff des „Service Providers" also nicht; nachdem er sich aber weithin eingebürgert hat, soll er auch im Folgenden (im nicht streng juristischen Sinne) verwendet werden.

Daneben wird es in Zukunft mit Sicherheit eine Reihe von Privatleuten geben, die selbst verschiedene Objekte ausdrucken möchten. Ob nun das Unternehmen selbst oder ein Auftragsfertiger oder ein Privatmann tätig wird – benötigt wird dazu der Drucker (oder gleich eine ganze Fertigungsstraße), das Material und die Druckvorlage. Nicht immer wird eine fertig erworbene Druckvorlage für den gewünschten Zweck direkt verwendbar sein; unter Umständen sind Anpassungen notwendig, für die es – je nach auszudruckendem Objekt (Plastikmännchen oder Raketenbauteil) – mehr oder weniger vertiefte Kenntnisse braucht.

Schnell findet sich also unser Unternehmer (oder auch ein ambitionierter Privatmann) in einer Reihe von Vertragsbeziehungen wieder.

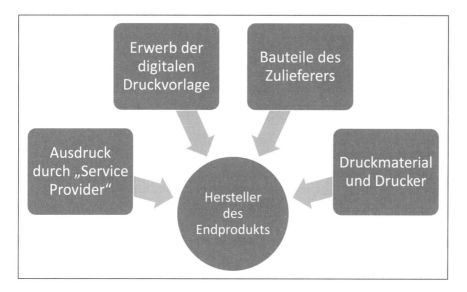

An vielen Stellen dieser **„Fertigungskette"** kann nun etwas schief gehen: so mag das Ausgangsmaterial schon fehlerhaft sein, oder die Fertigungsanlage ist defekt. Die digitale Druckvorlage kann einen Programmfehler aufweisen, oder die gesamte Konstruktion erweist sich als ungeeignet für den 3D-Druck. Es kann beim Ausdruck im Unternehmen selbst etwas schief gehen, etwa weil der Lehrling das falsche Material befüllt oder die Maschine falsch bedient. Es kann aber auch sein, dass der mit der Fertigung beauftragte Dritte (ein Service Provider) den versprochenen Qualitätsstandard nicht hält: das Objekt ist nicht bruchfest, nicht wasserfest, nicht farbecht …

Juristisch interessant wird der Fall dann, wenn das durch einen Service Provider additiv gefertigte Objekt – nehmen wir an ein tragendes Bauteil für eine Achterbahn– einen **Fehler** aufweist. Man kann sich das leicht ausmalen: die Bremse für die Achterbahn ist defekt, und bei einem Unfall auf dem Volksfest kommt dadurch eine Reihe von Personen zu Schaden, die alle Ansprüche auf Schadenersatz und Schmerzensgeld geltend machen wollen.

Und schon stellt sich nun eine Reihe von Fragen:

- Bestehen Ansprüche gegen den Hersteller des Endprodukts „Ersatzteil für die Achterbahn"?
- Und falls ja – wer ist das denn überhaupt der „Hersteller": der Auftraggeber als Assembler, der Ersteller der digitalen Druckvorlage oder der Service Provider, der den eigentlichen Ausdruck organisiert hat?
- Muss der Geschädigte nachweisen, wer den Fehler konkret verursacht hat? Trifft ihn vielleicht selbst auch ein Mitverschulden?
- Wie kann sich der Hersteller in einer solchen Situation entlasten? Wen kann er selbst gegebenenfalls in Regress nehmen?

Zunächst wollen wir der Frage nachgehen, in welchen Fällen und gegen wen das Produkthaftungsgesetz (ProdHaftG) einen Anspruch gibt; die Frage, in welchen Fällen eine Produzentenhaftung (nach den deliktsrechtlichen Regelungen des BGB) anzunehmen ist, soll anschließend geklärt werden.

Freilich, nicht alle **Problemstellungen der additiven Fertigung** sind dabei genuin neu – in vielen Fällen wird man Parallelen finden zu Rechtsproblemen, die es auch bei anderen Herstellungsprozessen gibt. Jedoch werden durch die Möglichkeiten des 3D-Drucks doch viele juristische Fragen neu gestellt – oder erhalten eine ganz neue Brisanz. Dies sei an drei Überlegungen verdeutlicht:

- Auch bisher schon gab es Fertigungsprozesse, in die mehrere Zulieferer, Dienstleister, etc. eingebunden waren. Die additive Fertigung aber **erhöht die Zahl der Mitwirkenden** potenziell um weitere „Mitspieler" mit – um im Bild zu bleiben – spielentscheidenden Funktionen. Die Abgrenzung von Verantwortungsbereichen und das Ausschalten von Fehlerquellen werden dadurch nicht leichter.

- Der 3D-Druck erleichtert das Nachahmen von Produkten in bisher nicht geahntem Ausmaß. Damit wird es immer öfter den Fall geben, dass Nutzer durch Plagiate zu Schaden kommen. Ist ein Plagiat nicht sofort als solches zu erkennen, verklagt der Geschädigte natürlich erst einmal den Originalhersteller. Selbstverständlich gab es auch in der Vergangenheit Produktfälschungen. Allerdings bringt die additive Fertigung insoweit zwei wesentliche Neuerungen: die **Qualität der Fälschungen wird immer besser**, so dass es nicht immer ohne weiteres möglich sein wird, Original und Fälschung auseinander zu halten. Zum anderen wird die **Zahl an Fälschern und Fälschungen rapide zunehmen** und somit sicherlich bald eine kritische Masse erreichen.

- Der 3D-Druck ermöglicht es künftig mehr und mehr **jedermann**, beliebige Objekte selbst herzustellen. Bei selbst designten Blumenvasen oder Schlüsselanhängern ist das sicherlich kein Problem. Wenn aber der einzelne beginnt, **Ersatzteile** für seinen BMW, Audi, Porsche oder Mercedes-Benz auszudrucken, dann kann dies den großen deutschen Automobilherstellern nicht gleichgültig sein; denn sie stehen grundsätzlich in der Verantwortung für das von ihnen produzierte Kraftfahrzeug und müssen daher auch den Markt für Zubehör und Ersatzteile für ihr Produkt beobachten.

Diese hier angerissenen Probleme sollen – wie viele weitere – im Folgenden erläutert werden. Ziel der folgenden Darstellung ist es, dass der Leser am Ende einen Überblick über das gesamte deutsche Produkthaftungsrecht gewinnt. Dabei wird besonders auf die speziellen Fragen aller mit additiven Fertigungsprozessen Befassten eingegangen.

Grundsätzlich ist es – einmal unabhängig von allen juristischen Verantwortlichkeiten – für alle Beteiligten natürlich am besten, wenn Fehler bei der Produktion generell vermieden werden. Mag auch ein Dritter, also ein von dem Unternehmer völlig Unabhängiger, für den Fehler verantwortlich sein – am Ende des Tages wird der Kunde nur das Unternehmen, unter dessen Marke es vertrieben wird, mit dem Fehler assoziieren. Schließlich prangt das Logo des Unternehmens auf dem defekten Fahrrad, dem giftigen Spielzeug, der gefährlichen Kettensäge; dass das defekte Teil von einer Drittfirma ausgedruckt wurde und diese gegebenenfalls (auch) als Hersteller anzusehen ist, interessiert den verletzten Verbraucher da kaum. Ein eventueller Ausgleichsanspruch, den das vermeintlich verantwortliche Unternehmen im konkreten Schadensfall gegen den Dritten hat, hilft erst einmal wenig, wenn das gute Image des Unternehmens in Gefahr gerät.

In der Praxis zeigt sich außerdem noch die bereits angedeutete Tendenz Geschädigter, sich auch dann an den Hersteller zu wenden, wenn sie an sich auch vertragliche Ansprüche gegen ihren Verkäufer hätten: der Automobilhersteller wird also lieber verklagt, als der Kraftfahrzeughändler, bei dem man das Fahrzeug gekauft hat. Dahinter steht die – vielleicht ja auch nicht ganz unberechtigte– Erwartung des Geschädigten, **dass beim Hersteller das geringere Forderungsausfallrisiko** besteht. Entweder, weil dieser über die **entsprechenden finanziellen Reserven** ohnehin verfügt und/oder jedenfalls **adäquat versichert** ist.

> **Im Ergebnis** lässt sich festhalten, dass es die additive Fertigung mit ihren vielen Prozessschritten, an denen viele unterschiedliche Personen beteiligt sein können, aus juristischer Sicht nicht immer leicht macht, den Überblick zu behalten. Bei all den Vorteilen, die additive Fertigungsverfahren mit sich bringen, muss dann auch eines klar sein: denjenigen, der im Rahmen der additiven Herstellung Prozesse auf Dritte verlagern möchte, trifft die Obliegenheit zu umfangreicher Organisation, Kontrolle und Dokumentation des gesamten Herstellungsprozesses unabhängig davon, wo dieser gerade stattfindet.

8.3 Produkthaftung und Produzentenhaftung

Am Ende des Druckvorgangs steht ein Objekt – wie auch immer das aussehen mag. Man kann sich beliebig vorstellen, was gefertigt wurde: ein Autoersatzteil, ein Schmuckstück, ein Kleiderbügel. Für die Haftung des Herstellers ist die Art und Weise, auf die das Produkt hergestellt wurde, grundsätzlich gleichgültig; damit greift die Herstellerhaftung ohne Weiteres auch für all jene Objekte, die mit Hilfe additiver Fertigungstechniken erstellt wurden.

Die Frage nach der juristischen Verantwortlichkeit für ein Produkt wird in Deutschland dadurch rechtlich kompliziert, dass es, wie auch schon angedeutet, grundsätzlich **zwei mögliche Haftungsgrundlagen** gibt. Zu unterscheiden ist zwischen der sog. **Produkthaftung**, die sich nach dem auf EU-weiten Vorgaben beruhenden Produkthaftungsgesetz **(ProdHaftG)** richtet, und der **Produzentenhaftung**, die auf den deliktsrechtlichen Vorschriften des deutschen Bürgerlichen Gesetzbuches (BGB) basiert.

Warum diese Mehrheit von Anspruchsgrundlagen? **Die Dualität von Produkthaftungsgesetz und Haftung nach dem Bürgerlichen Gesetzbuch** erklärt sich recht einfach durch europarechtliche Vorgaben. Das Produkthaftungsgesetz gibt es in dieser Form erst seit 1990. Es wurde am 1.1.1990 auf der Grundlage einer europäischen Richtlinie zur Produkthaftung in den Mitgliedsstaaten der Europäischen Union verabschiedet. In der Bundesrepublik Deutschland war jedoch auch zuvor bereits eine Haftung der Hersteller für ihre Produkte anerkannt. Eine solche Produzentenhaftung hatte die Rechtsprechung auf der Grundlage des Bürgerlichen Gesetzbuches entwickelt. Die Gerichte hatten hierzu einen bestimmten Pflichtenkanon der Hersteller und Regeln zur Beweislast erstellt. Der ursprünglich einmal im Rahmen der deutschen Produzentenhaftung nach dem BGB durch die Rechtsprechung entwickelte Fehlerbegriff sollte denn auch durch die Verabschiedung des ProdHaftG nicht modifiziert werden.

Tatsächlich läuft auch heute vieles parallel. Die **maßgeblichen Sicherheitserwartungen** nach dem ProdHaftG[6] etwa beurteilen sich nach denselben Maßstäben wie die Verkehrssicherungspflichten des Herstellers bei der Produzentenhaftung nach den Normen des Bürgerlichen Gesetzbuches.[7]

Praxistipp

Für einen Schaden, der durch den Fehler eines Produkts entstanden ist, können dem Geschädigten grundsätzlich Ansprüche zustehen

- nach dem Produkthaftungsgesetz (ProdHaftG)
- nach den Grundsätzen der sog. Produzentenhaftung (BGB)

Im konkreten Fall sind also **immer beide Haftungssysteme zu prüfen**, um festzustellen, ob ein Anspruch des Geschädigten gegen den Hersteller besteht.

Als „Faustformel" gilt: grundsätzlich sind die Hürden einer Produzentenhaftung höher (etwa: Verschuldenserfordernis), die Haftung nach dem Produkthaftungsgesetz also voraussetzungsärmer.

Trotzdem steckt der Teufel aber – wie so oft – im Detail. Während etwa die Produzentenhaftung nach dem BGB Verschulden (also ein vorsätzliches oder fahrlässiges Handeln) auf Seiten des Schädigers voraussetzt, gibt das ProdHaftG einen verschuldensunabhängigen Anspruch. Dafür ersetzt das ProdHaftG keine Sachschäden des Unternehmers, während das BGB auch einen solchen Schadenersatzanspruch gewährt. Und so fort. Daher gilt es stets sehr sorgfältig und **parallel zu prüfen**, ob und gegebenenfalls welches der **beiden Haftungsregimes** einen Anspruch verspricht; diese Prüfung kann dann durchaus auch ergeben, dass parallel Ansprüche nach beiden Haftungssystemen geltend gemacht werden können.

Im Folgenden soll nun ein Überblick über die beiden Haftungssysteme gegeben werden. Der besseren Lesbarkeit willen sollen beide Haftungsregime dabei nicht parallel, sondern nacheinander dargestellt werden: zunächst die Produkthaftung nach dem ProdHaftG, dann die Produzentenhaftung nach dem BGB. Damit folgt dieser Ratgeber dem auch in anderen Publikationen zu diesem Rechtsgebiet üblichen Aufbau, insbesondere der juristischen Fachliteratur. Für den Leser lohnt es sich aber sicherlich, bestimmte Abschnitte (etwa zu den Instruktionspflichten, etc.) gegebenenfalls auch (noch) einmal parallel zu lesen, um ein besseres Verständnis zu gewinnen.

Schwer zu verstehen sind weder die Bestimmungen des ProdHaftG noch die Bestimmungen des Bürgerlichen Gesetzbuches, welche die Produzentenhaftung regeln; der Gesetzestext erschließt sich auch dem juristischen Laien recht schnell. Inhalt und Grenzen der produkthaftungsrechtlichen Vorgaben werden allerdings in weitem Maße durch die **Rechtsprechung** bestimmt. Das führt dazu, dass die reine Lektüre des Gesetzestextes oft nicht weiterhilft (etwa dann, wenn man das Ausmaß bestimmter Pflichten kennen will). Wichtig ist es, auch stets im Hinterkopf zu behalten, dass durch die Einführung des ProdHaftG nichts an den bestehenden Standards der Produzentenhaftung nach dem BGB geändert werden sollte. Die Anforderungen an die Sicherheit eines Produkts laufen parallel. Daher kann auch die Lektüre einer Gerichtsentscheidung, die ursprünglich zum Produkthaftungsgesetz erging, durchaus relevant sein für das Verständnis des Pflichtenkreises nach der vom BGB geregelten Produzentenhaftung.

Es liegt weiter in der Natur der Sache, dass es in einem Rechtsgebiet, das so sehr von der Rechtsprechung geprägt ist wie die Produkthaftung, nicht einfach ist, **künftige Rechtsentwicklungen** vorher zu sagen. Nichtsdestotrotz wird in der folgenden Darstellung aber nicht nur die gegenwärtige Rechtslage abgebildet, sondern es werden auch Tendenzen künftiger Entwicklungen aufgezeigt, die sich in der Rechtsprechung aktuell abzeichnen.

8.4 Die Haftung nach dem ProdHaftG: ein Überblick

Beginnen wir also mit der Produkthaftung nach dem ProdHaftG. Bereits an dieser Stelle sei vorab noch einmal der Hinweis erlaubt, dass die Produzentenhaftung (als deliktische Haftung nach dem BGB) gleichberechtigt neben dem ProdHaftG steht. Stets sind im konkreten Fall beide Anspruchsgrundlagen zu prüfen, weil sich die Regelungen in einigen kleinen, aber im Einzelfall wichtigen Details unterscheiden.

Wichtige Unterschiede zwischen der Produkthaftung nach dem Prod-HaftG und der Produzentenhaftung nach dem BGB

Produkthaftung	Produzentenhaftung
Gefährdungshaftung	Verschuldenshaftung (Notwendigkeit einer vorsätzlichen oder fahrlässigen Pflichtverletzung)
Haftung für Ausreißer	Keine Haftung für Ausreißer
Keine Produktbeobachtungspflicht	Produktbeobachtungspflicht
Nur Sachschäden eines privaten Endverbrauchers	Keine Beschränkung auf Sachschäden eines privaten Endverbrauchers
Eigenbeteiligung bei Sachschäden von Euro 500,–	Keine Eigenbeteiligung
Höchstbeträge bei Körperverletzung und Tod	Keine Höchstbeträge

8.4.1 Das Produkthaftungsgesetz (ProdHaftG)

Das Produkthaftungsgesetz geht – wie so viele Gesetzesvorhaben jüngerer Zeit – auf **europäische Vorgaben, nämlich die Europäische Produkthaftungsrichtlinie** zurück.[8] Es gibt damit einen EU-weiten Standard wieder, den zunächst der nationale Gesetzgeber umzusetzen hatte und den die nationalen Gerichte der Mitgliedstaaten nunmehr zu gewährleisten haben. Dabei haben die nationalen Gerichte die Auslegung der europäischen Richtlinie durch den Europäischen Gerichtshof (EuGH) zu respektieren.

Ein solches **EU-weites einheitliches Haftungsregime** ist ein wesentlicher Baustein, um eine Zersplitterung des europäischen Binnenmarktes zu verhindern und Handelshemmnisse (weiter) abzubauen. Aus dem gleichen Grund wird übrigens vermehrt versucht, EU-weit gleiche Sicherheitsstandards für bestimmte Produkte wie Sportgeräte, Spielzeug, Medizintechnik, etc. durchzusetzen.

Zentrales Anliegen der Europäischen Union ist neben dem Funktionieren des gemeinsamen Marktes dabei natürlich auch und vor allem der Schutz des Verbrauchers vor minderwertigen Produkten. Die letzten Jahre haben eine erhebliche Ausweitung des Verbraucherschutzes gebracht, nicht zuletzt durch eine Verschärfung der Anforderungen an die Produktsicherheit, die wiederum auch im Rahmen der Produkthaftung von Interesse sind.

> **Wichtig:**
> Das ProdHaftG gibt einen EU-weit geltenden Standard wieder.
> - Bei der Haftung nach dem ProdHaftG handelt es sich um eine **verschuldensunabhängige Haftung**; d.h. der Hersteller haftet auch dann, wenn ihm weder Vorsatz noch Fahrlässigkeit vorgeworfen werden kann!
> - Das ProdHaftG ist **zwingendes Recht** und kann im Voraus nicht vertraglich abbedungen werden.[9]

Was versteht man nun also unter Produkthaftung? Als Produkthaftung bezeichnet man die Haftung des sog. Herstellers für Personen- und Sachschäden, die eine Person bei bestimmungsgemäßen Gebrauch des Produkts aufgrund eines Fehlers des Produkts erleidet.[10]

> **Praxistipp**
> Vom Produkthaftungsgesetz (ProdHaftG), das zivilrechtliche Ansprüche eines Geschädigten gegen den Hersteller regelt, ist das Produktsicherheitsgesetz (ProdSG) zu unterscheiden. Letzteres regelt keine zivilrechtlichen Beziehungen, sondern öffentlich – rechtliche Vorgaben, die den Hersteller eines Produktes treffen. Allerdings können die Bestimmungen des ProdSG auch im Rahmen des ProdHaftG relevant werden, da sie bestimmte Anforderungen an die Sicherheit eines Produkts regeln.

Die Produkthaftung setzt gerade keine Vertragsbeziehung zwischen Hersteller und Verletztem voraus. Sie ist eine gesetzliche Haftung. Auch ist irrelevant, inwieweit der Hersteller den Produktfehler verschuldet hat, denn ihn trifft eine so genannte **Gefährdungshaftung**. Der Ausschluss der Ersatzpflicht oder eine Einschränkung derselben ist im Voraus nicht möglich.[11]

Das Produkthaftungsgesetz regelt[12] als Prinzip folgendes:

„Wird durch den Fehler eines Produkts jemand getötet, sein Körper oder seine Gesundheit verletzt oder eine Sache beschädigt, so ist der Hersteller des Produkts verpflichtet, dem Geschädigten den daraus entstehenden Schaden zu ersetzen.

Dieser Grundsatz erfährt aber sodann eine Reihe von Einschränkungen und Modifikationen, die im Folgenden genauer dargelegt werden sollen.

8.4.2 Der Begriff des Produkts im Produkthaftungsgesetz

Der **Begriff des Produkts**,[13] so wie er im ProdHaftG verwendet wird, erfasst sämtliche beweglichen Sachen, auch landwirtschaftliche Erzeugnisse unabhängig von einer Weiterverarbeitung; gemeint sind auch solche beweglichen Sachen, die Teil einer anderen Sache sind. Der Einbau des Produkts in ein anderes Objekt lässt die Produkteigenschaft unberührt. Dies gilt auch im Fall einer sonstigen **Verbindung, Vermischung oder Vermengung.** Der Hersteller etwa von Baumaterial – Zement, Mörtel, Ziegelsteinen – kann sich folglich nicht damit entlasten, dass das von ihm gelieferte Produkt untrennbarer Bestandteil von Immobilien geworden ist.[14]

In welchem **Fertigungsprozess** produziert wird ist ebenso irrelevant wie die Frage, wie viele unterschiedliche Beteiligte in den Fertigungsprozess eingebunden wurden. Das ProdHaftG ist also „fertigungsverfahrensblind".

Ob ein **3D-Modell bzw. die Druckvorlage ein Produkt** darstellt, ist noch nicht höchstrichterlich entschieden. Bei der additiven Fertigung wird dies etwa relevant bei der Frage, ob die digitale Druckvorlage selbst ein (Teil)Produkt im Sinne des ProdHaftG ist. Teilweise wird bezweifelt, dass es sich bei Software, die keine Verkörperung auf einem Datenträger gefunden hat, um ein Produkt handeln könne. Dies scheint fragwürdig und arg formalistisch; die herrschende Meinung geht daher zumindest bei Standardsoftware davon aus, dass es sich um ein Produkt im Sinne des ProdHaftG handelt.[15] Dem ist zuzustimmen und für eine online übertragene Druckvorlage sollte nichts anderes gelten. Es kann nämlich keinen Unterschied machen, ob ein für die Fertigung des Endproduktes notwendiges Teilprodukt in verkörperter oder virtueller Form beigesteuert wird. In beiden Fällen nimmt der Zulieferer Einfluss auf die maßgebliche physische Gestaltung des Endprodukts. Mithin hat er aber auch Einfluss auf die Gefährlichkeit des Endprodukts: etwa wenn er Stützstrukturen eines tragenden Bauteils im 3D-Modell zu gering dimensioniert oder notwendige Sicherheitsmechanismen (Schutz vor Stromschlag, Not-Unterbrecher, etc.) beim Entwurf der Druckvorlage unberücksichtigt lässt.

Der Produkthaftung liegt, wie gesehen, der Gedanke zugrunde, dass derjenige, der von der **Eröffnung einer Gefahrenquelle profitiert** (der also etwa am Verkauf der „Gefahrenquelle Produkt" finanziell partizipiert), die Haftung für die Gefahren des Produkts zu tragen hat. Dieser Gedanke gilt aber gleichermaßen für den Zulieferer realer wie virtueller Güter, also auch für den Zulieferer von Software. Auch vom Normzweck her gedacht – nämlich dem Schutz des Nutzers vor Produktfehlern – kann es keinen Unterschied machen, in welcher Form ein Teilprodukt zugeliefert wird.

Auch menschliches Blut und Organe sind, einmal vom Körper getrennt, Produkte im Sinne des Produkthaftungsgesetzes. Allerdings ist zu beachten, dass **Arzneimittel** von der Produkthaftung nach dem ProdHaftG ausgenommen sind[16]; für diese gilt das speziellere Arzneimittelgesetz (AMG), das ebenfalls eine Gefährdungshaftung regelt (d. h. eine schuldhafte Pflichtverletzung ist auch hier nicht erforderlich).[17] Im Einzelfall ist also gegebenenfalls genau zu prüfen, ob es sich bei dem in Frage stehenden Objekt um ein Produkt im Sinne des Produkthaftungsgesetzes oder ein Arzneimittel im Sinne des AMG handelt.

Ebenfalls Produkte sind – und bleiben es auch nach dem Einbau in den menschlichen Körper – künstliche Gliedmaße und **Implantate.** Gerade im Bereich der Implantate – man denke an Zahn- und Knochenersatz, die Möglichkeiten zur Stabilisierung von Wirbeln und Knochen, an Herzschrittmacher oder auch speziell angepasste Hörgeräte – werden große Hoffnungen auf die Möglichkeiten der additiven Fertigung gesetzt. In der Folge ist – diese Tendenz zeichnet sich aktuell bereits ab – mit einer erheblichen Zunahme der Rechtsstreitigkeiten zu rechnen. Das erklärt sich einmal recht einfach durch die gestiegene Zahl solcher Implantate. Zum anderen ist sie aber auch darauf zurückzuführen, dass der Fehler eines solchen Implantats erhebliche Folgeschäden, Operationskosten, etc. für die Betroffenen nach sich ziehen kann. So hatte sich der EuGH[18] erst kürzlich auf der Basis mehrerer Entscheidungen nationaler Gerichte mit den Operationskosten bei fehlerhaften Herzschrittmachern auseinanderzusetzen, das OLG Frankfurt am Main[19] mit der Haftung für die mangelhafte Konstruktion eines Wirbelsäulen-Titan-Cages.

Keine Produkte im Sinne des Gesetzes sind allerdings echte **Dienstleistungen**, etwa Leistungen einer Unternehmensberatung, mag eine solche reine Beratungsleistung auch produktbezogen erfolgen.

8.4.3 Der Begriff des Herstellers

Dreh- und Angelpunkt des Produkthaftungsgesetzes ist der **Begriff des Herstellers**.

Das ProdHaftG definiert den Hersteller wie folgt[20]:

Hersteller ist zunächst einmal derjenige, der als Unternehmer
- das Endprodukt
- einen Grundstoff
- oder ein Teilprodukt

hergestellt hat.[21]
Hersteller ist aber auch der **Quasi-Hersteller**, also derjenige, der sich als Hersteller am Markt geriert.[22]

Das ProdHaftG legt also selbst bereits den Kreis der Verantwortlichen fest. Das sind zunächst all jene, die den eigentlichen **Herstellungsprozess kontrollieren**, weil sie einen Grundstoff, ein Teilprodukt oder ein Endprodukt hergestellt haben. Darüber hinaus trifft eine Haftung aber auch jene, die sich als Hersteller ausgeben (sog. **Quasi-Hersteller**) sowie Importeure und – gegebenenfalls – Lieferanten. Diese Vielzahl potenzieller Anspruchsgegner – die unter Umständen nebeneinander zum Schadenersatz verpflichtet sind – erleichtert dem Geschädigten das Einfordern von Schadenersatz. Sie rechtfertigt sich daraus, dass der Verletzte sich bei komplexen Herstellungsprozessen und Lieferketten sonst oft schwer täte, den eigentlich Verantwortlichen zu identifizieren.

1. Der Unternehmer als Hersteller des Endprodukts

Wenden wir uns also zunächst der Frage zu, was gilt, wenn ein Unternehmer – die Fertigung durch einen Privatmann soll an dieser Stelle noch außen vor bleiben – das fehlerhafte Endprodukt gefertigt hat.

(a) Die Haftung des Assemblers als Hersteller des Endprodukts

Der **Hersteller des Endprodukts** (oft auch – wenn in der Sache nicht immer ganz zutreffend – als **„Assembler"** bezeichnet") haftet nach dem ProdHaftG. Unter einem **Endprodukt** versteht man das fertige Erzeugnis, so wie es für den Nutzer bestimmt ist.[23] Das Gegenstück zum Endprodukt ist das **Teilprodukt**. Ein Teilprodukt ist ein Erzeugnis, das nicht für die Nutzung durch den Endnutzer bestimmt ist, sondern für den Einbau in ein anderes Produkt. Ein Produkt ist mithin nur dann ein Teilprodukt, wenn es durch einen anderen Hersteller weiter verbaut wird.

Hersteller des Endprodukts ist zum einen derjenige, der das **Enderzeugnis von Grund auf selbst geschaffen** hat; Hersteller des Endprodukts ist aber auch schon derjenige, der nur vorgefertigte Teile nach fertigen Plänen zum Endprodukt **zusammensetzt**.[24] Oft entscheiden sich Unternehmen allerdings bei sehr sensiblen Produkten von vornherein dafür, zentrale Fertigungsschritte nur im eigenen Haus durchzuführen. Für additive Fertigungsprozesse gilt allerdings in besonderem Maße, dass ein geringer Auslagerungsgrad nur dort realistisch möglich ist, wo im eigenen Hause genug Know-How vorhanden ist, um diese neuen Fertigungstechniken auch sicher zu beherrschen.

Alle am Herstellungsprozess Beteiligten treffen grundsätzlich gewisse Pflichten, Produktgefahren zu vermeiden. Den Hersteller des Endprodukts trifft dabei die umfassendste Verantwortung. Er kontrolliert – so jedenfalls die grundsätzliche Vorstellung – die Konstruktion und Fabrikation, auch wenn er sie nicht immer selbst durchführt. Er kontrolliert ferner die Absatzwege und die Unterrichtung des Erwerbers über Eigenschaften und Gefahren des Produkts. Daher verlangt man von ihm, dass er das **notwendige Wissen zur Gefahrvermeidung** besitzt. Besitzt er es nicht von Haus aus, **muss er sich solches Wissen verschaffen** und das Wissen seiner Zulieferer, Auftragnehmer, etc. bündeln. Es ist leicht vorstellbar, wie sich bei einer arbeitsteiligen Produktion unter Einsatz von Zulieferern die Pflichten ausdifferenzieren und wie der Endhersteller hier doch auch Gefahr läuft, den Überblick zu verlieren. Arbeitsteilige Produktion lässt also zusätzliche Pflichten entstehen, denn der Prozess will organisiert und permanent überwacht sein; die **Schlüsselrolle** hat der Assembler.

(b) Keine Herstellerhaftung bei reinen Dienstleistungen?

Keine Hersteller sind nur jene, die lediglich Dienstleistungen in Bezug auf das Produkt erbringen; sie sind dann von der Haftung befreit. Ganz so einfach wie es klingt ist die Sache dann aber doch nicht. Bei sog. sachbezogenen Dienstleistungen muss nämlich überlegt werden, *„ob die durchgeführte Tätigkeit in erheblicher Weise die physische Beschaffenheit und insbesondere die Sicherheitseigenschaften modifiziert";*[25] denn dies kann dann wiederum eine Haftung nach dem Produkthaftungsgesetz begründen.

> **Praxistipp**
>
> Nicht jeder, der sich als „Dienstleister" bezeichnet, ist auch im rechtlichen Sinne wirklich nur ein Dienstleister. In der Praxis bezeichnen sich Auftragnehmer, die beispielsweise Fertigungsleistungen übernehmen, gerne als **„Dienstleister" oder „Service Provider"**. Dies hat seinen primären Grund nicht so sehr im Produkthaftungsrecht (obwohl nach dem oben Gesagten die Rolle als Dienstleister ja auch dort einmal relevant werden kann) sondern in der vertraglichen Beziehung zwischen dem Assembler als Auftraggeber und dem Auftragnehmer.

Hersteller ist damit jeder, in dessen Organisationsbereich das Produkt (mit) entstanden ist.[26] Einschränkungen irgendwelcher Art, wie das Endprodukt gefertigt sein muss, macht das Gesetz nicht. Danach greifen die Vorgaben des ProdHaftG ohne weiteres auch für denjenigen, der ein Produkt mit Hilfe von additiven Fertigungstechniken industriell oder handwerklich als Unternehmer[27] herstellt. Auf die Frage, ob man die Druckvorlage selbst erstellt hat, kommt es nicht an; die Haftung als Produzent setzt nicht etwa eine „eigene geistige Leistung" voraus. Das Produkt muss auch nicht auf einer eigenen Idee beruhen.[28]

Im Rahmen der additiven Fertigung als **eigentlichen Herstellungsvorgang** prägt das fertigende Unternehmen das Endprodukt entscheidend mit: etwa durch die Auswahl des Materials, die Kalibrierung des Druckers, die Gestaltung und Durchführung des eigentlichen Fertigungsvorganges, etc. Auch derjenige, der eine fertige Druckvorlage (also eine solche, die er nicht selbst erstellt hat) verwendet, ist Hersteller im Sinne des Produkthaftungsgesetzes.

(c) Kein Ausschluss der Herstellerhaftung aufgrund der Haftung anderer

Die Haftung eines Herstellers ist im Übrigen nicht dadurch ausgeschlossen, dass **mehrere** für denselben Schadensfall in der Verantwortung stehen. Neben dem Hersteller können nach den Darlegungen ja etwa auch Zulieferer oder Auftragsfertiger, die der Hersteller eingesetzt hat, verantwortlich sein. Das ProdHaftG regelt, dass mehrere Hersteller, die **nebeneinander zum Schadenersatz verpflichtet** sind, als **Gesamtschuldner** haften.[29]

An der Verantwortlichkeit des Assemblers ändert es nichts, wenn der schadenursächliche Fehler im Rahmen von Fertigungsschritten geschehen ist, die er ausgelagert oder übertragen hat. Zwar haften Zulieferer und Auftragsfertiger selbst nach dem ProdHaftG für die Folgen der von ihnen gesetzten Fehler, doch es bleibt dabei, dass der Assembler mit ihnen als Gesamtschuldner haftet. Nimmt ihn der Geschädigte in Anspruch, hat der Assembler diesem vollen Schadenersatz zu leisten.

Meint der Assembler, er selbst sei letztlich für den Fehler nicht verantwortlich, die Schuld sei vielmehr allein beim Zulieferer oder Beauftragten zu suchen, dann muss er den entsprechenden Ausgleich im **Innenverhältnis** im Rahmen eines Rückgriffs bei den anderen Schädigern suchen. Dem Geschädigten allerdings kann er den Anspruch nicht unter Hinweis auf die Verantwortlichkeit Dritter verwehren.

Zum Hintergrund: Gesamtschuld

Gesamtschuld bedeutet, dass mehrere Schuldner dem Gläubiger gegenüber gleichermaßen verpflichtet sind. Das können etwa mehrere Angreifer sein, die ein Opfer gemeinsam verletzen – oder eben mehrere Hersteller, die nebeneinander für einen Produktfehler verantwortlich sind. Der Geschädigte sieht sich also einer Mehrzahl von Schuldnern gegenüber, die er gleichermaßen in Anspruch nehmen kann. Alle Schuldner haften dabei nebeneinander und gleichrangig. Der Gläubiger des Anspruchs ist insoweit in einer privilegierten Position. Er hat die freie Wahl, welchen der Gesamtschuldner er auf die volle Summe (oder Teile davon) in Anspruch nimmt. Dabei kann er aber natürlich nicht denselben Schaden mehrmals ersetzt verlangen (denn dann stünde er aufgrund des Produktfehlers am Ende besser da, als bei Erwerb eines fehlerfreien Produkts). Er kann entweder einmal die gesamte Schadenssumme von einem Gesamtschuldner seiner Wahl verlangen. Wahlweise kann er beliebige Teile der Schadenssumme von jedem Gesamtschuldner verlangen, bis die Gesamtsumme erreicht ist.

Macht der Gläubiger seinen Schadensersatzanspruch nicht anteilig gegen alle Gesamtschuldner, sondern – wie regelmäßig – in voller Höhe gegen einen Schuldner geltend, so haben die Gesamtschuldner die **endgültige Verteilung nach Haftungsquoten** im Innenverhältnis selbst vorzunehmen, das heißt also, sie haben untereinander den Ausgleich zu suchen. Es kann aber keinesfalls der Gläubiger darauf verwiesen werden, er möge doch von vorneherein den Anspruch gemäß der Haftungsquoten aufteilen und die Gesamtschuldner nur quotal in Haftung nehmen – das *kann* er nach dem eben Gesagten zwar tun, *muss* er aber nicht.

---

2. Der Hersteller eines Teilprodukts

Die zentrale Rolle, die der Assembler spielt, wurde gerade schon beleuchtet. Der Assembler ist aber, auch das wurde bereits deutlich, beileibe nicht der Einzige, der als Hersteller in die Haftung geraten kann. Auch andere, die vom Assembler in den Fertigungsprozess mit einbezogen oder mit Leistungen beauftragt werden, können Hersteller im Sinne des ProdHaftG sein. Ganz zentral ist damit die Erkenntnis, dass als verantwortlicher Hersteller jeder in Frage kommt, in dessen **Organisationsbereich das Produkt (mit)entstanden ist.**[30]

(a) Teilprodukt und Endprodukt

Neben dem Endhersteller haftet nach dem Produkthaftungsgesetz auch der Hersteller eines Teilprodukts. Der Begriff des Teilprodukts ist in Abgrenzung zum Begriff des Endprodukts zu sehen. Ein **Teilprodukt** ist ein Erzeugnis, **das**

nicht für die Nutzung durch den Endnutzer bestimmt ist, sondern für den Einbau in ein anderes Produkt.

Wichtig ist es, sich durch die Begrifflichkeiten nicht verwirren zu lassen; wer Bauteile (Schrauben, Ersatzteile, Baustoffe, etc.) unmittelbar für den Verbrauchenden herstellt, handelt selbstverständlich auch mit einem Endprodukt und nicht mit einem Teilprodukt. Ein Produkt ist nur dann ein Teilprodukt, wenn es **durch einen anderen Hersteller** weiter verbaut wird. Damit betrifft diese Regelung ganz maßgeblich die **Zulieferindustrie**.[31]

> **Praxistipp**
>
> Die Begriffe End- und Teilprodukt sind sorgfältig voneinander getrennt zu halten. Ein Bauteil kann ein Endprodukt sein oder ein Teilprodukt. Die Qualifizierung hängt davon ab, wer es einbauen soll: der Endverbraucher/-nutzer oder ein anderer Hersteller.
>
> **Diese Unterscheidung zwischen End- und Teilprodukt ist wichtig**, weil sie sich auf den Umfang der Haftung auswirkt: der Hersteller des Teilprodukts haftet, wie sogleich noch auszuführen sein wird, nur für die von dem Teilprodukt verursachten Schäden, weil er nur insoweit als Hersteller angesehen werden kann.

Das Produkthaftungsgesetz trägt also dem Umstand Rechnung, dass der Hersteller eines Teilprodukts regelmäßig keine Kontrolle über das Endprodukt hat und deshalb auch nur die Sicherheitseigenschaften des von ihm gefertigten Bauteils (mit-)gestalten kann. Außerdem regelt das ProdHaftG[32] zu seinen Gunsten, dass eine Haftung ausgeschlossen ist, wenn der Fehler durch die Konstruktion des Produkts, in welches das Teilprodukt eingearbeitet wurde, verursacht wurde. Ein Gleiches gilt, wo der Fehler durch die Anleitung des Herstellers des Endprodukts verursacht wurde.

Damit wird dem Hersteller des Teilprodukts ein ganz **wesentlicher Verteidigungseinwand** an die Hand gegeben: er darf sich darauf zurückziehen, dass er das Teilprodukt auftragsgemäß und ordnungsgemäß hergestellt hat, der Fehler des Endprodukts folglich auf einer mangelhaften Konstruktion und Vorgabe des Endherstellers zurückzuführen ist. Hat der Hersteller des Teilprodukts ein Risiko für den Fehler des Endprodukts nicht gesetzt, ist er frei von der Haftung. Allerdings hat er hierfür die **Beweislast** – die Hersteller eines Teilprodukts haben also nichts zu befürchten, wenn sie ihre Leistung ordnungsgemäß erbringen und dies auch beweisen können.

Soweit der Hersteller des Teilprodukts haftet, haftet er neben dem Assembler als **Gesamtschuldner**. Umgekehrt heißt das für den **Hersteller des Endprodukts**, dass er sich gerade nicht auf die Behauptung zurückziehen kann, sein Zulieferer (Hersteller des Teilprodukts) sei für den Fehler verantwortlich zu machen, er selbst habe den Fehler nicht zu verantworten und hafte daher auch nicht.

Das Gegenteil ist richtig: beide Hersteller, sowohl des Teilprodukts wie des Endprodukts haften dem Verletzten nach dem Produkthaftungsgesetz. Eine

eventuelle Aufteilung nach Verantwortungsbeiträgen hat erst im Innenverhältnis dieser beiden Gesamtschuldner zu erfolgen, berührt aber den Anspruch des
Geschädigten nicht. Das bedeutet also: wird ein Assembler zur Leistung des
vollen Schadenersatzes an einen Verbraucher verurteilt, hat er diesem vollen
Schadenersatz zu leisten. Er kann aber seinerseits den Lieferanten in Höhe von
dessen Verursachungsbeitrag in Anspruch nehmen.

(aa) Die Herstellerhaftung des Druckvorlagenerstellers

Der obigen Darstellung der Haftung des Teileherstellers lag bislang eher die
Annahme eines physisch fassbaren Teilprodukts (einer Schraube, eines Bauteils,
eines Kunststoffkörpers, etc.) zugrunde. Für die additive Fertigung stellt sich
aber konkret auch die Frage, ob die nur in digitaler Form existente Druckvorlage ein (Teil)Produkt im Sinne des ProdHaftG und der **Druckvorlagenersteller**
folglich Hersteller eines Teilprodukts ist.

Der Umstand, dass die Druckvorlage gegebenenfalls eine „nur" **in digitaler
Form** vorliegende geistige Leistung darstellt (und nicht notwendigerweise in
einem Datenträger eine physische Verkörperung findet), ist unerheblich; auch
via Internet abgerufene Informationen können ein Produkt im Sinne des Produkthaftungsgesetzes darstellen.[33] Der teilweise vertretenen Forderung, dass
zu unterscheiden sei zwischen in einem physisch fassbaren Objekt verkörperten
und nichtverkörperten geistigen Leistungen liegt eine veraltete Vorstellung von
IT-Prozessen zugrunde. Früher einmal hat man Software vielleicht tatsächlich
noch auf Disketten oder CD-Roms erworben; heute ist das kaum noch der Fall.
Vom Normzweck – nämlich Statuierung von Verkehrssicherungspflichten für
den Ersteller einer Gefahrenquelle – her gedacht ist dieses virtuelle Produkt
dem physischen Produkt gleich zu stellen. Ist die digitale Leistung fehlerhaft,
weil die darin enthaltenen Informationen falsch sind, handelt es sich folglich
um einen Produktfehler.[34]

Im Einzelfall ist aber sorgfältig zu prüfen, ob es sich bei einer digitalen Leistung eventuell „nur" um eine Dienstleistung handelt, die keine Haftung als
Hersteller begründen würde. Die Frage, ob die Leistung eher einen Dienstleis-
tungscharakter denn einen werkvertraglichen oder den einer Warenlieferung
hat, ist durch wertende Betrachtung im Einzelfall zu ermitteln.[35]

Denkbar ist, dass der Vorlagenersteller sich auf die Position zurückzuziehen
versucht, dass er selbst nicht viel mehr als eine **„Anleitung"** zum Endprodukt
beisteuert, aber nicht den eigentlichen Fertigungsvorgang kontrolliert. Dem
wird man aber entgegen setzen müssen, dass der Vorlagenersteller durch die
digitale Vorlage in der Regel gerade die physische Beschaffenheit des Endprodukts definiert und damit ganz wesentlichen Einfluss auf den Fertigungsprozess nimmt. Dies geschieht ganz unabhängig davon, wie später der eigentliche
Fertigungsprozess ausgestaltet wird.

(bb) Die Haftung des Materialherstellers

Während vor wenigen Jahren noch die Materialauswahl für die additive Fertigung sehr beschränkt war, gibt es heute eine schier unüberschaubare Vielzahl
von Möglichkeiten: von Aluminium über Kunststoff, Titan, Schokolade, Nu-
delteig bis zu menschlichen Zellen.

Für die **Produzenten dieser Materialien,** die mittels additiver Fertigung zu einem Endprodukt verarbeitet werden, stellt sich die Frage, ob sie gegebenenfalls für Fehler des Endprodukts haften. Tatsächlich sieht das ProdHaftG ja neben der Haftung des Herstellers eines Teilprodukts auch die Haftung für den Produzenten eines **Grundstoffes** vor. Ein „Grundstoff" ist dabei jedes Material, das für die Herstellung des Endprodukts verwendet wird.

Allerdings haften die Grundstoffhersteller nur insoweit, als der Schaden auf den Fehler des Grundstoffs zurückgeht, weil sie nämlich nur insoweit als Hersteller angesehen werden. Dieser Gedanke ist uns bereits bestens vertraut von der Haftung der Hersteller von Teilprodukten.

Die Grundstoffhersteller können also vom Geschädigten gegebenenfalls neben dem Hersteller des Endprodukts in Haftung genommen werden. Sie haften neben diesem als Gesamtschuldner. Einen eventuellen Ausgleich haben die Materialhersteller im Regresswege dann im Innenverhältnis gegen den Endproduzenten zu suchen.

Praxistipp

Selbst perfekt hergestelltes Ausgangsmaterial – Kunststoffpulver, Aluminium oder Zucker – eignet sich unter Umständen nicht für jedes additiv zu fertigende Objekt. Entsprechend ist daran zu denken, dass den Materialhersteller bestimmte **Instruktions- und Hinweispflichten** gegenüber seinem Abnehmer (also den Fertigenden) treffen können.

Denkbar sind Hinweispflichten dergestalt, dass das Material nicht geeignet ist für die **Fertigung bestimmter Produkte.** So kann die Herstellung bestimmter Hohlkörper ausgeschlossen sein, da eine erforderliche Zugfestigkeit nicht erreicht wird. Ebenso können bestimmte Kunststoffe nicht geeignet sein für Objekte, die für die Nutzung durch Kleinkinder bestimmt sind, da Weichmacher enthalten sind, usw.

Genauso ist denkbar, dass bestimmte Materialien nur für **bestimmte Fertigungsmethoden** geeignet sind – weil diese Materialien nicht über bestimmte Temperaturgrenzen erhitzt werden dürfen oder besondere Anforderungen an die Abkühlung stellen, etc. Auch insoweit hat der Produzent eines Grundstoffes seine Abnehmer zu instruieren.

(cc) Die Herstellerhaftung des Service Providers

Derjenige, der ein Werkstück mit Hilfe additiver Fertigung herstellen will, wird die eigentliche Produktion oft nicht selbst durchführen. In vielen Fällen übernehmen Dritte diese Aufgabe. Dies kann viele gute Gründe haben: etwa weil die Anschaffung von (Spezial)Druckern für das Unternehmen (und für den Privatmann ohnehin) zu teuer ist und sich die Fertigung im eigenen Hause nicht lohnt. Oder weil die tatsächliche Fertigung einen besonderen Erfahrungsgrad im Umgang mit Drucker oder Material erfordert, den der Auftraggeber selbst nicht hat.

(i) Ist ein Service Provider ein Dienstleister?

Unternehmen, die für andere Unternehmen die Fertigung des Produkts übernehmen, bezeichnen sich selbst oft als **„Service Provider"**, was man im Deutschen üblicherweise mit Dienstleister übersetzt. Reine „Dienstleister" im Sinne des deutschen Rechts sind diese Unternehmer aber in den seltensten Fällen. Ein Dienstvertrag zwischen dem Unternehmen und dem Service Provider würde bedeuten, dass der Service Provider keinen Erfolg, sondern nur ein „Bemühen um einen Erfolg" (wie ein Nachhilfelehrer etwa) schuldet. Damit wird sich aber in aller Regel kein Auftraggeber bei der additiven Fertigung zufrieden geben wollen. Ein Beispiel: entspricht das angefertigte Objekt nicht den Ansprüchen des Unternehmens, dann will er dieses nicht bezahlen wollen – das müsste er aber, wenn nur die reine Dienstleistung im Sinne eines Bemühens um den Erfolg geschuldet wäre. Schon dieser Umstand spricht dafür, dass in den allermeisten Fällen ein Werkvertrag (kein Dienstvertrag) vorliegen wird, so dass es eigentlich im juristischen Sinne falsch ist, in diesem Zusammenhang von einem Dienstleister oder Service Provider zu sprechen.

Auf die Frage, wie der Besteller und der Service Provider ihre **Rechtsbeziehung selbst bezeichnen,** kommt es jedoch nicht an. Es würde dem Service Provider nichts helfen, wenn er mit den Bestellern immer nur Verträge schließen würde, die explizit als „Dienstverträge" bezeichnet würden, aber inhaltlich etwas anderes regeln. Ein solcher „Versuch der Umqualifizierung" durch ein schlichtes Umbenennen vertraglicher Beziehungen im Verhältnis Auftraggeber-Auftragnehmer kann die Rechtsnatur des Vertrages und die rechtliche Beurteilung der Rolle des Service Providers nicht ändern. Sonst wäre es ja auch ein Leichtes, sich durch die bloße Wahl bestimmter Begrifflichkeiten „aus der Verantwortung zu stehlen". So ist die von den Parteien gewählte Bezeichnung ihres Vertrags nur ein Indiz von vielen, wenn es zum Streit kommt, wie der Vertrag rechtlich einzuordnen ist. Bei der Produkthaftung gilt nichts anderes als für diese vertragliche Beziehung: wie sich der Produzent selbst bezeichnet, ist für die Frage seiner Verantwortlichkeit nicht (allein) maßgeblich.

Für die Praxis gilt: bei der Vertragsgestaltung haben die Parteien entsprechendes Augenmerk auf die korrekte Bezeichnung der Rechtsnatur der geschuldeten Leistung zu legen, um von vorneherein Streit über den Inhalt der konkret geschuldeten Leistung zu vermeiden.

Zum Sprachgebrauch:
Nachdem sich der Begriff „Service Provider" im allgemeinen Sprachgebrauch eingebürgert hat, soll er auch in dieser Darstellung hier verwendet werden, allerdings nicht im Sinne eines (juristischen) „Dienstleisters" sondern als ein allgemeiner Oberbegriff.

(ii) Ist ein Service Provider ein Hersteller?

Zurück aber nun zu den eigentlichen Problemen rund um den Service Provider: was gilt produkthaftungsrechtlich, wenn ein solcher Service Provider die komplette Fertigung übernimmt? Wird dieser dann durch die beauftragte Fertigung zum Hersteller und mithin Verantwortlichen im Sinne des Produkthaftungsgesetzes?

Diese Frage wird man bejahen müssen; schließlich führt der Service Provider hier einen zentralen – wenn nicht sogar den **zentralen Teil- des Produktionsprozesses** physisch durch. Dass dieses rechtliche Ergebnis richtig ist, ergibt sich auch aus einem Vergleich mit Montageunternehmen. Hier ist für die Produkthaftung seit langem anerkannt, dass entscheidend darauf abzustellen ist, ob das Montageunternehmen selbst **Einfluss auf die Funktionsfähigkeit und/oder Sicherheit** des Gesamtprodukts nimmt.[36]

Überlässt der Auftraggeber dem Service Provider komplett den Herstellungsprozess und nimmt keinerlei Einfluss auf die Ausgestaltung des Druckvorgangs und die Materialauswahl, ist es theoretisch denkbar, dass der Auftraggeber selbst gar kein Hersteller mehr im Sinne des Produkthaftungsgesetzes ist. Allerdings ist dies praktisch kaum vorstellbar (sofern es sich bei dem Besteller nicht um einen Privatmann handelt). Denn der übliche Unternehmer wird auf dem Produkt seinen Namen, sein Logo, Markenzeichen etc. anbringen lassen wollen; und dies zieht dann ohnehin eine Haftung als Quasi-Hersteller nach sich (siehe hierzu sogleich unten).

(dd) Der Privatmann als Hersteller

Wir sind eben vom Unternehmer ausgegangen, der den Produktionsprozess steuert oder beauftragt. Allerdings – und hier liegen ja auch die großen Verheißungen des 3D-Drucks – muss es ja nicht immer ein Unternehmer sein, der „den Drucker in Gang setzt". Die boomende „Maker-Szene" – also die Vielzahl der via Internet bestens vernetzten 3D-Bastler – zeigt, wohin der Trend vielleicht auch geht: nämlich dahin, dass auch Otto Normalverbraucher beginnt, sich für die additive Fertigung zu begeistern. Wenn aber „jedermann" zu Hause oder im Druckshop an der Ecke das Ersatzteil für den Kaminofen oder das Rennrad ausdrucken kann, schließt sich gleichsam zwangsläufig die Frage an, ob dann auch „jedermann" ein Hersteller im Sinne des ProdHaftG ist – mit der Folge, dass den Privatmann unter Umständen eine Vielzahl von Pflichten und ein großes Haftungsrisiko treffen.

Zentral ist bei der Suche nach einer Antwort auf diese Frage zunächst die Feststellung, dass eine industrielle Fertigung nicht Voraussetzung der Produkthaftung ist.

> **Praxistipp**
>
> Eine industrielle Fertigung ist nicht Voraussetzung für die Existenz eines Produkts im Sinne des ProdHaftG. Hersteller kann folglich auch derjenige sein, der sich allein handwerklich oder künstlerisch betätigt. Jedoch muss hinter der Produktion, wie sogleich auszuführen sein wird, eine kommerzielle Absicht stehen.

Allerdings – und das dürfte für den **Privatmann** der entscheidende Punkt sein – entfällt eine Verantwortlichkeit dann, wenn das Produkt **nicht für den Verkauf** oder eine andere Vertriebsform hergestellt wurde und sie auch nicht im Rahmen der beruflichen Tätigkeit hergestellt oder vertrieben wurde.[37] Damit ist einerseits zwischen dem Unternehmer, der am Markt auftritt und dem reinen Privatmann zu differenzieren. Dazwischen steht der Private, der nicht allein für sich fertigt, sondern den rein privaten Bereich verlässt.

(i) Der Unternehmer

Ganz offensichtlich ein **Hersteller ist jener Unternehmer**, der Produkte selbst fertigt oder fertigen lässt und in den Geschäftsverkehr bringt. Diese Figur des am Markt auftretenden Unternehmers ist es schließlich ja auch, die der Gesetzgeber mit dem Produkthaftungsgesetz originär im Blick hatte.

(ii) Der Privatmann ohne kommerzielle Absichten

Der Privatmann, der **zu nichtkommerziellen Zwecken** zu Hause für sich ein Objekt ausdruckt oder auch in einem entsprechenden Druckshop drucken lässt, unterliegt nicht der strengen Haftung nach dem Produkthaftungsgesetz. Dies gilt immer solange, solange die von ihm veranlasste Fertigung **nicht im Rahmen seiner beruflichen Tätigkeit geschieht** und auch **nicht für den Vertrieb an andere gefertigt** wird. Fertigt er also rein für sich daheim ein Ersatzteil für sein Rennrad an, das der Belastung nicht standhält und eine andere Person kommt zu Schaden, dann haftet er nicht nach dem Produkthaftungsgesetz (allerdings gegebenenfalls nach anderen Vorschriften). Sollte der Siegeszug der 3D-Drucker für den privaten Gebrauch noch gestoppt werden (was allerdings schwer vorstellbar scheint), dann wird also jedenfalls nicht das Haftungsregime des Produkthaftungsgesetzes der Grund hierfür sein. Wichtig allerdings: die Beweislast dafür, dass in nicht kommerzieller Absicht gefertigt wurde, liegt beim Herstellenden.[38]

(iii) Der Privatmann mit kommerziellen Absichten

Etwas anderes gilt jedoch für den Privatmann, der sich durch den 3D-Druck ein neues Betätigungsfeld erschließen möchte und etwa selbst designte Objekte über das Internet an den Mann oder die Frau bringen will. Dann handelt unser Privatmann nämlich **in kommerzieller Absicht**. Auf den Umfang oder gar den finanziellen Erfolg dieser Betätigung kommt es ebenso wenig an wie auf die Frage, ob es sich hier nur um einen Nebenerwerb oder eine hauptberuflich ausgeübte Tätigkeit handelt.

Ganz grundsätzlich mag man Hobbybastler vielleicht belächeln – wieviel Dynamik solche Tätigkeit Privater entfalten kann und welcher Umsatz dahinter steht, zeigt aber nicht zuletzt die enorme Erfolgsgeschichte von Internetplattformen wie *eBay* oder *dawanda*.[39] Zieht man nun auch noch ins Kalkül, dass der 3D-Druck die Herstellung auch obsoleter Bau- und Ersatzteile ermöglicht und wieviel Kreativität das eventuell in privaten Bastelkellern freizusetzen vermag, wird schnell klar, welche Sprengkraft in diesem Thema steckt.

Den Herstellern gefahrgeneigter Gegenstände – man denke nur an Kreissägen, Rennräder, Rodelschlitten etc. – wird es nicht unbedingt gefallen, wenn jedermann auf einmal einen schwungvollen Ersatzteilhandel beginnen und damit die Sicherheit eines Markenprodukts in Frage stellen kann.

Der Private, der sich darauf berufen möchte, dass er bei der Herstellung nicht kommerziell gehandelt hat, muss einen **doppelten Beweis** (sog. kumulativen Nachweis) erbringen.[40] Er muss nachweisen, dass er das Produkt

- nicht mit einer irgendwie gearteten Gewinnerzielungsabsicht hergestellt hat und
- die Herstellung und der Vertrieb auch nicht im Rahmen der beruflichen Tätigkeit geschehen ist.

Eine solche Gewinnerzielungsabsicht besteht nicht nur bei einem Verkauf – es reicht eine irgendwie geartete Form von Vertrieb, etwa die Vermietung, Verpachtung, etc. des Produkts. Auch genügt ein bloß mittelbarer Gewinn.

Was gilt danach für den Skater, der zunächst individuell und nur für sich Rollen für sein Skateboard gefertigt hat – sich aber später entscheidet, diese via Internet doch noch zu verkaufen? Fraglich ist dann schon, ob man das Gesetz so wörtlich lesen darf, dass es allein auf die Absicht beim Herstellungsprozess ankommt. Jedenfalls aber besteht die Gefahr, dass ein Gericht vom späteren Verkauf rückschließt auf kommerzielle Intentionen bereits bei der Herstellung.[41] Die **Beweislast** liegt bei demjenigen, der eine nicht kommerzielle Herstellung behauptet; überzeugt der Vortrag oder das Beweisangebot ein Gericht nicht, fällt die Entscheidung folglich zu dessen Lasten aus.

Ergebnis:
Von der Haftung des Herstellers nach dem ProdHaftG gibt es einige Ausnahmen. Ein Privatmann ist jedenfalls dann von der Haftung nach dem ProdHaftG befreit, wenn er

- das Produkt nicht im Rahmen einer beruflichen Tätigkeit hergestellt oder vertrieben hat und
- es nicht für den Verkauf/Vertrieb hergestellt hat.

8.4.4 Der Quasi-Hersteller

Ferner gilt als Hersteller auch der so genannte Quasi-Hersteller. Ein Quasi-Hersteller ist jeder, der sich durch das **Anbringen seines Namens, seiner Marke oder eines anderen unterscheidungskräftigen Kennzeichens** als Hersteller ausgibt. Bekannt ist eine solche Vorgehensweise etwa aus dem Kaufhaus oder dem Supermarkt: die dort vertriebenen Eigenmarken werden ja nicht von der Supermarktkette, sondern von Dritten produziert und dann lediglich unter dem Namen und Logo des Supermarktes vertrieben.

Nach dem Gesetz muss also auch derjenige, der sich nach außen durch Namen, Marke, etc. **als Hersteller ausgibt**, für Produktfehler haften. Der Gedanke, der hier dahinter steht, ist ganz klar: es ist der Schutz des (EU-weiten) Rechts- und Geschäftsverkehrs sowie des einzelnen Verbrauchers.

Allerdings gilt dies natürlich nur, wenn die Marke oder der Firmenname des Quasi-Herstellers mit dessen **Einverständnis** auf dem Produkt angebracht wird. Für Produktfälschungen hat der Hersteller – fast möchte man hinzufügen selbstverständlich – auch nach dieser Regelung nicht einzustehen.

8.4.5 Der Importeur

Damit ist der Kreis der Verantwortlichen nach dem Produkthaftungsgesetz aber noch lange nicht abgeschlossen. Der Vollständigkeit halber sei noch auf die Haftung des Importeurs hingewiesen, auch wenn es sich hierbei nicht um ein besonderes Problem der additiven Fertigung handelt. Als Hersteller gilt auch derjenige, der die Produkte zum Vertrieb im Rahmen seiner geschäftlichen (also nicht im Rahmen einer privaten) Tätigkeit zu einem wirtschaftlichen Zweck **in die Europäische Union einführt.**[42]

Auch hinter dieser Norm steht wieder der Gedanke des Verbraucherschutzes: dem geschädigten Verbraucher soll es erspart bleiben, im Ausland – etwa Billiglohnländern– Prozesse führen zu müssen, wenn er durch ein importiertes Produkt verletzt wurde. Bei Importen aus Drittländern außerhalb der EU kann also immer (auch) der Importeur haftbar gemacht werden. Bei Importen aus den Mitgliedsländern der Europäischen Union wird der Importeur hingegen dann haftungsfrei, wenn er den eigentlichen Hersteller benennt. Denn dann wird angenommen, dass es dem Verletzten zumutbar ist, den Hersteller selbst innerhalb der EU in Anspruch zu nehmen.

Praxistipp

Es mag in der Praxis manchmal verlockend sein, bestimmte Produkte in die EU einzuführen, etwa auch als „Beifang" im Rahmen einer ganz anderen bestehenden Geschäftsbeziehung mit einem Niedriglohnland. Ein solcher Schritt sollte aber schon wegen der Haftungsfolgen gut überlegt sein! Allein durch den Import kann man zum Verantwortlichen nach dem Produkthaftungsgesetz werden – mit den ganzen Folgen, die einen Hersteller so treffen (etwa: Instruktions- und Produktbeobachtungspflichten).

8.4.6 Der Lieferant

Wenn der Hersteller eines Produkts **nicht festgestellt werden** kann, so gilt jeder **Lieferant** als Hersteller; er gerät also gleichsam ersatzweise in die Haftung.[43] Der Lieferant hat jedoch die Möglichkeit, dem Geschädigten – allerdings binnen einer recht kurzen **Frist von einem Monat** – den Hersteller oder den eigenen Vorlieferanten zu benennen. Tut er dies, dann entfällt seine ersatzweise Haftung wieder. Oder, umgekehrt formuliert: die volle Haftung droht dem Lieferanten nur dann, wenn er seinen Hersteller nicht benennen will oder kann.

Die Intention des Gesetzgebers ist es hier ganz offensichtlich, ein Verschleiern des eigentlichen Herstellers zu verhindern. Außerdem will er den Lieferanten – schon in dessen ureigensten Interesse – dazu anhalten, die Herkunft seiner Ware zu kennen und nicht mit Produkten zu handeln, deren Herkunft zweifelhaft ist.

Zusammenfassung:
Einer Haftung nach dem Produkthaftungsgesetz können sich also grundsätzlich ausgesetzt sehen
- der Hersteller des Endprodukts
- der Hersteller eines Teilprodukts
- der Hersteller von Ausgangsmaterial
- der Quasi-Hersteller
- der Importeur
- der Lieferant.

Der Geschädigte darf gegebenenfalls frei wählen, gegen wen er seine Ansprüche geltend machen möchte. Gibt es mehrere beteiligte Hersteller, haften diese als Gesamtschuldner dem Anspruchsteller jeweils auf die volle Summe. Sie haben dann die Möglichkeit, untereinander im Regresswege einen Ausgleich nach Verantwortungsteilen zu suchen.

8.4.7 Der Problemfall Produktpiraterie

Zum Leidwesen aller Unternehmen erleichtert die additive Fertigung die **Produktpiraterie** erheblich. Je renditeversprechender ein Produkt, desto höher der Anreiz, es illegal nachzuahmen, das war schon immer so. Doch die so einfache Möglichkeit, mit einem 3D-Scanner ein fremdes Produkt einzuscannen und es dann mit Hilfe additiver Produktionsprozesse nachzubauen, wird den Markt in Zukunft noch viel mehr als bisher mit einer Vielzahl gut gemachter Fälschungen konfrontieren. Dass dieses Phänomen unter dem Gesichtspunkt der Verletzung geistigen Eigentums höchst problematisch ist, wurde an anderer Stelle bereits gezeigt. Die Produktpiraterie bringt jedoch noch ein weiteres Problem mit sich, das enorme Sprengkraft birgt– und das ist die Produkthaftung.

Moment, werden die Unternehmer hier einhaken – ein Unternehmen haftet doch nicht, wenn ein Produktpirat Produkte fälscht und dann ein Dritter durch solch ein Plagiat zu Schaden kommt! Das ist richtig. Und doch liegt hier vielleicht ein Problem, das es wert ist, ein wenig mehr Aufmerksamkeit darauf zu verwenden. Zwar haftet immer nur der Hersteller – und der auch nur dann, wenn er das Produkt willentlich in den Verkehr gebracht hat. Es ist allerdings zu befürchten, dass additiv gefertigte Produktimitationen eine solch hohe Qualität erreichen können, dass sie zumindest auf den ersten Blick nicht vom Original zu unterscheiden sind.[44]

Es ist also zu erwarten, dass sich mancher Zivilprozess zunächst einmal nicht um rechtliche Fragen drehen wird, sondern um tatsächliche Feststellungen. Denn es muss zunächst ermittelt werden, ob es sich bei dem **Produkt um ein Originalprodukt** des Herstellers handelt oder um eine **Imitation**. Man kann das auf die Spitze treiben und den fiktiven Fall des Flugzeugbauers bilden, dessen Ersatzteile täuschend echt nachgeahmt werden. Durch eine nahezu perfekte Fälschung, die irgendwo auf dieser Welt in das Flugzeug eingebaut wird, stürzt später das Flugzeug ab; der Sachverständige, dem man den Fall zur Bearbeitung gegeben hat, hat nur noch ein paar Klumpen Metall und soll nun sagen, ob es sich um ein Original oder eine Fälschung handelt. In aller Öffentlichkeit dann mit Opferanwälten in jahrelangen Streitigkeiten klären, ob es sich bei dem fehlerhaften Bauteil um ein Originalteil oder eine Fälschung handelt – einen solchen Rechtsstreit möchte keine Fluggesellschaft und kein Flugzeugbauer führen müssen.

Sicherlich ist dies kein genuin neues Problem der additiven Fertigung. Man muss sich aber bewusst machen, dass additive Fertigung und 3D-Druck die Herstellung haargleicher Produktimitationen enorm erleichtern und verbilligen, so dass das **Problem der fehlenden Unterscheidbarkeit von Original und Fälschung** eine ganz neue Dimension erreichen wird.

Zwar hat der Geschädigte grundsätzlich die **Beweislast** für die anspruchsbegründenden Tatsachen und damit auch für die Herstellereigenschaft des Gegners. Zum einen gilt aber hier – einmal mehr und ganz besonders – dass es ja der Hersteller ist, der einen guten Ruf zu verlieren hat. Zum anderen gibt es aber auch noch ein ganz handfestes juristisches Problem. Nicht selten hat die Rechtsprechung im Rahmen der Produkthaftung eine Reihe von **Beweiserleichterungen bis hin zur Umkehr der Beweislast** für den Geschädigten angenommen.[45] Dies vor dem Gedanken, dass der Geschädigte keinen Einblick hat in die Vorgänge beim Hersteller und sonst von vornehrein schlechte Karten hätte. Die bloße Behauptung des Originalherstellers im Prozess, es handele sich um eine Produktimitation, wird also nicht genügen können. Umgekehrt wird man viel eher damit rechnen müssen, dass man bei einer gut gemachten Produktimitation gegen einen Anscheinsbeweis, dass es sich um ein Originalteil handelt, kämpfen muss.

Praxistipp

Der **Kampf gegen Produktpiraten** ist für die Hersteller kein reiner Kampf um das geistige Eigentum, um das Patent oder die Marke. Vielmehr muss der Hersteller bei Produktpiraterie auch die Gefahr einer produkthaftungsrechtlichen Inanspruchnahme für Fehler gefälschter Produkte fürchten, wenn es ihm nicht zuverlässig und schnell gelingt, einen Nachweis der Fälschung zu führen. Vor diesem Hintergrund ist ein Mechanismus, der es erlaubt, eigene Produkte zuverlässig zu identifizieren, oberstes Gebot. Wie in Kapitel 4 gezeigt, gibt es dafür **verschiedene Identifikationsmechanismen**, die von (nur im UV- Licht erkennbaren) Seriennummern bis hin zu einem speziellen „Fingerabdruck" des Produkts durch Mikropartikel im Material reichen.

8.4.8 Die Verletzung eines Rechtsgutes

Durch das Produkthaftungsgesetz wird man nicht umfassend vor allen Un-
wägbarkeiten und Schäden geschützt, die einen im Umgang mit einem Produkt
so treffen können. Geschützt sind nur bestimmte Rechtsgüter in bestimmtem
Umfang. Geschützt sind zunächst einmal das **Leben und der Körper bzw. die
Gesundheit** eines Menschen.[46]

Nur eingeschränkt in den Schutzbereich des Gesetzes fallen hingegen **Sachen**.
Ersatzfähig sind nämlich nur solche Schäden, die **an anderen Sachen** als dem
fehlerhaften Produkt eingetreten sind. Dass eine andere Sache als das fehlerhafte Produkt beschädigt sein muss, bereitet in bestimmten Konstellationen
Schwierigkeiten. Nämlich dann, wenn sich ein Schaden „weiterfrisst", also ein
Fehler im abgrenzbaren Teilprodukt das ansonsten untadelige Endprodukt beschädigt. Bei einer Plastikfigur scheint das nicht dramatisch – bei der Schraube
im Düsenjet ist die Frage aber natürlich von entscheidender Bedeutung.

Ferner haftet der Hersteller nur dann, wenn die andere Sache *„ihrer Art nach
gewöhnlich für den privaten Ge- oder Verbrauch bestimmt und hierzu von dem Geschädigten hauptsächlich verwendet worden ist."* Ein Unternehmen, das durch ein
Produkt einen Sachschaden erleidet, kann also zumindest auf der Basis des
Produkthaftungsgesetzes keinerlei Ansprüche geltend machen.

Nicht zuletzt ist zu berücksichtigen, dass das Produkthaftungsgesetz keine
Grundlage ist, um einen mittelbaren **Vermögensschaden** (etwa einen in der
Folge eines Sachschadens entgangenen Gewinn) zu beanspruchen.

Ergebnis:
Nicht jeder Schaden stellt auch einen nach dem Produkthaftungsgesetz
ersatzfähigen Schaden dar. Einen **Sachschaden** können nur Privatver-
braucher und auch nur unter bestimmten Voraussetzungen geltend
machen, nämlich nur wenn

- eine **andere Sache** als das fehlerhafte Produkt beschädigt wird und
- diese andere Sache ihrer Art nach gewöhnlich **für den privaten Ge-
  oder Verbrauch** bestimmt und hierzu von dem Geschädigten hauptsächlich verwendet worden ist.

Bei den **Körper- und Gesundheitsschäden** gibt es diese Einschränkungen nicht.

In der Konsequenz wird der Schutz des ProdHaftG beim Sachschaden also auf
den **privaten Endverbraucher** beschränkt. Das heißt nun nicht, dass man im Fall
eines Sachschadens durch ein Produkt im geschäftlichen Bereich schutzlos da
stünde; allerdings kommt hier ein Ersatzanspruch nur nach dem Bürgerlichen
Gesetzbuch[47] und nicht nach dem ProdHaftG in Betracht (s. unten).

Zusammenfassung:
Geschützt sind nach dem ProdHaftG grundsätzlich nur:

- Leben, Körper und Gesundheit
- und andere Sachen eines Endverbrauchers als das fehlerhafte Produkt selbst.

8.4.9 Der Begriff des Fehlers

Die entscheidende Frage ist nun: wann liegt ein Fehler des Produkts vor, der das Haftungsregime des Produkthaftungsgesetzes auslöst?

Der Fehlerbegriff des Produkthaftungsgesetzes
Ein Fehler im Sinne des ProdHaftG liegt immer dann vor, wenn das Produkt nicht die Sicherheit bietet, die unter Berücksichtigung aller Umstände, insbesondere

- seiner Darbietung
- des Gebrauchs, mit dem billigerweise gerechnet werden kann
- des Zeitpunkts, in dem es in den Verkehr gebracht wurde

berechtigterweise erwartet werden kann.

Die **maßgeblichen Sicherheitserwartungen** nach dem ProdHaftG[48] beurteilen sich grundsätzlich nach den nämlichen Maßstäben wie die Verkehrssicherungspflichten des Herstellers bei der Produzentenhaftung nach dem BGB.[49] Der ursprünglich im Rahmen der Produzentenhaftung entwickelte Fehlerbegriff sollte durch das ProdHaftG keine Änderung erfahren. Der Hersteller haftet, wenn sein Produkt nicht die Sicherheit bietet, die ein verständiger objektiver Nutzer erwarten darf.

Nach der neuesten Rechtsprechung des Europäischen Gerichtshofes (EuGH)[50] greift diese Haftung nicht nur dann, wenn ein Fehler des Produkts feststeht. Auch bei nur potenziell fehlerhaften Produkten kann im Einzelfall eine Haftung des Herstellers gegeben sein.

1. Die Darbietung des Produkts

Maßgeblich für die Sicherheitserwartungen, die an ein Produkt gestellt werden, ist nach dem Gesetz selbst zunächst einmal die **Darbietung des Produkts**. Hierunter fallen alle Mittel und Wege, mit Hilfe derer ein Produkt der Allgemeinheit insgesamt und dem Nutzer im Besonderen vorgestellt wird, sofern dies mit der Billigung des Herstellers geschieht. Nicht notwendig ist, dass der Hersteller diese Produktvorstellung selbst verfasst bzw. veranlasst hat. Maßgebend sind insbesondere

- Die **Produktgestaltung** selbst und

- Die Beschreibung und **Bewerbung.**

Auf diese Faktoren ist also entsprechende Sorgfalt zu verwenden, denn eine sorgfältige Produktgestaltung sowie entsprechende Beschreibung kann am Ende des Tages den Hersteller vielleicht vor bösen Überraschungen bewahren; jedenfalls kann nur davon abgeraten werden, Risiken des Produkts zu verharmlosen.

Natürlich spielt auch der **Preis** eine Rolle bei den Sicherheitserwartungen. Von einem teuren Küchengerät erwartet der Nutzer einen höheren Sicherheitsstandard als von einem Billigteil. Allerdings, und das ist ein ganz zentraler Aspekt, bedeutet „billig" keinen Freibrief für „unsicher und gefährlich". Auch von einem **Billigprodukt muss ein Basisstandard an Sicherheit** gewährleistet werden.[51] Für den Fall einer Tischfeuerstelle etwa entschied das OLG Naumburg,[52] dass ein Produkt, das gleichsam zwangsläufig zu einem Schadenseintritt führt, schlicht nicht auf den Markt gebracht werden darf – und sei es am Ende des Tages auch noch so billig.

Dieser Aspekt der Haftung auch bei preiswerten Produkten ist nicht zu vernachlässigen. Einer der großen Vorteile der additiven Fertigung und des 3D-Drucks ist schließlich die Entwicklung und das Inverkehrbringen neuer Produkte mit kurzen Vorlaufzeiten. So ist es für einen Hersteller ohne weiteres möglich, auf aktuelle Moden zu reagieren, und etwa Gerät und Zubehör für aktuelle Trendsportarten schnell auf den Markt zu bringen. Immer öfter erlebt man im Internetzeitalter allerdings, dass auch andere im Windschatten erfolgreicher Trendprodukte segeln möchten; Nachahmer und mehr oder weniger professionelle Anbieter drängen in der Hoffnung auf schnelles Geld auf den Markt. Bei letzteren muss man allerdings damit rechnen, dass die Schnelligkeit des Markteintritts auf Kosten der Sorgfalt in Entwicklung und Produktion und damit der Produktsicherheit geht. Die Hersteller von Billigwaren werden im Falle der zivilrechtlichen Inanspruchnahme allerdings jedenfalls nicht mit dem Argument gehört werden, dass es ihnen ja vor allem darum gegangen sei, ein möglichst billiges Produkt schnell auf den Markt zu werfen.

Zum anderen sollten aber auch seriöse Hersteller diesen Aspekt der Haftung bei Billigprodukten im Blick halten. Das eine oder andere Unternehmen wird, diese Tendenz zeichnet sich ja bereits ab, in Zukunft vielleicht Druckvorlagen zur Verfügung stellen, mit denen sich der interessierte Nutzer personalisierte Werbeartikel o.ä. ausdrucken kann. Handelt es sich bei dem Werbeartikel um einen Kugelschreiber, dürfte sich die Gefahr der Haftung in überschaubarem Rahmen bewegen; bei einem Feuerzeug sieht die Sache vielleicht schon wieder ganz anders aus.

2. Der Gebrauch, mit dem billigerweise zu rechnen ist …

Maßgebend für die Sicherheitsanforderungen ist ferner der Gebrauch, mit dem „billigerweise zu rechnen ist". Die Frage, welcher Umgang mit dem Produkt vom Hersteller billigerweise zu erwarten ist, ist eine Wertungsfrage, die im

Streitfall ein Gericht zu entscheiden hätte. Die folgende Darstellung soll die maßgeblichen Parameter einer solchen Wertung erläutern.

(a) Der gewöhnliche Gebrauch ...

(aa) Bestimmung des gewöhnlichen Verwendungszwecks

Entscheidend für das Vorliegen eines Fehlers ist nicht die subjektive Erwartungshaltung des einzelnen. **Maßstab** ist vielmehr der **gewöhnliche Verwendungszweck** und damit in erster Linie die Sicherheitserwartung des Personenkreises, an den sich der Hersteller wendet. Es gilt folglich der Grundsatz, dass bei der Nutzung des Produkts mit der verkehrsüblichen Sorgfalt der Nutzer nicht zu Schaden kommen darf. Allerdings ist im Rahmen der verkehrsüblichen Nutzung immer auch mit einem gewissen Maß an Unvorsichtigkeit des Nutzers zu rechnen. Maßgebend ist also nicht etwa der optimale Nutzer, sondern der durchschnittliche.[53]

Zur Bestimmung des gewöhnlichen Verwendungszwecks sind neben der Aufmachung und Darbietung des Produkts auch die **Vertriebswege** relevant: ein Hersteller von Baumaterialien, der seine Produkte auch über Baumärkte vertreibt, kann nicht mit der Behauptung gehört werden, er wolle sich mit seinem Produkt nur an den Profi und nicht an den normalen Heimwerker wenden.

Mit Recht wird zudem angemerkt, dass das ProdHaftG nicht nur den eigentlichen Erwerber eines Produktes schützen will, sondern auch und gerade den unbeteiligten Dritten. Die Sicherheitserwartungen des Adressatenkreises können also nicht allein maßgeblich sein, sondern darüber hinaus müssen auch die berechtigten **Sicherheitsanforderungen der Allgemeinheit** erfüllt sein.[54]

(bb) Besondere Zielgruppen

Besondere Zielgruppen erfordern besondere Sorgfalt. Spezielle Vorsicht muss etwa immer dort walten, wo **Kinder** Zielgruppe eines Herstellers sind, denn bei ihnen muss von Hause aus mit besonders geringen Fähigkeiten zur Gefahrerkennung gerechnet werden.[55] (Erschwert wird die Situation bei Kindern im Übrigen natürlich noch dadurch, dass diese auch nur begrenzt durch Gebrauchsanleitungen vor Gefahren gewarnt werden können bzw. diese die Warnungen nicht verlässlich umsetzen.)

Kann umgekehrt der Hersteller davon ausgehen, dass sein Produkt (etwa: eine Buschholzhackmaschine) nach dessen Art, Zuschnitt und Verwendungszweck **nur von einem beschränkten Verkehrskreis genutzt** wird, der in das Produkt auch noch einmal eingewiesen wird, darf er diesen Umstand bei der Konstruktion berücksichtigen.[56] Ist dieser angesprochene Verkehrskreis – etwa der gewerbliche Verwender– mit den Gefahren des Produkts vertraut oder wird er durch eine entsprechende Einweisung vertraut gemacht, muss vor den als bekannt vorauszusetzenden – Gefahren nicht gesondert gewarnt werden.

Zielt der Hersteller mit seinem Produkt auf **unterschiedliche Nutzer**, sind die Sicherheitserwartungen der am meisten gefährdeten Verkehrskreise maßgeblich: beim Verkauf von Kettensägen oder Häckslern über Baumärkte ist das dann eben der uninformierte Verbraucher und nicht der professionelle Waldarbeiter oder Schreiner.

Bei einem durchschnittlichen Nutzer ist auch einmal mit einem **Augenblicksversagen** oder einem **Moment der Unaufmerksamkeit** zu rechnen. So billigte etwa das Landgericht Stuttgart einen Ersatzanspruch in dem Falle zu, wo im Rahmen der – grundsätzlich auch vorgesehenen – Reinigung einer Maschine der Bedienende nach einem in die laufende Maschine fallenden Lappen gegriffen hatte; das Gericht berücksichtigte allerdings ein Mitverschulden des Anspruchsberechtigten und kürzte den Schadenersatzanspruch entsprechend der Höhe nach.[57]

(cc) Sonderfragen für Hersteller von Material für die additive Fertigung

Es ist bereits thematisiert worden, dass die **Hersteller des Materials** für die additive Fertigung als Produzenten von „Grundstoffen" im Sinne des Gesetzes besonders auf eine sorgfältige Instruktion ihrer Abnehmer zu achten haben. Nicht jedes Material ist für die **Fertigung jedes Produkts** geeignet – und nicht jedes Material für jede **Fertigungsmethode**: bestimmte Kunststoffe dürfen etwa nicht über einen bestimmten Punkt erhitzt werden, bestimmte Metalle bedürfen besonderer Abkühlzeiten, etc.

Die Praxis zeigt, dass es aktuell die Hersteller der additiven Fertigungsanlagen (der 3D-Drucker) sind, die auch die entsprechenden Materialien für den Druck am Markt anbieten. Diese Hersteller sähen es natürlich am liebsten, wenn nur „ihr" Material auf „ihren" Fertigungsanlagen verarbeitet würde. Dies hat zum einen schlicht kaufmännische Gründe: kann ein Unternehmen zum Drucker auch noch das Druckmaterial verkaufen, sind offensichtlich Umsatz wie Rendite höher.

Es gibt aber noch einen anderen Grund, warum so viele Hersteller am liebsten den Betrieb der von ihnen hergestellten Anlagen auf von ihnen vertriebenes Material beschränken würden. Kennt und gestaltet der Hersteller des Grundmaterials auch die konkret eingesetzte Fertigungsanlage, kann er Material und Fertigung viel besser aufeinander abstimmen. Damit kann er verschiedenen Gefahren bei der Verarbeitung effektiver begegnen: so kann er etwa bestimmte Sicherungsmechanismen wie Temperaturfühler o.ä. im Fertigungsgerät vorsehen, wenn das Material nicht über einen bestimmten Punkt erhitzt werden darf.

Aus dem Blickwinkel der Produkthaftung kann allerdings der Materialhersteller eben gerade nicht davon ausgehen, dass „sein" Material auch wirklich nur auf „seinen Maschinen" verarbeitet wird und er es folglich mit einer besonderen Zielgruppe zu tun hat. Vielmehr muss er in der Regel wohl mit einem Einsatz „seines" Materials auch in den Fertigungsanlagen von Drittanbietern rechnen – auch dann, wenn er den Einsatz des von ihm produzierten Materials nur auf bestimmten Druckern empfiehlt. In der Regel wird auch die Materialnutzung auf anderen Druckern ein „gewöhnlicher Gebrauch" im Sinne des Produkthaftungsgesetzes sein.

Eventuell wird der eine oder andere Materialhersteller sich auf den Standpunkt stellen wollen, dass es sich bei dem Gebrauch eines von ihm angebotenen Materials auf anderen Druckern um einen Fehlgebrauch handelt. Hierzu müsste der Materialhersteller aber wohl beweisen, dass sich das von ihm angebotene Material technisch schon nicht zur Verwendung mit einem Drucker eines anderen Herstellers eignet; nur dann wird man überhaupt von einem „fehlerhaften Gebrauch" ausgehen können. Aber selbst wenn ein Fehlgebrauch vorläge, würde das dem Hersteller nicht weiterhelfen. Ist nämlich mit einem bestimmten, nicht fernliegenden Fehlgebrauch zu rechnen, dann hat der Hersteller vor diesem Fehlgebrauch dezidiert zu warnen. Für die Hersteller von Druckmaterial ist also eine gewissenhafte Gestaltung der Instruktion und Warnhinweise auf dem Produkt so oder so unabdingbar.

3. … und der nicht fernliegende Fehlgebrauch

Über die übliche Verwendung hinaus ist auch ein **nicht fernliegender Fehlgebrauch** im durchschnittlichen Benutzerkreis zu berücksichtigen. Führt also ein Produkt bei einem nicht fernliegenden Fehlgebrauch zu einer Verletzung seines Nutzers, kann ebenfalls ein Produktfehler anzunehmen sein. Dieses Fehlerverständnis erklärt sich – nicht sonderlich überraschend– aus dem Gedanken des Verbraucherschutzes heraus.

Menschen sind Menschen und kommen bisweilen auch auf dumme Gedanken. Legendär sind die Geschichten, in denen US-amerikanische Verbraucher versucht haben sollen, ihre Haustiere in der Mikrowelle zu trocknen. Für den Hersteller der Mikrowelle stellt sich dann ganz konkret die Frage: muss man die Menschen davor warnen, Lebewesen in der Mikrowelle zu grillen? Mit dieser vielleicht nicht ganz so ernst gemeinten, aber anderen, ganz ernsten Fragen beschäftigt sich der Themenkreis der **„vorhersehbaren bzw. nicht fernliegenden Fehlanwendung"**. Der Hersteller hat mit einem gewissen Fehlgebrauch durch den Nutzer zu rechnen und muss entsprechend konstruieren und instruieren. Vor einem Fehlgebrauch, der dem allgemeinen Verwendungszweck nahe liegt und für den Hersteller erkennbar ist, muss der Hersteller jedenfalls warnen; etwa davor, dass ein Mountainbike zu BMX-Stunts nicht geeignet ist.[58]

Allerdings kann vom Hersteller nicht verlangt werden, für sämtliche Fälle eines Fehlgebrauchs Vorsorge – etwa konstruktiver Art – zu treffen. Die berechtigten Sicherheitserwartungen können nämlich nur dahingehen, dass von einem Produkt bei vorhersehbarer üblicher Verwendung unter Beachtung der Gebrauchsanleitung keine erheblichen Gefahren ausgehen.[59] Einen fernliegenden Fehlgebrauch – der Einsatz eines Mountainbikes als Leiter, die Nutzung eines Herds zum Trocknen von Tieren– braucht der Hersteller nicht ins Kalkül zu ziehen. Erleidet der Verbraucher bei einer solchen Fehlnutzung einen Schaden, kann er den Hersteller folglich nicht erfolgreich in Anspruch nehmen.

4. Und welche Fehler können nun passieren? Die Fehlerkategorien des ProdHaftG

Auf diesem Fehlerverständnis aufbauend sind drei Fehlerkategorien zu unterscheiden, die bereits aufgrund ihrer Bezeichnung zu erkennen geben, wo der jeweilige Fehler passiert ist:

- Konstruktionsfehler

- Fabrikationsfehler

- Instruktionsfehler

Dabei gilt allerdings: Eine Haftung ist dann nicht gegeben, wenn der Fehler darauf beruht, dass das Produkt zum Zeitpunkt des Inverkehrbringens den zwingenden Rechtsvorschriften entsprach.

Praxistipp

In Kapitel 7 wurde der Regelungsgehalt des Produktsicherheitsgesetzes (ProdSG) erläutert, das bestimmte Anforderungen an die Produktsicherheit aufstellt. Das **ProdSG** regelt dabei **öffentlich-rechtliche Anforderungen**, während das **ProdHaftG zivilrechtliche Ansprüche** normiert. Beide Gesetze regeln also unterschiedliche Aspekte des Themas der Sicherheit eines Produkts. Ein Produkt, das nach dem ProdSG als unsicher gilt, ist in aller Regel auch fehlerhaft im Sinne des ProdHaftG, auch wenn dies nicht notwendigerweise so sein muss. Umgekehrt ist ein Produkt, das die Anforderungen des ProdSG erfüllt, nicht zwingend fehlerfrei nach dem ProdHaftG.

Ein Produkt ist nicht automatisch schon deshalb fehlerhaft, weil es später verbessert wurde.[60] Jede andere Regelung wäre auch kontraproduktiv, würde sie doch den Hersteller davon abhalten, sein Produkt laufend zu verbessern und sicherer zu machen.

Spätere technische Verbesserungen können aber im Rahmen der Produktbeobachtungs- und Reaktionspflicht der Produzentenhaftung relevant werden. Zu den Fehlerkategorien jetzt also im Einzelnen:

(a) Die Haftung für Konstruktionsfehler

Die Fehlerfreiheit des Produkts zu gewährleisten ist zunächst einmal eine **Sache der Konstruktion**. Die fehlerfreie Konstruktion ist anschließend in der fehlerfreien Fabrikation umzusetzen. Auch eine deutliche Warnung (Instruktion) vor einer Gefahr vermag den Hersteller nämlich dann nicht zu entlasten, wenn es die zumutbare Möglichkeit einer gefahrlosen Konstruktion gibt. So entschied der BGH[61] im Falle eines Atemüberwachungsgeräts, dass ein Schutz vor der Gefahr von Stromschlägen bereits durch die Konstruktion der Steckverbindungen zu gewährleisten sei; eine Information des Benutzers – und sei sie noch so sorgfältig (hier: Warnung des Nutzers durch farblich unterschiedliche Steckverbindungen) – genüge eben nicht.

(aa) der Konstruktionsfehler

Ein **Konstruktionsfehler** liegt vor, wenn ein Produkt infolge einer fehlerhaften technischen Konzeption oder Konstruktion für eine gefahrlose Nutzung ungeeignet ist. Die Sorgfaltspflichten des Herstellers beginnen also bereits mit der Planung. Nachdem der Konstruktionsfehler schon die Konzeption und Planung des Produkts betrifft, schlägt sich dieser in sämtlichen Produkten nieder: diese sind alle fehlerhaft.

Beispiele:

In der additiven Fertigungstechnik sind die unterschiedlichsten Konstruktionsfehler vorstellbar. Es kann die bereits die Planung (und in der Folge die Druckvorlage) fehlerhaft sein, weil die als Aufbau gewählte Hohlstruktur der gewünschten Belastung nicht standhält.

Eine Konstruktion kann aber auch deshalb fehlerhaft sein, weil Sicherungsmechanismen (Schutzvorrichtungen, Stromabschalter, Temperaturfühler, etc.) nicht vorgesehen wurden, deshalb bei einem vorhersehbaren Fehlgebrauch die additiv gefertigte Maschine nicht schnell genug abschaltet und den Benutzer verletzt.

Ein Konstruktionsfehler liegt vor, wo gegen technische Erkenntnisse **zum Zeitpunkt des In-Verkehr-Bringens** verstoßen wird. Dieser Zeitpunkt ist von zentraler Bedeutung; weder ist der Moment der Produktion entscheidend (der Wochen und Monate vorher liegen kann), noch der Zeitpunkt der Verletzung (die Jahre später erfolgen kann).

Maßgebend ist dabei nach der herrschenden Meinung der **„Stand von Wissenschaft und Technik"**.[62] Dieser Stand ist der höchste von (üblicherweise) drei denkbaren Technikstandards: auf der untersten Stufe stehen die „allgemein anerkannten Regeln der Technik", darüber der „Stand der Technik". Die höchsten Anforderungen sind zu erfüllen, wenn der „Stand von Wissenschaft und Technik" einzuhalten ist.[63]

Praxistipp

Bei der Konstruktionssicherheit sind nach herrschender Meinung die Anforderungen des Standes von Wissenschaft und Technik zu erfüllen. Dieser stellt die höchste Stufe der Technikstandards dar; in aufsteigender Reihenfolge sieht das so aus:

Vom Schreibtisch aus lassen sich diese drei Kategorien gut postulieren; die Praxis zeigt aber, dass es im Einzelnen viel Streit um die konkreten Anforderungen der Standards und die richtige Zuordnung von Fehlern in diese Kategorien gibt. Der Umstand, dass für die korrekte Zuordnung und Bewertung von technischen Details oft umfangreiche Sachverständigengutachten notwendig sind, macht die entsprechenden Zivilprozesse so aufwändig und teuer.

- **Anerkannte Regeln der Technik**

Für die Praxis lässt sich – unabhängig vom Streit um die Zuordnung von Fehlern zu den oben genannten Kategorien im Einzelfall – Folgendes abstrakt festhalten. Die **„anerkannten Regeln der Technik"** stellen jedenfalls den **absoluten Mindeststandard** dar, dem kein Hersteller ausweichen kann. Der Begriff der „anerkannten Regeln der Technik" ist nirgendwo gesetzlich definiert. Es handelt sich dabei nach der Rechtsprechung um jene Regeln, die als theoretisch richtig erkannt, in der Praxis durchweg bekannt sind und sich aufgrund fortdauernder praktischer Erfahrung bewährt haben. Nicht notwendig ist, dass diese schriftlich festgehalten sind.

Für die Produkthaftung bedeutet das also: werden die anerkannten Regeln der Technik nicht eingehalten, ist von der Verletzung einer Verkehrssicherungspflicht auszugehen. Ein solcher Verstoß des Herstellers gegen eine anerkannte Regel der Technik erleichtert dem Geschädigten also die Feststellung der Fehlerhaftigkeit des Produkts erheblich. Ermittelt werden können diese etwa durch empirische Feststellung der Mehrheitsauffassung der technischen Praktiker.[64]

Darüber hinaus besteht regelmäßig die **Vermutung**, dass kodifizierte technische Regeln wie etwa DIN-Normen, ISO-Vorschriften oder die Richtlinien des Vereins Deutscher Ingenieure (VDI) die anerkannten Regeln der Technik widerspiegeln. Für die Additive Fertigung besonders relevant sind etwa die Veröffentlichungen des VDI-Fachausschusses „Additive Manufacturing".[65]

In seiner Entscheidung zu einem Unfall mit einer Häckselmaschine, der durch eine bestimmte Sicherung hätte verhindert werden können, hatte sich etwa das OLG Karlsruhe[66] mit der Frage auseinanderzusetzen, inwieweit eine Vorlage für eine europäische Norm „Land- und Forstmaschinen" bereits anerkannte Regel der Technik war. Das Gericht entschied hierzu, dass zum maßgeblichen Zeitpunkt des Inverkehrbringens der betreffende Norminhalt zu Sicherheitsschaltern noch nicht anerkannte Regel der Technik war, sondern *„die Diskussion über Sicherheitsregeln erst eingeleitet hat"*.

Bei solchen technischen Regelungen handelt es sich nicht etwa immer um öffentliche Normen, die der deutsche Gesetzgeber erlassen hätte und die deshalb von vorneherein von jedermann einzuhalten wären. Es sind vielmehr oft auch private technische Regelungen, die Empfehlungscharakter haben. Die Fachausschüsse des VDI haben es sich beispielsweise zur Aufgabe gemacht, den „Stand der Technik" umfassend und unabhängig zu erfassen; der VDI versteht sich als „Schnittstelle zu anderen Organisationen und zur Fachöffentlichkeit."[67] Teilweise werden solche Sicherheiterwartungen der betroffenen Verkehrskreise noch weiter konkretisiert, etwa durch die berufsgenossenschaftlichen Anforderungen an die Arbeitssicherheit, die sich etwa aus den von den Berufsverbänden herausgegebenen Merkblättern ergeben.[68]

Für eine Reihe von Produkten existieren darüber hinaus **spezialgesetzliche Regelungen**, die eine besondere konstruktive Sicherheit vorschreiben. Hierbei handelt es sich um echte gesetzliche Vorgaben, die von den Herstellern zwingend einzuhalten sind. So sieht etwa das Produktsicherheitsgesetz für Spielzeug und Sportgeräte, Werkzeuge, Arbeits- und Haushaltsgeräte bestimmte Standards vor. Diese Standards ergeben sich dann wiederum aus DIN- oder ISO Normen, Unfallverhütungsvorschriften, etc.

Ein Verstoß gegen diese technischen Regelungen begründet folglich grundsätzlich einen Verstoß gegen die anerkannten Regeln der Technik. Allerdings ist dies keine unumstößliche Vermutung, sondern der Hersteller kann diese Vermutung auch widerlegen. Erfolgversprechend ist ein Versuch des Widerlegens etwa bei veralteten Regelungen.[69]

- **Der Stand der Technik und der Stand von Wissenschaft und Technik**

Auf der nächsten Stufe steht „**der Stand der Technik**", der den technischen Fortschritt, der sich in der Praxis erst im Lauf der Zeit durchsetzen muss, stärker berücksichtigt. Auf der obersten Stufe finden wir den „**Stand von Wissenschaft und Technik**". Wie der Name schon sagt, sind hier nicht nur die neuen Erkenntnisse in Theorie und Praxis zu berücksichtigen, sondern auch **aktuelle wissenschaftliche Erkenntnisse**. Der Hersteller muss sich also bei der Konstruktion die allgemein zugänglichen technischen und wissenschaftlichen Erkenntnisse zunächst verschaffen und diese dann in Konstruktion und Betriebssicherheit umsetzen.

In der zivilprozessualen Auseinandersetzung vor Gericht wird hier oft am meisten gerungen, zumeist unter Einbeziehung von privaten und gerichtlich bestellten Sachverständigen. Ein Umstand, der diese Rechtsstreitigkeiten enorm verteuert.

Zum zivilprozessualen Hintergrund:

In den meisten produkthaftungsrechtlichen Streitigkeiten wird dem erkennenden Gericht der notwendige Sachverstand für die Beurteilung der speziellen technischen Fragen fehlen. Entsprechend kann und wird das Gericht einen **Sachverständigen** mit der Begutachtung dieser Fragen beauftragen, wenn diese entscheidungserheblich sind.

Wichtig dabei: der Sachverständige kann nur **Tatsachen** begutachten, Antworten auf **Rechtsfragen** darf er nicht geben. Das bleibt die ureigenste Aufgabe des Gerichts, auf eine entsprechend sorgfältige Vorgehensweise von Gericht und Sachverständigen im Prozess ist zu achten. Das Gutachten des Sachverständigen hat das Gericht dann in seinem Urteil zu würdigen, den Folgerungen eines Sachverständigen hat es allerdings nicht etwa zwingend zu folgen (keine Bindung an das Ergebnis des Sachverständigen), sondern kann – mit guten Gründen – hiervon auch abweichen.

Die Auswahl des Sachverständigen trifft das Gericht, das insoweit den Vorschlägen der einen oder anderen Partei nicht zu folgen hat. Allerdings zeigt die Erfahrung, dass das Gericht einem Vorschlag für die Benennung eines Sachverständigen, der von beiden Parteien gemeinsam kommt, in der Regel Folge leistet.

Private Sachverständigengutachten, die von den Parteien oft schon in der Prozessvorbereitung in Auftrag gegeben werden, stellen kein Sachverständigengutachten im Sinne der Zivilprozessordnung dar. Sie sind vielmehr als qualifizierter Parteivortrag einzuordnen. Solche privaten Gutachten werden oft vorprozessual von den Parteien eingeholt, um die Einschätzung der Erfolgsaussichten zu erleichtern und den Prozessstoff einzugrenzen.

Aus der Sicht des Geschädigten ist es also immer am einfachsten, wenn er die Verletzung maßgeblicher technischer Regelungen wie DIN-Normen, ISO-Vorschriften etc. nachweisen kann. Dabei kann aber, wie gesehen, nicht pauschal auf die Geltung solcher Regeln verwiesen werden, sondern ist immer der Einzelfall sorgfältig zu prüfen. Dies gilt umso mehr, als Spezialregelungen oft ja nur einzelne Gefahren regeln; das heißt aber nicht, dass andere Gefahren nicht auch zu vermeiden wären.

Umgekehrt gilt für den Hersteller – und das ist eine ganz zentrale Erkenntnis – dass selbst die Einhaltung von gesetzlich vorgeschriebenen technischen Standards das Unternehmen nicht immer zu entlasten vermag. Denn diese Standards sind nur Mindeststandards. Außerdem geben sie letztlich auch immer nur eine Augenblicksaufnahme wieder, über die die technische Entwicklung schnell hinwegfegen kann. Allein der Umstand, dass diese gesetzlich geforderten Mindeststandards eingehalten wurden, schützt also nicht vor einer Haftung.

Auch wenn eine **Prüfstelle** (etwa der TÜV) keine Mängel eines Produkts feststellt, befreit das den Hersteller nicht per se von einer Einstandspflicht.[70] Dessen zivilrechtliche Sorgfaltspflichten bestehen auch dort fort, wo eine Behörde (oder eine von den Behörden beliehene oder benannte Stelle) das Produkt zugelassen oder – etwa im Rahmen einer TÜV-Prüfung – unbeanstandet gelassen hat. Die zivilrechtlichen Verkehrssicherungspflichten gehen nämlich über das hinaus, was die Behörden im Einzelfall prüfen.[71] Dies gilt etwa auch für die CE-Kennzeichnung.

Im Ergebnis ist festzuhalten, dass im Einzelfall stets genau zu prüfen ist, ob den Hersteller noch weitergehende Pflichten treffen können. Dabei gilt auch: gibt es für ein erkanntes technisches Problem noch keine befriedigende oder wirtschaftlich vertretbare Lösung, muss der Hersteller gegebenenfalls von der Auslieferung des Produkts Abstand nehmen. Bereits an anderer Stelle war darauf hingewiesen worden, dass etwa auch Billigprodukte einen Basisstandard an Sicherheit bieten müssen.[72]

Schlussendlich kann auch der Umstand, dass andere Hersteller vergleichbarer Produkte einen ähnlichen Standard anbieten, den Hersteller nicht notwendigerweise entlasten. Vergleichbare **Herstellerpraktiken mögen zwar einen Marktstandard** bilden, der in der Folge dazu führt, dass dieser als zwingender Mindeststandard gilt. Ein Fehler aber, „den alle machen" kann den einzelnen nicht entlasten. Die Pflicht, erkannte oder erkennbare Gefahren abzuwenden besteht unvermindert und ohne Rücksicht darauf, dass andere Marktteilnehmer die gleiche Konstruktion verwenden.[73]

Qualitätssicherungsvereinbarungen, die der Hersteller etwa mit seinen Zulieferern trifft, sind für den Fehlerbegriff nach dem ProdHaftG grundsätzlich nicht maßgeblich.[74] Sie sind allerdings bei der Frage der Haftungsverteilung im Innenverhältnis von erheblicher Relevanz.

(bb) Der Ausschluss der Haftung für Konstruktionsfehler

Eine Haftung bei Konstruktionsfehlern ist **ausgeschlossen**, wenn der Fehler nach dem Stand von Wissenschaft und Technik bei Inverkehrbringen nicht erkannt werden konnte. Die additive Fertigung erlaubt ganz neue Strukturen und Aufbauten, etwa, weil von vorneherein Hohlräume vorgesehen werden können. Die Erwartungshaltung ist groß: so sollen neue Formen etwa im Flugzeugbau Leichtkonstruktionen ermöglichen, die erst Material und später Treibstoff sparen. Erweist sich eine Konstruktion dann später einmal als fehlerhaft, wird es entscheidend auf die Frage ankommen, ob dieser Fehler im Moment des Inverkehrbringens nach dem damaligen Stand von Wissenschaft und Technik vorhersehbar bzw. erkennbar war.

Wichtig ist, dass der maßgebliche Zeitpunkt der **Moment des Inverkehrbringens** ist; spätere Verbesserungen führen also nicht dazu, dass ein früher in den Verkehr gebrachtes Produkt fehlerhaft wird. Das sieht das Produkthaftungsgesetz ausdrücklich vor.[75]

Verbleiben bestimmte Gefahren, die sich beim besten Willen nicht vermeiden lassen, so folgt hieraus für den Hersteller die Pflicht, den Produktverwender entsprechend aufzuklären und zu belehren (sog. Instruktionspflicht).

Zusammenfassung:

Für die Konstruktion und Produktentwicklung gilt es also Folgendes zu kennen und gegebenenfalls entsprechende Anpassungen vorzunehmen:

- den Stand von Wissenschaft und Technik
- die gesetzlichen Vorgaben (bzw. solche, die die Rechtsprechung hieraus entwickelt hat)
- die relevanten Entwicklungen auf dem Markt sowie das Verhalten der Mitbewerber und Anbieter von Zubehör.

Ferner ist die Konstruktion des Produkts selbst sorgfältig zu organisieren (Auswahl, Anleitung und Überwachung). Konstruktiv vorgesehene Sicherungsmechanismen (Rückschlagventile, Stromunterbrecher, etc.) sollen einen späteren vorhersehbaren Fehlgebrauch durch den Nutzer verhindern.

Schließlich müssen auch Prüfverfahren im Unternehmen dem Stand von Wissenschaft und Technik entsprechen.[76]

(cc) Die Dokumentation von Konstruktionsveränderungen

Die zentrale Bedeutung der Konstruktionsvorlage für den gesamten Fertigungsprozess bedarf eigentlich keiner weiteren Erläuterung. Der Druckvorlage, dem CAD-Modell, kommt bei der additiven Fertigung für den gesamten Produktionsprozess eine Schlüsselstellung zu. Gegen Manipulation wie unabsichtliche Veränderungen auch beim Versand innerhalb wie außerhalb des Unternehmens ist sie daher besonders zu schützen. Entsprechend großes Gewicht hat auch die Dokumentation in diesem Bereich.

Mit Hilfe der Dokumentation muss stets **nachvollziehbar** sein, wer wann welche Veränderung an der Vorlage vorgenommen hat. Denkbar ist es dabei ja auch, dass nicht nur Mitarbeiter des Unternehmens solche Veränderungen vornehmen, sondern eventuell auch Dritte – etwa Mitarbeiter eines Service Providers. Es kann sein, dass eine solche Bearbeitung befugt geschieht – etwa wenn Dritte über mehr KnowHow in diesem Bereich verfügen und sie mit solchen Bearbeitungen beauftragt sind. In einem solchen Fall muss stets vorab geklärt sein, welche Änderungsbefugnisse hier überhaupt bestehen sollen und wie solche Änderungen von wem wie dokumentiert werden. Eine solche Bearbeitung kann aber auch natürlich unbefugt geschehen – entweder aus Versehen, oder aber vielleicht einmal auch absichtlich.

(b) Die Haftung für Fabrikationsfehler

Ein Fabrikationsfehler ist ein Fehler, der bei der **eigentlichen Herstellung** geschehen ist. Pflicht des Herstellers ist es, die gesamte Fabrikation so zu organisieren, dass Fehler an einzelnen Produkten (oder einer Charge) vermieden werden. Dies betrifft sowohl die Vorbereitung als auch die Durchführung und Nachbearbeitung der einzelnen Produkte.

> **Beispiele** für Fabrikationsfehler lassen sich leicht bilden: eine Charge verwendeten Materials war ungeeignet; bei der Fertigung kam es zu Temperaturschwankungen oder die manuelle Nachbearbeitung einzelner Teile wurde schlampig ausgeführt.

Bei den Fabrikationsfehlern sind die Anforderungen hoch: lassen sich Fehler in der Herstellung selbst nicht ganz vermeiden, dann muss eine **Qualitätskontrolle** dafür sorgen, dass diese Produkte nicht in den Verkehr geraten. Je größer dabei ein potenzieller Schaden sein kann, desto höher legt die Rechtsprechung die Messlatte für diese Kontrollen.

So fordert die Rechtsprechung etwa sogar **händische Kontrollen bzw. Sichtkontrollen** für Getränkeflaschen, die aufgrund von Haarrissen splittern und zu schweren Verletzungen führen können.[77] Werden Mineralwasserflaschen neu befüllt, so ist die Flasche auf einwandfreie Beschaffenheit zu prüfen; den Hersteller trifft hier eine sog. **Statussicherungspflicht**. Kann eine Maschine diese Kontrolle nicht durchführen, muss notfalls manuell geprüft werden. Ermüdet ein menschlicher Prüfer bei solch diffiziler, aber stupider Prüfung schnell, muss er notfalls im kurzen Takt abgelöst werden.

Mit der additiven Fertigung verbindet gerade die Luft- und Raumfahrtindustrie, aber auch die Medizintechnik besondere Hoffnungen: allesamt Produzenten, deren Fehler potenziell einen besonders großen Schaden auslösen können. Sie trifft daher in besonderem Maße die Pflicht zur Qualitätskontrolle – sowie, schon aus Beweiszwecken, zur Dokumentation einer solchen.

Praxistipp

Bei der Abgrenzung eines Konstruktions- zum Fabrikationsfehler ist es nach dem eben Dargestellten hilfreich, danach zu fragen, ob der Fehler die gesamte Serie betrifft – oder nur einige Produkte aus einer Serie. Fertigungsfehler sind also Fehler, bei denen vom vorgegebenen „Bauplan" negativ abgewichen wird, weil in der Produktion etwas schief gelaufen ist.

Eine **Haftung ist dann ausgeschlossen**, wenn das Produkt den Fehler noch nicht hatte, als der Hersteller es in den Verkehr brachte.[78] Denkbar ist etwa, dass ein Fehler auf einen fehlerhaften Gebrauch (vor dem der Hersteller aber unter Umständen warnen muss, dazu sogleich) oder auf eine falsche Lagerung zurückzuführen ist. Allerdings trägt der Hersteller hierfür die **Beweislast**. Diesen Beweis wird er umso leichter führen können, je sorgfältiger er die Ausgangskontrolle dokumentiert hat.

Irrelevant hingegen ist die Frage, ob es sich bei dem fehlerhaften Produkt vielleicht um einen sog. **Ausreißer** gehandelt hat, also einen Fabrikationsfehler, der bei allen zumutbaren Sicherheitsvorkehrungen schlicht unvermeidbar war. Hier kennt das ProdHaftG (anders als die Produzentenhaftung nach dem BGB, die ja ein Verschulden voraussetzt) kein Pardon: der Hersteller haftet. Eine Exkulpationsmöglichkeit hat er nicht.

Zusammenfassung:

Fabrikationsfehler passieren in der Fertigung des Produkts.

Dem Hersteller obliegt es

- Fabrikationsfehler von vorneherein zu verhindern
- jedenfalls durch Ausgangskontrollen das Inverkehrbringen von fehlerhaften Produkten zu vermeiden.

Hierfür ist jedenfalls notwendig

- ein entsprechendes Beschaffungsmanagement (Konkretisierung der Anforderungen für die Zulieferer, Kontrolle der Zulieferleistungen)
- ein Wareneingangsmanagement
- eine sorgfältige Fertigung (Auswahl, Anleitung, Überwachung)
- eine Endkontrolle und Qualitätssicherung
- eine sorgfältige Lagerung und Auslieferung
- eine Ausgangskontrolle

Die exakte Dokumentation aller unternommenen Qualitätssicherungsmaßnahmen erleichtert die Beweisführung.

(c) Die Haftung für Instruktionsfehler

Oberstes Gebot für den Hersteller ist es, das Produkt fehlerfrei zu konzipieren und zu fabrizieren. Die sorgfältige Instruktion des Benutzers tritt hier **ergänzend** hinzu und soll ein eventuell trotz aller Vorsichtsmaßnahmen verbleibendes Risiko minimieren. Ein einfaches Beispiel: auch im perfekten Planschbecken kann ein Kleinkind ertrinken, weshalb vor dem unbeaufsichtigten Baden gewarnt werden muss.

> **Wichtig:**
> Als oberste Regel gilt: Konstruktion und Fabrikation des Produkts haben fehlerfrei zu geschehen. Unterlaufen hier vermeidbare Fehler, können diese nicht etwa durch eine fehlerfreie Instruktion gerettet werden – und sei der Warnhinweis noch so gut gelungen.

(aa) Was ist ein „Instruktionsfehler"?

Ein Fehler kann also auch im Rahmen der Instruktion des Nutzers geschehen; das ProdHaftG spricht selbst von einem Fehler in der „Darbietung".[79]

Instruktionsfehler können in mannigfaltiger Weise geschehen – denn zu warnen hat der Hersteller

- vor den Risiken eines **bestimmungsgemäßen Gebrauchs** seines Produktes, sowie
- einem **naheliegenden Gebrauch**
- vor einem **vorhersehbaren versehentlichen Fehlgebrauch** sowie
- **naheliegendem Missbrauch.**

(bb) Die Gefahren des bestimmungsgemäßen und naheliegenden Gebrauchs

Eine **Unterrichtung** des Nutzers ist zunächst mangelhaft, wenn die Gebrauchsanweisung schon per se unzureichend ist. Es kann ja ein darin erteilter Befestigungshinweis schlicht falsch sein. Ein Instruktionsfehler liegt ferner aber auch dann vor, wenn keine ausreichende Warnung vor gefahrträchtigen Eigenschaften einer Sache erfolgt (etwa vor der Feuergefährlichkeit einer Textilie, der ätzenden Wirkung eines Reinigungsmittels, etc.).

Der Hersteller hat dabei nicht nur den bestimmungsgemäßen, sondern auch den naheliegenden Gebrauch im Auge zu behalten – wobei bei letzterem die Grenzen zu einem Fehlgebrauch sicherlich fließend sind. Daher wird auf einem Planschbecken nicht nur vor den Gefahren des Ertrinkens, insbesondere von Kleinkindern, zu warnen sein (bestimmungsgemäßer Gebrauch), sondern auch vor den Gefahren des Hineinspringens (naheliegender Gebrauch, wenngleich wohl noch kein Fehlgebrauch).

Die spannende Frage im Einzelfall ist dann oft – was ist eine gefährliche Eigenschaft, über die informiert werden muss, was ist ein zu **erwartender Fehl-**

gebrauch und was kann als **allgemeiner Erfahrungsschatz** beim Verwender vorausgesetzt werden und muss nicht zum Inhalt einer Warnung gemacht werden? Anders gefragt: wo endet die Belehrungspflicht des Herstellers und wo muss der gesunde Menschenverstand des Benutzers einsetzen?

Gerade die Hersteller von Sportgeräten dürften ein Lied hiervon singen können: muss man den Benutzer eines Wintersportgerätes auf die Notwendigkeit von Schutzausrüstung hinweisen? Ihn vor ungeeignetem Abfahrtsgelände warnen? Ihn darauf hinweisen, dass Schnee veränderliche Eigenschaften auch auf ein und demselben Hang hat?[80] Und welche Pflichten treffen etwa den Hersteller von Sonnenmilch, die ja dazu dienen soll, den Aufenthalt in der potenziell gefährlichen UV-Strahlung zu verlängern? Was gilt für die Hersteller von Zigaretten – müssen sie darüber informieren, dass man den Genuss ihrer Produkte doch besser zu unterlassen hätte?[81]

Berühmt geworden sind in diesem Zusammenhang die sog. „Kindertee-Fälle".[82] Hier hatte ein Zusammenwirken verharmlosender Werbung, fehlender Warnhinweise und die Sorglosigkeit der Mütter dazu geführt, dass diese ihren Kleinkindern Nuckelflaschen mit zuckerhaltigem Kindertee zum sog. Dauernuckeln überlassen hatte. Die Kinder erlitten in der Folge schwere Zahnschäden durch Karies. Hier hat die Rechtsprechung eine Instruktionspflicht bejaht und zunächst entsprechende Warnhinweise auf dem Kindertee selbst verlangt. Später wurde die Hinweispflicht auch auf die Hersteller der Nuckelflaschen ausgedehnt. Einen bloßen Beipackzettel zu den Babyfläschchen ließen die Richter dabei nicht genügen, denn ein solcher kann verloren gehen. Außerdem ist die Person, die den Tee in die Flasche einfüllt (vielleicht die Oma) gar nicht identisch mit der Person, die Tee und Flasche gekauft hat (vielleicht die Mutter des Kindes). Verlangt wird daher ein deutlicher Hinweis auf der Nuckelflasche selbst, so dass jedes Mal, wenn Tee in die Flasche gefüllt wird, deutlich sichtbar zu lesen ist, dass Dauernuckeln Karies verursacht.

(cc) Die Gefahren des Fehl- und Missgebrauchs

Erschwert wird die Lage des Herstellers, wie bereits gesehen, dadurch, dass die Rechtsprechung von ihm verlangt, dass er auch mit einem **nicht ganz fernliegenden Fehlgebrauch und einem naheliegendem Missbrauch** durch den Endnutzer rechnen muss. Gemeint ist damit nicht der echte Produktmissbrauch: verwendet der Benutzer die Mikrowelle zum Trocknen von Kleintieren, ist das ein völlig zweckfremder und meist bewusster Missbrauch, mit dem der Hersteller nicht rechnen und folglich auch nicht hiervor warnen muss. „Amerikanische Verhältnisse" herrschen also – aller Unkenrufe zum Trotz – nicht.

Etwas anderes gilt aber dann, wenn ein **Fehlgebrauch naheliegt**; bei einem Pflanzenschutzmittel liegt die Gefahr einer Überdosierung nicht fern, weshalb der Verbraucher zur sorgsamen Dosierung angehalten werden muss.[83] Ein Hersteller von Fertigbeton muss vorhersehen, dass ein Heimwerker notwendige Schutzkleidung nicht anlegt und dann bei der eigentlichen Verarbeitung auch noch ungeschickt zu Werke geht (etwa: er sich in die Betonmasse hineinkniet). Der Hersteller muss daher auf die Gefahr von Verätzungen durch Flüssigbeton hinweisen.[84]

(dd) Die Gestaltung der Instruktion

Der Begriff der „Instruktion" umfasst sämtliche Informationen, mit denen ein Produkt der Allgemeinheit vorgestellt wird. Maßgeblich ist neben der äußeren Gestaltung des Produkts auch jede Form der anderweitigen Produktbeschreibung, sei sie nun in der Werbung, Gebrauchsanleitung oder auch im Internet verfügbar. Damit hat der Hersteller auch eine Vielzahl von Möglichkeiten, den Nutzer zu instruieren und zu warnen.

Wie wichtig eine solche Instruktion ist, zeigt eine Entscheidung des Bundesgerichtshofes zu so genannten „Heißwasser-Untertischgeräten". Diesen Geräten hatte der Hersteller eine „Installations- und Gebrauchsanweisung" beigefügt, in der ausdrücklich auf die Notwendigkeit der Installation durch einen Fachmann hingewiesen wurde. Dem Geschädigten, der diesen Hinweis ignoriert hatte, explodierte das Gerät wenige Tage nach der von ihm – einem Laien – selbst durchgeführten Installation. Der Bundesgerichtshof[85] stellte klar, dass die berechtigten Sicherheitserwartungen, die ja von so zentraler Bedeutung für den Fehlerbegriff des ProdHaftG sind, nur dahin gehen, dass unter Beachtung einer Gebrauchsanweisung bei üblicher Verwendung keine Gefahren für Leib oder Leben entstehen.

In der optischen Gestaltung ebenso wie in der sprachlichen Gestaltung hat sich der Hersteller an den Möglichkeiten und am **Verständnishorizont** des Nutzers zu orientieren. Gebrauchsanweisungen für Produkte, die sich speziell an Senioren wenden, sollten in entsprechend leicht lesbarer Schriftgröße gesetzt werden. In der sprachlichen Gestaltung ist darauf abzustellen, was der Benutzer verstehen und nachvollziehen kann. Es macht einen großen Unterschied, ob der Benutzende mit den einschlägigen Fachtermini vertrauter Profi (etwa Ingenieur oder Handwerker) oder eben mit der Materie nicht vertrauter Laie ist. Maßstab hierbei ist nicht etwa der Durchschnittsnutzer, sondern der **„am wenigsten informierte und am meisten gefährdete" Benutzer.**[86]

Einmal mehr ist entscheidend, an wen sich der Hersteller mit dem Produkt also wendet. Verkauft ein Hersteller seinen Schnellzement in einem normalen Baumarkt, muss er mit einem uninformierten Heimwerker als Käufer rechnen. Er kann sich nicht auf die Behauptung zurückziehen, das von ihm verkaufte Material sei doch ohnehin „nur für Fachleute gedacht". Nur soweit der Hersteller sich berechtigterweise darauf verlassen kann, dass sein Produkt nur in informierte Hände gerät – etwa weil sichergestellt ist, dass ein Einbau tatsächlich nur durch Fachpersonal geschehen kann – bestehen geringere Anforderungen an die Instruktionspflicht.[87]

Zeichnungen und Piktogramme haben einen großen Vorteil: sie sind international verständlich und auf einen Blick zu erfassen. Vor besonders großen Gefahren (etwa: Gefahr des Ertrinkens bei Schwimmhilfen; Gefahr des Vergiftens bei Putzmitteln) ist sinnvollerweise stets (zusätzlich) mit einem Zeichen oder Piktogramm zu warnen. Man muss nicht lesen können, um zu verstehen, dass von einem mit einem Totenkopf gekennzeichneten Reinigungsmittel Gefahren ausgehen. Auch bei Zielgruppen, die man mit umfangreichen Gebrauchsanweisungen möglicherweise nicht optimal erreicht – wie etwa jugendlichen Käufern von Skateboards oder Mountainbikes – kann man davon ausgehen, dass sie einen solchen Warnhinweis ohne weiteres wahrnehmen.

Schließlich ist im Einzelfall sorgfältig zu überlegen, **wo** die Warnung aufgebracht wird. Genügt die Warnung in der Gebrauchsanleitung – oder ist nicht sinnvollerweise angesichts der drohenden Gefahr die Warnung auch noch einmal **auf dem Produkt selbst** anzubringen (auf den Schwimmflügeln, auf der Putzmittelflasche, etc.).

Bei Produkten (Kochgeräten, etc.), die softwaregetrieben funktionieren und über eine Anzeige verfügen, hat es sich auch in der Praxis bewährt, wichtige Warnhinweise beim Einschalten des Produkts oder jeweils in periodischen Abständen (jeder hundertste Bedienvorgang) **zu wiederholen**.

Praxistipp

In der Praxis zeigt im Unternehmen naturgemäß die Marketingabteilung wenig Begeisterung für umfangreiche Instruktionen und Warnungen. Gebrauchsanleitungen und Warnhinweise auf den Produkten selbst sind aber kein verzichtbarer Luxus. Gut gestaltete Anleitungen sowie Warnhinweise sind vielmehr <u>das</u> Mittel der Wahl um das Risiko einer Inanspruchnahme zu minimieren.

Gebrauchsanweisungen gegebenenfalls ergänzt durch Warnhinweise auf der Verpackung und dem Produkt sollten also

- vollständig
- korrekt
- präzise und
- leicht verständlich (Piktogramme, Zeichnungen, Warnsymbole)

auf Sicherheitsrisiken und Gefahren hinweisen. Eine die bestehenden Risiken verharmlosende Sprache ist zu vermeiden.

Zu Beginn war bereits darauf hingewiesen worden, dass die Produkthaftung in der Regel in den Fällen relevant wird, wo keine unmittelbare vertragliche Verpflichtung zwischen dem Schädigenden und dem Geschädigten besteht: der Käufer eines Kraftfahrzeugs etwa steht ja in einer vertraglichen Beziehung nur zu seinem Verkäufer, nicht zum eigentlichen Hersteller. Bei einem Produktfehler seines neuen Geländewagens kann er im Rahmen der Produkthaftungsregeln den Hersteller in Anspruch nehmen. Dies ist, wie dargelegt, ein Fall der gesetzlichen Haftung und keine vertragliche Haftung.

Im Zusammenhang mit den Gebrauchsanweisungen taucht aber die Frage auf, ob nicht durch die Anleitung eine **vertragliche Beziehung** zwischen Nutzer und Hersteller begründet wird. In aller Regel ist dies nicht der Fall: die bloße Herausgabe einer Gebrauchsanweisung begründet noch keine vertragliche Haftung, dies hat der BGH klar gestellt.[88] Etwas anderes gilt dort, wo der Hersteller ein explizites **Garantieversprechen** abgibt; in einem solchen Fall wird tatsächlich einmal eine unmittelbare Vertragsbeziehung zum Hersteller begründet.

Dass eine Gebrauchsanweisung nicht dazu „genutzt" werden kann, einen **Haftungsausschluss** vorzunehmen, ergibt sich schon aus dem Produkthaftungsgesetz selbst. Danach kann die Haftung des Herstellers nämlich nicht im Voraus ausgeschlossen oder beschränkt werden.[89] Entsprechende Vereinbarungen – einmal unterstellt solche wären überhaupt wirksam vereinbart, was bei einem Hinweis in einer Anleitung schon mehr als fraglich wäre – sind jedenfalls nichtig.

(c) Die Produktbeobachtungs- und Reaktionspflicht

Von der Frage der proaktiven Informationspflicht zu trennen ist die Frage, ob den Hersteller eines Produkts eine – **reaktive** – **Produktbeobachtungs- oder sogar eine Reaktionspflicht** trifft. Man kennt das von den so genannten „Rückrufaktionen" der Autohersteller. Tatsächlich gibt es nach dem Produkthaftungsgesetz keine solche Pflicht, das eigene Produkt zu beobachten und auf das Bekanntwerden von Fehlern zu reagieren – aber nach der vom BGB geregelten (verschuldensabhängigen) Produzentenhaftung gibt es sehr wohl eine solche Pflicht. Bereits an anderer Stelle war davor gewarnt worden, dass Produkthaftungsgesetz isoliert zu betrachten; stets ist das Zusammenspiel der Normen des ProdHaftG mit denen des BGB zu beachten, Produkt- und Produzentenhaftung sind also stets parallel zu prüfen.

> **Praxistipp**
>
> Das ProdHaftG erlegt dem Hersteller **keine Beobachtungs- oder Reaktionspflicht** auf. Dies tut aber die Produzentenhaftung nach dem BGB. Einmal mehr zeigt sich daran die Notwendigkeit, die Haftungsregime des BGB und des ProdHaftG nicht isoliert zu sehen, sondern stets beide Gesetze zu prüfen.

(d) Die Haftung für potenziell fehlerhafte Produkte

Die **neueste Rechtsprechung des Europäischen Gerichtshofes** (EuGH)[90] bietet Sprengkraft für die Produkthaftung. Die Richter des EuGH entschieden nämlich, dass auch ein **nur potenziell fehlerhaftes Produkt** einen Fehler im Sinne des ProdHaftG haben kann. Den Gedankengang des EuGH und die Tragweite der Entscheidung kann man am besten am konkret entschiedenen Fall nachvollziehen:

> Ein Hersteller von Medizinprodukten hatte festgestellt, dass von ihm vertriebene Herzschrittmacher teilweise einem „sukzessiven Verfall" unterlagen, was etwa zu einer vorzeitigen Erschöpfung der Batterie führen konnte. Bei zwei Patienten wurde im Folgenden der Herzschrittmacher wieder explantiert und ein neues Gerät eingebaut. Die explantierten Schrittmacher allerdings wurden vernichtet, ohne dass je geklärt wurde, ob auch diese beiden Geräte tatsächlich fehlerhaft waren. Zwischen dem Hersteller und der Krankenkasse der beiden betroffenen Patienten entbrannte daraufhin ein Rechtsstreit.

Der Bundesgerichtshof (BGH) legte daraufhin dem Europäischen Gerichtshof (EuGH) die Frage vor, ob diese Geräte, die zu einer Gruppe von Geräten gehörten, die ein **Ausfallrisiko** hatten, konkret selbst fehlerhaft seien.

> ### Zum Hintergrund: Zuständigkeit des EuGH für die Auslegung des Unionsrechts
>
> Diese Frage konnte der BGH nicht selbst entscheiden, da das Produkthaftungsgesetz, wie dargelegt, auf eine Europäische Richtlinie zurückgeht. Daher sind die Vorschriften des Produkthaftungsgesetzes richtlinienkonform auszulegen. In Zweifelsfällen haben die nationalen Gerichte den EuGH anzurufen und diesem die für ihr Urteil relevanten Fragen nach der richtigen Auslegung des Unionsrechts zur sog. **Vorabentscheidung** vorzulegen; die Letztentscheidungskompetenz für die Auslegung des Unionsrechts liegt allein bei diesem europäischen Gericht. Würde man die Auslegung nämlich den nationalen Gerichten überlassen, würde dies zu einer nicht gewollten Aufsplitterung des Rechts führen.

Der EuGH hat diese Frage in seiner – überraschend kurzen – Entscheidung bejaht. Zur Begründung führte er an, dass die Sicherheitsanforderungen an ein solches Medizinprodukt, dessen Versagen ja unmittelbar zum Tode des Betroffenen führen kann – besonders hoch seien; daher seien alle Produkte innerhalb der betroffenen Produktgruppe oder Produktserie als fehlerhaft einzustufen. Mit anderen Worten: es ist dann nicht notwendig, nachzuweisen, dass auch das Produkt im Einzelfall fehlerhaft war. Es war also auch unerheblich, dass die implantierten Herzschrittmacher bereits vernichtet worden waren. Der Europäische Gerichtshof meint, dass auf diese Art und Weise „*eine gerechte Verteilung der mit der modernen technischen Produktion verbundenen Risiken zwischen dem Hersteller und dem Geschädigten zu gewährleisten*" sei.

In der gleichen Entscheidung klärte der EuGH ferner, dass die **Operation**, die zum Austausch des (potenziell) fehlerhaften Produkts erforderlich ist, ein Schaden ist, für den der Hersteller haftet – vorausgesetzt, die Operation ist erforderlich, um den Fehler zu beseitigen.

Kaum hatte der EuGH gesprochen, begann die Diskussion um die Frage, ob nun denn künftig immer „alle Produkte" zurückzurufen seien, wenn auch nur der Fehler eines einzigen Produkts bekannt wird. Es wäre sicherlich unzulässig, die Entscheidung des EuGH so zu verallgemeinern. Man muss bei der Diskussion der Weiterungen sicher auch stets im Auge behalten, dass diese Entscheidung zwei sehr spezielle Fälle von Medizinprodukten betraf.

Ferner war in dem der EuGH-Entscheidung zugrundeliegenden Fall des Herzschrittmachers der Fehler **potenziell** (!) bei allen Produkten der betroffenen Reihe vorhanden. Es handelte sich mithin mitnichten um einen echten **Ausreißer**. Und selbst wenn es sich um einen Fehlerverdacht für eine ganze Produktgruppe handelt, so mag es viele Fälle geben, bei denen nicht der bloße Verdacht genügen wird. In der Regel wird man den Defekt im Einzelfall doch zunächst gefahrlos **überprüfen** können.[91] Bei einem Herzschrittmacher geht das nicht – aber ein Nutzfahrzeug, eine Skibindung oder ein Elektrogerät können sicherlich in Werkstätten oder beim Händler zunächst auf das Vorhandensein eines Fehlers überprüft werden, bevor der Hersteller sich daran macht, das betroffene Teil auszutauschen.

Hinzukommt, dass auch nach dieser EuGH-Entscheidung nicht immer ein **Rückruf und Ausbau** aller fehlerhaften Produkte notwendig werden wird. Wo auf andere Weise der Fehler beseitigt werden kann – etwa dadurch, dass das Produkt nicht mehr benutzt wird – wird es dabei verbleiben. Wird durch das Nichtbenutzen des Produkts die Gefahr beseitigt (was bei einem Herzschrittmacher ja so nicht möglich ist!), dann ist auch das sog. Integritätsinteresse des Benutzers gewahrt. Wichtig ist es dabei, sich immer wieder vor Augen zu führen, dass das Produkthaftungsrecht nur dem Schutz des **Integritätsinteresses** dient. Das ist das Interesse, an den eigenen, außerhalb einer Vertragsbeziehung liegenden Rechtsgütern keinen Schaden zu erleiden. Nicht durch die Produkthaftung geschützt ist das reine Äquivalenzinteresse – also das Interesse, für die eigene Leistung innerhalb einer vertraglichen Beziehung (die ja zum Hersteller in der Regel ohnehin schon gar nicht besteht) eine äquivalente Gegenleistung zu bekommen.

Der Umstand, dass man dann als Käufer das Produkt, das man für teures Geld erworben hat, wegen eines Produktfehlers nun nicht mehr nutzen kann, ist eine Frage des Äquivalenzinteresses. Dieses wird durch die Produkthaftung nicht geschützt; die Nichtnutzbarkeit des Produkts ist keine Frage der Produkthaftung – sondern eine ganz andere Frage der Gewährleistung gegen den Verkäufer der Sache.

8.4.10 Kein Verschuldenserfordernis

Bereits mehrfach wurde auf den zentralen Unterschied zwischen der Produkthaftung nach dem ProdHaftG und der Produzentenhaftung nach dem BGB hingewiesen: letztere verlangt eine schuldhafte Pflichtverletzung, also ein vorsätzliches oder fahrlässiges Handeln des Herstellers. Das Produkthaftungsgesetz hingegen fordert kein solches Handeln des Herstellers. Es normiert eine verschuldensunabhängige Haftung und geht damit über die Regelungen des BGB hinaus. Es lässt den Hersteller folglich auch dann haften, **wenn alle zumutbaren Sicherungen getroffen wurden** und ein Fehler trotzdem auftritt. Man spricht dann von einem so genannten „**Ausreißer**". Der Hersteller haftet also auch dann, wenn die Fehler dieses Ausreißerproduktes nicht auf sein schuldhaftes Handeln zurückgehen.

> **Praxistipp**
>
> Das Produkthaftungsgesetz setzt keine schuldhafte Pflichtverletzung des Herstellers voraus. Der Hersteller haftet daher auch für sog. Ausreißer.

8.4.11 Rechtsfolgen der Haftung nach dem ProdHaftG

Wird jemand durch den Fehler eines Produkts verletzt, kann er **Schadensersatz** gegen den Hersteller geltend machen. Nicht jeder Schaden ist aber auch wirklich ein ersatzfähiger Schaden – und nicht jeder Anspruch auch der Höhe nach gerechtfertigt. Wie dargelegt, dient das Produkthaftungsrecht nur dem Schutz des Integritätsinteresses.

Besteht ein grundsätzlich ersatzfähiger Schaden des Integritätsinteresses, ist in einem zweiten Schritt danach zu fragen, ob der Ersatzanspruch der Höhe nach zu mindern ist, weil den Geschädigten ein sog. **Mitverschulden** trifft. Zu denken ist hier insbesondere an ein Mitverschulden am Schaden wegen eines fehlerhaften Gebrauchs des Produkts (etwa: Verwendung eines Sitzmöbels als Leiter, Hineinfassen in eine laufende Maschine oder das Benutzen eines normalen Fahrrades für BMX-Stunts).

1. Der Umfang des Schadensersatzanspruchs

Bei der Frage nach dem Umfang des Schadensersatzes ist zunächst danach zu differenzieren, welches Rechtsgut verletzt wurde. Das Produkthaftungsgesetz gewährt nicht vollen Ersatz für alle Schäden an Rechtsgütern.

(a) Bei Körperverletzung und Tod

Ersatzfähig sind die **Schäden**, die durch die Schädigung von **Körper und Gesundheit** bis hin zum Tod eingetreten sind. Der Schadensersatzanspruch erfasst dabei grundsätzlich alle Maßnahmen, die erforderlich sind, um die Schadensfolgen zu beseitigen oder zu lindern. Hierzu zählen zunächst die primären Heilbehandlungskosten, etwa nach einem Unfall mit einem fehlerhaften Skateboard; hierunter fallen aber auch die Kosten der weiteren Versorgung etwa von Brandwunden/Narben im Rahmen einer kosmetischen Operation nach einem Unfall mit einem fehlerhaften Grill.

In der bereits erwähnten Entscheidung des EuGH[92] hatte dieser für den Fall eines im Körper eingebauten, fehlerhaften **Medizinprodukts** (dort: implantierbare Cardioverter Defibrillatoren, sog. ICDs) entschieden, dass die für den Ausbau des fehlerhaften Produkts notwendige **Operation** ein „durch Körperverletzung verursachter Schaden" ist; immer vorausgesetzt, die Operation ist erforderlich, um den Fehler des betreffenden Produkts zu beseitigen. Wohlgemerkt: die Operation muss wirklich notwendig sein, um den Produktfehler zu beseitigen. Ließe sich der Fehler auf andere Weise als durch einen Austausch beheben (etwa durch das Abschalten einer bestimmten Funktion des Defibrillatoren), gäbe es diesen Anspruch nicht. Der Umstand, dass in einem solchen Fall nicht mehr alle Funktionen des Geräts genutzt werden können, wäre insoweit ohne Belang. Denn das ist eine Frage des Äquivalenzinteresses, nicht des Integritätsinteresses. Ein Ausgleich für eine derartige Beeinträchtigung wäre dann gegebenenfalls im Rahmen bestehender Vertragsbeziehungen (etwa zum Verkäufer des Medizinprodukts) zu suchen, nicht aber im Rahmen der Produkthaftung des Herstellers.

Der Geschädigte kann bei einer erlittenen Körper- oder Gesundheitsverletzung gegebenenfalls auch ein **Schmerzensgeld** geltend machen.[93] Damit sollen zum einen die erlittenen Schmerzen ausgeglichen werden. Zum anderen soll der Geschädigte durch eine finanzielle Leistung aber auch eine gewisse Genugtuung erfahren.

> **Praxistipp**
>
> Das Zubilligen eines Schmerzensgeldes hat eine doppelte Funktion:
> * eine **Ausgleichs-** und
> * eine **Genugtuungsfunktion.**
>
> **Für den Zivilprozess gilt:**
>
> Eine genaue Bezifferung des geforderten Schmerzensgeldes in einer zivilrechtlichen Klage ist nicht notwendig – da die Höhe des Schmerzensgeldes im Ermessen des Gerichts[94] steht, bestünde die Gefahr, dass der Kläger zu wenig oder zu viel (mit der Folge einer Teilabweisung seiner Klage) fordert.

Die **Höhe** eines solchen Schmerzensgeldes richtet sich nach den Umständen des Einzelfalls und wird in einem Rechtsstreit vom Gericht nach dessen Ermessen festgesetzt. Für den **Ausgleich** der erlittenen Schmerzen kommt es etwa auf die Notwendigkeit und Dauer eines stationären Krankenhausaufenthaltes, Art und Umfang der Verletzung, Umfang und Dauer der Schmerzen an. So hielt das OLG Hamm im Falle eines eineinhalbjährigen Kindes, das aufgrund eines fehlerhaften Dosierverschlusses einer Flasche mit Brennpaste schlimme Verbrennungen erlitt, ein Schmerzensgeld von Euro 50.000,– für angemessen. Im Falle schwerer Verbrennungen durch einen Feuerwerkskörper sprach das OLG Jena dem Geschädigten ein Schmerzensgeld von Euro 15.000,– zu.[95]

Im Rahmen der Genugtuungsfunktion ist etwa zu berücksichtigen, ob die Schädigung vorsätzlich oder fahrlässig geschah, ob der Schädiger grob fahrlässig oder besonders leichtfertig zu Werke gegangen ist. Es ist eben ein Unterschied, ob der Hersteller aus reiner Profitgier ein gefährliches Produkt auf dem Markt belässt – oder ob er die Gefahr, die von seinem Produkt ausgeht, schlicht „verschlafen" hat.[96]

Es gilt nach dem ProdHaftG allerdings ein **Haftungshöchstbetrag von 85 Millionen Euro** für **Personenschäden**, sofern diese durch ein Produkt oder gleiche Produkte mit demselben Fehler verursacht worden sind.[97] Von „gleichen Produkten" wird jedenfalls ausgegangen, wenn sie im Wesentlichen einheitlich konstruiert wurden.[98] Gibt es mehrere Geschädigte und wird der Haftungshöchstbetrag erreicht, sind die Ansprüche aller gleichmäßig zu kürzen, um eine Gleichbehandlung zu gewährleisten.

Diese Haftungshöchstgrenze gibt es wiederum nur im Produkthaftungsgesetz. Das BGB kennt keine solche Höchstgrenze, und die Grenze des Produkthaftungsgesetzes gilt auch nicht für Schadensersatzansprüche nach den bürgerlich-rechtlichen Normen. Hinter der verschuldensunabhängigen Regelung im

Produkthaftungsgesetz steht der Wunsch, den Haftungsfall für den Hersteller berechenbar und in der Folge entsprechend versicherbar zu machen.

> **Praxistipp**
>
> Das ProdHaftG setzt bei Personenschäden einen Haftungshöchstbetrag von 85 Millionen Euro fest. Eine solche Grenze gibt es nach der – verschuldensabhängigen – Haftung nach dem BGB nicht.

(b) Bei Sachschäden

Private Verbraucher können ferner unter bestimmten Umständen auch **Sachschäden** ersetzt verlangen. Nicht anspruchsberechtigt bei Sachschäden sind geschädigte Unternehmer, gleichgültig wie enorm die Sachschäden auch sein mögen (z. B. eine russische Elektrizitätshandelsgesellschaft als Geschädigte nach einer Explosion in einem Kraftwerk[99]).

Ausgeschlossen ist allerdings die Geltendmachung **reiner Vermögensschäden**. Vermögensschäden sind solche, bei denen nicht eine Sache beschädigt wurde, sondern „nur" eine finanzielle Einbuße entstanden ist.

> **Beispiel:** Führt ein Fehler im Getriebe zum Stillstand einer Maschine, kann der durch den Produktionsstillstand erlittene Verlust als reiner Vermögensschaden nicht erfolgreich nach dem ProdHaftG geltend gemacht werden.

Bei Sachschäden hat der private Verbraucher eine **Selbstbeteiligung von Euro 500,–** zu tragen. Das bedeutet, dass der Hersteller bis zu diesem Betrag gar keinen Schadenersatz zu leisten hat. Übersteigt der Schaden den Betrag, hat er nur den Differenzbetrag zu bezahlen. Hierdurch sollen Bagatellfälle ausgeschlossen werden und eine Überlastung der Gerichte möglichst vermieden werden. Allerdings wäre natürlich unmittelbar im Anschluss an das ProdHaftG zu prüfen, ob diese „ersten" Euro 500,– nicht nach den Grundsätzen der Produzentenhaftung zu ersetzen sind (die allerdings ein Verschulden voraussetzen).

Eine **Haftungshöchstgrenze** gibt es bei Sachschäden – anders als bei den Personenschäden – auch im ProdHaftG nicht.

2. Die Anrechnung des Mitverschuldens des Geschädigten

Ein etwaiges Mitverschulden des Geschädigten, etwa ein falscher Gebrauch des Produkts ist schadensmindernd zu berücksichtigen. Das gilt für Ansprüche nach dem Produkthaftungsgesetz ebenso wie für solche nach dem BGB. Die Schadensersatzpflicht hängt davon ab, inwieweit der Schaden vorwiegend von dem einen oder dem anderen Teil verschuldet worden ist. Dabei hat sich der Geschädigte auch ein etwaiges Mitverschulden desjenigen, der die tatsächliche Gewalt über die beschädigte Sache ausgeübt hat, zurechnen zu lassen.[100]

Im Einzelfall kann ein weit überwiegendes Mitverschulden des Geschädigten zu einem vollständigen **Haftungsausschluss** führen. Ein solch überwiegendes Mitverschulden wurde etwa angenommen im Falle eines Landwirts, der bei laufender Maschine mit der Hand in einen Düngerstreuer fasste.[101] Das Gericht war hier der Ansicht, dass es eigentlich doch schon *„jedem Schulkind"* klar sein dürfte, dass man nicht in laufende Maschinen hineinfassen dürfe. Außerdem hatte der Hersteller sogar noch einmal mit Piktogrammen auf dem Gerät auf die Gefahren eines solchen Verhaltens hingewiesen.

Eine Möglichkeit, den Schadenersatz gegenüber dem Geschädigten zu mindern, weil **ein Dritter den Schaden mitverursacht** hat, besteht hingegen nicht. Wird ein Fußgänger von einem Auto angefahren, weil die Bremsen einen Fehler hatten, dann haftet der Hersteller dem Fußgänger auf Schadenersatz. Der Hersteller kann sich nicht herausreden, der Fahrer des fehlerhaften PKW habe zusätzlich noch falsch reagiert, als die Bremsen versagten. Nur im Verhältnis zu dem Dritten[102] (hier also dem Fahrer) kann der Hersteller eventuell später den Ausgleich suchen. Er kann aber nicht dem Geschädigten mit Hinweis auf das Verhalten eines Dritten die Zahlung verweigern.

3. Die Verjährung

Sämtliche Ersatzansprüche **verjähren** innerhalb **von 3 Jahren** ab dem Zeitpunkt der positiven Kenntnis oder fahrlässiger Unkenntnis des Geschädigten vom Schaden, dem Fehler und der Person des Ersatzpflichtigen. Maßgeblich ist hier wirklich der Kenntniszeitpunkt und nicht – wie bei manchen anderen Verjährungsregelungen – der Schluss des Jahres, in dem Kenntnis erlangt wurde. Bei mehreren Ersatzpflichtigen (etwa: verschiedenen Teileherstellern und einem Assembler) kann es folglich unterschiedliche Verjährungszeitpunkte geben.

Jedenfalls erlischt ein Anspruch aber **10 Jahre nach dem Inverkehrbringen** des Produkts, es sei denn, ein Rechtsstreit oder Mahnverfahren wäre bereits anhängig.[103] Der Zeitpunkt des Inverkehrbringens bezieht sich nur für den Assembler auf das Endprodukt. Für den Zulieferer des Teilprodukts ist maßgeblich der Zeitpunkt des Inverkehrbringens seines Teilprodukts, sprich: der Lieferung an den Assembler.

Praxistipp

Es genügt nach dem ProdHaftG für die Verjährungsunterbrechung bereits die Anhängigkeit eines Rechtsstreits; die Rechtshängigkeit ist nicht erforderlich. Das bedeutet, dass die Klage nur bei Gericht rechtzeitig eingegangen sein muss, nicht aber dem Gegner zugegangen sein muss. Der Lauf einer Verjährung kann im Übrigen (auch mehrfach) gehemmt werden, etwa durch das Führen von Vergleichsgesprächen.

Für die Praxis gilt einmal mehr: eine sorgfältige Ausgangskontrolle beim Hersteller ist unbedingt empfehlenswert – nicht zuletzt, um den Beginn der Verjährungsfristen zuverlässig festlegen zu können!

4. Keine Möglichkeit einer anfänglichen Haftungsfreizeichnung gegenüber dem Geschädigten

Eine Haftungsfreizeichnung im Voraus – also ein Ausschluss der Haftung – ist nach dem ProdHaftG nicht möglich. In der Praxis wäre eine solche vertragliche Vereinbarung auch rein praktisch schwierig durchzusetzen: ein Vertrag muss von ja beiden Seiten – Hersteller und Verwender – vereinbart werden. Der Hersteller weiß doch aber zumeist gar nicht, wer sein Produkt letztendlich im Baumarkt, im Fachhandel oder via Internet erwirbt.

Da mag vielleicht der eine oder andere auf den Gedanken kommen, eine Haftungsfreizeichnung auf der Verpackung vorsehen zu wollen – aber das ist die Mühe nicht wert. Zum einen, weil durch einseitige Erklärung schon kein Haftungsausschluss zustande kommen kann. Und zum anderen ist die Produkthaftung **zwingendes Recht**. Eine Haftungsfreizeichnung gegenüber dem Endverbraucher im Rahmen des ProdHaftG ist nicht möglich,[104] entsprechende Hinweise oder Geschäftsbedingungen auf der Verpackung oder in der Gebrauchsanweisung bleiben ohne die gewünschte Wirkung.

> **Praxistipp**
>
> Hiervon zu unterscheiden ist die oben dargelegte Frage, ob man als Hersteller den Verwender mit Hilfe der Gebrauchsanweisung und der Verpackung **pflichtgemäß instruieren** kann. Das kann man – und so einer Haftung entweder von vorneherein ganz entgehen oder zumindest ein entsprechendes Mitverschulden des Verbrauchers, der deutliche Warnungen in der Gebrauchsanleitung oder auf der Verpackung ignoriert hat, begründen.

Eine andere Frage ist natürlich, ob sich der Hersteller im Verhältnis zu seinem direkten Vertragspartner (etwa dem Händler) von bestimmten Haftungen freistellen kann. Eine solche Haftungsbeschränkung oder -begrenzung ist selbstverständlich im Rahmen der gesetzlichen Vorgaben (etwa zu den Allgemeinen Geschäftsbedingungen) möglich und bedarf der sorgfältigen Vertragsgestaltung im Einzelfall.

5. Weitergehende Haftung nach anderen Vorschriften

Eine – weitergehende – Haftung nach anderen Vorschriften lässt das Produkthaftungsgesetz unberührt.[105] So sind etwa anstelle oder neben den Ansprüchen nach dem ProdHaftG vertragliche Ansprüche denkbar; in Betracht kommt insbesondere eine Herstellergarantie. Außerdem ist natürlich immer an die deliktische Produzentenhaftung nach dem BGB zu denken – etwa in all jenen Fällen, in denen das ProdHaftG keinen Anspruch gibt, etwa für die ersten Euro 500,– bei Sachschäden (Selbstbehalt nach dem ProdHaftG) oder bei Verletzung einer Produktbeobachtungspflicht.

8.4.12 Der Ausschluss der Ersatzpflicht

In einer Reihe von Fällen ist die Ersatzpflicht nach dem Gesetz ausgeschlossen, darauf wurde oben bereits an den relevanten Stellen hingewiesen. Die maßgebliche Regelung sei hier aber noch einmal im Zusammenhang zusammengefasst.[106] Die **Beweislast für alle Ausschlussfälle** liegt jeweils beim Hersteller.[107]

Der Hersteller haftet zunächst einmal nicht – fast möchte man sagen selbstverständlich nicht – wenn er das Produkt **nicht in den Verkehr gebracht** hat. In den Fällen, wo etwa Waren aus der Fertigungshalle gestohlen wurden, besteht keine Einstandspflicht des Herstellers für Fehler an diesen Produkten.

Ferner besteht keine Ersatzpflicht, wenn nach den Umständen davon auszugehen ist, dass das Produkt **den Fehler noch nicht hatte**, als der Hersteller es in den Verkehr brachte. Relevant wird diese Regelung faktisch nur im Zusammenhang mit den Fabrikationsfehlern.

Weiter besteht die Möglichkeit, dass sich der Produzent darauf beruft, dass er das Produkt **nicht für den Verkauf (oder eine andere Vertriebsform) in wirtschaftlicher Absicht** und auch **nicht im Rahmen seiner beruflichen Tätigkeit** hergestellt und vertrieben hat. Diese Regelung ist insbesondere interessant für den „ambitionierten Privatmann", der Objekte auf seinem 3D-Drucker fertigt; ob dieser Fertigung eine künstlerische oder handwerkliche Betätigung zugrunde liegt, ist ja nicht maßgeblich. Auch eine solche Betätigung wird vom Produkthaftungsgesetz erfasst. Folglich kann sich auch ein Privatmann, der Gegenstände ausdruckt und dann an andere weitergibt, einmal einer zivilrechtlichen Inanspruchnahme ausgesetzt sehen. Geschah diese Weitergabe freilich ohne jeden wirtschaftlichen Hintergrund und kann unser Bastler dies auch nachweisen, kann er den Schadenersatzanspruch abwehren.

Beruht ein Fehler auf **zwingenden Rechtsvorschriften** zum Zeitpunkt des Inverkehrbringens, ist eine Haftung ebenfalls ausgeschlossen. Schlussendlich ist eine Haftung auch dann nicht gegeben, wenn der Fehler nach dem Stand von Wissenschaft und Technik zum Zeitpunkt des Inverkehrbringens nicht erkannt werden konnte. Einmal mehr kommt es also auf den „Stand von Wissenschaft und Technik" an – und einmal mehr ist dies ein Punkt, den die Gerichte in der Praxis oft nicht aus eigener Sachkunde beurteilen können. Dann ist die Einschaltung eines gerichtlichen Sachverständigen notwendig – mit der entsprechenden Kostenfolge für die unterlegene Partei.

Hersteller von Teilprodukten wie von Grundstoffen können sich entlasten, wenn sie nachweisen, dass der Fehler durch die Konstruktion des Endprodukts, in das ihr Teilprodukt lediglich eingearbeitet wurde, verursacht wurde. Ebenso sind sie von der Haftung frei, wenn der Fehler durch die Vorgaben des Herstellers des Endprodukts verursacht wurde.

8.4.13 Die Beweislast – oder von der Schwierigkeit, Verantwortungsbereiche abzugrenzen

1. Zunächst: Allgemeines zur Beweislast und Beweisproblemen

Soweit die juristische Ausgangsbasis. In der Praxis sind die **Abgrenzung der Verantwortungsbereiche** und der **Nachweis**, wer konkret für einen Fehler verantwortlich ist, die zentralen Problemstellungen in einem Zivilprozess. Wo wirklich nur ein einzelner Unternehmer an der Werkbank waltet und schaltet und dann das Endprodukt verkauft, ist es nicht weiter schwierig, den Verantwortlichen zu ermitteln. Aufgrund der regelmäßig vielen Beteiligten bei der additiven Fertigung ist die Situation hier aber meist eine andere; die Hersteller, die ihre eigene Druckvorlage erstellen und dann selbst ausschließlich bei sich im Unternehmen ihre Endprodukte fertigen, dürften in der Minderzahl sein und bleiben.

Viel häufiger ist die schon mehrfach angesprochene Konstellation, dass ein Unternehmer diverse Dritte in den Herstellungsprozess einbindet. Denkbar ist etwa, dass er sich die Druckvorlage von einem Programmierer erstellen lässt, oder eine fertig zu kaufende Druckvorlage auf die Bedürfnisse seines Unternehmens anpasst (oder anpassen lässt) und dann die so erstellte Vorlage durch ein weiteres Unternehmen ausdrucken lässt. Wenn das Produkt schlussendlich den Sicherheitsanforderungen nicht entspricht – wer soll dann dem Nutzer für einen Fehler gerade stehen? Ist die produzierte Schraube am Ende nicht bruchfest, kann das ja viele Ursachen haben: die Vorlage war von Anfang an unzureichend erstellt. Die ursprüngliche Vorlage war in Ordnung, leider wurden bei der individuellen Anpassung einige Parameter verstellt, die nicht hätten verstellt werden dürfen. Die Vorlage war in Ordnung, als mit dem Druck begonnen wurde – aber das Material war es nicht. Oder das Material war es eben doch, aber die Fertigungsanlage war defekt. Im Druckzentrum gab es Erschütterungen während des Ausdrucks. Und so weiter und so fort. Wie soll jetzt der Geschädigte nachweisen, wer von den Beteiligten ihm für den Fehler haftet? Hat ein Geschädigter erfolgreich seinen Anspruch gegen einen der Hersteller geltend gemacht, schließt sich meist sogleich die Frage nach einem Ausgleich im Innenverhältnis der am Herstellungsprozess Beteiligten an.

Das Produkthaftungsgesetz[108] regelt als Prinzip, dass der Geschädigte (also die Person, die bei bestimmungsgemäßem Gebrauch des Produkts einen Schaden erlitt) folgendes nachzuweisen hat:

- den Fehler
- den Schaden und
- den ursächlichen Zusammenhang zwischen beiden.

Allerdings gilt das nicht immer in uneingeschränkter Härte für den Verletzten. Die Rechtsprechung hat die hier festgelegten Prinzipien durch **Beweiserleichterungen**, die bis zur **Beweislastumkehr** gehen können, immer mehr aufgeweicht. Hintergrund dieser Privilegierung des Geschädigten ist die Vorstellung, dass dieser regelmäßig keinerlei Einblick in die Produktionsabläufe beim Hersteller hat.

So ging etwa das OLG Frankfurt/M.[109] von einer Beweiserleichterung in Form des **Anscheinsbeweises** zu Gunsten eines Geschädigten aus, der nach der Implantation eines sog. Wirbelsäulen-Titan-Cages Verletzungen an Halswirbeln erlitten hatte. Aus dem Umstand, dass derartige Implantate von den Herstellern für eine lebenslange Nutzung ausgelegt werden und bei üblicher Nutzung nicht nach wenigen Wochen brechen, schlussfolgerte das Gericht, dass ein Konstruktionsfehler des im entschiedenen Fall eingesetzten Cages vorlag, weil er nicht über hinreichende Bruchfestigkeit verfügte.

Zum zivilprozessualen Hintergrund:

Ein Anscheinsbeweis (auch: Beweis des ersten Anscheins) greift immer dann ein, wenn ein typischer Geschehensablauf feststeht, der nach allgemeiner Lebenserfahrung auf eine bestimmte Ursache für einen eingetretenen Erfolg hinweist.

Beweiserleichterungen greifen ferner dann, wenn der Hersteller **Befundsicherungspflichten** oder eine Pflicht zur Aufbewahrung des Produkts verletzt hat.[110] Befundsicherungspflichten sind keine echten Verkehrssicherungspflichten in dem Sinne, dass ein Anspruch darauf bestünde, dass ein Hersteller eine entsprechende Kontrolle seiner Produkte durchführt. Führt er sie indes nicht durch, wird er durch „schlechtere Karten bei der Beweisführung bestraft". Man spricht insoweit auch von einer Obliegenheitsverletzung des Herstellers oder einem „Verschulden gegen sich selbst".

Eine Beweislastumkehr wird zum Teil auch dort bejaht, wo ein Verstoß gegen einschlägige Sicherheitsvorschriften vorliegt.[111] Darüber hinausgehend können die Erleichterungen für den Verletzten gegebenenfalls auch dann bereits greifen, wenn der Hersteller Konstruktions- oder Instruktionspflichten[112] verletzt hat.

Zugunsten des Geschädigten wird im Übrigen gesetzlich, wenngleich widerlegbar vermutet, dass der Produktfehler **zum Zeitpunkt des Inverkehrbringens des Produkts vorhanden** war.[113] Das klingt zunächst einmal wenig dramatisch, birgt aber für den Hersteller eine ziemliche Sprengkraft. Danach muss nämlich nicht der Geschädigte nachweisen, dass das Produkt von Anfang an fehlerhaft war – nein, der Hersteller muss nachweisen, dass sein Produkt im Zeitpunkt des Inverkehrbringens fehlerfrei war (und folglich später erst der Fehler etwa durch ein falsches Verhalten des Nutzers entstand). Eine solche Widerlegung der Vermutung wird dem Hersteller in der Regel nur gelingen, wenn eine hinreichende Dokumentation der entsprechend sorgfältig durchgeführten **Ausgangskontrolle** vorhanden ist.[114]

Beruft sich der Hersteller auf einen **Ausschluss der Ersatzpflicht** (etwa, dass er das Produkt gar nicht willentlich in den Verkehr gebracht hätte),[115] trägt er hierfür im Übrigen von vornherein die **Beweislast**.

Für den Hersteller stellt sich in der Praxis daher oft mehr das Problem, einen Entlastungsbeweis tatsächlich führen zu können, denn das Problem, dass das

Gesetz keine Entlastungsmöglichkeit vorsähe. Mit anderen Worten: Recht haben ist das eine, Recht bekommen ist das andere.

2. Mit Beweislasten und Beweisproblemen umgehen ...

Was bedeuten nun diese Beweislastprobleme für alle in einen additiven Fertigungsprozess eingebundenen Beteiligten? Natürlich wird ein Hersteller schon alles tun, um gar nicht erst in prozessuale Auseinandersetzungen verwickelt zu werden. Nichtsdestotrotz – niemand ist gefeit davor, verklagt zu werden. Da hilft es, einige grundlegende Punkte zur Maxime des unternehmerischen Handelns zu machen, um Prozessrisiken zu minimieren. Es hilft eben wenig, wenn man alle Pflichten erfüllt und alle Vorgaben beachtet hat – wenn man es nachher nicht beweisen kann.

Damit ist auch schon klar, was oberste Pflicht in jedem am Fertigungsprozess beteiligten Unternehmen sein muss: nämlich eine **sorgfältige Dokumentation des gesamten Fertigungsverfahrens** einschließlich der Eingangs- und Ausgangskontrolle.

Der additive Fertigungsprozess bringt eine Reihe **von Übergängen oder Schnittstellen** mit sich. Das liegt in der Natur der Sache. „Gefahrgeneigt" sind zum einen die Übergänge **zwischen mehreren Beteiligten,** also etwa zwischen Assembler und Druckvorlagenersteller, Service Provider oder Zulieferer. In den jeweiligen vertraglichen Vereinbarungen ist folglich ganz klar zu regeln, wen welche Aufgaben treffen und welche Vorgaben und Standards einzuhalten sind. Je klarer die Anforderungen an das (End) Produkt (etwa: technische, thermische, gestalterische Eigenschaften) formuliert und die hieraus resultierenden Aufgaben des Einzelnen definiert sind, desto leichter tut man sich in einer eventuellen juristischen Aufarbeitung. Da additive Fertigungsanlagen ohnehin rechnergestützt betrieben werden, dürfte die Protokollierung der prozessrelevanten Daten jedenfalls technisch keine allzu große Herausforderung darstellen.

Praxistipp

Die juristische Aufarbeitung findet in einem Zivilprozess statt. Wenn das Gericht nicht selbst über den notwendigen technischen Sachverstand verfügt, wird es einen Sachverständigen beauftragen, die tatsächlichen Voraussetzungen (nicht: deren rechtliche Einordnung) zu bewerten. Bei der Frage, wie die Dokumentation im Unternehmen auszusehen hat, orientiert man sich bereits jetzt also sinnvollerweise an jenen Standards, die ein solcher Sachverständiger fordern würde.

Die Last der sorgfältigen Dokumentation gilt darüber hinaus für jeden der **einzelnen Fertigungsschritte,** also etwa den Übergang vom **Pre-Prozess** (Vorbereitung der Fertigung) in die **eigentliche additive Fertigung** und dann weiter in den **Post-Prozess** (Nachbearbeitung, etc.). So muss in jedem Einzelfall klar nachvollziehbar sein, welche Version der Druckvorlage eingesetzt wurde und wer diese erstellt hat. Das mag einfach klingen, wenn nur eine einzige Druckvorlage für die Massenfertigung von Hunderten von Objekten unverändert verwendet wurde. In den Fällen aber, wo eine Druckvorlage permanent verändert wird (man denke nur an die sog. mass customization), muss eine penible Archivierung der eingesetzten Versionen erfolgen.

Zu einer ordnungsgemäßen Prüfung und Dokumentation gehört auch das regelmäßige Ziehen von Proben; für die additive Fertigung heißt dies, dass regelmäßig **Prüfobjekte** gebaut werden müssen. Das gilt auch, wenn dies faktisch bedeuten kann, dass der Prüfaufwand einen wesentlichen Teil der Herstellungskosten ausmacht.

8.5 Die Produzentenhaftung

Den Hersteller einer Sache kann, wie dargelegt, nicht nur die Haftung nach dem Produkthaftungsgesetz treffen; er kann auch nach anderen Vorschriften ersatzpflichtig werden, darauf weist das Produkthaftungsgesetz selbst explizit hin.[116]

Interessant ist insoweit insbesondere die sog. **Produzentenhaftung nach dem Bürgerlichen Gesetzbuch (BGB).** Diese Dualität von ProdHaftG und der Produzentenhaftung nach dem BGB erklärt sich, wie dargelegt, recht einfach durch europarechtliche Vorgaben. Das ProdHaftG gibt es in dieser Form ja erst seit 1990. Es wurde damals auf der Grundlage einer europäischen Richtlinie zur Produkthaftung in den Mitgliedsstaaten der Europäischen Union verabschiedet. In der Bundesrepublik Deutschland gab es jedoch auch bereits davor eine Haftung der Hersteller für ihre Produkte. Diese Produzentenhaftung war nicht etwa in einem „besonderen Gesetz über die Produzentenhaftung in Deutschland" geregelt. Vielmehr hatte die Rechtsprechung diese ausgehend von den Regelungen zur unerlaubten Handlung im BGB[117] insbesondere durch das Postulat von Pflichten und die Entwicklung von Beweislastregeln entwickelt. Wenn ein solches Haftungsregime von der Rechtsprechung erst entwickelt wird, heißt dies in der Konsequenz, dass man viele Antworten auf drängende Fragen – leider – nicht direkt dem Gesetz entnehmen kann. Vielmehr haben auch verschiedene Entscheidungen des Bundesgerichtshofes hier Maßstäbe gesetzt.

Aufgesetzt wird die Produzentenhaftung auf folgenden, im Bürgerlichen Gesetzbuch[118] geregelten Grundsatz:

„Wer vorsätzlich oder fahrlässig das Leben, den Körper, die Gesundheit, die Freiheit, das Eigentum oder ein sonstiges Recht eines anderen widerrechtlich verletzt, ist dem anderen zum Ersatz des daraus entstehenden Schadens verpflichtet."

Während das Produkthaftungsgesetz allein objektiv an die Fehlerhaftigkeit eines Produkts anknüpft, knüpft die Produzentenhaftung nach dem Bürgerlichen Gesetzbuch an einen **schuldhaften Pflichtverstoß** des Herstellers an; das Gesetz spricht davon, dass **„vorsätzlich oder fahrlässig"** gehandelt worden sein muss.

Hintergrund der Produzentenhaftung ist dabei der Gedanke, dass derjenige, der von der Eröffnung einer Gefahrenquelle profitiert, zur Haftung verpflichtet ist, wenn er allgemeine **Verkehrssicherungspflichten** im Zusammenhang mit dieser Gefahrenquelle vorsätzlich oder fahrlässig verletzt. Es handelt sich mithin um einen Spezialfall der Haftung wegen Verletzung einer Verkehrssicherungspflicht. Für einen Hersteller besteht schlicht die Verantwortung, ein Produkt unter Einhaltung der geltenden Sicherheitsstandards so in den Verkehr zu bringen, dass nicht durch das Produkt Dritte in ihren Rechtsgütern verletzt werden.

Ergebnis:

Bei der Frage, ob man als Hersteller in die Haftung geraten kann, muss man also zweierlei bedenken, nämlich die Möglichkeit der Haftung nach

- dem Produkthaftungsgesetz (ProdHaftG)
- den Grundsätzen der im BGB geregelten Produzentenhaftung.

Für das Verständnis der Regeln zur **Produzentenhaftung** ist es wichtig, sich stets zu vergegenwärtigen, dass das BGB – anders als das Produkthaftungsgesetz – einen **schuldhaften Verstoß** gegen die dem Hersteller obliegenden **Verkehrssicherungspflichten** (auch oft schlicht: Verkehrspflichten genannt) voraussetzt.

8.5.1 Wofür wird gehaftet? Der Anwendungsbereich der Produzentenhaftung

Wie auch schon bei der Haftung nach dem Produkthaftungsgesetz soll zunächst einmal geklärt werden, wann eine Verantwortlichkeit nach dem Bürgerlichen Gesetzbuch überhaupt in Frage kommen kann. Wann haftet ein Hersteller also für den Fehler eines Produkts?

1. Das Produkt

Auf die **Art und Weise**, wie ein Produkt gefertigt wurde, kommt es – wie auch bei der Produkthaftung nach dem Produkthaftungsgesetz – nicht an. Damit finden die Regelungen des BGB ohne weiteres Anwendung auf Objekte, die mit Hilfe additiver Fertigungsprozesse erstellt wurden. Auf Software findet die Produzentenhaftung nach dem BGB ebenfalls Anwendung, da es auf die physische Verkörperung des Produkts – nach richtiger Auffassung – nicht ankommt.[119]

2. Die Anspruchsberechtigung

Anspruchsberechtigt ist derjenige, der durch eine vom Produkt ausgehende Gefahr an Leben, Körper, Gesundheit oder Eigentum verletzt wird. Geschützt sind dabei der **private** wie der **gewerbliche Abnehmer**. In den Schutzbereich fällt zunächst einmal der unmittelbare Benutzer des Produkts, wobei es unerheblich ist, wie er konkret in den Besitz des Produkts gekommen ist.[120] Daneben wird auch der unbeteiligte Dritte geschützt, oft auch **(inncocent) bystander** (in etwa: der (unschuldige) Zufallsbetroffene) genannt.

8.5.2 Der Hersteller als Anspruchsgegner – und die Frage, wer noch in die Haftung geraten kann

1. Die Haftung des Herstellers des Endprodukts

Das Produkthaftungsgesetz zählt, wie oben dargestellt, selbst die nach dem Produkthaftungsgesetz Verantwortlichen auf. Eine solche hilfreiche Aufzählung findet sich im BGB nicht, so dass es Aufgabe der Rechtsprechung war und ist, die Verantwortungsbereiche abzugrenzen.

Dass der **Assembler**, der das Endprodukt fertigt, auch nach den Regeln des BGB verantwortlich ist, bedarf eigentlich keiner weiteren Erörterung. Aufwändiger wird die Frage allerdings bei dem weiteren Kreis derjenigen, die in den Fertigungsprozess eines Produkts auf die eine oder andere Weise eingebunden sind.

Beim ProdHaftG hatten wir gesehen, dass es für den **Privatmann**, der aus „Spaß an der Freude" Objekte ausdruckt, nutzt oder verschenkt, eine Ausnahme von der Haftung gibt. Er haftet nicht, wenn er das Produkt weder für den Verkauf noch im Rahmen seiner beruflichen Tätigkeit hergestellt oder vertrieben hat; das regelt das Produkthaftungsgesetz explizit so.[121]

Bei der deliktischen Produzentenhaftung nach dem BGB fehlt es an einer solchen trennscharfen Regelung. Die Produzentenhaftung wurde ja im Rahmen der allgemeinen deliktischen Regeln von der Rechtsprechung entwickelt und knüpft an die Verletzung einer Verkehrssicherungspflicht an. Die im Folgenden geschilderten Verkehrssicherungspflichten treffen jedenfalls den Unternehmer als Hersteller. Es dürfte folglich vom Einzelfall abhängen, inwieweit die Rechtsprechung unter Umständen auch einem Privatmann solche Verkehrssicherungspflichten auferlegt. Tritt der Privatmann wie ein Unternehmer in Erscheinung – betreibt er etwa nebenberuflich einen Ersatzteilhandel – wird er jedenfalls mit einer zivilrechtlichen Inanspruchnahme rechnen müssen.

Hintergrund der Produzentenhaftung ist ja der Gedanke, dass derjenige, der von der Eröffnung einer Gefahrenquelle profitiert, auch bestimmte Verkehrssicherungspflichten zu tragen hat; dieser Gedanke ist auch der Maßstab für die Frage, ob und ab wann ein (gewerbsmäßig handelnder) Privater wie ein Unternehmer haftet bzw. als solcher qualifiziert wird.

2. Importeure und Vertriebshändler

Das Produkthaftungsgesetz unterwirft auch **Importeure und Vertriebshändler** der Haftung.[122] Dieser Personenkreis kann im Rahmen der Produzentenhaftung allerdings nur in Anspruch genommen werden, wenn er selbst eine **Verkehrssicherungspflicht** verletzt hat: solche eigenen Verkehrssicherungspflichten werden in der Praxis aber eher selten anzunehmen sein. An anderer Stelle ist bereits dargelegt worden, dass allein der *Verkauf* eines Produkts per se noch keine Verkehrssicherungspflicht zur umfassenden Überprüfung der Fehlerfreiheit des Produkts auslöst. Derjenige, der eine Ware nur verkauft, darf also auf seinen Hersteller vertrauen. Er muss nicht jede Ware vor dem Verkauf auf

Fehler untersuchen – er wäre dazu wohl auch oft gar nicht in der Lage, weil ihm die notwendigen Untersuchungsgeräte und das Fachwissen fehlen.

Andererseits wird eine Produzentenhaftung des Importeurs für Konstruktions- und Fabrikationsfehler bejaht, wenn aus *„besonderen Gründen Anlass dazu besteht, die Ware auf ihre gefahrfreie Beschaffenheit zu untersuchen".*[123] Ein solcher Anlass besteht etwa dort, wo dem Importeur Schadensfälle bekannt geworden sind oder besondere Umstände des Falles eine Prüfung nahe legen. Allein der Umstand, dass Waren aus einem Billiglohnland eingeführt werden, genügt hierfür noch nicht. Ein Gleiches gilt auch dann, wenn das Herstellungsland nicht auf dem Produkt verzeichnet ist und der Preis deutlich unter dem vergleichbarer inländischer Produkte liegt.[124] Andererseits kann natürlich auch der Hersteller den Importeur ausdrücklich mit der Produktinformation der Endabnehmer betrauen, so dass der Importeur selbst für die ordnungsgemäße Instruktion der Nutzer in der Verantwortung steht.

Für einen Fehler des Herstellers haben Importeure nicht einzustehen, weil der Hersteller in einem eigenen, getrennten Pflichtenkreis tätig ist und nicht etwa als Erfüllungsgehilfe des Importeurs. Daran soll sich grundsätzlich auch dann nichts ändern, wenn zwischen dem Hersteller und dem Händler eine enge Verbindung (etwa konzernmäßiger Art) besteht.[125]

3. Zulieferer – und die Haftung für ein Fehlerverhalten des Zulieferers

Nicht selten wird ein Hersteller nicht das gesamte Produkt selbst fertigen – sondern additiv gefertigte Teile eines **Zulieferers** verwenden. Hier stellt sich die Frage, ob der Zulieferer dann für Fehler des Endprodukts haftet, wenn diese auf einen Fehler des von ihm zugelieferten Bauteils zurückzuführen sind. Umgekehrt ist auch dem Problem nachzugehen, inwieweit der Hersteller für Fehler seines Zulieferers einzustehen hat und ob er die Möglichkeit hat, sich zu entlasten, wenn er seinen Zulieferbetrieb sorgfältig aussucht.

(a) Die Haftung des Zulieferers

Nach der Rechtsprechung des Bundesgerichtshofs ist ein **Zulieferer** nicht ohne weiteres dafür verantwortlich, dass ein von ihm hergestelltes Zwischenprodukt (etwa: ein Bauteil) im Rahmen des Endprodukts risikofrei beim Endverbraucher verwendet werden kann. Ein geschädigter Nutzer des Endprodukts kann also nicht in jedem Fall – neben dem Endhersteller (Assembler) – auch den Zulieferer in Haftung nehmen.

Die Auswahl des für den eigenen Fertigungsprozess geeigneten Materials fällt – so argumentiert der Bundesgerichtshof – in den Verantwortungsbereich des Endherstellers. Im Umkehrschluss bedeutet dies aber nicht, dass der Zulieferer mithin jeder Verantwortung ledig wäre. Der zuliefernde Hersteller hat vielmehr dafür einzustehen, dass das von ihm hergestellte (Zulieferer-) Produkt im Rahmen des von ihm festgelegten Gebrauchs auch in der Weiterverarbeitung durch andere ohne Gefahr für Dritte Verwendung finden kann.

(b) Die Haftung des Endherstellers bei Fehlern des Zulieferers

Umgekehrt haftet der Hersteller des Endprodukts nicht grundsätzlich für die Fehler seiner Zulieferer. Eine Haftung für das Verhalten der Zulieferer würde nämlich voraussetzen, dass diese sog. Verrichtungsgehilfen[126] des Herstellers sind – und das sind sie gerade nicht. Sie werden nicht im Pflichtenkreis des Herstellers tätigt, sondern in ihrem ganz eigenen. Allerdings bedeutet das für den Hersteller nicht, dass er damit gleichsam „ganz aus dem Schneider ist", wenn er Zulieferer beauftragt.

Davon zu trennen ist die Frage, ob der Hersteller gleichsam „im Zusammenhang" mit der Leistung seines Zulieferers selbst haftet. Das bedeutet: der Hersteller muss zwar nicht für ein Fehlverhalten des Zulieferers einstehen, aber ihm kann im Zusammenhang mit der Leistung des Zulieferers unter Umständen ein eigenes Fehlverhalten angelastet werden.

Fertigen die Zulieferer nach den **Vorgaben des Herstellers des Endprodukts**, dann ist der Hersteller dieses Endprodukts auch für Fehler der von den Zulieferern bezogenen Teilprodukte in der Verantwortung.[127] Hier liegt die eigene Verantwortlichkeit des Herstellers auf der Hand: von ihm stammt ja die Vorgabe. Aber auch dann, wenn die Zulieferer nicht nach Anleitung des Herstellers gefertigt haben, kann ein Hersteller schnell selbst in die Haftung geraten, etwa, wenn er seine Zulieferer nicht sorgfältig auswählt oder kontrolliert.[128]

Mit einer solchen Auslagerung auf Zulieferer korrelieren nämlich eine ganze Reihe von **Organisations- und Kontrollpflichten**. Der Hersteller haftet also nicht automatisch für jeden Fehler, der beim Zulieferer passiert ist. Aber er steht gegebenenfalls dafür in der Haftung, dass er selbst bei der von ihm vorzunehmenden Eingangskontrolle den Fehler übersehen hat, den Wareneingang unzureichend kontrolliert[129] oder etwa die generelle Eignung des **Materials** nicht überprüft hat.[130] Die Bedeutung gerade des letzten Punktes für die additive Fertigung, wo so viel mit innovativen Verfahren und neuen Materialien gearbeitet wird, liegt auf der Hand. Der Assembler muss sich beim Zulieferer auch über die Eigenschaften des zugelieferten Materials oder (Teil) Produkts informieren.

Wie also hier Haftungsfallen entgehen? Ein wichtiger Ansatzpunkt – neben den eigenen Ein- und Ausgangskontrollen – sind Qualitätssicherungsvereinbarungen mit den Zulieferern. Allein der Umstand, dass ein Hersteller mit seinen Zulieferern Qualitätssicherungsvereinbarungen (etwa nach ISO 9000) geschlossen hat, entlastet ihn allerdings noch nicht, wenn ihn ein durch einen Produktfehler Geschädigter in Anspruch nimmt. Der Hersteller kann sich gegenüber dem geschädigten Verbraucher allenfalls dann entlasten, wenn er auch regelmäßig die Einhaltung der vereinbarten Standards überprüft hat, etwa auch durch Kontrollen unangemeldeter Art.[131]

> **Praxistipp**
>
> Gerade bei den innovativen Verfahren der additiven Fertigung ist besonderes Augenmerk auf sorgfältige Kontrolle und Dokumentation der Leistungen der Zulieferer zu legen. **Qualitätssicherungsvereinbarungen** sind wichtig und sinnvoll, aber kein allein selig machendes Mittel, wenn es um die Haftung des Herstellers gegenüber dem Endnutzer geht. Ihre Bedeutung erlangen solche Vereinbarungen indes insbesondere für den Regress des Herstellers gegen seine Zulieferer.

4. Der „Quasi-Hersteller"

Wer auf dem Markt „**wie ein Hersteller auftritt**" – etwa, indem er seine Marke auf dem Produkt anbringt oder anbringen lässt – haftet auch nach den allgemeinen deliktsrechtlichen Prinzipien. Zwar gibt es im Rahmen der Produzentenhaftung nach dem BGB keine den Regelungen des ProdHaftG entsprechende Vorgaben für den Quasi-Hersteller. Dieser muss sich aber tatsächlich auch im Rahmen der Produzentenhaftung nach dem BGB daran festhalten lassen, dass er sich auf dem Markt als Hersteller geriert hat. Folglich trifft auch ihn eine Gefahrabwendungspflicht. Im Ergebnis entspricht dies regelmäßig der Haftung des Quasi-Herstellers nach dem Produkthaftungsgesetz.[132]

8.5.3 Die schuldhafte Pflichtverletzung des Herstellers

Der Hersteller (oder seine Organe[133]) muss bzw. müssen schuldhaft eine ihm/ ihnen obliegende Verkehrssicherungspflicht verletzt haben. **Verschulden** kann entweder in Form von **vorsätzlichem oder fahrlässigem Verhalten** vorliegen. Bei der Produzentenhaftung wird in aller Regel zunächst Fahrlässigkeit in Betracht kommen, denn dass ein Hersteller die Kundschaft von vorneherein vorsätzlich oder absichtlich schädigen will, scheint schwer vorstellbar. Den Fall einer vorsätzlichen Pflichtverletzung gibt es aber trotzdem. Denn Vorsatz wird man immer dann bejahen können, wenn dem Hersteller ein Fehler seines Produkts bekannt wird, er dieses Produkt aber in Kenntnis aller Umstände dennoch weiterhin unverändert vertreibt.

> **Praxistipp**
>
> Im Gegensatz zur Haftung nach dem ProdHaftG verlangt die Produzentenhaftung nach dem BGB eine schuldhafte Pflichtverletzung. Verschulden liegt vor bei
>
> • Vorsatz oder
> • Fahrlässigkeit.
>
> Das Gesetz definiert Fahrlässigkeit als das Außerachtlassen der verkehrsüblichen Sorgfalt.[134]

Auch ein fahrlässiger Verstoß gegen **Verkehrssicherungspflichten** löst also eine Haftung aus. Dabei gelten für Inhalt und Umfang der Verkehrssicherungspflichten grundsätzlich dieselben Maßstäbe wie bei den **maßgeblichen Sicherheitserwartungen** im Rahmen des Fehlerbegriffs des ProdHaftG.[135] Der ursprünglich einmal im Rahmen der Produzentenhaftung durch die Rechtsprechung entwickelte Fehlerbegriff sollte durch das ProdHaftG nicht angetastet werden; es besteht insoweit ein **Gleichlauf**.

Der Hersteller hat seinen Betrieb folglich so einzurichten, dass

- **Konstruktions-,**

- **Fabrikations- und**

- **Instruktionsfehler**

nicht passieren. Er hat den Produktionsablauf so zu organisieren und zu überwachen, dass Fehler bei Konstruktion und Fertigung vermieden bzw. entdeckt werden. Bindet er Zulieferer in den Produktionsprozess ein, hat er diese sorgfältig auszuwählen und deren Leistung regelmäßig zu überwachen.

Darüber hinaus hat der Hersteller wie auch nach dem ProdHaftG eine sog. Instruktionspflicht, d.h. er hat den Verbraucher vor den Gefahren aus der Verwendung des Produkts zu warnen.

Zusätzlich zu diesen Verkehrspflichten trifft den Hersteller aber noch eine weitere Pflicht. Anders als das Produkthaftungsgesetz fordert die deliktische Produzentenhaftung nach dem BGB noch mehr vom Hersteller: Ist das Produkt einmal in den Verkehr gelangt, hat der Hersteller es im Rahmen einer **Produktbeobachtungs- und Reaktionspflicht** weiter im Blick zu halten. Werden ihm so Gefahren bekannt, die bei Inverkehrbringen noch nicht bewusst waren, hat er auf diese Information adäquat zu reagieren. Er muss etwa die Produktion anpassen, die Öffentlichkeit informieren und in Ausnahmefällen das Produkt eventuell auch zurückzurufen.

Übersicht und Zusammenfassung:
Folgende Fehler gilt es für den Hersteller sowohl nach dem ProdHaftG als auch nach der deliktischen Produzentenhaftung zu vermeiden:
- Konstruktionsfehler
- Fabrikationsfehler
- Instruktionsfehler
Außerdem trifft den Hersteller im Rahmen der Produzentenhaftung (nicht aber nach dem ProdHaftG!) eine sog.
- Produktbeobachtungs- und
- Reaktionspflicht.

Im Folgenden soll nun Inhalt und Umfang der einzelnen Verkehrssicherungspflichten näher beleuchtet werden.

1. Konstruktionsfehler oder: wenn im Plan schon der Wurm ist

Zunächst darf an dieser Stelle auf das verwiesen werden, was oben bereits zum Konstruktionsfehler nach dem ProdHaftG ausgeführt wurde: am Anfang eines jeden Produkts steht die Konzeption und Konstruktion. Fehler, die hier bei der Erstellung der „Blaupause" entstehen, **wirken sich auf die gesamte Produktion** aus. Ein Fehler in der Druckvorlage bewirkt, dass etwa eine komplette Charge danach produzierter Werkzeuge fehlerhaft ist.

Bei der Konstruktion seines Produkts muss der Produzent den Einsatz solcher Verfahren und Materialien vorsehen, die nach dem aktuellen Stand von Wissenschaft und Technik die Ordnungsgemäßheit des Produkts gewährleisten. Ein Konstruktionsfehler liegt vor, wenn das Produkt schon nach seiner Konzeption unter diesem gebotenen Sicherheitsstandard bleibt.[136]

Die Produktsicherheitspflicht richtet sich dabei nach der durchschnittlichen Erwartung des Verbrauchers, für den das Produkt bestimmt ist. Auch hier gilt also nichts anderes als im Rahmen des ProdHaftG. Maßgeblich ist zum einen der vorhersehbare Gebrauch des durchschnittlichen Benutzerkreises. Darüber hinaus ist aber auch die Möglichkeit eines nicht ganz fernliegenden **Fehlgebrauchs** zu berücksichtigen.

Für den Hersteller, der sich des 3D-Drucks bedienen will, ergibt sich also die Forderung, die **Konstruktion mit der gebotenen Sorgfalt** durchzuführen. Der 3D-Druck erlaubt auch Sonderformen wie Hohlkörper oder eine besonders leichte Konstruktion. Gerade in diesen Objekten liegt das enorme Potenzial der additiven Fertigungsmethoden – aber eventuell auch ein entsprechendes Risiko, wenn beispielsweise mit bestimmten Konstruktionen oder Strukturen noch die Erfahrung mangelt. Besondere Sorgfalt ist daher auf die Konstruktion (und später dann die Überwachung) zu legen. Sicherungsmaßnahmen sind zu treffen, wenn **eine reale – und nicht nur rein theoretische – Möglichkeit** besteht, dass Rechtsgüter anderer verletzt werden.

Hier läge also der Ansatzpunkt für ein Unternehmen, das sich gegen die Inhaftungnahme wehren möchte: es muss sich auf den Standpunkt stellen, dass es sich um ein rein theoretisches Risiko handelte, das vernachlässigt werden durfte. Hier begibt man sich aber unter Umständen auf recht dünnes Eis. Denn **typischen Gefahren,** und sei das Risiko für den Eintritt der Gefahr auch relativ gering, muss der Hersteller begegnen. Dies gilt jedenfalls dann, wenn sie zu nicht unerheblichen Schäden führen können. Der Bundesgerichtshof hatte dies etwa für den Fall einer Verletzung durch eine berstende Limonadenflasche angenommen.[137] Damit ist der Streit im konkreten Schadensfall vorgezeichnet: was in einem Fall – wo große Verletzungen drohen – an Risiken abgewendet werden muss, kann in einem anderen Fall, wo die Gefahr von Verletzungen geringer scheint, noch hinnehmbar sein. Es wird also immer stark auf die Situation im Einzelfall ankommen. Das mag abstrakt betrachtet unbefriedigend erscheinen, weil es an einer klaren Regel fehlt. Andererseits bietet dies im Einzelfall einen besonderen Argumentationsspielraum für das betroffene Unternehmen.

Allerdings: **Gefahren, die typischerweise mit der Benutzung eines Produkts verbunden sind** und die der Nutzer kennt und grundsätzlich auch hinnimmt, braucht der Hersteller nicht abzuwenden. Typische Beispielsfälle hierfür sind die Entscheidungen zum Genuss von Tabak, Softdrinks oder Schokoladenriegel. Die Rechtsprechung erachtet die Gefahren des Zigarettenrauchens als dem Verbraucher hinreichend bekannt; eine Tabakfirma muss also nicht (über die bestehenden gesetzlichen Vorgaben hinaus) vor dem Rauchen und damit ja letztlich vor dem Genuss des eigenen Produkts warnen.[138] Ebenso nimmt der Nutzer bestimmte Gefahren, die mit der Fahrt in einem Autoscooter verbunden sind, in Kauf, wenn er sich auf dem Rummelplatz in eines dieser Gefährte begibt.[139]

(a) Die einzuhaltenden Sicherheitsstandards

Damit stellt sich nun also konkret die Frage, welche Anforderungen an die Konstruktion zu stellen sind. Dabei gilt: der Sicherheitsstandard muss

- erforderlich und
- zumutbar sein.

Für die Erforderlichkeit ist auf den Sicherheitsstand abzustellen, der zum Zeitpunkt des Inverkehrbringens konstruktiv möglich ist. Alternativen sind nur dann in die Abwägung einzustellen, wenn sie zum Serieneinsatz bereit sind, nicht aber, wenn es sich um noch rein theoretische Konzepte handelt.

Der so ermittelte Sicherheitsstandard muss dem Hersteller dann aber auch zumutbar sein. Hier sind die Umstände des Einzelfalles maßgeblich: abzuwägen sind insbesondere das **Gefahrenpotential** einer Konstruktion und die **potenziell gefährdeten Rechtsgüter**. Das leuchtet ein: eine fehlerhafte Brückenkonstruktion führt gegebenenfalls zu schlimmeren Schäden als ein falsch konstruiertes Schmuckstück und die Erwartungen an ein Sicherungssystem sind andere als an reines Dekorationselement.

(b) Die Ausnahmen von der Haftung

Eine Haftung kann im Einzelfall lediglich dann entfallen, wenn nach der Verkehrserwartung **Maßnahmen zur Gefahrenbeseitigung nicht erforderlich** sind. Dann aber muss der Hersteller nachweisen, dass die Benutzer des Produktes eine Absicherung der Gefahrenstelle grundsätzlich und im Bewusstsein einer seltenen, aber latenten Gefahr einer Verletzung nicht für erforderlich erachten.[140] Dass ein solcher Nachweis gelingt, scheint prinzipiell nicht leicht vorstellbar. Dabei muss klar sein, dass nicht die Toleranz der Hersteller (*„in Herstellerkreisen wird diese Gefahr aber toleriert"*) maßgeblich ist, sondern die der gefährdeten Nutzer. Dabei schrieb der Bundesgerichtshof den Herstellern auch in das Stammbuch dass die Erwartungshaltung der betroffenen Benutzer nicht etwa dadurch definiert werde, *„was die Benutzer mangels einer besseren Alternative noch hinzunehmen bereit sind"*.[141] Maßgeblich ist allein, was der Benutzerkreis **objektiv an Sicherheit erwarten kann**. Ein Lichtblick für die Hersteller ist also: entscheidend ist allein, was *objektiv* erwartet werden kann, und nicht, was subjektiv erwartet wurde. Überzogene Erwartungen eines Nutzers lösen mithin keine Verantwortlichkeit aus.

Die Verkehrserwartung wird auch maßgeblich **geprägt durch den Preis**. Das liegt auf der Hand: der Kunde erwartet bei einem teuren Stabmixer mehr Sicherheit als bei einem günstigen Küchengerät. Unter Umständen mag der Hersteller also mit dem Einwand Gehör finden, dass ihm eine andere Konstruktion angesichts des Produktpreises wirtschaftlich nicht zumutbar war. Das ist aber, wie auch schon im Rahmen des Produkthaftungsgesetzes ausgeführt, nicht etwa ein Freibrief für fehlerhafte Produkte: auch Billigprodukte müssen jedenfalls eine bestimmte **Basissicherheit** aufweisen.[142]

Verbleiben bestimmte Gefahren, die sich beim besten Willen nicht vermeiden lassen, so folgt hieraus für den Hersteller die Pflicht, den Produktverwender entsprechend aufzuklären und zu belehren (sog. **Instruktionspflicht**).

Zusammenfassung:

Für die Konstruktion und Produktentwicklung gilt also, dass der Hersteller folgende Entwicklungen beobachten und gegebenenfalls im Rahmen der Konstruktion zu reagieren hat:

- den Stand von Wissenschaft und Technik
- die gesetzlichen Vorgaben (bzw. solche, die die Rechtsprechung hieraus entwickelt hat)
- die relevanten Entwicklungen auf dem Markt sowie das Verhalten der Mitbewerber und Anbieter von Zubehör
- Und: Konstruktiv vorgesehene Sicherungsmechanismen (Rückschlagventile, Stromunterbrecher, etc.) können einen späteren Fehlgebrauch durch den Nutzer gegebenenfalls verhindern.

Ferner ist die Konstruktion selbst sorgfältig zu organisieren (durch Auswahl, Anleitung und Überwachung).

2. Der Fabrikationsfehler

Wir haben bereits gesehen: Konstruktionsfehler betreffen den „Bauplan" eines Produkts und wirken sich bei der Massenproduktion in der Folge auf die gesamte Charge aus. Anders bei den **Fabrikationsfehlern**: unter diesem Begriff versteht man Fehler, die im Fertigungsprozess selbst geschehen. Fertigungsfehler sind also Fehler, bei denen vom vorgegebenen „Bauplan" negativ abgewichen wird, weil in der Produktion etwas schief gelaufen ist.

(a) Die Pflichten des Herstellers

Während der Fabrikation muss der Hersteller alle nach dem Stand von Wissenschaft und Technik zumutbaren Sicherheitsvorkehrungen schaffen, um ein Inverkehrbringen eines fehlerhaften Produkts zu vermeiden. Damit gibt es zwei Ansatzpunkte für einen Fehler des Herstellers: entweder, er hat schon die Pflicht verletzt, seinen Produktionsprozess so zu **organisieren** und zu gestalten, dass es zu keinen Fehlern kommt – oder er hat seine Pflicht verletzt, das

Ergebnis dieses Prozesses so zu **kontrollieren**, dass kein fehlerhaftes Produkt in den Verkehr gelangt.

Verwendet der Hersteller additiv gefertigte **Teile eines Zulieferers**, kann er die Verantwortung nicht pauschal auf den Zulieferer abschieben; denn er darf von Haus aus nur Teile verwenden, von deren mangelfreier Beschaffenheit er überzeugt ist.[143] Diese Überzeugung kann er auf **zweierlei Wegen** erreichen: er muss die **Verlässlichkeit des Zulieferers** prüfen bzw. **das gelieferte Material**.

Gerade im Bereich der additiven Fertigung mag es allerdings ein erhebliches Wissensgefälle zwischen Auftraggeber und Zulieferer geben. An anderer Stelle war bereits diskutiert worden, dass dies sogar ein wesentliches Motiv für die Auslagerung von Fertigungsprozessen an einen Service Provider sein kann. So mag etwa das für den Umgang mit der neuartigen Technologie und neuen Materialien erforderliche Sonderwissen überhaupt allein beim Service Provider vorhanden sein. Würde man nun den Unternehmer verpflichten, die Konstruktion in der Druckvorlage oder die Güte des verwendeten Materials zu überprüfen, käme er vielleicht schnell an seine Grenzen: entweder die Grenzen seines eigenen Wissens und Könnens oder an finanzielle Grenzen. Er könnte eine Eingangskontrolle ja nur leisten, wenn er Sachverständige, Gutachter, etc. einschalten würde. Es ist daher auch vorstellbar, dass der Produzent von seinen Prüfungspflichten dadurch frei wird, dass der Zulieferer selbst die Produktkontrolle aufgrund seines besonderen Wissens und seiner besonderen Ausstattung übernimmt.[144] Was dem Auftraggeber jedenfalls bleibt, ist aber die Pflicht, seinen **Zulieferer sorgfältig auszuwählen und zu überwachen**.

Allerdings – eine solche Ausgangskontrolle des Zulieferers kann nicht vor solchen Fehlern (Beschädigungen) schützen, die auf dem Weg zum Unternehmen geschehen. Um solche Transportschäden auszuschließen, braucht es also doch eine – wie auch immer geartete – Eingangskontrolle beim Unternehmen.

(b) Aber: keine Haftung für sog. Ausreißer

Das Verschuldenserfordernis der Produzentenhaftung führt zu einem entscheidenden Unterschied zum Produkthaftungsgesetz: für jene Fabrikationsfehler, die bei allen zumutbaren Sicherungen unvermeidbar sind, den sog. **Ausreißern** also, haftet der Hersteller nicht nach dem BGB, weil ihn hieran kein Verschulden trifft. Denkbar bleibt aber ein Anspruch nach dem ProdHaftG: da es dort ja auf ein Verschulden nicht ankommt, haftet der Hersteller auch für Ausreißer.

Bezüglich der **Beweislast** gilt das oben zu den Konstruktionsfehlern Gesagte: im Hinblick auf das Verschulden des Herstellers bei der Verletzung der Verkehrssicherungspflicht findet eine Beweislastumkehr zu Gunsten des Geschädigten statt.

Praxistipp

Fabrikationsfehler passieren in der Fertigung des Produkts. Dem Hersteller obliegt es

- Fabrikationsfehler von vorneherein zu verhindern
- jedenfalls durch Ausgangskontrollen das Inverkehrbringen von fehlerhaften Produkten zu vermeiden.

Hierfür notwendig sind

- ein entsprechendes Beschaffungsmanagement (Konkretisierung der Anforderungen für die Zulieferer, Kontrolle der Zulieferleistungen)
- ein Wareneingangsmanagement
- eine sorgfältige Fertigung (Auswahl, Anleitung, Überwachung)
- eine Endkontrolle
- eine sorgfältige Lagerung und Auslieferung
- eine Ausgangskontrolle.

---

3. Der Instruktionsfehler

Den Hersteller trifft außerdem die Pflicht, auf alle Gefahren **hinzuweisen**, welche die Verwendung des Produkts mit sich bringen kann. Auch hier gilt nichts anderes als bei der Produkthaftung nach dem ProdHaftG.

Maßgeblich ist zunächst der bei Inverkehrbringen maßgebliche Stand von Wissenschaft und Technik. Warnen muss der Hersteller eines industriellen Erzeugnisses vor denjenigen Gefahren, die aus der Verwendung des Produkts entstehen können, soweit die Verwendung im Rahmen der Zweckbestimmung liegt. Außerdem müssen die Risiken nicht im allgemeinen Erfahrungsschatz des Benutzerkreises bekannt sein. Allerdings muss der Hersteller auch einen gewissen **Miss- oder Fehlgebrauch** in Betracht ziehen, soweit mit einem solchen nach allgemeiner Lebenserfahrung gerechnet werden muss.

Auf eine Warnung darf der Hersteller also nur dann **verzichten**, wenn er die berechtigte Erwartung haben darf, dass das Produkt nur in die Hand von Personen gerät, die mit den Gefahren vertraut sind oder die Gefahrenquelle offensichtlich ist.[145] Ein Hersteller, der normale Baumärkte mit Baumaterial beliefert, darf allerdings nicht erwarten, dass nur Fachleute zum Produkt greifen. In Baumärkten kauft eben auch Otto Normalverbraucher ein, und auf dessen Verständnishorizont hat sich der Hersteller einzurichten.

Für eine Belehrung ist zu sorgen, wenn auf Grund der Besonderheiten des Produkts und angesichts der beim durchschnittlichen Benutzer (!) vorauszusetzenden Kenntnis mit konkreten Gefahren zu rechnen ist. Im Übrigen greift eine einfache Regel: je höher die mit einem Produkt verbundenen Gefahren sind, desto höher sind die Anforderungen an Inhalt und Umfang der Warnhinweise.

In der sprachlichen Gestaltung hat sich der Hersteller mithin am **Verständnishorizont** des Nutzers zu orientieren. Fachbegriffe und seitenlange, schwer verständliche Gebrauchsanweisungen sind für den Laien wenig hilfreich. Besser ist eine einfache, präzise Sprache, die deutlich auf Gefahren hinweist. **Zeichnungen und Piktogramme** sind international verständlich und erleichtern das Verständnis. Vor besonderen Gefahren (etwa: Gefahr des Ertrinkens bei Schwimmhilfen; Gefahr des Vergiftens bei Farben) ist daher sinnvollerweise stets auch mit einem Piktogramm zu warnen (Totenkopf, etc.), um auch Lese- oder Sprachunkundige zu erfassen.

Schließlich ist im Einzelfall sorgfältig zu überlegen, **wo** die Warnung aufgebracht wird. Nicht immer kann eine Warnung in der Gebrauchsanleitung genügen, denn ein solcher „Beipackzettel" geht auch schnell einmal verloren. Je größer die mit einem Produkt verbundene Gefahr, desto mehr ist zu überlegen, ob die Warnung nicht (zusätzlich) auf dem Produkt selbst angebracht wird (auf dem Zementsack, auf der Flasche für den Grillanzünder, auf den Feuerwerkskörpern).

Erforderlich ist ferner **der ursächliche Zusammenhang** zwischen dem Fehler und der eingetretenen Rechtsgutsverletzung: dieser ist gegeben, wenn ein pflichtgemäßes Handeln den Schaden mit Sicherheit verhindert hätte.

Ein Beispiel (nach einer Entscheidung des OLG Saarbrücken[146]):
Es ist davon auszugehen, dass ein Sicherheitshinweis vom Nutzer auch entsprechend beachtet wird. Ein Hinweis beispielsweise auf die Notwendigkeit, beim Aufbau eines Swimmingpools für den Garten Sicherheitsschuhe anzuziehen, führt regelmäßig dazu, dass der Geschädigte Sicherheitsschuhe anzieht und keine Verletzung erleidet. Es muss sich die Verletzung dann aber auch in dem Fußbereich befinden, an dem sich ein Sicherheitsschuh üblicherweise befindet. Befindet sich die Verletzung an ganz anderer Stelle, ist der Beweis eines Ursachenzusammenhangs zwischen unterbliebener Belehrung und Verletzung als nicht geführt anzusehen.

Für die Beweislast gilt, dass der Geschädigte nachzuweisen hat, dass eine Instruktionspflicht bestand, die der Hersteller beim Inverkehrbringen objektiv verletzt hat; gelingt ihm dies, hat der Hersteller sich zu entlasten, indem er den Beweis führt, dass ihn kein Verschulden trifft.

Praxistipp

Gebrauchsanleitungen und Warnhinweise sollten vom Hersteller nicht als „lästiges Übel" abgetan werden. Vielmehr sind gut gestaltete Warnhinweise eine gute Möglichkeit, zivilrechtliche Ansprüche, die sich auf die Verletzung von Instruktionspflichten stützen, zu vermeiden. Damit gilt hier das Gleiche wie beim Produkthaftungsgesetz.

Im Einzelnen empfiehlt sich also:

- Die gesetzlichen Kennzeichnungspflichten sorgfältig zu beachten (etwa Gefahrstoffhinweise, etc.)
- Gebrauchsanweisungen sorgfältig und vollständig zu formulieren

- Gefahren nicht zu bagatellisieren, sondern deutliche Gefahrhinweise zu geben
- Auf sprachliche Verständlichkeit zu achten, gegebenenfalls Zeichnungen und Piktogramme zu verwenden
- Gebrauchsanleitungen gegebenenfalls durch Warnhinweise auf dem Produkt selbst zu ergänzen.

4. Produktbeobachtungs- und Reaktionspflicht

Im Rahmen der Produzentenhaftung nach dem BGB – und damit anders als bei der Haftung nach dem ProdHaftG – endet die Verantwortung des Herstellers nicht mit dem Inverkehrbringen des Produkts.

(a) Die Pflicht zur Beobachtung

Bei der Produzentenhaftung wird die Verantwortung des Herstellers über das Inverkehrbringen hinaus perpetuiert durch eine Produktbeobachtungs- und entsprechende Reaktionspflicht. Anders ist dies im ProdHaftG, das keine solche Beobachtungspflicht kennt. Im Folgenden gilt es zunächst, den Umfang dieser Beobachtungspflicht zu klären, bevor auf die angemessene Reaktion auf eine bekannt gewordene Gefahr einzugehen ist.

(aa) Die Pflicht, das eigene Produkt zu beobachten

Der Hersteller bleibt auch nach dem Inverkehrbringen verpflichtet, **das eigene Produkt weiterhin zu beobachten**. Der BGH[147] hatte einst in seiner berühmten *„Apfelschorf"*-Entscheidung die Verkehrssicherungspflichten um eine veritable Produktbeobachtungspflicht erweitert. In dem entschiedenen Fall ging es darum, dass ein im Obstanbau eingesetztes Pestizid zwar ursprünglich fehlerfrei war, sich aber durch den weit verbreiteten Einsatz Resistenzen bildeten und das Produkt damit quasi wirkungslos wurde.

Mit dieser Pflicht, sein Produkt weiter am Markt zu beobachten, wird der Hersteller auch nicht unbillig belastet; wie kein anderer ist er schließlich in der Lage, Erfahrungen mit der Verwendung des Produkts auszuwerten und gegebenenfalls die gebotenen Konsequenzen hieraus zu ziehen.

Dabei kann der Produzent sich aber offensichtlich nicht auf die Hoffnung beschränken, *„irgendwer werde ihm die Gefahren schon mitteilen"*. Ein Hersteller muss vielmehr ausreichende Vorkehrungen für das Erkennen und Auswerten von Sicherheitsproblemen treffen; dazu gehört auch ein effektives **Beschwerdemanagement**. Weiter kann – je nach Produkt – auch eine enge Kooperation mit Händlern, Werkstätten o.ä. geboten sein, um etwa über Wartungs- und Reparaturprobleme auf dem Laufenden zu bleiben. Ernsthaften Reklamationen hat er nachzugehen und diese durch interne oder externe Analysen zu überprüfen.

Der Hersteller muss vor **neu bekannt gewordenen Gefahren** unmittelbar warnen. Dabei darf er nicht abwarten, bis erhebliche Schadensfälle eingetreten sind, bevor er reagiert. Die Gefahr muss noch nicht einmal konkret greifbar sein. Dies gilt auch für Gefahren, **die sich gegebenenfalls erst neu entwickeln**. Der Hersteller muss also sein Produkt nicht nur auf eventuell bekannte Schwachstellen hin beobachten, sondern auch auf neu entstehende, schädliche Eigenschaften (wie etwa eine sich entwickelnde Resistenz gegen ein Pestizid).

(bb) Die Produktentwicklung bei Mitbewerbern

Was umfasst nun diese Beobachtungspflicht im Einzelnen? Der Bundesgerichtshof beschränkt die Beobachtungspflicht nicht nur auf das eigene Produkt. Das oberste Gericht in Zivilsachen hat die Produktbeobachtungspflicht **auch auf die Produktentwicklung bei den wichtigsten Mitbewerbern** ausgedehnt.[148] Eine entsprechende umfassende Beobachtung der Konkurrenz hat der Hersteller folglich auch organisatorisch sicherzustellen. Entwickeln Mitbewerber nämlich relevante Neuerungen (etwa Sicherheitsmechanismen) kann dies zu einer Änderung des maßgeblichen Stands von Wissenschaft und Technik führen, hinter dem das eigene Produkt dann zurückfällt.

Es sei an dieser Stelle aber auch noch einmal darauf hingewiesen, dass umgekehrt der Umstand, dass vergleichbare Hersteller einen vergleichbaren Standard bieten, den Hersteller nicht notwendigerweise zu entlasten vermag. Vergleichbare Herstellerpraktiken mögen einen Mindeststandard festlegen – eine zwangsläufige Entlastung stellen sie keinesfalls dar.

(cc) Die Beobachtungspflicht für Zubehör

Es darf sich also der Hersteller nicht darauf beschränken, nur das eigene Produkt zu beobachten. Der Bundesgerichtshof hat die Produktbeobachtungspflicht bereits seit geraumer Zeit auch auf **notwendiges oder allgemein übliches Zubehör** ausgedehnt. Dies gilt auch dann, wenn es vom Hersteller nicht selbst hergestellt wird.

In der Konsequenz heißt das, dass der Hersteller auch dann eingreifen muss, wenn das eigene Produkt fehlerfrei ist und erst in Kombination mit fremdem Zubehör zu einer Gefahr wird. Diesen Gedanken hatte der Bundesgerichtshof in seiner berühmten *Honda*-Entscheidung entwickelt.[149] Hier hatte die Motorradverkleidung eines Drittherstellers zur Instabilität der Maschine und in der Folge zu einem tödlichen Unfall des Fahrers geführt.

Wie soll nun der Hersteller die Gefährdung durch ungeeignetes Zubehör kontrollieren? Man wird erwarten können, dass der Hersteller vor ungeeignetem Zubehör warnt. Was zunächst wie eine übergroße Last für den Hersteller klingen mag, kann für diesen aus einem ganz anderen Gesichtspunkt von Vorteil sein. Denkbar ist etwa, dass ein Hersteller den Verbraucher vor den Gefahren des Gebrauchs von „fremdem" Zubehör warnt – um ihm dann in der Folge „sicheres Zubehör" anzubieten, das er selbst herstellt.

Mit Sicherheit wird der Umstand, dass die additive Fertigung und der 3D-Druck die private oder jedenfalls nicht autorisierte Fertigung von Zubehör erheblich erleichtern, den Originalherstellern noch einiges an Kopfzerbrechen bereiten. Von den Originalherstellern wird ja erwartet, dass sie – soweit dies objektiv möglich ist – den **Markt für Zubehör** beobachten. Je zersplitterter und kleinteiliger dieser Markt allerdings ist, umso aufwändiger und schwieriger wird es, ihn im Blick zu halten.

(dd) Die Beobachtung der Fachpresse

Schlussendlich muss der Hersteller auch die einschlägige Fachpresse beobachten; hierzu dürfte auch die Verfolgung relevanter juristischer Veröffentlichungen zählen.[150] Ein Hersteller von Fahrrädern muss die einschlägigen Veröffentlichungen (z. B. *„Radfahren"* und *„aktiv Radfahren"*) kennen; er muss dann gegebenenfalls durch Versuche überprüfen ob eine dort von Journalisten geschilderte Gefährdungslage auch auf die von ihm produzierten Fahrräder zutrifft.[151] Mit Sicherheit kann vom Hersteller auch verlangt werden, die Diskussion in entsprechenden (Fach) Foren im **Internet** zu beobachten, selbst wenn hierzu – soweit ersichtlich – noch keine Gerichtsentscheidung ergangen ist. Gerade bei den additiven Fertigungstechniken und den internet-affinen, beteiligten Verkehrskreisen spricht mehr für als gegen eine solche Pflicht, auch die entsprechenden Internetseiten aufzusuchen und in den sozialen Netzwerken präsent zu sein. Erfahren die Hersteller auf diesem Wege von Gefahren oder auch von neuem Zubehör zu ihrem Produkt, haben sie gegebenenfalls entsprechend zu reagieren. So mag sich etwa ein im Zubehörhandel via Internet angebotener Fahrradständer als der Renner erweisen – steigert er die Gefahr von Stürzen, dann hat der Fahrradhersteller vor solchem Zubehör zu warnen, auch wenn er den Fahrradständer selbst nicht hergestellt hat.

> **Praxistipp**
>
> Die Pflicht zur Produktbeobachtung umfasst die Pflicht
> - das eigene Produkt
> - vergleichbare Konkurrenzprodukte/den Produktmarkt
> - den Markt für Zubehör
> - die fachlichen/technischen Entwicklungen
> - die rechtlichen Anforderungen
>
> zu beobachten. Der Hersteller darf sich dabei nicht darauf beschränken, bei ihm eingehende Informationen zu sammeln, sondern er muss sich selbst **aktiv um Informationen bemühen**. Sollten ihm hierdurch Gefahren – gegebenenfalls auch nur potenzielle Gefahren – bekannt werden, trifft ihn die Pflicht angemessen zu reagieren.

(b) ... und die Pflicht zur Reaktion

Aus den effektiveren Möglichkeiten des Herstellers, Gefahren nachzugehen, folgt die Pflicht des Herstellers, zu handeln.[152] Der konkrete Inhalt und Umfang der vom Hersteller geforderten Handlung zur Gefahrabwendung hängen jeweils von den **Umständen des Einzelfalles** ab; maßgeblich sind insbesondere das gefährdete Rechtsgut (etwa Leib und Leben des Nutzers) und die Größe der Gefahr. So mag im Einzelfall eine Warnung vor den Gefahren genügen, allerdings ist die Sicherungspflicht nicht per se auf die Warnung beschränkt. Entscheidend ist, ob eine Warnung es dem Betroffenen ermöglicht, die Gefahr zu erkennen und sein Verhalten im Umgang mit dem Produkt entsprechend zu ändern.

Ein Beispiel:
Dem Hersteller wird bekannt, dass das von ihm gefertigte Fallrohr einer Regenrinne aufgrund der Konstruktion dazu neigt, besonders schnell zu verstopfen und zu Wassereinbrüchen zu führen. Hier genügt es, die Nutzer auf die Notwendigkeit der regelmäßigen Kontrolle und Reinigung hinzuweisen. Eines Austausches der ansonsten ungefährlichen Regenrinne bedarf es nicht.

Es gibt aber Situationen, in denen eine Warnung allein eine effektive Gefahrenabwehr nicht gewährleisten kann. Hier steht der Hersteller auch immer wieder vor dem Problem, dass Menschen eben Menschen sind und als solche nicht immer rational handeln. Hat der Hersteller Grund zur Annahme, dass die Benutzer auf seine Warnung nicht adäquat reagieren, sich gegebenenfalls sogar auch bewusst über seine Warnung hinwegsetzen und hierdurch sich oder Dritte gefährden werden, dann muss er das Produkt aus dem Verkehr ziehen und für einen effektiven Verkaufsstopp sorgen.

Die Sicherungspflicht kann also soweit gehen, dass eine **Rückrufaktion** notwendig wird. Eine solche Rückrufaktion ist meist nur mit großem Aufwand möglich und mit erheblichen Kosten verbunden.

Es ist folglich stets im Einzelfall genau abzuwägen, auf welchem Wege der Gefahr zuverlässig begegnet werden kann. In der sog. *„Pflegebettenentscheidung"* hatte der *BGH* es mit der Konstellation zu tun, dass eine Kranken- bzw. Pflegekasse fehlerhafte Pflegebetten erworben und pflegebedürftigen Personen zur Verfügung gestellt hatte. Hier durfte sich die Gefahrabwendung durch den Hersteller **auf einen Warnhinweis beschränken**. Eine Nachrüstung oder gar eine Reparatur wurde nicht gefordert. Als Leitsatz hielt der BGH insoweit fest, dass der Hersteller

„nur die Gefahren, die von dem fehlerhaften Produkt für die in §823 Abs.1 BGB genannten Rechtsgüter ausgehen, so effektiv wie möglich und zumutbar ausschalten (muss). Er ist regelmäßig nicht gehalten, dem Nutzer zu diesem Zweck ein fehlerfreies, in jeder Hinsicht gebrauchstaugliches Produkt zur Verfügung zu stellen."

Allerdings hat dieser Fall einige Besonderheiten, so dass er nicht ohne weiteres verallgemeinert werden darf. Zum einen war die klagende Pflegekasse kein Verbraucher, sondern ein Unternehmen, das im maßgeblichen Bereich der Pflege (im weiteren Sinne) professionell tätig war. Zum anderen war – nicht zuletzt aufgrund der Tätigkeit und Stellung der Pflegekasse – sichergestellt, dass entsprechende Warnhinweise die einer Verletzungsgefahr unmittelbar ausgesetzten Personen (die Pflegebedürftigen nämlich) auch zuverlässig erreichen würden. Dies ist einer der zentralen Punkte der Entscheidung. Der BGH führt insoweit aus, dass ja nicht zu besorgen gewesen sei, dass die Pflegekassen trotz der Information keine hinreichenden Maßnahmen ergreifen würden, um die Pflegebedürftigen vor einer Gefährdung durch die Betten zu schützen. Von einer zuverlässigen Weiterleitung darf bei einer Pflegekasse sicherlich ausgegangen werden. Damit war eine Nachrüstung nicht erforderlich, um die Gefahr effektiv abzuwenden.

Am anderen Ende der Skala dürfte die aktuelle Entscheidung des EuGH zum Rückruf von Herzschrittmachern zu verorten sein. Hier klärte der EuGH, dass die Gefahr nur durch einen Austausch des Geräts abgewendet werden konnte, zur Fehlerbeseitigung also eine Operation notwendig war. Konsequenterweise waren auch die Kosten der Operation, die zum Austausch des (auch eventuell nur potenziell) fehlerhaften Herzschrittgebers erforderlich waren, ein Schaden, für den ein Hersteller haftet.

Praxistipp

Um die Möglichkeit einer unmittelbaren Reaktion zu haben, ist eine **Ausgangskontrolle** sinnvoll und wichtig. Selbst wenn der Erwerber des Produkts dann nicht individuell bekannt ist (was in manchen Branchen wie etwa im Kraftfahrzeughandel grundsätzlich auch denkbar wäre), so hilft doch die **Kenntnis der Verbreitungswege** wesentlich bei der Reaktion. Es besteht dann etwa die Möglichkeit, an/in den Verkaufspunkten (etwa: Baumärkten, Supermärkten, etc.) Warnungen oder Produktrückrufe anzubringen; gegebenenfalls können auch diese von gezielten Zeitungsannoncen begleitet werden.

Flankiert wird diese zivilrechtliche Last durch die **öffentlich-rechtliche Pflicht zur Unterrichtung der Behörden** nach dem Produktsicherheitsgesetz.[153] Danach hat ein Hersteller die zuständigen Behörden unverzüglich zu unterrichten, wenn er weiß (oder auf Grund der ihm zur Verfügung stehenden Informationen wissen müsste), dass sein Verbraucherprodukt ein Risiko für die Sicherheit oder Gesundheit von Personen birgt. Er muss ferner mitteilen, welche Maßnahmen er zur Risikovermeidung bereits getroffen hat.

Zum Hintergrund:

Das Produktsicherheitsgesetz regelt bekanntlich die öffentlich-rechtlichen Anforderungen, die an einen Hersteller von Produkten, insbesondere Verbraucherprodukten, gestellt werden. Verletzt ein Hersteller bestimmte hier normierte Pflichten, kann ihm ein Bußgeld auferlegt werden.[154]

---

5. Die schuldhafte Pflichtverletzung

Im Rahmen der Haftung nach dem BGB ist nur bei einer schuldhaften (also vorsätzlichen oder fahrlässigen) Pflichtverletzung Schadenersatz zu leisten. Dass ein Hersteller seine Kunden von vorneherein absichtlich schädigen will, ist schwer vorstellbar; insofern bleibt die Frage nach dem Fahrlässigkeitsvorwurf, der darin gründet, dass der Schaden vorhersehbar und vermeidbar war. Vorsatz kann aber dann angenommen werden, wenn der Hersteller in Kenntnis der Fehlerhaftigkeit seines Produkts dieses weiter vertreibt. Erleiden Nutzer in der Folge dann Körper- oder Gesundheitsschäden, kommt hierfür auch eine strafrechtliche Verantwortung in Betracht.[155]

Im Bereich der additiven industriellen Fertigung hat der Hersteller zu beweisen, dass weder ihn noch einen verfassungsmäßig berufenen Vertreter oder ein Organ ein Verschulden trifft und keinerlei Mangel der Organisation bestand. Bei jedem einzelnen Mitarbeiter, der konkret mit dem fehlerhaften Produkt befasst war, muss er weiter nachweisen, dass er ihn sorgfältig ausgewählt und überwacht hat.

Bei den **Produktbeobachtungsfehlern** kann eine Entlastung nur so aussehen, dass der Hersteller nachweist, dass er keine Möglichkeit hatte, die neu auftretende Gefahr zu erkennen oder dass eine Reaktion objektiv nicht geboten war.

6. Mehrere Ersatzpflichtige

Jeder letztlich Verantwortliche kann nur im Rahmen seines individuellen Beitrags in Anspruch genommen werden. Haften mehrere Verantwortliche gemeinsam, sind sie Gesamtschuldner:[156] sie haften also im Verhältnis zum Geschädigten jeder jeweils auf die volle Summe, wobei der Geschädigte den Schaden aber gleichwohl insgesamt nur einmal ersetzt verlangen kann. Problematisch ist eine solche Gesamtschuld immer dann, wenn ein Mitschädiger zahlungsunfähig ist. Ein von dem Geschädigten in Anspruch Genommener hat zwar das Recht, im Innenverhältnis zum Mitschädiger einen Ausgleich nach den Haftungsquoten zu suchen. Ist dieser Ausgleichsanspruch aber nicht durchsetzbar, bleibt der zunächst in Anspruch Genommene auf der Forderung „sitzen". Dann beißen die sprichwörtlichen Hunde also nicht den Letzten, sondern den zuerst in Anspruch Genommenen.

8.5.4 Rechtsfolgen der Haftung

Wird jemand durch den Fehler eines Produkts verletzt, kann er **Schadensersatz** gegen den Hersteller geltend machen. An anderer Stelle war bereits darauf hingewiesen worden, dass im Rahmen der deliktischen Haftung nur das Integritätsinteresse geschützt ist; also das Interesse, an den eigenen, außerhalb einer Vertragsbeziehung liegenden Rechtsgütern keinen Schaden zu erleiden. Nicht geschützt ist das reine Äquivalenzinteresse als das Interesse, für die eigene Leistung innerhalb einer vertraglichen Beziehung eine äquivalente Gegenleistung zu bekommen. Ein solches Äquivalenzinteresse wird nur im Rahmen vertraglicher Beziehungen ersetzt, die ja zum Hersteller in aller Regel gerade nicht bestehen.

Besteht ein grundsätzlich ersatzfähiger Schaden, ist weiter zu prüfen, ob nicht ein **Mitverschulden** des Geschädigten den Ersatzanspruch mindert oder sogar auf Null reduziert. Ein Mitverschulden kommt beispielsweise in Betracht, wenn ein Fehlgebrauch des Produkts vorlag.

1. Der Umfang des Schadensersatzanspruchs

Anders als das Produkthaftungsgesetz kennt die Produzentenhaftung nach dem BGB keine Obergrenzen für Schadenersatzansprüche und auch keine Selbstbeteiligung des Verletzten.

Verletzt sein muss eines der vom Gesetz geschützten Rechtsgüter, also: das Leben, der Körper oder die Gesundheit eines Menschen oder sein Eigentum.[157]

(a) Bei Körperverletzung und Tod

Ersatzfähig sind die **Schäden**, die durch die Schädigung von **Körper und Gesundheit** bis hin zum Tod eingetreten sind. Der Schadenersatzanspruch erfasst dabei grundsätzlich alle Maßnahmen, die erforderlich sind, um die Schadensfolgen zu beseitigen oder zu lindern. Der Geschädigte kann bei einer erlittenen Körper- oder Gesundheitsverletzung gegebenenfalls auch ein **Schmerzensgeld** geltend machen.[158] Insoweit darf auf die obige Darstellung beim ProdHaftG verwiesen werden.

(b) Bei Eigentumsverletzung

Das BGB nennt ferner die Eigentumsverletzung als ersatzfähigen Schaden. Eine Differenzierung danach, ob der Verletzte **privater oder kommerzieller Nutzer** des Produkts war, trifft das BGB bei der Eigentumsverletzung nicht. Damit gilt etwas anderes als beim ProdHaftG. Beide – Unternehmer wie Privatmann – erhalten nach den Regeln des BGB also eine beschädigte Sache prinzipiell ersetzt. Hierzu gibt es aber eine zentrale Einschränkung, denn: ersetzt wird nur ein Sachschaden **an anderen Sachen als dem gekauften Produkt.**

Die **Abgrenzung** was ein Schaden „am Produkt" und was ein Schaden an „anderen Sachen" ist, fällt nicht immer leicht. Maßgeblich ist, ob sich der geltend gemachte Schaden mit dem Mangelunwert der Sache (also dem Fehler des Produkts, den dieses von Anfang an mitbrachte) deckt. Man spricht dann davon, dass zwischen Schaden und Mangelunwert „**Stoffgleichheit**" bestünde. Eine solche „Stoffgleichheit" liegt nach der ständigen Rechtsprechung des Bundesgerichtshofs vor, wenn bei einer wirtschaftlichen Betrachtungsweise der Fehler die Gesamtsache von Anfang an ergreift; dies ist z. B. dann der Fall, wenn die Gesamtsache wegen des Mangels von vornherein nicht verwendbar ist oder die Beseitigung des nur einem Teil der Sache anhaftenden Fehlers technisch nicht möglich ist.

> **Ein Beispiel (nach einem Urteil des OLG Brandenburg[159]):**
> Wird ein Gebäude aus ungeeignetem, da einsturzgefährdetem Baumaterial errichtet, dann hat das Haus niemals in einem mangelfreien Zustand existiert. Der Mangel der Ziegelsteine war stoffgleich mit der Schadensposition „Unbewohnbares Haus".
>
> Es hat sich hier nämlich nicht etwa in einem ursprünglich perfekten Haus ein Mangel eines Bauteils „weitergefressen". Einen solchen „**Weiterfresserschaden**" mag man sich gut vorstellen, wenn etwa ein defektes Rohr zu einem Wassereinbruch führt, der das gesamte Haus unbe-

wohnbar macht. Hier war aber von Anfang an ein einsturzgeneigtes Gebäude gegeben, das zu keinem Zeitpunkt zum Bewohnen geeignet war.

In einem solchen Fall ist nicht das Integritätsinteresse des Geschädigten betroffen. Wie erläutert ist dies das Interesse, nicht an anderen, außerhalb einer vertraglichen Beziehung bestehenden Rechtsgütern auch noch verletzt zu werden. Im Beispielsfall ist „nur" das Äquivalenzinteresse in Mitleidenschaft gezogen worden, denn man hat für seine Geldleistung nur fehlerhaftes Baumaterial erhalten. Man hat aber nie ein fehlerfreies Haus besessen, es war von Anfang an fehlerbehaftet. Ein Ausgleich des Äquivalenzinteresses ist aber nicht im Rahmen des Deliktsrechts zu suchen. Dies kann allenfalls im Rahmen bestehender vertraglicher Beziehungen geschehen.

Ein weiterer wichtiger Unterschied zum Produkthaftungsgesetz wiederum besteht bei Körperverletzung oder Tod: anders als im Produkthaftungsgesetz[160] gibt es bei der Produzentenhaftung nach dem BGB **keinen Haftungshöchstbetrag**. Die Rechtsgutsverletzung muss schließlich adäquat kausal auf ein Verhalten des Herstellers zurückzuführen sein.

> **Praxistipp**
>
> Bei der Frage nach dem geschützten Rechtsgut unterscheiden sich ProdHaftG und Produzentenhaftung. Nach dem ProdHaftG erhält allenfalls ein Privater einen Sachschaden (an einer anderen Sache als dem Produkt selbst) ersetzt; er hat außerdem eine Eigenbeteiligung von Euro 500,– zu tragen.
>
> Im Rahmen der Produzentenhaftung können dagegen auch Unternehmen einen Sachschaden (an einer anderen Sache als dem Produkt selbst) geltend machen. Allerdings ist dem Hersteller ein Verschulden nachzuweisen. Eine Eigenbeteiligung gibt es nicht. Bei Körperverletzung oder Tod gibt es außerdem keine Haftungshöchstgrenzen.

2. Die Anrechnung des Mitverschuldens des Geschädigten

Ein etwaiges Mitverschulden des Geschädigten ist zu berücksichtigen, also etwa ein fehlerhafter Gebrauch des Produkts. Die entsprechende Norm des Bürgerlichen Gesetzbuches[161] regelt, dass die Schadensersatzpflicht davon abhängt, inwieweit der Schaden vorwiegend von dem einen oder dem anderen Teil verschuldet worden ist. Ein Mitverschulden wird oft gegeben sein, wenn der Geschädigte das Produkt falsch verwendet hat; beispielsweise mag er ein Hollandrad für BMX-Stunts verwendet haben. Mitverschulden wird auch oft da angenommen, wo keine geeignete Schutzkleidung getragen wird (Schnittschutzkleidung, Motorradhelm, etc.) oder schlicht Sicherheitshinweise ignoriert werden. Hieran zeigt sich einmal mehr, dass es sich lohnt, der Gestaltung der Gebrauchsanweisung, der Warnhinweise und der Produktverpackung besondere Sorgfalt zukommen zu lassen. Eine gewissenhafte Instruktion des

Produktnutzers kann sich unmittelbar in einem geldwerten Vorteil im Zivilprozess auswirken.

3. Die Verjährung

Der Schadensersatzanspruch **verjährt nach 3 Jahren**.[162] Eine sorgfältige Ausgangskontrolle beim Hersteller empfiehlt sich daher schon deshalb, um den Beginn der Verjährungsfristen zuverlässig festlegen zu können.

8.5.5 Fragen des Nachweises und der Beweislast

1. Grundsätzliches zur Beweislast

Die Produzentenhaftung basiert, wie dargelegt, auf dem Deliktsrecht, jedoch mit einigen, von der Rechtsprechung entwickelten **Besonderheiten im Zusammenhang mit der Beweislast**. Die Ausgangssituation ist Folgende: der Geschädigte muss grundsätzlich alle im BGB genannten[163] tatbestandlichen Voraussetzungen darlegen und beweisen. Allerdings wird bei der Frage des Verschuldens die Beweislast zu Lasten des Herstellers modifiziert. Tritt der Beweisbelastete den Beweis nicht an (bietet er also von vorneherein keinen Beweis an oder ist das Gericht vom angebotenen Beweis nicht überzeugt), dann geht dies zu seinen Lasten. Das Gleiche gilt, wenn das Gericht weder vom Tatsachenvortrag der einen noch der anderen Seite vollständig überzeugt ist (sog. „non liquet-Situation"): dann fällt die Entscheidung zu Lasten des Beweisbelasteten aus.

Zum Hintergrund:
Im normalen Zivilverfahren (Hauptsacheverfahren) gilt nach der ZPO der sog. **Strengbeweis**. Das bedeutet, dass ein Beweis nur mit einem der fünf folgenden Beweismittel geführt werden kann:
- Dem Sachverständigen
- Dem Zeugen
- Durch Augenschein (das Gericht nimmt etwa das fehlerhafte Produkt selbst in Augenschein)
- Durch einen Urkundenbeweis
- Durch Parteieinvernahme (welche allerdings nur mit Einschränkungen überhaupt möglich ist)

Andere Beweismittel als die Genannten (etwa ein privat erstelltes Gutachten) sind keine zulässigen Beweismittel

Es gilt der Grundsatz, dass der Geschädigte die Verletzung eines Rechtsgutes, den Fehler, seinen Schaden und den Ursachenzusammenhang zwischen dem Fehler und dem erlittenen Schaden beweisen muss. Er muss also zunächst darlegen, dass das Produkt durch den Hersteller **in den Verkehr gebracht wurde** und dass es **in diesem Zeitpunkt fehlerhaft** war. Gelingt ihm das, wird die

Verletzung einer herstellerspezifischen Verkehrssicherungspflicht (also ein Konstruktions-, Fabrikations-, Instruktions- oder Produktbeobachtungsfehler) vermutet. Nach den allgemeinen Beweislastregeln wäre es an sich Sache des Geschädigten, dem Hersteller z. B. einen Konstruktionsfehler nachzuweisen. Das wird in der Regel für den Geschädigten schwierig sein, wenn er keinen Einblick in die Herstellungsabläufe hat. Daher nimmt der Bundesgerichtshof hier eine *Beweislastverteilung nach Gefahrenkreisen* vor. So hat der Hersteller sich zu entlasten und nachzuweisen, dass der Produktfehler nicht auf eine Verletzung einer Sorgfaltspflicht in seinem Verantwortungsbereich zurückzuführen ist.[164]

2. Einzelheiten der Beweisführung

Der Anspruchsteller hat mithin in einem ersten Schritt zu beweisen, dass der Produktmangel aus dem Gefahrenbereich des Herstellers kommt, der **Fehler** dem Produkt folglich bereits im Zeitpunkt des Inverkehrbringens durch den Hersteller angehaftet hat. Ein **Inverkehrbringen** durch den Hersteller setzt objektiv einen Wechsel des Produkts von der Sphäre des Herstellers in die des Geschädigten voraus; dies kann etwa bei Testläufen oder Probefahrten problematisch sein.[165] Subjektiv muss dieses Inverkehrbringen mit dem Willen des Herstellers geschehen; für ein Ersatzteil, das aus der Fabrik gestohlen wurde, würde also keine Haftung greifen.

Eine Umkehr der Beweislast kommt nach der Rechtsprechung des Bundesgerichtshofes[166] in Betracht, wenn der Hersteller zur Gefahrenabwehr verpflichtet ist, sich gezielt des Freiseins seines Produkts von solchen Fehlern, die sein Produkt typischerweise treffen, zu vergewissern. In diesem Fall nämlich nimmt der BGH eine sog. **Befundsicherungspflicht des Herstellers** an, seine Produkte noch einmal zu überprüfen. Eine solche Befundsicherungspflicht wird dort bejaht, wo das Produkt erhebliche Risiken für den Verbraucher birgt, *„die in der Herstellung geradezu angelegt sind und deren Beherrschung deshalb einen Schwerpunkt des Produktionsvorgangs darstellt.“*[167] Weist der Geschädigte in einem solchen Fall nach, dass der Hersteller seiner Pflicht zur Qualitätskontrolle nicht hinreichend nachgekommen ist, greifen Beweiserleichterungen für ihn ein.

Weiter obliegt es dem Anspruchsteller, zu beweisen, dass sein Rechtsgut verletzt wurde, und dass er hierdurch auch tatsächlich einen Schaden erlitt. Schließlich hat er darzulegen, dass die Rechtsgutsverletzung (etwa die Gesundheitsschädigung) durch den Produktfehler eingetreten ist und der Schaden Folge der Rechtsgutsverletzung ist.[168]

Hat der Geschädigte all dies getan, muss der Hersteller nachweisen, dass er objektiv nicht gegen die ihm obliegenden Verkehrssicherungspflichten verstoßen hat oder **ihn kein Verschulden trifft**. Insoweit tritt also eine **Beweislastumkehr** zu Gunsten des Geschädigten und zu Lasten des Herstellers ein. Dem Hersteller obliegt es, zu beweisen, dass er seine Pflichten eingehalten hat und ihn gerade kein Verschulden trifft. Wichtig: diese Beweislastumkehr gilt nicht nur für die industrielle additive Fertigung. Sie erfasst auch den Handwerks- und den **Kleinbetrieb**. Damit erfasst sie letztlich auch den ambitionierten Bastler, der gleichsam im Nebenerwerb bestimmte Produkte mit Hilfe des 3D-Drucks anfertigt und sie dann etwa via Internet an den Mann bringen möchte.[169]

Beruft sich der Verletzte darauf, er sei vom Hersteller falsch instruiert worden, so trifft ihn die Beweislast für den Instruktionsfehler. Allerdings soll nach dem Bundesgerichtshof eine Vermutung dahingehend bestehen, dass ein entsprechender **Warnhinweis durch den Verbraucher beachtet** worden wäre. Der Hersteller kann sich also nicht auf die Behauptung zurückziehen, dass der Verbraucher eine entsprechende Gefahrenwarnung auf der Verpackung oder in der Anleitung ohnehin nicht berücksichtigt hätte.[170] Auch das Verschulden des Herstellers wird vermutet; es ist am Produzenten, diese Vermutung zu widerlegen.

> **Praxistipp**
>
> Die Regeln zur Beweislastumkehr treffen auch **Kleinbetriebe** in vollem Umfang. Auch hier greift der Gedanke, dass der Geschädigte keinen Einblick in die internen Betriebsabläufe haben kann und der Hersteller den Nutzen aus der Eröffnung einer Gefahrenquelle zieht.

8.6 Die Haftung wegen der Verletzung eines Schutzgesetzes

Das Bürgerliche Gesetzbuch sieht darüber hinaus ganz grundsätzlich eine Haftung desjenigen vor, der unter **Verletzung eines sog. Schutzgesetzes** einem anderen einen Schaden zufügt.[171] Der Anknüpfungspunkt für eine Haftung ist hier also nicht die Verletzung eines Rechtsgutes, sondern die Verletzung einer Schutzpflicht. Konsequenterweise liegt das rechtliche Augenmerk auf der Frage, ob die verletzte Regelung ein Schutzgesetz im Sinne der Norm ist.

Schutzgesetz in diesem Sinne kann zwar grundsätzlich einmal jede Rechtsnorm sein; diese muss aber einen Individualschutz gewähren, wobei es nicht genügen kann, dass die Norm in einem allgemeinen Sinne den Schutz einzelner – gleichsam reflexartig – bewirkt. Der Geschädigte muss also – ebenso wie der von ihm geltend gemachte Schaden – auch wirklich in den Schutzbereich der Norm fallen.

> **Ein Beispiel:**
> Ein Parkverbot vor einer Feuerwehrzufahrt bezweckt nicht den Schutz desjenigen, der hinter der Zufahrt parkt vor einem Blechschaden, den ein anderer beim unerlaubten Einparken in die Feuerwehreinfahrt verursacht.

Die Verkehrssicherungspflichten, von denen schon so viel die Rede war, sind nicht etwa per se Schutzgesetze. Das liegt auf der Hand, denn sonst würden über die „Hintertür" der deliktischen Haftung aufgrund der Verletzung eines

Schutzgesetzes die vielfältigen, eben geschilderten Voraussetzungen der Produkt- und Produzentenhaftung ausgehebelt werden. Ebenfalls keinen Normcharakter haben **Regelwerke von Verbänden**, etwa die Unfallverhütungsvorschriften der Berufsgenossenschaften oder DIN-Normen. Damit sind auch sie nicht Schutzgesetze im Sinne des BGB.

Im Zusammenhang gerade mit der additiven Fertigung **bedeutsame Schutzgesetze** sind allerdings einzelne **Bestimmungen des Produktsicherheitsgesetzes oder des Medizinproduktegesetzes** (MPG). So sind etwa die Bestimmungen zu den allgemeinen Anforderungen des ProdSG[172] solche Schutzgesetze.

Gerade bei den Medizinprodukten ist mit einer Zunahme an Rechtsstreitigkeiten zu rechnen, da der erlittene Schaden im Falle eines Fehlers hier sehr hoch sein kann – man denke nur an einen fehlerhaften Herzschrittmacher oder eine fehlerhafte Titan-Schädeldecke.

Auch wenn ein Schutzgesetz verletzt wurde, heißt das allerdings noch nicht, dass der Hersteller wirklich haften muss. Die Schutzgutverletzung muss auch ursächlich geworden sein für den erlittenen Schaden.

So hat das OLG Frankfurt a. M.[173] einen solchen Kausalitätszusammenhang und damit eine Produzentenhaftung verneint bei einem Verstoß des Herstellers gegen die Pflicht zur CE-Kennzeichnung eines Wirbelsäulen-Titan-Cages und einer späteren Halswirbelverletzung des Geschädigten. Insoweit greife auch kein Anscheinsbeweis zu Gunsten des Geschädigten, denn die Verletzung sei nicht typische Folge des Fehlverhaltens, nämlich der mangelnden Kennzeichnung. (Das OLG bejahte dann allerdings im Folgenden eine Einstandspflicht des Herstellers nach dem Produkthaftungsgesetz).

Auch für die Haftung aus der Verletzung eines Schutzgesetzes ist ein **Verschulden** des Herstellers erforderlich (anders als bei der Haftung nach dem ProdHaftG). Der Geschädigte hat die Anspruchsvoraussetzungen zu beweisen, auch wenn im Einzelfall Beweiserleichterungen zugunsten des Geschädigten greifen können. Liegt etwa ein Verstoß gegen ein Schutzgesetz vor und ist im Zusammenhang mit dem Verstoß ein Schaden entstanden, greift grundsätzlich ein Beweis ersten Anscheins dahingehend, dass der Verstoß für den Schadenseintritt ursächlich geworden ist.[174]

8.7 Die Sanktionierung als Ordnungswidrigkeit oder Straftat

Bislang hatten wir uns mit den Fragen der zivilrechtlichen Weiterungen von Produktfehlern befasst. Dass der Hersteller vom Geschädigten vor den Zivilgerichten verklagt wird, ist aber noch nicht das Schlimmste, was ihm im Falle eines Produktfehlers passieren kann. Im Zusammenhang mit Produktfehlern kommt auch eine Ahndung bestimmter Verhaltensweisen als **Ordnungswidrigkeit oder sogar als Straftat** in Betracht.

Liegt eine **Ordnungswidrigkeit** vor, erfolgt keine strafrechtliche Verurteilung und es werden auch keine (Geld- oder Freiheits-) Strafen verhängt. Möglich sind lediglich **Geldbußen**, die übrigens von den zuständigen Verwaltungsbehörden (nicht einem Gericht) auferlegt werden; denn das Recht der Ordnungswidrigkeiten ist Teil des öffentlichen Rechts, nicht des Strafrechts.

Daneben stellt sich die Frage nach einer eventuellen **strafrechtlichen** Verantwortung. Das deutsche Strafrecht, das im Strafgesetzbuch (StGB) sowie in den so genannten Nebenstrafgesetzen niedergelegt ist, kennt keine Norm, die eine spezielle „Strafbarkeit bei Produktfehlern" normieren würde. Ebenso wenig werden bestimmte Verhaltenspflichten für Hersteller normiert.

Allerdings kann es im Zusammenhang mit einem Produktfehler trotzdem zu einer Strafbarkeit nach den Vorschriften des StGB kommen. Zu denken ist insbesondere an eine Strafbarkeit wegen fahrlässiger oder vorsätzlicher Körperverletzung oder – im schlimmsten Falle – einer fahrlässigen Tötung beziehungsweise eines vorsätzlichen Totschlags.

Im Folgenden soll zunächst der Frage nachgegangen werden, wem denn überhaupt eine **Sanktion** drohen kann: dem Unternehmen selbst – oder den dahinter stehenden realen Personen? Anschließend sollen dann die Einzelheiten der in Frage kommenden Ordnungswidrigkeiten bzw. des strafrechtlichen Vorwurfs an den oder die Täter dargestellt werden. Meist wird der Verantwortliche nicht aktiv und absichtlich den Nutzer eines Produkts schädigen wollen, so dass zunächst einmal ein Fahrlässigkeitsvorwurf im Raum steht. Dieser kann allerdings auch schnell in den Vorwurf eines vorsätzlichen Handelns umschlagen, wenn der Hersteller bei Kenntnis einer Gefahrenlage nicht adäquat reagiert.

> **Praxistipp**
>
> Bestimmte Verhaltensweisen des Herstellers im Zusammenhang mit Produktfehlern ziehen – neben zivilrechtlichen Konsequenzen – Sanktionen nach sich. Denkbar ist eine Bewertung als Ordnungswidrigkeit mit der Folge einer Geldbuße. In bestimmten Fällen kann ein Verhalten aber auch eine Straftat darstellen, die mit Geld- oder Freiheitsstrafe bedroht ist.

8.7.1 Die Sanktionierung von Unternehmen

1. Strafrechtliche Sanktionen

Erleidet ein Nutzer durch ein Produkt eine Körper- oder Gesundheitsverletzung, so ist zwar grundsätzlich an eine **Strafbarkeit des Herstellers** wegen einer fahrlässigen oder vorsätzlichen Körperverletzung[175] zu denken; kommt der Nutzer sogar zu Tode, kommt auch eine Strafbarkeit wegen fahrlässiger oder vorsätzlicher Tötung[176] in Betracht. Diese Möglichkeit besteht aber nur dort, wo der Hersteller eine natürliche Person und nicht etwa ein Unternehmen ist. Denn: das deutsche Strafrecht kennt (anders als etwa manche ausländische Rechtsordnung, insbesondere US-amerikanische Rechtsvorschriften) nicht die Möglichkeit, Strafen gegen ein Unternehmen selbst zu verhängen.

Ein **Strafbarkeitsvorwurf** kann immer nur einer bestimmten **natürlichen Person** gemacht werden; eine Strafbarkeit des Unternehmens selbst gibt es nicht, da juristische Personen nach dem deutschen Rechtsverständnis selbst weder handlungs- noch schuldfähig sind. Wünscht die Staatsanwaltschaft eine strafrechtliche Verfolgung, so hat sie im Unternehmen diejenigen Personen zu identifizieren, die für den Fehler des Produkts – sei es nun ein Konstruktions-, Fabrikations-, Instruktions- oder Produktbeobachtungsfehler – konkret verantwortlich sind und denen deshalb der Vorwurf etwa einer Körperverletzung gemacht werden kann.

2. Ordnungswidrigkeiten

Gegen ein Unternehmen kann als Sanktion allerdings sehr wohl eine **Geldbuße** in Form einer sog. **Verbandsgeldbuße** verhängt werden, wenn ein leitender Mitarbeiter eine Ordnungswidrigkeit begeht.[177] Bei der Geldbuße handelt es sich ja auch nicht um eine Strafe. Sie wird nicht von einem Gericht, sondern von einer Verwaltungsbehörde festgesetzt.

Das Ordnungswidrigkeitengesetz (OWiG) regelt im Zusammenspiel mit einschlägigen Sondergesetzen – relevant für die additive Fertigung sind hier insbesondere das Produktsicherheitsgesetz und das Medizinproduktegesetz – die Sanktionierung von – wenig überraschend – Ordnungswidrigkeiten. Bleiben wir beim Produktsicherheitsgesetz: dieses regelt detailliert, wann ein Verstoß gegen die Bestimmungen zur Produktsicherheit eine Ordnungswidrigkeit darstellt. Ein Beispiel: der Hersteller, der entgegen den Vorgaben des Produktsicherheitsgesetzes eine Gebrauchsanleitung nicht richtig oder nicht vollständig mit dem Produkt mitliefert, handelt ordnungswidrig und kann mit einer Geldbuße belegt werden.[178]

Das **Höchstmaß** der Verbandsgeldbuße beträgt bei vorsätzlichen (!) Straftaten leitender Unternehmensvertreter 10 Millionen Euro; bei fahrlässigen Taten liegt die Obergrenze bei 5 Millionen Euro.[179]

Zum Hintergrund:

Im deutschen Recht ist zwischen **Straftaten und Ordnungswidrigkeiten** zu unterscheiden. Bei Ordnungswidrigkeiten werden keine Strafen (auch als Kriminalstrafen bezeichnet) verhängt, sondern sog. Geldbußen. Das Recht der Ordnungswidrigkeiten ist Teil des öffentlichen Rechts (Verwaltungsrecht), nicht des Strafrechts. Die zur Ahndung von Ordnungswidrigkeiten berufenen Behörden dürfen folglich auch keine Strafen verhängen. Das Verfahren ist im Ordnungswidrigkeitengesetz (OWiG) geregelt; es unterscheidet sich teilweise von einem Strafverfahren nach der Strafprozessordnung (StPO). Eine Ordnungswidrigkeit kann mit Geldbuße geahndet werden.

Ein Strafbarkeitsvorwurf kann immer nur einer natürlichen Person gemacht werden. Ein Unternehmen als juristische Person kann aber mit einer Geldbuße wegen einer Ordnungswidrigkeit belegt werden.

8.7.2 Die strafrechtliche Verantwortung leitender Mitarbeiter des Unternehmens

Eine Strafbarkeit des Unternehmens selbst kommt also nicht in Betracht. Allerdings können **leitende Mitarbeiter des Unternehmens** sich im Zusammenhang mit Produktfehlern durchaus strafbar machen. Besonders relevant ist die Frage nach einer strafrechtlichen Verantwortlichkeit, wenn es darum geht, nach dem Bekanntwerden einer Produktgefahr adäquat zu reagieren.

Im Folgenden soll zunächst erläutert werden, dass eine Strafbarkeit nicht notwendigerweise eine aktive Handlung voraussetzt, sondern dass auch das Unterlassen einer gebotenen Handlung zu einer Bestrafung führen kann; immer vorausgesetzt, das Verhalten ist kausal für die Schädigung eines anderen geworden. Schlussendlich soll im Einzelnen aufgezeigt werden, wer in einem Unternehmen in das Visier der Strafverfolger geraten kann.

Zum Hintergrund:

In Betracht kommt als Strafe nach dem StGB primär eine Geld- oder Freiheitsstrafe. Eine Geldstrafe wird in Tagessätzen bemessen. Die Höhe eines Tagessatzes wird nach den individuellen Einkommensverhältnissen des Täters bestimmt.

Eine Freiheitsstrafe bis zu 2 Jahren Gefängnis kann dabei zur Bewährung ausgesetzt werden (d.h. der Verurteilte muss nicht in das Gefängnis, muss sich aber während einer festgesetzten Bewährungszeit an bestimmte Bewährungsauflagen halten). Eine Freiheitsstrafe von mehr als 2 Jahren kann nicht mehr zur Bewährung ausgesetzt werden.

1. Die Strafbarkeit eines Tuns oder eines Unterlassens

Straftaten können zunächst einmal aktiv begangen werden: so mag jemand eine andere Person bei einer Schlägerei beispielsweise durch einen gezielten oder ungezielten Schlag verletzen. Im Produkthaftungsrecht ist die Sache aber meist nicht ganz so einfach. Durch das Inverkehrbringen des Produkts soll ja nicht jemand aktiv geschädigt werden (jedenfalls ist davon nicht auszugehen), so dass ein aktives Tun als Anknüpfungspunkt für eine Strafbarkeit in der Regel zunächst ausscheidet. Ein aktives Tun kommt allerdings dort in Betracht, wo jemand in Kenntnis einer Gefahrenlage ein Produkt aktiv weitervertreibt, obschon er es eigentlich vom Markt nehmen müsste. Damit kann ein- und dasselbe Verhalten also unter unterschiedlichen Blickwinkeln eine unterschiedliche Strafbarkeit begründen.

Indes braucht es nicht immer ein aktives Tun, um sich strafbar zu machen. Man kann sich nämlich in bestimmten Fällen auch strafbar machen, wenn man eine gebotene Handlung unterlässt.[180] Offensichtlich ist aber nicht das Unterlassen jedweder Handlung strafrechtlich relevant – es muss schon eine Pflicht bestehen, deren Unterlassen dann strafbar ist. Im Strafrecht spricht man hier von einer **Garantenpflicht**.

So entschied der Bundesgerichtshof in der berühmt gewordenen *„Lederspray-Entscheidung"*, dass eine Strafbarkeit wegen Unterlassens gegeben ist, wenn ein gebotener Rückruf des Produkts unterlassen wird. Ab dem Zeitpunkt, zu dem ausreichend Kenntnis von der Gefährdungslage (nämlich der Gesundheitsgefährlichkeit des Schuhpflegemittels) vorhanden ist, ist Anknüpfungspunkt der Strafbarkeit nicht mehr das Unterlassen, sondern der aktive Weitervertrieb des Produkts.[181]

Im Zusammenhang mit den Produkthaftungsfällen begründet man diese Garantenpflicht mit der Beherrschung einer in den eigenen **Zuständigkeitsbereich fallenden Gefahrenquelle**. Verstößt ein leitender Mitarbeiter eines Unternehmens gegen diese Garantenpflicht, macht er sich entsprechend strafbar.

Fahrlässig handelt er, wenn er die im Verkehr gebotene Sorgfalt außer Acht lässt, etwa ein Reagieren auf ein Bekanntwerden einer Produktgefahr schlicht „verschläft", obwohl eine Reaktion des Unternehmens geboten gewesen wäre. Ein **vorsätzliches Handeln** wird dort angenommen, wo der Täter die Schädigung des Opfers nicht nur fahrlässig verursacht, sondern sogar „billigend in Kauf nimmt". Das setzt voraus, dass er die Gefährdungslage erkannt hat (und der Vorwurf sich nicht darauf beschränkt, dass er sie erkennen konnte) und trotzdem nichts unternimmt.

Praxistipp

Bei der Frage nach der Strafbarkeit wegen eines Unterlassungsdelikts sind die folgenden Punkte zu prüfen:

1. Liegt ein Unterlassen vor, das einem Tun entspricht?
2. Besteht eine Garantenstellung?
3. Gab es die Möglichkeit der Verhinderung des Erfolgs?
4. Kausalität: Kann die unterlassene Handlung hinzugedacht werden, ohne dass der Erfolg entfällt? (falls ja, kommt allerdings eine Strafbarkeit wegen einer versuchten Tat in Betracht)
5. War die Erfolgsverhinderung zumutbar?

Im Strafprozess muss das Gericht von der **Schuld des Angeklagten überzeugt** sein. **Beweiserleichterungen** oder gar eine Beweisumkehr wie im Zivilprozess sind dem Strafprozess fremd. Dabei muss jedem einzelnen Angeklagten die Schuld nachgewiesen werden. Diesen trifft dann auch persönlich die jeweils ausgesprochene Strafe, also die Geld- oder Freiheitsstrafe.

Zum Hintergrund:

Besteht ein **Anfangsverdacht** für eine Straftat – der etwa durch eine Strafanzeige den Verfolgungsbehörden zur Kenntnis gebracht wird – nimmt die Staatsanwaltschaft die Ermittlungen auf (sog. Ermittlungs- oder Vorverfahren). Die Staatsanwaltschaft wird insoweit auch als „Herrin des Vorverfahrens" bezeichnet, da sie entscheidet, ob und welche Ermittlungen durchgeführt werden. Der Beschuldigte kann durch eine Stellungnahme mit entlastendem Vortrag oder ein Geständnis bereits Einfluss nehmen auf das Ermittlungsverfahren.

Das Ermittlungsverfahren beendet die Staatsanwaltschaft mit einer sog. **Abschlussverfügung,** in der sie entscheidet, ob das Verfahren eingestellt oder zur Anklage bei Gericht gebracht wird.[182] Statt einer Anklage kann sie in einfachen Fällen (insbesondere bei einem geständigen Täter) auch einen Antrag auf einen **Strafbefehl** stellen, den das Gericht dann mit der Post an den Täter zustellt. Anders als eine Anklage enthält der Strafbefehl auch bereits die Rechtsfolge, meist eine Geldstrafe. Zu einer öffentlichen Hauptverhandlung kommt es hier nur dann, wenn der Täter gegen diesen Strafbefehl **Einspruch** einlegt.

In der Regel eröffnet das Gericht nach Eingang der Anklage das **Hauptverfahren.** Im Hauptverfahren findet die **Beweisaufnahme** statt. Es wird zunächst der Angeklagte gehört und dann die übrigen Beweise (Urkunden, Zeugen, Sachverständige) erhoben.

Das Hauptverfahren kann mit

• Freispruch,

• Einstellung des Verfahrens (etwa wegen Verjährung) oder

• einer Verurteilung enden.

Ist das Gericht von der Schuld des Angeklagten überzeugt, muss es ihn verurteilen und eine gerechte Strafe aussprechen. Hierzu stellt es eine Reihe von Strafzumessungserwägungen an, fragt also etwa nach dem Schaden, den das Opfer erlitten hat, bewertet das Täterverhalten einschließlich des Nachtatverhaltens (Entschuldigung beim Opfer, Entschädigung des Opfers, etc.). An ein rechtskräftig abgeschlossenes Strafverfahren schließt sich die sog. **Strafvollstreckung** (Vollzug der Freiheitsstrafe, Geldstrafe, etc.) an.

Der Ablauf eines Strafverfahrens ist in der **Strafprozessordnung** (StPO) geregelt.

2. Kausalitätsprobleme

Eine Verurteilung wegen einer vorsätzlichen oder fahrlässigen Körperverletzung oder Tötung setzt voraus, dass nachgewiesen wird, dass kausal durch den Fehler eines Produkts ein Mensch eine Körper- oder Gesundheitsverletzung erlitten hat; der Angeklagte muss dabei pflichtwidrig gehandelt haben.

Indes hat der Bundesgerichtshof auch hier in der schon eben genannten „Lederspray-Entscheidung" eine wichtige Einschränkung gemacht: es muss nicht notwendigerweise eine naturwissenschaftlich befriedigende Erklärung für die Schadensverursachung durch das Produkt festgestellt werden. Im entschiedenen Fall konnte durch Sachverständige nicht festgestellt werden, welcher Bestandteil oder Inhaltsstoff des Sprays konkret schadensauslösend war. Vielmehr hielt es das oberste Gericht in Zivilsachen für ausreichend, dass

- eine Vielzahl von Meldungen über Gesundheitsverletzungen nach bestimmungsgemäßen Gebrauch beim Unternehmen eingegangen waren, die teilweise auch gravierende Krankheitsbilder beinhalteten (Lungenödeme) – und
- es keine andere Erklärung für den Schadenseintritt gab.

Bereits in einem solchen Fall habe ein Unternehmen zu reagieren. Ist nämlich die Gefährlichkeit eines Produkts erkennbar, gebietet es die im Verkehr erforderliche Sorgfalt, tätig zu werden.

Praxistipp

Der BGH hat hier also eine Entscheidung von ganz erheblicher Tragweite für den Produkthersteller getroffen. Dieser hat nämlich schon dann zu reagieren, wenn sein Produkt in den **Verdacht** gerät, Schäden etwa an Körper und Gesundheit auszulösen. In der Folge gilt also:

- Die Klärung von Wirkzusammenhängen kann zwar in der Praxis sehr problematisch sein. Der Hersteller darf aber eben gerade nicht abwarten, ob sich ein naturwissenschaftlicher Kausalzusammenhang zwischen einem Produktfehler und einem Schaden auch nachweisen lässt, bevor er reagiert.
- Zur Vermeidung strafrechtlicher Risiken für ein Unternehmen, empfiehlt es sich vielmehr, Schutzmaßnahmen wie Warnhinweise oder einen Rückruf bereits dann zu ergreifen, wenn die **bloße Möglichkeit einer Schadensverursachung** besteht, auch wenn gesichertes naturwissenschaftliches Wissen (möglicherweise) um einen Produktfehler noch gar nicht gegeben ist.
- Diese Pflicht trifft jeden einzelnen Verantwortlichen, etwa alle Geschäftsführer eines Unternehmens.

---

3. Wer im Unternehmen ist verantwortlich für ein Tun oder Unterlassen?

In bestimmten Fällen gibt eine Norm aus dem Nebenstrafrecht schon selbst darüber Auskunft, welche Person innerhalb eines Unternehmens sich durch ein bestimmten Verhalten oder Unterlassen strafbar machen kann. In allen übrigen Fällen oder immer dort, wo die in der Norm eigentlich genannte Person selbst nicht gehandelt hat, greift man auf das Strafgesetzbuch zurück. Das StGB erweitert die Strafbarkeit in den **Fällen gesetzlich begründeter Vertretungsverhältnisse**. Strafbar können demnach etwa sein:

- Vertretungsberechtigte Organe einer juristischen Person bzw. deren Mitglieder (etwa: Mitglieder des Vorstands)

- Vertretungsberechtigte Gesellschafter einer rechtsfähigen Personengesellschaft
- Gesetzliche Vertreter des Normadressaten (etwa der Insolvenzverwalter).[183]

Ferner regelt das StGB die Strafbarkeit bei **rechtsgeschäftlich begründeten Vertretungsverhältnissen**. Erfasst hiervon sind die Beauftragten in

- Betrieben,
- Unternehmen und
- Stellen der öffentlichen Verwaltung

die **selbständig und eigenverantwortlich** handeln. Wichtig in diesem Zusammenhang ist, dass es auf die (ja zivilrechtlich zu beurteilende) Wirksamkeit der Bestellung oder Beauftragung für die strafrechtliche Verantwortlichkeit nicht ankommt. Das bedeutet: auch wer nur faktisch Aufgaben der Geschäftsführung wahrnimmt, ist gegebenenfalls in der strafrechtlichen Verantwortlichkeit.

In der oben bereits genannten „Lederspray-Entscheidung" bestätigte der Bundesgerichtshof die (durch die vorhergehende Instanz vorgenommene) **Verurteilung der leitenden Mitarbeiter** eines Unternehmens wegen fahrlässiger Körperverletzung nach diesen Grundsätzen. Hier war den betroffenen Mitgliedern der Geschäftsführung zwar bekannt gewesen, dass durch ein vom Unternehmen vertriebenes Lederspray bei Verwendern Gesundheitsschäden von Atembeschwerden bis hin zu Lungenödemen eingetreten waren. Sie nahmen das Spray aber nach einstimmigem Beschluss nicht vom Markt, sondern begnügten sich mit vermehrten Warnungen, was vom Bundesgerichtshof als nicht ausreichend erachtet wurde.

Der BGH ging von einer **„Generalverantwortung und Allzuständigkeit" der Geschäftsleitung** aus – und entschied, dass eine vorweggenommene Aufteilung der Geschäftsbereiche oder eine Delegation von Pflichten auf einzelne grundsätzlich ohne Einfluss auf die Verantwortlichkeit aller bleibt – es soll sich bei Produktfehlern niemand hinter der Untätigkeit eines anderen „verstecken" können.

Wichtig ist es, zu verstehen, dass es immer um die **Verantwortlichkeit des einzelnen** geht – also nicht etwa um eine „Kollektivschuld". Das bedeutet also, dass nicht etwa der eine für das Fehlverhalten oder Versagen des anderen einzustehen hat. Nein: Das Strafrecht knüpft an die individuelle Schuld an. Jeder hat für sein eigenes Fehlverhalten einzustehen. Aber es kann sich der einzelne eben nicht darauf berufen, dass er nicht falsch gehandelt habe, weil die Verantwortung auf einen anderen delegiert worden sei und man selbst *„mit der Sache nichts mehr zu tun habe"*.

Damit gilt: es ist anhand des jeweiligen **Verantwortungsbereiches des einzelnen** zu ermitteln, ob im Rahmen der Kollegialentscheidung in seiner Person eine Pflichtverletzung festzustellen ist. Dabei muss die Verantwortlichkeit des einzelnen nicht von Anfang an bestehen. Denkbar ist etwa der Fall, dass ein Wirkstoff in einem Medikament von der Entwicklungsabteilung ursprünglich als unschädlich deklariert worden ist (z. B. ein Medikament wie Contergan); dann kann eine Verantwortlichkeit später entstehen, wenn sich Gefahrmeldungen häufen und eine Reaktion gebieten. Weitere Voraussetzung ist, dass das betroffene Mitglied der Geschäftsleitung aus der eigenen Beurteilungsmöglichkeit heraus die Gefährlichkeit des Produkts überblicken kann.

Dabei kann sich die Geschäftsleitung, wie bereits gesehen, nicht pauschal darauf zurückziehen, man habe **die Verantwortung an ein Mitglied der Geschäftsleitung** oder eine ganze Abteilung im Unternehmen **delegiert**, in dem man etwa die Aufgabe der Produktentwicklung und Produktbeobachtung an diese übertrug. Denn auch ein solches mit Sonderaufgaben betrautes Mitglied der Geschäftsleitung oder auch eine ganze Abteilung agieren ja nicht „im luftleeren Raum", sie bleiben dem Gremium berichtspflichtig. Werden im Rahmen eines solchen Berichts Anhaltspunkte für eine Gefahr bekannt, besteht sehr schnell die Pflicht der anderen Mitglieder der Geschäftsleitung, nachzufragen und sich selbst kundig zu machen.

Schlussendlich ist auch dem Versuch eine Absage zu erteilen, sich mit dem Einwand, *„ein einzelner könne ja nicht allein einen Produktrückruf entscheiden"* einer strafrechtlichen Verantwortlichkeit zu entziehen. Es besteht nämlich für jeden Geschäftsführer die Verpflichtung, unter vollem Einsatz seiner Rechte als Mitglied der Geschäftsführung das ihm Mögliche zu tun, den gebotenen Rückruf in die Wege zu leiten.[184]

Praxistipp

Der Bundesgerichtshof hat für die Geschäftsleitung eines Unternehmens das Prinzip der

- Generalverantwortung und
- Allzuständigkeit

aufgestellt; eine pauschale Delegation von Verantwortlichkeiten ist nicht möglich.

Jedes einzelne Mitglied der Geschäftsführung hat die Pflicht, unter dem vollen Einsatz seiner Rechte das ihm Mögliche zu tun, einen strafrechtlich relevanten Produkthaftungsfall zu vermeiden.

Anmerkungen

Hinweis: Alle Fußnoten dieses Buches gibt es als kostenloses Dokument unter www.vahlen.de/160 222 32. So müssen Sie keinen Link abtippen.

[1] Vgl. §§ 437 Nr. 3, 280, 276 BGB
[2] §§ 280 Abs. 1, 241 Abs. 2 BGB
[3] § 278 BGB.
[4] Vgl. §§ 823 ff. BGB
[5] Hierzu weiterführend etwa Thürmann/Kettler, Produkthaftpflichtversicherung und ausgewählte Fragen der Produkthaftung, 6. Auflage 2009; Bechler, Produkthaftpflichtversicherung, Aus- und Einbaukosten, 2010
[6] § 3 Abs. 1 ProdHaftG
[7] BGH NJW 2009, 1669; Palandt/*Sprau*, 74. Auflage 2015, ProdHaftG § 8 Rn. 3

[8] Europäische Produkthaftungsrichtlinie RL 85/374/EWG des Rates vom 25.7.1985 zur Angleichung der Rechts- und Verwaltungsvorschriften der Mitgliedsstaaten über die Haftung für fehlerhafte Produkte, ABlEG Nr. L 210/29. Das ProdHaftG gilt ausweislich seines § 16 nicht für Produkte, die vor dem 1.1.1990 in den Verkehr gebracht wurden. Für den Bereich der additiven Fertigung bzw. des 3D-Drucks dürfte diese zeitliche Grenze offensichtlich ohne praktische Relevanz sein.

[9] § 14 ProdHaftG

[10] Palandt/*Sprau*, aa. O., ProdHaftG Einf. Rn. 1

[11] § 14 ProdHaftG

[12] § 1 Abs. 1 S. 1 ProdHaftG

[13] § 2 ProdHaftG gibt die Definition des Begriffs „Produkt"

[14] MüKoBGB/*Wagner* 6. Auflage 2013 ProdHaftG § 2 Rn. 7

[15] Palandt/*Sprau*, aa.O., ProdHaftG § 2 Rn. 1; ebenso MükoBGB/*Wagner*, 6. Auflage 2013 ProdHaftG § 2 Rn. 16

[16] Vgl. § 15 ProdHaftG

[17] Weitere Anforderungen für die Herstellung von medizinischen Produkten können sich insbesondere aus dem Medizinproduktegesetz ergeben.

[18] EuGH (4. Kammer), *Urteil* vom 5.3.2015 – C-503/13, C-504/13 (Boston Scientific Medizintechnik GmbH/AOK Sachsen-Anhalt u. a.) NJW 2015, 1163

[19] OLG Frankfurt/M., Urteil vom 13.1.2015 – 8 U 168/13 in BeckRS 2015, 09145; MPR 2015, 101

[20] Vgl. § 4 Abs. 1 ProdHaftG

[21] Vgl. § 4 Abs. 1 S. 1 ProdHaftG

[22] Vgl. § 4 Abs. 1 S. 2 ProdHaftG

[23] Palandt/*Sprau*, aa. O., ProdHaftG § 4 Rz. 2 f.

[24] Palandt/*Sprau*, aa. O., ProdHaftG § 4 Rz. 3

[25] MüKoBGB/*Wagner* aa.O., ProdHaftG § 4 Rn. 6

[26] Vgl. MüKoBGB/*Wagner* aa.O., ProdHaftG § 4 Rn. 6

[27] Die Unternehmereigenschaft bestimmt sich nach § 14 BGB

[28] Vgl. für die Lizenz- und Franchisevereinbarungen auch MüKo BGB/*Wagner* aa.O., ProdHaftG § 4 Rz. 9

[29] Vgl. § 5 ProdHaftG

[30] Vgl. MüKoBGB/*Wagner* aa.O., ProdHaftG § 4 Rn. 6

[31] MüKoBGB/*Wagner* aa.O., ProdHaftG § 4 Rn. 17

[32] § 1 Abs. 3 ProdHaftG

[33] MüKoBGB/*Wagner* aa.O., ProdHaftG § 2 Rn. 16, § 4 Rn. 15

[34] MüKoBGB/*Wagner* aa.O., ProdHaftG § 2 Rn. 16, § 4 Rn. 13

[35] MüKoBGB/*Wagner* aa.O., ProdHaftG § 2 Rn. 16, § 4 Rn. 15

[36] MüKoBGB/*Wagner* aa.O., ProdHaftG § 4 Rz. 8 f.

[37] § 1 Abs. 2 Nr. 3 ProdHaftG

[38] Dies ergibt sich aus § 1 Abs. 2 Nr. 3 ProdHaftG

[39] *Dawanda* ist eine Internetplattform, auf der (Hobby)Bastler ihre Werke (Selbstgenähtes, Kerzen, Bilder, etc.) und Bastelzubehör (Stoffe, Bänder, Papier, Kleber, etc.) verkaufen können. *Ebay* ist eine Internetplattform, auf der alle möglichen Waren – industriell Gefertigtes wie selbst Gebasteltes – gehandelt werden können.

[40] § 1 Abs. 3 Nr. 3 ProdHaftG

[41] Palandt/*Sprau*, aa.O., ProdHaftG § 1 Rz. 18

[42] § 4 Abs. 2 ProdHaftG

[43] § 4 Abs. 3 ProdHaftG

[44] Die F.A.Z. berichtete unter dem Titel „Markenpiraterie durch Prävention wirksam bekämpfen" am 5.10.1998 vom vorzeitigen Aus von Mika Häkkinen beim Formel 1 Rennen in Monza. Grund war ein Kugellager, das ausgefallen war – es handelte sich um ein Plagiat (vgl. auch Maul/Maul GRUR 1999, 1059)

[45] Palandt/*Sprau*, aa. O., ProdHaftG § 1 Rz. 7

[46] § 1 Abs. 1 S. 1 ProdHaftG

[47] §§ 823 ff. BGB

[48] § 3 Abs. 1 ProdHaftG

49 BGH NJW 2009, 1669; Palandt/*Sprau* aa.O., §8 ProdHaftG Rn. 3
50 EuGH (4. Kammer), *Urteil* vom 5.3.2015 – C-503/13, C-504/13 (Boston Scientific Medizintechnik GmbH/AOK Sachsen-Anhalt u. a.) in NJW 2015, 1163
51 MüKoBGB/*Wagner* aa.O., ProdHaftG §3 Rn. 24
52 OLG Naumburg, *Urteil* vom 21.11.2013 1 U 38/12 in BeckRS 2014, 05588
53 BGH BB 1972, 13 für einen Maschinenhersteller
54 Vgl. hierzu auch BGH NJW 2009, 1669
55 MüKoBGB/*Wagner* aa.O., ProdHaftG §3 Rn. 8
56 OLG Karlsruhe, BeckRS 2001, 15356 für den Fall einer Häckselmaschine, die nach Art, Zuschnitt und Verwendungszweck nicht von Privaten genutzt wurde. Im Fall kam ein Angestellter einer Autobahnmeisterei bei Nutzung der sog. Buschholzhackmaschine zu Schaden
57 LG Stuttgart NJW-RR 2012, 1169
58 OLG Nürnberg, NJW-RR 2014, 1304
59 BGH NJW 2013, 1302
60 §4 ProdHaftG
61 BGH NJW 1994, 3349 („Atemüberwachungsgerät")
62 Palandt/*Sprau*, aa.O., ProdHaftG §3 Rz. 8
63 Vgl. hierzu auch die instruktive Darstellung von *Seibel*, NJW 2013, 3000
64 *Seibel*, NJW 2013, 3000, 3003
65 Richtlinie VDI 3404 „Additive Fertigung – Grundlagen, Begriffe, Verfahrensbeschreibungen" (die in endgültiger Fassung als VDI 3405 in Kürze erscheinen wird).
66 OLG Karlsruhe BeckRS 2001, 15356, S. 7
67 Vgl. Statusreport „Additive Fertigungsverfahren" des VDI, Stand Sept. 2014, kostenloser Download unter ww.vdi.de/statusadditiv, zuletzt abgerufen am 15.10.2015
68 Vgl. hierzu OLG Karlsruhe BeckRS 2001, 15356 für den Fall einer Häckselmaschine
69 *Seibel*, NJW 2013, 3000, 3001
70 BGH VersR 1990, 532
71 OLG Stuttgart, Urteil vom 13.8.2015 – 13 U 28/15 Rz. 26 („Bodylift")
72 OLG Sachsen-Anhalt, Urteil vom 21.11.2013, BeckRS 2014, 05588
73 LG Berlin, NJWE-VHR 1997, 94 – zu den Pflichten eines Fahrradherstellers (hier: Vorderradblockade durch einen abgelösten Reflektor)
74 MüKoBGB/*Wagner* aa.O., ProdHaftG §3 Rz. 23
75 Vgl. hierzu §3 c Abs. 1 und Abs. 2 ProdHaftG
76 Das entschied der BGH schon relativ früh, nämlich in BGH VersR 1971, 80,82 („Bremsen")
77 BGH NJW 1995, 3349 („Mineralwasserflasche")
78 §1 Abs. 2 Nr. 2 ProdHaftG
79 §3 Abs. 1 a ProdHaftG
80 Alle diese Fragen für einen Rodelschlitten verneint hat das Landgericht Traunstein mit Urteil vom 29.6.2005, Az. 6 O 1173/05, BeckRS 2009, 16456
81 OLG Hamm NJW 2005, 295 (Keine Instruktionspflicht über die gesetzlichen Pflichtangaben hinaus, da die Gefahren des Rauchens heutzutage hinlänglich bekannt seien)
82 BGH NJW 1994, 323; BHW 1995, 396 („Kindertee")
83 LG Frankfurt/Main VersR 94, 231
84 LG Bamberg NJW-RR 2010. 902
85 BGH NJW 2013, 1302
86 BGH NJW 94, 932 („Kindertee")
87 BGH NJW 92, 560;LG Bamberg NJW-RR 2010, 902; vgl. auch OLG Stuttgart, Urteil vom 13.8.2015 – 13 U 28/15 Rz. 22 für den Einbau eines Bodylifts in ein Kraftfahrzeug
88 BGH NJW 1989, 1029
89 Vgl. §14 ProdHaftG
90 EuGH (4. Kammer), *Urteil* vom 5.3.2015 – C-503/13, C-504/13 (Boston Scientific Medizintechnik GmbH/AOK Sachsen-Anhalt u. a.) in NJW 2015, 1163
91 Vgl. hierzu auch die Anmerkung von *Reich* zu dieser EuGH-Entscheidung in EuZW 2015,318, 320 ff. und jene von *Moelle/Dockhorn* in NJW 2015, 1163,1165 f.
92 EuGH aa.O. NJW 2015, 1163

[93] §8 Abs. 2 ProdHaftG, §253 BGB

[94] §287 ZPO

[95] OLG Hamm, Urteil vom 21.12.2010, 21 U 12/08 – BeckRS 2011, 01327; OLG Jena NJW-RR 2008, 831

[96] Instruktiv hierzu LG Berlin, NJWE-VHR 1997, 94, 95

[97] §10 ProdHaftG

[98] MüKoBGB/*Wagner* aa.O., ProdHaftG §10 Rn 4

[99] LG Berlin BeckRS 2008, 09725; vgl. auch OLG Celle BeckRS 2005, 14197 für den Fall einer Gesellschaft, die in Indien eine Kohletransportanlage für ein Kohlekraftwerk errichten wollte

[100] §6 ProdHaftG, §254 BGB

[101] LG Regensburg, Schlussurteil vom 10.12.2013 – 6 O 700/13(2) in BeckRS 2014, 09544

[102] §6 Abs. 2 S. 1 ProdHaftG

[103] §§12 und 13 ProdHaftG

[104] §14 ProdHaftG

[105] §15 Abs. 2 ProdHaftG

[106] §1 Abs. 2 ProdHaftG

[107] §1 Abs. 3 S. 2 ProdHaftG

[108] §1 Abs. 4 ProdHaftG

[109] *OLG Frankfurt/M.*, Urteil vom 13.1.2015 – 8 U 168/13, BeckRS 2015, 09145 Rz. 30

[110] Palandt-*Sprau* aa.O, §1 ProdHaftG Rz. 25

[111] Landgericht Stuttgart NJW-RR 2012, 1169

[112] *BGH* NJW 09, 2952

[113] §1 Abs. 2 Nr. 2 ProdHaftG; Geigel, Haftpflichtprozess, 27. A. 2015, 298, 302

[114] vgl. BGHZ 104, 323

[115] §1 Abs. 2 ProdHaftG

[116] §15 ProdHaftG regelt demnach auch explizit, dass eine Haftung nach anderen Vorschriften unberührt bleibt

[117] Vgl. §§823 ff. BGB

[118] Vgl. §823 Abs. 1 BGB.

[119] Beck OK BGB/*Spindler*, BGB Stand 1.11.2013, §823 Rz. 564

[120] Beck OK BGB/*Spindler*, BGB Stand 1.11.2013, §823 Rz. 481

[121] Nämlich in §4 ProdHaftG

[122] Vgl. §4 Abs. 2, 3 ProdHaftG

[123] OLG Celle BeckRS 2005, 14197 (der Fall betraf Pendelrollenlager aus China zum Einbau in eine Transportanlage für ein Kohlekraftwerk in Indien)

[124] OLG Celle, aa.O.

[125] BGH NJW 1981, 2250

[126] §831 BGB

[127] BeckOK BGB/*Spindler* BGB §823, Rz. 530, Stand: 1.11.2013

[128] BeckOK BGB/*Spindler* BGB §823 Rz. 526, Stand: 1.11.2013

[129] Etwa BGH NJW 1992, 1039

[130] OLG Köln NJW-RR 1990, 414

[131] BeckOK BGB/*Spindler* BGB, §823 Rz. 529, Stand: 1.11.2013

[132] Vgl. §4 Abs. 1 S. 2 ProdHaftG

[133] §31 BGB

[134] §276 Abs. II BGB

[135] §3 Abs. 1 ProdHaftG

[136] BGH NJW 2009, 2952 („Airbag")

[137] BGHZ 104, 323, 326 ff.

[138] OLG Hamm NJW 2005, 295 (Keine Produkthaftung des Zigarettenherstellers „Ernte 23")

[139] BGH VersR 1977, 334, 335

[140] Vgl. BGH NJW 1990, 905, 907 („Pferdeboxen") für den Fall einer scharfkantigen Abgrenzung an einer Einstellbox für ein Pferd

[141] BGH aa.O.

[142] OLG Naumburg, Urteil vom 21.11.2013 – 1 U 38/12, BeckRS 2014, 05588 für eine Tischfeuerstelle

[143] OLG Köln, NJW-RR 1990, 414

[144] OLG Köln NJW-RR 1990, 414 zu den Prüfungspflichten des Produzenten für einzubauende Teile des Zulieferers

[145] BGH NJW 1999, 2815

[146] Beispiel nach OLG Saarbrücken, NJW 2014, 1600, 1602 (Haftung für Instruktionshinweise bei Aufbau eines Swimmingpools)

[147] BGH NJW 1981, 1606

[148] BGH NJW 1990, 906 („Pferdeboxen")

[149] *BGH* NJW 1987, 1009

[150] So veröffentlichen etwa *Molitoris/Klindt* seit etlichen Jahren in der NJW jährlich einen Überblick über die wesentlichen juristischen Entwicklungen im Produkthaftungsrecht, etwa zuletzt NJW 2014, 1567; NJW 2015, 1568

[151] LG Berlin NJWE-VHR 1997, 94. Zur Pflicht, die einschlägige Fachliteratur zu kennen auch BGH NJW 1990, 906

[152] OLG Stuttgart, Urteil vom 13.8.2015 – 13 U 28/15 BeckRS 2015, 14624, Rz. 18

[153] § 6 ProdSG

[154] Vgl. hierzu unten 8.7

[155] Vgl. hierzu unten 8.7

[156] Vgl. § 840 BGB

[157] Vgl. § 832 Abs. 1 BGB. Problematisch ist – wie auch beim ProdHaftG – die Frage der Eigentumsverletzung bei den sog. Weiterfressermängeln, also einem Mangel, der sich fortsetzt und weiteres Eigentum beschädigt. Hier stellt die Rechtsprechung vor allem auf das Kriterium der sog. Stoffgleichheit ab.

[158] § 847 BGB

[159] OLG Brandenburg BeckRS 2012, 25110

[160] Vgl. § 10 ProdHaftG

[161] Vgl. § 254 BGB

[162] § 195 BGB

[163] Vgl. § 823 BGB

[164] Vgl. hierzu etwa Palandt/*Sprau,* aa.O., BGB § 823 Rz. 183

[165] Vgl. etwa LG Berlin, BeckRS 2008, 09725. Das Landgericht Berlin hat es genügen lassen, dass *„das Produkt aus der allein vom Hersteller beherrschten Sphäre in eine solche wechselt, in der Gefahren für die Rechtsgüter Dritter entstehen."*

[166] BGHZ 104, 323 ff.; BGH NJW 93, 528 ff.

[167] LG Berlin BeckRS 2008, 09725, S. 8

[168] Man spricht hier von der haftungsbegründenden sowie haftungsausfüllenden Kausalität.

[169] Palandt/*Sprau* aa.O., § 823 Rz. 184

[170] BGH 116, 60

[171] Vgl. § 823 Abs. 2 BGB

[172] § 3 ProdSG. Vgl Palandt/*Sprau,* aa.O., § 823 Rz. 74.

[173] OLG Frankfurt/M., Urteil vom 13.1.2015 – 8 U 168/13, BeckRS 2015, 09145.

[174] BGH VersR 1983, 440; OLG Stuttgart NJW-RR 2000, 752, 753.

[175] §§ 223 ff. StGB

[176] §§ 223, 230 StGB.

[177] § 30 OWiG

[178] § 39 Abs. 1 Nr. 2 iVm § 3 Abs. 4 ProdSG.

[179] § 30 OWiG

[180] § 13 StGB.

[181] BGH NStZ 1990, 588 („Lederspray"-Entscheidung). Siehe hierzu etwa auch die Besprechung von *Kuhlen,* NStZ 1990, 566 und *Schmidt-Salzer* NJW 1990, 2966.

[182] § 170 StPO.

[183] Vgl. § 14 StGB

[184] BGH NStZ 1990, 588.

Statt eines Nachworts: Wie Sie Produktpiraten das Leben schwer machen und mit 3D-Druck neue Kunden gewinnen

Angesichts der oben aufgezeigten Risiken des 3D-Drucks verwundert es nicht, wenn manches Unternehmen sich derzeit noch abwartend verhält. Nachvollziehbar ist es auch, dass additive Fertigungstechnologien teilweise noch eher als Bedrohung denn als Chance wahrgenommen werden. Zu groß scheint die Gefahr der Übernahme von Produktdesigns durch Plagiatoren, wenn diese sich der Originaldruckvorlage bemächtigen und einen Parallelmarkt für Waren schaffen, die denen des Originalherstellers zumindest äußerlich in nichts nachstehen. Hinzu kommen die nicht zu negierenden Risiken der Produkthaftung bei gleichzeitigem Verlust der Kontrolle über den eigentlichen Herstellungsprozess. Etwa dann, wenn Endverbrauchern die Druckvorlage überlassen wird und jedermann Markenartikel herstellen kann, die nicht mehr aus dem Betrieb des Markeninhabers kommen.

Es wäre aber fatal, würde die deutsche Wirtschaft und das produzierende Gewerbe anderen Ländern die Stellung als Technologietreiber im 3D-Druck überlassen und die Chancen nicht rechtzeitig nutzen, die der 3D-Druck ganz zweifellos bietet. Obwohl die meisten Patentanmeldungen in Europa aus Deutschland kommen[1], ist die deutsche Industriegeschichte reich an Erfindungen und innovativen Lösungen, die in einem Land erfunden, dann aber in anderen monetarisiert wurden.[2]

Damit deutsche Unternehmen nicht den Anschluss an den Weltmarkt verlieren, sondern die Möglichkeiten des 3D-Drucks wirklich ausschöpfen, bedarf es allerdings geeigneter Geschäftsmodelle, die beides leisten: die Steigerung des Umsatzes bei gleichzeitiger Vermeidung unerwünschter Haftungsfolgen und Umsatzverluste durch solche Plagiate, die sich vom Originalprodukt nicht mehr unterscheiden lassen.

Der 3D-Druck hat nicht nur das Potenzial, die Herstellung und Distribution von Waren nachhaltig zu verändern, sondern kann bei richtiger Nutzung auch ein Werkzeug zur Gewinnung neuer Kunden sein. Warum das so ist, wird deutlich, wenn man die aktuelle Entwicklung im Einzelhandel betrachtet: Zwar gab es schon bald nach der Kommerzialisierung des Internet Unternehmen, die auf einen reinen Online-Vertrieb setzten und damit die Kosten für den Aufbau von Ladengeschäften vermeiden konnten. Zu den größten Erfolgsgeschichten im E-Commerce zählt zweifellos *eBay*, das sich aus bescheidenen Anfängen einer Tauschbörse für private Sammler zum weltweit größten Online-Marktplatz mit derzeit 16,5 Millionen aktiven Käufern allein in Deutschland[3] und weltweit 155,2 Millionen Käufern[4] entwickelte. Einen ähnlich kometenhaften Aufstieg erfuhr die Plattform *amazon*, die mittlerweile über 270 Millionen Nutzer verfügen soll.[5] All diesen e-commerce Unternehmen der ersten Stunde ist gemein, dass sie – bislang jedenfalls – ohne physische Präsenzen in Innenstadtlage auskamen. Die klassischen „brick and mortar" Geschäfte wagten erst nach einigem Zögern den Schritt in den Online-Handel und verloren dadurch nicht wenige Bestandskunden, die nun lieber im Internet bestellten, um sich die Ware nach Hause liefern zu lassen.

In jüngster Zeit ist allerdings ein neuer Trend zu beobachten. Unternehmen, die bislang nur den e-commerce als Vertriebskanal genutzt haben, erwägen die Eröffnung von Flagship Stores in Innenstadtlagen. So hat *Google* kürzlich sein erstes Ladengeschäft in London eröffnet.[6] *Amazon* hat diesem Beispiel inzwischen Folge geleistet.[7] Auch die bislang nur im Internet vertretenen Textilunternehmen *Rent the Runway* und *Nasty Gal* wollen bald neue Ladengeschäfte eröffnen. Dass sie damit aus betriebswirtschaftlicher Sicht die richtige Strategie verfolgen, bestätigt eine aktuelle Studie von *eBay* Deutschland.[8] Diese hat nämlich ergeben, dass das stationäre Ladengeschäft in Zukunft eine wichtige Rolle bei der Ergänzung des Online-Handels spielen wird. Das sog. „Showrooming", also die Ausstellung von Produkten, die in der Filiale online bestellt und nach Hause geliefert werden können, wird ebenso an Bedeutung gewinnen wie die Abholung online bestellter Waren im Ladengeschäft.

Für Unternehmen, die den 3D-Druck zur Herstellung von Gebrauchsgütern einsetzen können, eröffnet diese Entwicklung die einmalige Chance, neue Kunden zu gewinnen und zugleich die Kontrolle über die eigenen Druckvorlagen zu behalten. Denkbar sind etwa die folgenden beiden Modelle: der Kunde kann sich den gewünschten Artikel auf der Website des Unternehmens ansehen und ihn im Ladengeschäft ausdrucken (lassen). Oder er kann den Artikel online bestellen, beim Hersteller ausdrucken und sich dann nach Hause liefern lassen. Egal für welche Alternative sich der Kunde auch entscheidet ist damit sichergestellt, dass die Druckvorlage nicht an den Kunden herausgegeben werden muss, sondern lediglich browserbasiert oder an einem Point of sale („POS") Terminal im Ladengeschäft genutzt wird. Dies hat für Unternehmen, die eine solche „Omnichannel" Strategie verfolgen mehrere entscheidende Vorteile:

- Da dem Kunden **keine Druckvorlage überlassen** wird, können sich Produktpiraten diese nicht mittels Herunterladens aus dem Internet verschaffen und bleiben darauf angewiesen, eigene Druckvorlagen zu erstellen, die nicht ohne weiteres zu gleichen Ergebnissen führen werden;

- Das Unternehmen behält die **volle Kontrolle über den Herstellungsprozess** und setzt sich keiner Produkthaftung für Waren aus, die vom Endverbraucher selbst oder in seinem Auftrag von nicht autorisierten Fab Shops hergestellt werden;

- Der Endkunde kann zwischen verschiedenen **on- und offline Einkaufserlebnissen** wählen und die Marke ebenso wie die Herstellung „seines" Artikels im Ladengeschäft interaktiv erleben ohne dafür wie frühere Generationen die Fabrik des Herstellers besuchen zu müssen;

- Dem Endkunden können unabhängig vom gewählten Vertriebskanal (nur online, on- und offline oder nur über das Ladengeschäft) bislang nicht verfügbare Optionen zur **Individualisierung** seines Artikels gewährt werden, die er auf der Website des Unternehmens oder am Verkaufsort selbst auswählen kann;

- Durch das besondere Einkaufserlebnis und die Möglichkeit zur Anpassung des Produkts an persönliche Bedürfnisse oder Vorlieben können nicht nur neue Kunden gewonnen, sondern auch die **Bindung von Bestandskunden** erhöht und deren Abwanderung zu Wettbewerbern vermieden werden;

- Im Ladengeschäft kann der Kunde durch geschicktes „**Cross Up Selling**" an andere Produkte des Unternehmens herangeführt werden, die der Kunde sogleich vor Ort aus- und/oder anprobieren kann.

- Der Einkauf hochwertiger, individualisierter Konsumgüter kann auch für diejenigen Verbraucher, die den Besuch von Ladengeschäften bislang eher als lästige Pflicht wahrgenommen haben, einen neuen Anreiz für einen Einkaufsbummel schaffen.

Um die mit der Eröffnung von Ladengeschäften einhergehenden Kosten im Zaum zu halten, können Shop-in-Shop Konzepte[9] oder sog. „Popup Stores"[10] genutzt werden, die von Verbrauchern oft besser wahrgenommen werden, als herkömmliche Vertriebspunkte.

Sicherlich wird nicht jedes Unternehmen die vollständige Kontrolle über alle Druckvorlagen behalten müssen und wollen. Für einfache Artikel, die über kein besonderes Produkthaftungspotential verfügen und deren Herstellung sich für Produktpiraten nicht lohnt, kann dem Verbraucher die Druckvorlage (kostenlos) zur eigenen Herstellung überlassen werden. Das wird wohl vor allem für solche Artikel gelten, die lediglich zu **Werbezwecken** an Endverbraucher abgegeben werden oder über eine besonders geringe Gewinnmarge verfügen. Dass es lohnend sein kann, sich nicht gegen Markttrends zu sperren, sondern diese für die Belebung des eigenen Absatzes zu nutzen, beweist aber die im Jahr 2014 von dem bekannten Spielzeughersteller *Hasbro* mit der 3D-Druckplattform *Shapeways* eingegangene Partnerschaft. Auf http://www.shapeways.com/superfanart/mylittlepony können sich große und kleine Fans ihre „my Pony" Figuren bestellen, die dann von Shapeways auf 3D-Druckern hergestellt werden.[11] Derartige Kooperationen geben den Zielgruppen was sie wirklich wollen (die Möglichkeit, die von ihnen nachgefragten Artikel „on Demand" ausdrucken zu lassen) und macht zugleich den Kauf von Piraterieware überflüssig oder zumindest weniger attraktiv.

Anmerkungen

Hinweis: Alle Fußnoten dieses Buches gibt es als kostenloses Dokument unter www.vahlen.de/16022232. So müssen Sie keinen Link abtippen.

1   Vgl. hierzu den Jahresbericht des Europäischen Patentamts unter http://www.epo.org/about-us/annual-reports-statistics/annual-report/2014/statistics/patent-filings.html?tab=3

2   So geschehen bei der Kommerzialisierung des MP3-Formats, des Fax-Gerätes oder des Hybrid-Motors, die alle wirtschaftlich sehr erfolgreich waren und immer noch sind, ohne dass die Erfinder daran viel verdient hätten.

3 http://presse.ebay.de/fakten-deutschland

4 http://www.statista.com/statistics/242235/number-of-ebays-total-active-users/

5 http://www.statista.com/statistics/237810/number-of-active-amazon-customer-accounts-worldwide/

6 http://www.forbes.com/sites/amitchowdhry/2015/03/11/google-shop-store/

7 http://www.theguardian.com/technology/2015/feb/03/amazons-first-store-opens-indiana

8 http://presse.ebay.de/pressrelease/ladengesch%C3%A4fte-entwickeln-sich-immer-st%C3%A4rker-zu-servicekan%C3%A4len-f%C3%BCr-den-online-handel

9 Zu shop-in-shop Systemen vgl. http://www.wirtschaftslexikon24.com/d/shop-in-shop-systeme/shop-in-shop-systeme.htm und http://wirtschaftslexikon.gabler.de/Definition/shop-in-the-shop.html?referenceKeywordName=Shop-in-Shop-Prinzip; um solche shop in shop Konzepte handelt es sich auch bei den ersten Ladengeschäften von *Google* und *amazon*.

10 Instruktiv dazu etwa http://www.absatzwirtschaft.de/pop-up-stores-innovatives-marketing-mit-den-laeden-auf-zeit-43665/

11 Vgl. hierzu auch die Berichterstattung unter http://www.nytimes.com/2014/07/21/business/hasbro-selling-my-little-pony-fan-art.html?_r=1 und http://www.forbes.com/sites/tjmccue/2014/07/31/hasbro-offers-artwork-for-3d-printing-at-shapeways/.

3DD	(„Drei D-Druck") dreidimensionaler Druck
a. A.	andere Ansicht
aa. O.	am angegebenen Ort
Abb.	Abbildung
ABl.	Amtsblatt
Abs.	Absatz
ABS	Acrylnitril-Butadien-Styrol
AF	Additive Fertigung
AG	Amtsgericht
AGB	Allgemeine Geschäftsbedingungen
AHB	Allgemeine Versicherungsbedingungen für die Haftpflicht-versicherung
AIMD	aktive implantierbare medizinische Geräte
ALM	Additive Layer Management
AM	Additive Manufacturing
AMF	Additive Manufacturing File Format
AMG	Arzneimittelgesetz
AMS	Additive Manufacturing Service
ArbnErfG	Gesetz über Arbeitnehmererfindungen
B2B	B to B: Business to Business
B2C	B to C: Business to Consumer
BauPG	Bauproduktengesetz
BDI	Bundesverband der Industrie
BGB	Bürgerliches Gesetzbuch
BGH	Bundesgerichtshof
BJ	Binder Jetting
BMG	Bundesministerium für Gesundheit
CAD	Computer Aided Design
CAM	Computer Aided Manufacturing
CC	Contour Crafting
CE	(etwa in: CE-Kennzeichnung) Communauté Européenne, Europäische Gemeinschaft

CEN	Comité Européen de Normalisation (Europäisches Komitee für Normung)
ChemG	Chemikaliengesetz
CIA	Culinary Institute of America
CLIP	Continuous Liquid Interface Production
CMB	Chromeleon Backup Archive
CT	Computertomographie
DDP	Digital Dental Printer
DesignG	Designgesetz
DHR	Device History Record (Produktentstehungsakte)
DIN	Deutsches Institut für Normung, www.din.de
DLP	Digital Light Processing
DMLS	Direct Metal Laser Sintering
DPMA	Deutsches Patent- und Markenamt
DRM	Digital Rights Management
EBM	Electron Beam Melting (Elektronenstrahlschmelzen)
EMVG	Gesetz über die elektromagnetische Verträglichkeit von Betriebsmitteln
EP	Europäisches Patent
EPA	Europäisches Patentamt
EPC	European Patent Convention
EU	Europäische Union
EUDAMED	Europäische Datenbank für Medizinprodukte
EuGH	Gerichtshof der Europäischen Union
FDM	Fused Deposition Modeling (Schmelzschichtung)
FFF	Free Form Fabrication; Fused Filament Fabrication
FTI	Film Transfer Imaging
G3DP	Glass 3D Printing
GDV	Gesamtverband der Deutschen Versicherungswirtschaft
GebrMG	Gebrauchsmustergesetz
GEMA	Gesellschaft für musikalische Aufführungs- und mechanische Vervielfältigungsrechte
GPSG	Geräte und Produktsicherheitsgesetz (abgelöst durch das ProdSG)
GRUR	Deutsche Vereinigung für gewerblichen Rechtschutz und Urheberrecht e.V., gleichzeitig Name einer von dieser herausgegebenen Zeitschrift
GS	Geprüfte Sicherheit

hM	Herrschende Meinung (etwa in der Literatur oder Rechtsprechung)
hLit	Herrschende Literatur(meinung)
hRS	Herrschende Rechtsprechung
ISO	International Organisation for Standardisation (Internationale Organisation für Normung)
KMU	Kleine und mittelständische Unternehmen
LG	Landgericht
LLM	Layer Laminated Manufacturing
LOM	Laminated Object Modeling (Folienlaminierdruck)
MarkenG	Markengesetz
MIT	Massachusetts Institute of Technology
MJ	Material Jetting
MJM	Multi Jet Modeling
MMR	Multimedia und Recht (Zeitschrift)
MP	Medizinprodukt
MPG	Medizinproduktegesetz
MRT	Magnetresonanztomografie
NBOG	Notified Body Operations Group
NJW	Neue Juristische Wochenschrift (Zeitschrift)
NJW-RR	Neue Juristische Wochenschrift-Rechtsprechungs Report (Zeitschrift)
OECD	Organization for Economic Co-Operation and Development (Organisation für wirtschaftliche Zusammenarbeit und Entwicklung)
OEM	Original Equipment Manufacturer
OLG	Oberlandesgericht
OWiG	Ordnungswidrigkeitengesetz
PA	Polyamid
PatG	Patentgericht
PEEK	Polyetheretherketone
PJ	Photopolymer Jetting
PLA	Polyactid
ProdHaftG	Produkthaftungsgesetz
ProdHB	Produkthaftpflichtmodell = Besondere Bedingungen und Risikobeschreibung für die Produkthaftpflichtversicherung von Industrie- und Handelsbetrieben
ProdSG	Produktsicherheitsgesetz
QM	Qualitätsmanagement

QMS	Qualitätsmanagementsystem
RA	Risikoanalyse
R&D	Research and Development
RFID	Radio Frequency Identification
RL	Richtlinie
RM	Rapid Modelling/ Rapid Manufacturing
RP	Rapid Prototyping
SDCA	(Engl.:) Standardize-do-check-act (Standardisieren-Handeln-Überprüfen-Anpassen)
SDM	Stick Deposition Modelling
SHS	Selective Heat Sintering
SL	Stereolithografie
SLM	Selektives Laserschmelzen
SLS	Selektives Lasersintern
SOP	Standard Operating Procedure (Standardarbeitsanweisung)
STA	Staatsanwaltschaft
StGB	Strafgesetzbuch
STL	Surface Tesselation Language/Standard Triangulation Language
.stl	Stereolitografie-Dateiformat
StPO	Strafprozessordnung
TTM	time to market
TÜV	Technischer Überwachungsverein
UDI	Unique Device Identifier
UWG	Gesetz gegen den unlauteren Wettbewerb
VDE	Verband der Elektrotechnik und Elektronik
VDEW	Verband der Elektrizitätswirtschaft
VDI	Verein Deutscher Ingenieure
VDMA	Verband Deutscher Maschinen- und Anlagenbau
VIG	Verbraucherinformationsgesetz
VRML	Virtual Reality Modeling Language
ZPO	Zivilprozessordnung

3D-Druck	Siehe additive Fertigung.
Abschlussverfügung (der Staatsanwaltschaft)	Begriff aus dem Strafprozessrecht: Verfügung der Staatsanwaltschaft, mit der diese die Ermittlungen nach dem Ermittlungs- oder Vorverfahren beendet und in der diese entscheidet, ob ein Verfahren eingestellt oder zur Anklage bei Gericht gebracht wird.
Additive Fertigung (auch teilweise als „Additive Manufacturing", „3D-Druck", „Generative Fertigung" oder „Rapid Manufacturing" bezeichnet)	Herstellungsverfahren, bei denen das Endprodukt ohne Gussform oder besondere Werkzeuge schichtweise aus dem verwendeten Werkstoff aufgebaut wird. Siehe auch: subtraktive Fertigung Im allgemeinen Sprachgebrauch wird der Begriff „3D-Druck" synonym für die additive Fertigung verwendet. Nach der VDI-Richtlinie 3405 ist der 3D-Druck aber nur eines von mehreren möglichen additiven Fertigungsverfahren.
Aftermarket	Markt für Dienstleistungen und Ersatzteile bei langlebigen Konsumgütern (etwa: Kraftfahrzeuge)
Allgemein anerkannte Regeln der Technik	Mindeststandard, den es bei der Konstruktion von Produkten in produkthaftungsrechtlicher Hinsicht einzuhalten gilt. Unterste Stufe der drei Technikstandards (in Abgrenzung zum Stand der Technik und zum Stand von Wissenschaft und Technik). Es handelt sich dabei nach der Rechtsprechung um jene Regeln, die als theoretisch richtig erkannt sind, in der Praxis durchweg bekannt sind und sich aufgrund fortdauernder praktischer Erfahrung bewährt haben.
Anscheinsbeweis	Der Anscheinsbeweis (auch: Beweis des ersten Anscheins) greift ein, wenn ein typischer Geschehensablauf feststeht, der nach allgemeiner Lebenserfahrung auf eine bestimmte Ursache für einen eingetretenen Erfolg hinweist (z. B., dass auf einen Passagier in einem Fahrzeug, das stark abbremst, bestimmte Kräfte wirken).
Äquivalenzinteresse	Rechtsbegriff: Das Interesse, innerhalb einer vertraglichen Beziehung für eine Leistung eine äquivalente Gegenleistung zu erhalten (Gegensatz: Integritätsinteresse (s. a. dort)).
Assembler	(engl., eigtl.: „der Zusammensetzer") Hersteller des Endprodukts.
Ausreißer	Im Produkthaftungsrecht: Fabrikationsfehler, die bei allen zumutbaren Sicherungen unvermeidbar sind (für diese haftet der Hersteller nach den Bestimmungen des ProdHaftG, nicht aber nach der Produzentenhaftung, § 823 Abs. 1 BGB).

B2B	Kurz für „Business to Business": Handel zwischen Unternehmen. Gegensatz zum B2C „Business to Consumer"-Handel, bei dem an einen Verbraucher vertrieben wird.
Befundsicherungspflicht	Im Produkthaftungsrecht: die Pflicht eines Herstellers, sich gezielt des Freiseins seines Produkts von solchen Fehlern, die sein Produkt typischerweise treffen, zu vergewissern. Die Verletzung dieser Befundsicherungspflicht führt zu einer Beweislastumkehr bei der Frage, ob ein Produktfehler aus dem Verantwortungsbereich des Herstellers stammt.
Beweislast	Die Last, den Beweis für eine bestimmte Tatsache (nicht: Rechtsfrage) zu erbringen. Wird der Beweis nicht angeboten oder ist das Gericht vom angebotenen Beweis nicht überzeugt, geht dies zu Lasten des Beweisbelasteten.
Binder Jetting	Ein von Emmanuel Sachs, John Haggerty, Michael Cima und Paul Williams erfundenes und im Jahr 1994 für das Massachusetts Institute of Technology (MIT) patentiertes Verfahren zur additiven Fertigung, mit dem unterschiedliche Materialien wie Kunststoffe, Keramik und Lebensmittel verarbeitet werden können.
Bioprinting	Die additive Fertigung von biologischem Material wie etwa menschlichem Gewebe oder auch Organen.
Bundesgerichtshof (BGH)	Das oberste deutsche Gericht in Zivil- und Strafsachen.
CAD	Abkürzung für Computer Aided Design: Computerunterstütztes Entwerfen
CE-Kennzeichnung	Das „CE" steht für Communauté Européenne (frz. für Europäische Gemeinschaft). Das Zeichen „CE" in Verbindung mit einer Kennnummer der Prüfstelle stellt ein Verwaltungszeichen dar, und bestätigt, dass das Produkt den für dieses Produkt speziell geltenden EU-Richtlinien (etwa für Spielzeug, Druckbehälter, Maschinen, etc.) entspricht.
Compliance	Einhaltung gesetzlicher Bestimmungen und unternehmensinterner Richtlinien innerhalb eines Unternehmens und durch ein Unternehmen.
CLIP	Continuous Liquid Interface Production, ein von Joseph de Simone entwickeltes additives Fertigungsverfahren, bei dem mittels Belichtung flüssigen Kunstharzes dreidimensionale Werkstücke in besonders dünnen Schichten aufgebaut werden.
Contour Crafting	An der University of Southern California entwickeltes additives Fertigungsverfahren zur Herstellung von Häusern und Unterkünften, bei dem Beton über eine Düse ausgegeben und mit einem Spachtel aufgetragen wird
Deliktshaftung	Haftung aus unerlaubter Handlung (z. B. nach § 823 Abs. 1, 2 BGB).
Device History Record (DHR)	Produktentstehungsakte, die alle relevanten Schritte des Herstellungsprozesses dokumentiert (enthält etwa Prüfprotokolle, Zertifikate, Lieferanteninformationen, etc.)

DLP	Digital Light Processing; eine von der Firma Texas Instruments entwickelte Projektionstechnologie, die vor allem in Heimkinoprojektoren zur Anwendung gelangt, aber auch in der additiven Fertigung eingesetzt wird. Dabei wird Licht mittels reflektiver Mikrospiegel aus Aluminium (sog. micromirror devices , auch „DMD") auf das Bauteil gelenkt.
DNA Marking	Ein Verfahren zur forensischen Verifikation der Echtheit elektronischer Komponenten wie Mikrochips, bei dem ein nicht kopierbarer DNA-Code, der aus Pflanzen gewonnen wurde, in die Komponente implementiert oder in die Tinte eingebracht wird, mit der die Chargennummer auf der Komponente aufgedruckt wird.
DRM	Digital Rights Management; technisches Verfahren, mit dem die unbefugte Benutzung urheberrechtlich geschützter Werke verhindert werden kann. Ein Beispiel für DRM sind sog. Digitale Wasserzeichen, die für das bloße Auge unsichtbar in Fotos eingebunden werden.
EBM	Electron Beam Melting; auch Elektronenstrahlschmelzen, ein von der Firma Arcam entwickeltes additives Fertigungsverfahren, bei dem Metallpulver schichtweise zu einem Werkstück verschmolzen wird.
Endprodukt	Marktfähiges Produkt, das in den Handel gelangen soll (im Gegensatz zum Prototyp).
Ermittlungsverfahren (auch: Vorverfahren)	Strafprozessualer Begriff: Erster Teil eines Strafverfahrens, dessen „Herrin" die Staatsanwaltschaft ist. Sie führt Ermittlungen durch und fertigt dann eine sog. Abschlussverfügung, in der sie entscheidet, ob das Verfahren eingestellt oder zur Anklage bei Gericht gebracht wird.
Fabber	Umgangssprachlich für digital fabricator: Oberbegriff für jene Geräte, mit denen aus einem 3D-Modell ein physisches Werkstück gefertigt wird.
FabLab	Allgemein zugängliche 3D-Druckwerkstatt, in der jedermann selbst (in der Regel gegen Bezahlung) 3D-Objekte fertigen oder eine solche Fertigung beauftragen kann; vergleichbar etwa dem herkömmlichen Copy-Shop
FDM	Fused Deposition Modeling ; ein additives Fertigungsverfahren, bei dem mittels eines Kunststoffadens („Filament"), durch eine erhitzte Düse gepresst („extrudiert") wird. Der geschmolzene Kunststoff tritt aus der Düse aus und wird kontinuierlich oder in Tropfen schichtweise auf einer Plattform aufgetragen: Bevor er weiterverarbeitet werden kann, muss er aushärten und Abkühlen.
Filament	Kunststoffmaterial, das zum 3D-Druck genutzt wird; wird etwa in Form von Fäden angeboten.
G3DP	Glass 3D printing; ein dem FDM ähnliches Verfahren zur Herstellung von Glasobjekten

Generative Fertigung	Additives Fertigungsverfahren, bei dem dreidimensionale Werkstücke ohne Gussformen und weitestgehend ohne Spezialwerkzeug aus verschiedenen Werkstoffen in Schichten aufgebaut werden (z. B. Selective Laser Sintering, kurz „SLS")
Gefährdungshaftung	Haftung für die Eröffnung einer Gefahrenquelle, die kein schuldhaftes Verhalten voraussetzt (Gegensatz: Verschuldenshaftung).
Hydrogel	Ein nicht wasserlösliches Gel, das selbst Wasser enthält und wegen seiner Biokompatibilität zunehmend in der Medizin eingesetzt wird, so etwa bei weichen Kontaktlinsen oder Implantaten.
Implantat	Ein in den menschlichen Körper eingebrachtes Produkt, das dort permanent verbleiben soll, z. B. Zahnimplantate.
In-Prozess	Arbeitsschritte innerhalb einer Fabrikationsanlage selbst, s. a. Pre-Prozess und Post-Prozess.
Integritätsinteresse	(Rechtsbegriff:) das Interesse an der Unversehrtheit der eigenen, außerhalb einer vertraglichen Beziehung liegenden Rechtsgüter (Gegensatz: Äquivalenzinteresse (s. a. dort)).
LOM	Laminated Object Manufacturing; auch als „Folienlaminierdruck" bezeichnete Variante des SDL-Verfahrens, bei der statt Papierblätter Plastikfolien als Druckmaterial verwendet werden.
Mass customization	Herstellung eines Massenproduktes, das allerdings auf den jeweiligen Käufer individuell angepasst wird (z. B. Hörgeräte, individualisierbare Laufschuhe, etc.).
Material Jetting	Additives Fertigungsverfahren, bei dem das flüssige oder geschmolzene Druckmaterial durch Druckerdüsen ausgegeben wird und zugleich die für dieses Verfahren benötigten Stützstrukturen durch andere Düsen erzeugt werden. Als Druckmaterial werden selbstständig aushärtende Wachse oder lichtempfindliche Kunststoffe (Photopolymere) verwendet, die mit UV Licht ausgehärtet werden.
Multijet Modeling	Eine Variante des Material Jetting, bei der ein größerer Druckkopf mit mehreren Düsen zum Einsatz gelangt, der dieselbe Breite wie die Bauplattform aufweisen kann.
Non liquet-Situation	Im Zivilprozessrecht: eine Situation, in der das Gericht weder vom Tatsachenvortrag der einen noch der anderen Seite letztlich überzeugt ist. Die Entscheidung fällt dann zu Lasten desjenigen aus, der die Beweislast für diese Tatsache trägt.
Ordnungswidrigkeit	Rechtswidrige Handlung, für die das Gesetz als Ahndung eine Geldbuße (keine Kriminalstrafe) vorsieht.
Patent	Gewerbliches Schutzrecht für eine technische Erfindung. Patente werden von einem nationalen oder internationalen Patentamt für bestimmte Länder auf Zeit erteilt.

Photopolymer Jetting	Additives Fertigungsverfahren, das die gleichzeitige Verarbeitung verschiedener Polymere zur Erstellung eines Werkstücks gestattet und damit die Erstellung von Objekten aus unterschiedlichen Werkstoffen im selben Arbeitsschritt ermöglicht.
Polyjet Modeling	Siehe Multijet Modeling.
Post-Prozess	Arbeitsschritte nach Entnahme des Objekts aus der Fertigungsanlage, s. a. Pre-Prozess und In-Prozess.
Pre-Prozess	Arbeitsschritte vor der Fertigung des Objekts in der Fabrikationsanlage, s. a. In-Prozess und Post-Prozess.
Produkthaftpflichtmodell	Besondere Bedingungen und Risikobeschreibung für die Produkthaftpflichtversicherung von Industrie- und Handelsbetrieben; Baustein der Allgemeinen Betriebshaftpflichtversicherung, der von den Versicherern in der Bundesrepublik Deutschland angeboten wird.
Produkthaftung	Oberbegriff für die Verpflichtung zum Schadenersatz für Schäden als Folge von fehlerhaften Produkten.
	Spezieller auch verwendet für die im Produkthaftungsgesetz (ProdHaftG) geregelte Haftung des Herstellers für ein Produkt.
	s. ergänzend: Produzentenhaftung.
Produzentenhaftung	Die Produzentenhaftung wurde von der Rechtsprechung ausgehend von den deliktsrechtlichen Regelungen der §§ 823 ff. BGB entwickelt und regelt die Haftung eines Herstellers für ein Produkt. Hintergrund ist der Gedanke, dass derjenige der von der Eröffnung einer bestimmten Gefahrenquelle profitiert, auch bestimmte Verkehrssicherungspflichten zu tragen hat.
	s. ergänzend: Produkthaftung
Prototyp	Nicht für den Markt gedachtes Erstexemplar einer Fertigungsreihe als Muster für eine spätere Fertigung.
Qualitätsmanagement	Organisation verschiedener Mechanismen zur Einrichtung, Einhaltung und Überwachung von Qualitätsstandards in einem Unternehmen.
Rapid Manufacturing (oft auch als „Additive Manufacturing", „Digital Fabrication" oder „Direct Manufacturing" bezeichnet)	Herstellung von Endprodukten mit Hilfe additiver Fertigungsverfahren.
Rapid Prototyping (RP)	Herstellung von Prototypen mit Hilfe additiver Fertigungsverfahren.
Rapid Technology	s. Additive Fertigung.
Rapid Tooling	Herstellung von Werkzeugen mit Hilfe additiver Fertigungsverfahren.

RFID

Radio Frequency Identification; ein Verfahren zum berührungslosen Auslesen von Daten, die in einem sog. Transponder gespeichert sind. Das RFID Verfahren wird beispielsweise zur Markierung und Lokalisierung von Textilien verwendet, die in Warenhäusern zum Kauf angeboten werden.

SDL

Selective Deposition Lamination; additives Fertigungsverfahren, bei dem das Werkstück Schicht um Schicht mit handelsüblichem Kopierpapier aufgebaut wird, indem jede Schicht mit der darunterliegenden durch einen Klebstoff verbunden wird, der nach den Vorgaben des 3D-Modells aufgetragen wird.

Service Provider

aus dem Engl., eigtl: „Dienstleister"

In der additiven Fertigung der Auftragnehmer, der die eigentliche Fertigung übernimmt, sei es nun im Rahmen eines Werkvertrages, Dienstvertrages oder einer sonstigen Vereinbarung.

Settlement

(engl.) Einigung, Vergleich. Möglichkeit der Parteien, einen Rechtsstreit ohne gerichtliches Urteil zu beenden. Ein gerichtlicher Vergleich stellt einen Vollstreckungstitel dar.

Slice

Engl. für: Scheibe; in der additiven Fertigung: Bauteilscheibe in Schichtdicke.

Smooth Food

Durch Schneiden, Mixen, Pürieren, „Pacossieren" oder Aufschäumen aufbereitete Lebensmittel, die von Menschen mit eingeschränktem Kau-und/oder Schluckvermögen verzehrt werden können, vgl. www.smoothfood.de

Slicing

Zerlegung eines Objekts in einzelne Schichten (etwa zur Bestimmung der Schichtstärke).

SLM

Selektives Laserschmelzen (engl. „Selective Laser Melting"); eine Variante des Selektiven Lasersinterns (SLS) bei der geschmolzenes Metallpulver für die Herstellung des Werkstücks verwendet wird.

SLS

Selektives Lasersintern (engl. „Selective Laser Sintering"); ein 1984 von Carl Deckard an der University of Texas at Austin entwickeltes additives Fertigungsverfahren, bei dem Pulverpartikel mit einem Laserstrahl so angeschmolzen werden, dass sie sich miteinander verbinden.

SLT

Scan-LED Verfahren; eine Variante des Stereolitografie-Verfahrens, bei der kein Laser, sondern LED (Licht Emittierende Dioden) als Lichtquelle verwendet werden, was den Vorteil eines geringeren Wartungsaufwandes hat.

Stereolitografie

Von Chuck Hall im Jahr 1984 entwickeltes, erstes 3D-Druckverfahren bei dem das Werkstück Schicht um Schicht aus einem Behälter mit flüssigem Kunststoff aufgebaut wird. Nach Fertigstellung der letzten Schicht wird das Werkstück zur Aushärtung mit einem Laserstrahl belichtet.

STL

Abk. für Surface Tesselation Language; ein von der Firma 3D-Systems/Chuck Hall entwickeltes Dateiformat für den 3D-Druck, das sich zum de facto Standardformat entwickelt hat.

Subtraktive Fertigung	Herstellungsverfahren, bei denen das Endprodukt aus dem Werkstoff durch Materialabtragung (Fräsen, Sägen, Bohren) gefertigt wird s. a.: additive Fertigung
Technikstandards	Die herrschende Rechtsprechung geht von einem Stufenverhältnis der Technikstandards aus. Auf unterster Stufe stehen die „allgemein anerkannten Regeln der Technik", es folgt der „Stand der Technik"; die höchsten Anforderungen sind einzuhalten, wenn der „Stand von Wissenschaft und Technik" einzuhalten ist.
Teilprodukt	Ein Erzeugnis, das nicht für eine Nutzung durch einen Endnutzer oder Verbraucher bestimmt ist, sondern für den Einbau in ein anderes Produkt (Gegensatz: Endprodukt).
Time to Market (TTM)	Die Zeitspanne von der Produktidee bis zur Einführung des Produkts im Markt.
VDI	Verein Deutscher Ingenieure = größte Ingenieurvereinigung der Bundesrepublik Deutschland.
Verbraucher	Als Rechtsbegriff: natürliche Person, die Waren oder Dienstleistungen für den eigenen, privaten Ge- und Verbrauch erwirbt.
Vergleich	Möglichkeit der Parteien, einen Rechtstreit ohne gerichtliches Urteil zu beenden. Ein gerichtlicher Vergleich stellt einen Vollstreckungstitel dar.
Verkehrssicherungspflicht (oft auch: Verkehrspflicht), VSP	Verhaltenspflicht, die sich aus der Eröffnung einer Gefahrenquelle ergibt und zur Gefahrabwehr verpflichtet.
Vorverfahren	Siehe: Ermittlungsverfahren
Weiterfresserschaden	Juristischer Begriff: ein einer Sache ursprünglich anhaftender Mangel oder Fehler verursacht weitere Sachschäden.

Stichwortverzeichnis